PAU BRASIL 04

Métaphysiques cannibales / Eduardo Viveiros de Castro

빠우-브라질 총서 **04**

식인의 형이상학
: 탈구조적 인류학의 흐름들

1판1쇄 | 2018년 6월 15일

지은이 | 에두아르두 비베이루스 지 까스뜨루
옮긴이 | 박이대승, 박수경

펴낸이 | 정민용
편집장 | 안중철
편 집 | 강소영, 윤상훈, 이진실, 최미정

펴낸 곳 | 후마니타스(주)
등록 | 2002년 2월 19일 제300-2003-108호
주소 | 서울 마포구 양화로 6길 19(서교동) 3층
전화 | 편집_02.739.9929/9930 영업_02.722.9960 팩스_0505.333.9960

블로그 | humabook.blog.me
S N S | humanitasbook
이메일 | humanitasbooks@gmail.com

인쇄 | 천일_031.955.8083 제본 | 일진_031.908.1407

값 19,000원

ISBN 978-89-6437-309-5 94300
      978-89-6437-239-5 (세트)

이 도서의 국립중앙도서관 출판예정도서목록(CIP)은 서지정보유통지원시스템 홈페이지(seoji.nl.go.kr)와
국가자료공동목록시스템(www.nl.go.kr/kolisnet)에서 이용하실 수 있습니다.(CIP제어번호: CIP2018017570)

● 이 책은 주한 브라질 대사관과 서울대학교 라틴아메리카연구소가 협약을 맺고 두산인프라코어의 후원으로
  2012년 3월 16일 설립된 주한 브라질문화원의 후원으로 발간되었음.
● 이 책은 2008년 정부(교육부)의 지원으로 한국연구재단의 지원을 받아 서울대학교 라틴아메리카연구소에서
  수행한 연구 결과임(NRF-2008-362-B00015).

빠우-브라질 총서 **04**

식인의 형이상학

: 탈구조적 인류학의 흐름들

에두아르두 비베이루스 지 까스뜨루 지음 | 박이대승, 박수경 옮김

후마니타스

| 일러두기 |

1. 한글 전용을 원칙으로 했고, 포르투갈어의 우리말 표기는 기존의 국립국어원의 포르투갈어 한글 표기 규정을 존중하면서, 포르투갈과 브라질 원어의 발음을 따랐다. 그러나 관행적으로 굳어진 표기는 그대로 사용했으며, 처음 나온 곳이나 필요한 경우 원어를 병기했다.

2. 단행본·정기간행물에는 겹낫표(『 』)를, 논문에는 큰따옴표(" ")를 사용했다.

3. 저자 주는 ● 로 각주 처리했으며, 옮긴이 주는 1, 2, 3 등으로 후주 처리했다. 독자의 이해를 돕기 위한 옮긴이의 첨언은 대괄호([ ])를, 저자의 첨언은 [_저자]라 표시했다.

4. 저자가 영어 텍스트를 프랑스어로 번역해 인용한 경우, 한글 번역은 몇 가지 예외를 제외하고 영어 원본 텍스트를 기준으로 삼았다.

5. 저자가 인용하는 문헌 가운데 국역본이 있는 경우, 국역본과 쪽수를 병기했다. 다만, 번역은 모두 옮긴이의 것이다.

6. 원문의 맞줄표(—)는 가급적 괄호로 바꾸었다.

모든 것을 강도 속에서 해석해야만 한다.

_『안티 오이디푸스』

| 감사의 말 |

다음 출판물에 포함된 연구들이 이 책의 논변에 양분을 제공해 주었다. 이 책의 집필을 위해 다음 연구들을 각색하고 수정했으며, 상당 부분을 손질해 발전시켰다.

1. "Perspectivismo e multinaturalismo na América indígena," E. Viveiros de Castro, *A inconstância da alma selvagem*, São Paulo, CosacNaify, 2002.

2. "And," *Manchester Papers in Social Anthropology* 7, 2003.

3. "Perspectival anthropology and the method of controlled equivocation," *Tipití* (Journal of the Society for the Anthropology of Lowland South America) 2 (1), 2004.

4. "Filiação intensiva e aliança demoníaca," *Novos Estudos Cebrap* 77, 2007.

5. "Xamanismo transversal : Lévi-Strauss e a cosmopolítica amazônica," R. Caixeta de Queiroz, R. Freire Nobre (sous la dir.), *Lévi-Strauss: leituras brasileiras*, Belo Horizonte, Editora UFMG, 2008.

많은 사람이 이 텍스트의 실현에 기여했다. 그 대부분이 이 저작의 참고문헌 목록에 올라 있지만, 나는 특별히 다음 이름들을 언급하고자 한다. 따니아 스또우지 리마, 마르시우 고우드망, 오야라 보니야,[1] 마틴 홀브라드, 피터 가우, 데보라 다노브스끼, 메릴린 스트라선, 브뤼노 라투르, 마셜 사린즈, 카스페르 옌센, 필리프 데스콜라, 안-크리스틴 텔로르. 이 책에서 진전된 생각들은 이들로부터 비롯했거나 영감을 받은 것이다. 이들은 그 생각들의 공동 서명자, 지지자, 번역자 혹은 비판자였으며, 여러 방식으로 그것들을 개선해 주었다. 다양한 자격으로 이 텍스트의 실현에 기여해 주었던 이들 모두에게 감사의 뜻을 전한다.

이 저작의 첫 번째 버전은 2009년 1월 IEA(L'Institut d'études avancées de Paris, Maison Suger)에서 열린 일련의 컨퍼런스에서 발표되었다. 너그러운 초청과 따뜻한 환대, 또한 그 겨울 세미나 동안 나에게 마련해 준 활기찬 연구 환경에 대해 이브 뒤루와 클로드 앵베르에게 감사드린다. 나는 마지막으로, **특별히** 파트리스 마니글리에에게 감사해야 한다. 그는 이 책을 시작하도록 나를 이끌었고, 출판을 위한 이상적인 상황을 제공해 주었으며, 내가 이 책을 쓰도록 (문자 그대로!) 만들었다. 그는 이렇게 이 책을 가능케 했다.[2] 하지만 이 모든 것보다, 내가 감사해야 할 더 중요한 사실은 그 자신이 이 책과 매우 가까운 테마에 관한 글을 썼다는 것이다. 나는 그가 쓴 글 덕분에 이 저작을 시작하고 싶다는 마음을 가지게 되었다. 그냥 단순히 내가 그로부터 뭔가 새로운 것을 배웠기 때문이다.

PAU-BRASIL

1부

안티 나르시스

01

경이로운 귀환

언젠가 나는 내 학문 분야의 시점에서 질 들뢰즈와 펠릭스 과타리를 위한 일종의 오마주가 될 책을 쓰겠다고 마음먹은 적이 있다. 그 책은 『안티 나르시스: 소수 과학으로서의 인류학에 대하여』[1]라고 불리게 될 것이었다. [만일 쓰였다면] 현대 인류학을 횡단하는 여러 개념적 긴장을 특징짓는 것이 그 책의 목적이 되었을 것이다. 그렇지만 그 제목을 고르자마자 문제가 생기기 시작했다. 나는 이 계획이 모순에 가깝다는 것을 곧 깨달았다. 그 계획에서 내가 아주 사소한 미숙함만이라도 범한다면, 공언된 위치들의 탁월함에 대해 오히려 전혀 안티-나르시스적이지 않은 허세를 잔뜩 부리는 일이 될 수도 있기 때문이었다.

그래서 그 당시에 나는 그 책을 픽션들의 반열, 혹은 보이지 않는 작품들의 반열에 올리기로 결정했다. 이런 작품들에 대한 최고의 주석가는 호르헤 루이스 보르헤스였다. 그런 작품들은 눈에 보이는 책들 자체보다 훨씬 더 흥미로울 때가 많은데, 사람들은 그 위대한 눈먼 독자[2]의 서평들을 읽어 보면 그 사실을 납득할 수 있을 것이다. 그래서 내가 그 책을 쓰기보다는, 마치 다른 이들이 그것을 이미 쓴 것처럼 그 책에 관해 쓰는 것이 더 적절해 보였다. 따라서 『식인의 형이상학』은 『안티 나르시스』라는 제목이 붙은 다른 책을 소개하는 안내서다. 그 책은 줄곧 상상되기만 했던 나머지 (오직 아래에 이어지는 몇몇 페이지들을 제외하고서는) 결국 단 한 번도 존재한 적이 없다.

『안티 나르시스』의 주요 목적은 (내 분야에서 "종족지학적" 현재 시제[3]를 빌려 오자면) 다음 질문에 답하는 것이다. 즉, 인류학은 자신이 연구하는 인간집단[4]에게 무엇을 개념적으로 빚지고 있는가? 만일 정반대의 방향에서 문제를 다룬다면, 이 질문이 어떤 영향을 발휘하게 될지 아마도 더욱 명확하게 나타날 수 있을 것이다. 인류학 이론 내부의 차이와 변동들은 [해당] 인류학자가 태어난 학술적 맥락, 지적 영역, 이데올로기적 논쟁, 사회구성체의 구조와 국면들에 의해서 주로 (그리고 오직 역사 비판적 시점에서만) 설명되는가? 과연 이것만이 유일하게 타당한 가설인가? [이와 달리] 인류학 이론들이 도입한 개념, 문제, 개별체, 행위자들 가운데 가장 흥미로운 것들은 그 이론들이 설명하고자 하는 사회들 (또는 인간집단들이나 집단들)이 가진 풍부한 상상적 힘pouvoir에서 자기 원천을 찾는다는 사실을 보여줄 관점으로 이동할 수는 없을까? 인류학의 독창성은 "주체"의 세계와 "대상"의 세계에서 유래하는 개념화와 실천 사이의 동맹, 언제나 애매하지만 많은 경우에 풍요로운 결실을 안겨 주는, 그러한 동맹 안에 있는 것이 아닐까?

그래서 『안티 나르시스』의 질문은 인식론적, 즉 정치적이다. 식민주의가 인류학의 역사적 선험성a priori 가운데 하나를 구성함에도 불구하고, 오늘날 인류학이 자기 업보의 순환을 완결하는 중인 것으로 보인다는 점에 우리 모두가 어느 정도 동의한다면, 인류학을 종말까지 이끌며 급진적으로 재구성하는 과정이 필요할 때가 왔다는 것을 당연히 인정해야 한다. 인류학은 자신의 새로운 임무, 즉 사유를 영속적으로 탈식민화하는 실천-이론이 되어야 한다는 임무를 온전히 받아들일 준비가 되어 있다.

그러나 아마도 우리 모두가 여기에 동의하지는 않을 것이다. 인류학은 사회를 비추는 거울이라고 여전히 믿는 이들이 있다. 물론 여기서 말하는 사회란 인류학이 연구한다고 말하는 사회들이 아니라(사람들은 이제 그렇게 순진하지는 않다. 그럼에도 불구하고……), 인류학의 지적 기획을 자신의 내부에서 만들어 낸 사회들이다. 태생부터 이국적이고 원시적인 것을 선호하는 인류학은 도착적pervers 극장일 수밖에 없다는 주장이 몇몇 모임에서 인기를 얻고 있다는 사실이 잘 알려져 있다. 그 도착적 극장에서 "타자"는 언제나 서구의 추악한 이해관계에 따라 "재현"되거나 "발명"된다. 어떤 역사학이나 사회학도 이러한 주장이 관대한 가부장주의라는 것을 은폐할 수 없다.[5] 그런 가부장주의는 소위 타자라고 일컬어지는 것을 서구적 상상력이 만들어 낸 발언권 없는 픽션으로 미화한다. 식민 체계가

'타자'를 만들어 내는 객관적 생산의 변증법을 불러내어, 그 변증법 위에 이런 식의 주관적 환영 장치를 겹쳐 놓는 것은 그저 욕설에 모욕을 더하는 일에 불과하다. 또한 [그런 주장을 하는 이들은] 비유럽적 전통을 가진 인간집단에 대한 모든 "유럽적" 담론이 마치 "타자에 대한 우리의 재현"을 밝혀 주는 데에만 쓰이는 것처럼 행동하는데, 이는 이론적 탈식민주의라는 것을 궁극적 수준의 자기종족중심주의ethnocentrisme로 만드는 일이다. 언제나 '타자' 속에서 '동일자'를 보았던 나머지(타자의 가면 아래서, 우리 자신을 응시하는 것이 바로 "우리"라고 말했던 나머지) 사람들은 결국 우리를 목적지로 곧장 인도해 주는 경로를 단축시키는 것에만 만족하게 되었고, "우리의 관심을 끄는" 것, 즉 우리 자신에 대해서만 관심을 갖게 되었다.

반대로 참된 인류학은 "우리가 우리 자신을 알아보지 못하는 이미지를 우리 자신으로부터 우리에게 되돌려준다"(Maniglier 2005b, 773-774).[6] 다른 문화에 대한 모든 경험은 우리에게 우리 자신의 문화를 경험으로 알 수 있는 기회를 제공하기 때문이다. 이것은 상상적 변이를 넘어, 우리의 상상력을 변이시키는 일이다. 인류학적 연구로부터 사회와 문화에 대한 이론들이 정식화되는데, 그 연구의 대상이 되는 사회들과 문화들이 그 이론들에 영향을 미친다는 생각, 더 명확히 말하자면 그 이론들을 함께 생산한다는 생각으로부터 도출되는 모든 결론을 이끌어 내야 한다. 이를 부정하는 것은 어떤 일방적인 구축주의[7]를 받아들이는 것인데, 그 구축주의는 통상적인 "작은 이야기"petit récit로 나아가기를 강요당하며, 이 강요를 받아들이지 않으면 자기 파열이라는 대가를 치르게 된다. 그 작은 이야기란 다음을 말한다. 즉, 인류학은 비판적 고발자가 펜을 드는 바로 그 순간까지 항상 연구 대상을 잘못 구축해 왔지만, 그 순간부터는 빛이 비추어지고, 인류학은 자신의 연구 대상을 올바르게 구축하기 시작한다는 것이다. 실제로 요하네스 파비안의 『시간과 타자』(Fabian 1983)에 관한 독해들과 그 책의 뒤를 잇는 수많은 아류에 관한 독해들을 살펴보면, 우리가 인지적 좌절에서 비롯된 경련을 새롭게 마주하는 것이 사물 자체에 접근할 수 없다는 사실을 앞두고서인지, 혹은 신비적 계시론의 낡은 기적을 앞두고서인지 알 수가 없다. 이런 기적에 따라 그 책의 저자는 미신의 어둠을 물리치러 온 보편 이성에 신체를 부여한다. 물론 그것은 이제 원주민의 미신이 아니라, 그 저자보다 앞선 저자들이 가진 미신이다. 원주민을 이국적이지 않게 만들기는 인류학자를 완전히 이국적으로 만들어버리는 결과를 역逆생산한다. 이제 여기서 원주민은 이 모든 일들과 아주 멀리 떨어져 있지 않은 원주민이며, 인류학자도 이 모든 일들보다 아주 오래 전에 살았던 인류학자가 아니다. 시간과 타자에 관해 조금은 알고 있었던 마르셀 프루스트는 최근의 과거보다 더 오래된 것은 아무것도 없어 보인다고 말했다.

이런 유형의 정치-인식론적 반응을 차단하는 것이 『안티 나르시스』의 주요 목적 가운데 하나다. 그렇지만 이런 과제를 수행하기 위해서는 다음과 같은 일을 가장 삼가야 할 것이다. 즉, 인류학이 비굴한 경쟁심을 가진 채, 경제학이나 사회학이 근대성에 관해 설교하는 메타 이야기를 수용하게 만들고 싶어 하면서(Englund·Leach 2000), 그 두 과학과 종속적인 관계를 맺게 하는 것이다. 세계의 모든 집단이 행하는 실존적 실천을 분석가의 "사유 집단"thought collective에서 통용되는 용어에 따라 억압적으로 재맥락화하는 것이 그 두 과학의 주요 기능인 것 같다.[●] 그와 반대로, 여기서 우리가 지지하는 입장은 인류학이 자유로운 바깥에 머물러 있어야 한다는 것이다. 인류학은 계속해서 거리 두기의 기술로 남아서 서구 영혼의 냉소적인 구석으로부터 멀리 떨어져 있어야만 한다(서구라는 것이 하나의 추상물이라도, 그것의 영혼은 단연코 그런 추상물 중 하나가 아니다). 인류학은 이성의 외부화라는 기획에 계속해서 충실해야만 한다. 이 기획은 '동일자'라는 숨 막히는 규방閨房의 외부에서, 대부분의 경우 마지못해하면서도, 인류학을 항상 끈질기게 추동해 왔다. 진정한 내부 인류학endo-anthropologie의 생존력에 대한 열망은 여러 가지 이유로 오늘날 인류학의 의제 목록에 올라와 있는데, 이 생존력은 방금 말한 대로 외부 인류학exo-anthropologie이 내내 불어넣어 준 이론적 호흡에 결정적으로 의존한다. 외부 인류학이란 실재적으로 중요한 의미에서 "현지의 과학"이다.

그러므로 『안티 나르시스』의 목표란, 진부하지 않은 인류학 이론들은 모두 원주민적 인식 실천의 여러 버전들이라는 주장을 예를 들어 설명하는 것이다. 그런 설명을 통해, 인류학의 견지에서는 역사적으로 "대상의 위치"에 존재해 왔던 집단들의 지적 화용론과 그

● 클로드 레비-스트로스가 제안한 인류학과 경제학, 사회학 사이의 구별을 살펴볼 것 (Lévi-Strauss 1973/1964, 360-361). 그는 인류학이 "내재성의 시점"을 받아들인 "원심적" 과학이라고 하며, 경제학과 사회학은 관찰자의 사회에 "초월론적 가치"를 부여하는 "구심적" 과학이라고 한다.

진부하지 않은 인류학 이론들이 엄격한 구조적 연속성 안에 위치하게 된다. 인류학 담론의 변형들에 관한 수행적 서술의 초안을 작성하는 것이 필요한데, 그 변형들은 인류학 그 자체가 변형될 조건을 내부화하는 작용의 원인이다. 즉, 이는 다음의 (당연히 이론적인) 사실을 말한다. 인류학이란 자신이 연구하는 집단들이 가진 종족인류학이 담론적으로 일그러진 한 가지 형태anamorphose discursive라는 것이다. 가까이 있다고 할 만한 "관점주의"perspectivisme와 "다자연주의"multinaturalisme라는 아마존의 일반개념을 사례로 들면서(이 일반개념의 계열을 만든 저자는 아메리카 종족학자다), 『안티 나르시스』가 의도하는 바는 우리가 연구하는 집단의 고유한 사유 스타일이 인류학의 원동력임을 보여 주는 것이다. 특히 개념에 대한 인류학적 개념의 창안이라는 시각에서 그런 사유 스타일과 그것의 함축을 더 깊이 있게 검토하려면, 인류학적 실천에 대한 전혀 다른 개념화가 발생하는 과정 속에서(이 과정은 지금도 진행 중이다) 그것들의 중요성을 보여 줄 수 있어야만 한다. 요컨대 개념에 대한 새로운 인류학은 인류학에 대한 새로운 개념을 역逆실행한다.[8] 인류학에 대한 이런 새로운 개념에 따르면, 연구되는 집단들의 존재론적 자기규정의 조건을 서술하는 것이 인간의 (또한 비인간의) 사유를 어떤 재인지 장치dispositif로 환원하는 것보다 절대적으로 우위에 있다. 여기서 재인지 장치란 분류, 술어 기능, 판단, 재현 등을 말한다. "비교

● 이는 작동 중인 기술과 관련된 문제들의 시점에서, 그 집단들의 지적 화용론과 인류학 이론이 인식론적으로 동질적이라는 말이 전혀 아니다(Strathern 1987).

존재지학"ontographie comparative으로서의 인류학(Holbraad 2003), 이 것이 바로 내재성의 참된 시점이다.* 사유에 대해 다르게 사유하기 라는 이러한 과제의 시의적절함과 중요성을 받아들이는 것은 곧 개 념적 상상력에 관한 인류학 이론을 창안하는 기획에 위험을 무릅쓰 고 가담하는 일이다. 그런 인류학 이론은 인간과 비인간집단 모두 의 삶에 내속된 창조성과 반성성[9]에 민감하게 반응하는 것이어야 한다.

* * *

이와 같이, 우리가 지금 묘사하고 있는 책 제목의 의도는 우리 학 문 분야가 그 자신의 안티 오이디푸스라고 할 만한 중요한 책의 첫 장들을 이미 쓰고 있다는 점을 시사하려는 것이다. 왜냐하면 오이 디푸스가 정신분석학의 기원 신화에서 주인공의 역할을 한다면, 우 리 책은 인류학의 수호성인이나 후견 정령의 역할을 할 후보로 나 르시스를 제안하기 때문이다. (무엇보다 자신의 이른바 "철학적" 버전에 서) 인류학은 언제나 인류학적 담론의 주체와 그 주체가 아닌 (즉 우 리들이 아닌) 모든 것들을 구별할 근본적 기준이나 특성을 규정하는 데 다소 지나치게 몰입해 왔다. 그 주체가 아닌 것이란 곧 비서구적 인 것, 비근대적인 것 또는 비인간적인 것을 말한다. 다르게 말하자

● 따라서 이것은 앞서 인용한 구절에서 레비-스트로스가 지적한 것과 정확히 같은 지점은 아니다.

면, 타자에게 "없는 것"은 무엇인가? 일단, 타자는 무엇이 없기 때문에 비서구적인 것과 비근대적인 것으로 구성되는가? 자본주의와 합리성인가? 개인주의와 기독교인가?(혹은 좀 더 소박하게 잭 구디를 참고하자면, 알파벳으로 글쓰기와 혼인 지참금인가?) 그다음으로 이러한 타자를 비인간으로 구성할(혹은 오히려 비인간을 우리들의 참된 타자로 구성할) 더욱 커다란 부재는 무엇일까? 불사의 영혼? 언어? 노동? 간벌Lichtung? 금지? 유형성숙? 메타 지향성?

이런 모든 부재들은 서로 닮아 있다. 바로 문제 자체에 대답의 형식이 포함되어 있으므로, 정말 [무엇이 부재한지는] 상관없기 때문이다. 여기서 대답의 형식이란 곧 어떤 '거대 구분'이라는 형식, 하나의 동일한 배제 행동이라는 형식이다. 이 배제 행동은 인간종을 인류학적 서구의 생물학적 유사성으로 만들고, 서구와 다른 종 및 인간집단을 모두 결핍을 나타내는 공통적 타자성 속에서 뒤섞어 버린다. 실제로 무엇이 타자와 "우리"를 다르게 만드는지 자문하는 것은 (다른 종과 다른 문화들에 속하는 "그들"이 누구인지는 중요치 않다. 중요한 것은 "우리"니까) 이미 하나의 대답이다.

따라서 "'인간'(에게 고유한 것)이란 무엇인가"라는 질문을 거부하며, "'인간'"의 본질이란 없고, 그의 실존은 그의 본질에 앞서며, '인간'의 존재는 자유와 비규정성이라고 말할 필요는 결코 없다. 오히려 "'인간'이란 무엇인가"는 너무나 분명한 역사적 이유들 때문에 시치미를 떼지 않고서는 대답하는 것이 불가능한 질문이 되어 버렸다고 말해야 한다. 다른 용어로 말하자면, 고유한 것을 전혀 갖지 않음이 '인간'의 고유함이라는 것을 계속해서 반복하지 않고서는 그 질문에 대답하는 것이 불가능하다(겉으로 보기에는 고유한 것을 갖지 않는다는 그 사실이 타인의 모든 속성에 대한 무제한적인 권리를 인간에게 부여하는 것 같다). "우리의" 지적 전통에서 천년에 걸쳐 나온 대답은 다음과 같다. 인간종은 (우리가 그렇게 믿었으면 하는 바람에 따라) 나머지 생명체에게 혜택을 주기 위해, 부재, 유한성, 존재결여manque-à-être라는 탁월함을 획득하는 데 바쳐졌다는 것이다. 이런 대답은 방금 말한 인간의 속성 없음을 통해 인간중심주의를 정당화한다. 여기에 인간이 지고 있는 무거운 짐이 있다. 즉, 인간은 보편적 동물로 존재하며, 인간으로 인해 우주가 존재한다. 우리가 알다시피 (하지만 도대체 우리가 그걸 어찌 알겠는가?) 비인간들은 "세계를 거의 갖지 못한 가난한 자들"이다. 종달새조차도 ……. 흔히 비서구인과 세계에 관해서는, 어쨌든 그들은 세계의 최소 부분은 가지고 있다고 조심스럽게 짐작하게 된다. 우리, 오직 우리 유럽인만이 완전한 인간이다.* 혹은 달리 말하고자 한다면, 장엄하게 불완전하다고도 할 수 있다. 그들은 세계들을 가진 백만장자, 세계들의 축적자, "세계들의 형태를 구성하는 자"다. 서구 형이상학은 진정으로 모든 식민주의의 원천이자 기원fons et origo이다.

문제가 바뀌자마자, 그것에 대답하는 방식도 바뀐다. 즉, 소수 인류학은 거대 분할자들에 맞서 작은 다양체들을[10] 증식시킬 것이다. 이 작은 다양체들이란 작은 차이들의 나르시시즘이 아니라, 연속적인 변이의 안티 나르시시즘이다. 또한 소수 인류학은 목적 지향적

● 예의상 나는 나 자신도 여기에 포함시킨다.

이거나 완전한 인간주의들에 맞서, 인간성을 별도의 질서로 구성하길 거부하는 "종결 불가능한 인간주의"(Maniglier 2000)를 증식시킬 것이다. 내가 더욱 강조하려는 것은 다양체를 증식시키기다. 왜냐하면 자크 데리다가 시의적절하게 상기시켰듯이(Derrida 2006), 여기서 필요한 일은 기호와 세계, 인격과 사물, "우리"와 "그들", "인간"과 "비인간"을 통일-분리하는 경계들을 폐지하자는 복음을 전하는게 결코 아니기 때문이다. 여기서 환원주의적 편리함들과 휴대용 일원론들은 모두 융합된 환상들과 마찬가지로 문제가 되지 않는다. 오히려 모든 분할선을 구부려 무한히 복잡한 하나의 곡선으로 만들면서, 그 경계들을 "환원하지 않고"(라투르) 정의하지 않는 것이 필요하다. 윤곽을 지우는 것이 아니라, 주름지우고 조밀하게 만들고 무지갯빛으로 반짝이게 만들고 회절시키는 것이 필요한 것이다. "우리가 말하고자 하는 것이 여기에 있다. 어떤 일반화된 반음계라는 것 ……"(Deleuze·Guattari 1980, 123[국역본 188쪽]).[11] 반음계[라는 개념이 의미하듯이] 구조주의의 후대 프로그램은 당연히 구조주의의 용어들과 함께 쓰여진다.

* * *

인류학의 근본적인 혁신을 떠맡고 있는 몇몇 인류학자들이 『안티 나르시스』의 초안을 작성하기 시작했다. 잘 알려진 저자들임에도 불구하고, 그들의 저작은 여전히 마땅히 받아야 할 만큼의 인정을 받지 못하고 있으며, 마땅한 정도로 전파되지도 않았다. 심지어 이런 상황은 그들의 출신 나라에서도 마찬가지인데, 그들 중 한 명이 특히 그렇다. 우리가 여기서 말하는 것은 미국의 인류학자 로이 와그너다. 그는 "전도된 인류학"reverse antropology이라는 매우 풍성한 일반개념을 만든 바 있고, 현기증을 일으킬 정도로 대단한 "발명"과 "관습"의 기호학을 창안했으며, 또한 개념의 인류학적 개념에 관해 통찰력 있는 밑그림을 그리기도 했다. 또한 우리는 영국의 인류학자 스트라선도 참조한다. 우리는 그에게 페미니즘과 인류학이 교차하는 상승작용-탈구축을 빚지고 있다. 마찬가지로 "원주민적 미학"과 "원주민적 분석"이라는 힘-관념들도 빚지고 있다. 어떤 의미에서는 이 두 관념이 서구 이성에 대한 멜라네시아적 반反비판의 두 측면을 형성한다. 또한 그는 브로니스와프 말리노프스키 이후 종족지학에 고유한 서술 방식을 발명해 주었다. 그리고 부르고뉴 출신의 라투르도 있다. 우리는 그에게 행위자-네트워크acteur-réseau와 집단이라는 횡橫존재론적 개념들을 빚지고 있다. "결코 그런 적(근대인이었던 적) 없음"의 역설적 운동, 그리고 과학들의 실천에 관한 인류학적 환희를 다시 알려 준 것에 대해서도 빚지고 있다. 조금 더 최근에는 다른 여러 동료들이 여기에 가세하고 있다. 우리가 여기서 그들의 이름을 나열하지는 않을 것이다. [누군가의 이름을] 누락하거나 [우리가 그 이름을] 대리할 권한이 없거나 해서, 잘못을 범하지 않고 그렇게 나열하는 게 불가능할 것이기 때문이다. ●

● 팀 인골드는 예외적으로 중요하게 언급해야 할 것이다. 그는 아마도 데스콜라(이 사람에 대해서는 나중에 이야기할 것이다)와 함께 우리 지적 전통의 포괄적인 존재론적 구분들

그러나 이 모든 이들에 훨씬 앞서, 인용되었든 아니든, 이미 클로드 레비-스트로스가 있었다. 그가 쓴 저작은 두 개의 얼굴을 갖는데, 하나는 인류학의 과거를 향하고 다른 하나는 미래를 향한다. 첫 번째 얼굴은 인류학의 과거에 영광스러운 상을 수여하고, 두 번째 얼굴은 미래를 예견한다. 레비-스트로스가 말한 대로 장-자크 루소를 인간 과학의 수립자로 봐야 한다면, 레비-스트로스 자신은 구조주의로 인간 과학을 재수립했을 뿐만 아니라 내재성의 인류학을 향한 길을 제시하며 인간 과학을 잠재적으로 "비非수립"했다고 말해야 할 것이다. 한편 레비-스트로스 자신은 "자기 민족을 약속의 땅으로 인도하지만, 자기 자신은 결코 그 땅의 광명을 바라보지 못할 모세처럼" 아마도 그 길에 진정으로 오르지는 않았을 것이다.﹡ 인류학적 인식을 원주민적 프락시스의 한 가지 변형으로 제기하면서 — "인류학은 관찰되는 것의 사회 과학을 창안하고자 한다"(Lévi-Strauss 1958/1954, 397) — 그리고 10년 후 『신화들』*Mythologiques*을 "신화집합에 대한 신화"라고 정의하면서(Lévi-Strauss 1964, 20[국역본 111쪽])[12] 레비-스트로스는 종료 불가능성과 잠재성이라는 도장이 실

을 다시 문제 삼기 위해 가장 많은 작업을 한 인류학자일 것이다. 특히 "인간성"을 "환경"과 분리하는 존재론적 구분이 문제가 되었다(Ingold 2000 참고). (아메리카 원주민의 관점주의에 대한 나의 작업에 매우 큰 영향을 미쳤던) 인골드의 작업은 큰 활력을 주지만, 전반적으로 현상학에 신세를 지고 있음을 나타낸다. 이로 인해 이 책에서 논의하는 저자 및 개념들과 인골드의 관계는 오히려 간접적인 것이 된다.

﹡ 모세에 대한 암시는 "마르셀 모스 저작 입문"(Introduction à l'œuvre de Marcel Mauss, Lévi-Strauss 1950, XXXVII)에 나온다. 레비-스트로스는 "모스가 건너가지 않은 결정적 이행이 어딘가에 있는 것이 분명하다 ……"고 덧붙인다.

정적으로 찍혀 있는 "도래할 철학"(Hamberger 2004, 345)의 기준을
세웠다.

클로드 레비-스트로스, 탈구조주의의 수립자 …… 이미 10년 전,
친족 연구에 남은 구조주의적 유산을 결산한 『인간』[13]의 어느 호에
실린 후기에서, 우리 분야의 그 최연장자는 결정적이고, 그만큼 날
카로운 언급을 한 적이 있다.

남아메리카 원주민은 인척관계라는 일반개념을 인간적인 것과 신적인
것, 친구와 적, 친족과 이방인 같이 대립하는 두 가지 사이에 경첩을
만드는 것으로서 이해한다. 우리의 브라질 동료 학자들은 그 일반개념
에 대한 비판적 분석으로부터 포식의 형이상학이라 부를 수 있을 만한
것을 이끌어 내는 데 도달했다는 것에 주목해야 한다. [……] 이런 관
념의 흐름으로부터 전체적인 하나의 인상이 도출된다. 즉, 기쁨을 주
든 걱정을 주든, 철학은 다시 한 번 무대의 전면을 차지한다. [하지만
이것은] 이제 우리의 철학이 아니다. 내 세대는 이국적인 인간집단에
게 우리의 철학이 스스로 해체되도록 도와 달라고 요청했다. [그 대신
지금 무대의 전면을 차지하는 것은] 경이로운 귀환을 통해 나타난 그
들의 철학이다(Lévi-Strauss 2000, 720).

우리가 앞으로 살펴보겠지만, 위 논평은 이 책의 내용을 아주 훌
륭하게 요약하고 있다.● 이 책이 바로 그 브라질 동료학자 가운데

● 이 단락에 대한 또 다른 주해로는 Viveiros de Castro 2001a를 참고할 것. 마니글리에 역시

한 명이 쓴 것이기도 하다. 남아메리카 원주민은 인척관계라는 일반개념으로 [포식의 형이상학이라는] 고유하게 형이상학적인 용법을 만들어 내는데, 실제로 우리는 그런 용법을 우리 종족지학의 주축 가운데 하나로 삼는다. 그뿐만 아니라 우리는 다음 두 가지 사이의 관계 문제를 다시 다루기 위한 초안도 그린다.[14] 그 관계의 한편에는 비非관계라는 양식에 따라 레비-스트로스가 불러낸 두 가지 철학이 있고("우리의 철학"과 "그들의 철학'), 다른 한편에는 구조주의가 투사하는 그 도래할 철학이 있다.

왜냐하면 기쁨을 주든 걱정을·주든, 문제가 되는 것은 분명 철학이기 때문이다. …… 혹은 문제가 되는 것은 오히려 인류학과 철학 사이에 일정 정도의 연결을 다시 수립하는 일이다. 이 연결은 구조주의와 탈구조주의 사이에 그어진 부정확한 경계의 양쪽 모두로 구성되었던 횡橫학제적 문제틀을 하나하나 새롭게 검토함으로써 다시 수립된다. 그런 문제틀은 지난 수십 년간 이어진 보수적 혁명 바로 직전에, 사유의 열광과 관대함이 나타났던 그 짧은 순간 동안 구성되었다. 그 보수적 혁명은 정치적 시점뿐만 아니라 생태적 시점에서도 세계를 완전히 숨 막히는 어떤 것으로 변형하는 데 특히 효과적임을 보여 주었다.

따라서 인류학과 철학을 교차하는 독해에는 이중의 경로가 있다. 그 독해는 한편으로 아마존의 사유에 의해 안내되고(여기서 "구조주의의 아메리카 원주민적 기반"[Taylor 2004, 97]을 상기하는 것이 절대적으로

이 단락을 부각해 드러낸 적이 있다(Maniglier 2005b).

중요하다) 다른 한편으로는 들뢰즈의 "이단적" 구조주의(Lapoujade 2006)에 의해 안내된다. 따라서 그 목적지도 이중적이다. 첫째 사유의 영속적인 탈식민화를 실행하는 것으로서의 인류학이라는 이상에 접근하는 것, 둘째 철학적 방식과는 다른 개념 창조의 방식을 제안하는 것이다.

그러나 결국 문제가 되는 것은 인류학이다. 우리의 가까운 과거를 횡단하는 이런 산책의 의도는 향수를 불러일으키는 것보다는 미래를 전망하는 데 있다. 그런 의도가 열망하는 것은 몇 가지 가능한 것들을 일깨우고, 구름 사이의 맑은 공간을 어렴풋이라도 바라보는 일이다. 그런 맑은 공간에 의해, 지적 기획으로서의 우리 학문은 최소한 자기 자신을 위해서 (다소 극적으로 표현한다면) 질식사가 아닌 다른 [형태의] 대단원을 상상할 수 있을 것이다.

관점주의

리마와 나는 아메리카 원주민의 **관점주의**[1]라는 개념을 제안하면서 [앞 장에서 언급한] 인류학의 전개 과정을 재규정하는 작업에 기여하고자 했다. 관점주의라는 개념은 관념과 실천들로 이루어진 어떤 복합물의 형태를 다시 구성하게 될 것인데, 그 복합물은 신세계[아메리카]에 광범위하게 퍼져 있음에도 불구하고, 지성을 뒤흔드는 그것의 위력은 전문가들에게 마땅히 받아야 할 평가를 ("평가"가 적절한 어휘인지 모르겠지만) 제대로 받지 못했다. 그 개념에 다자연주의

● 일차적인 출처로 Lima 1999/1996; 2005/1995; Viveiros de Castro 1998/1996; 2002a; 2004a; 2004b를 참고할 것. 우리는 아래에서 인류학계의 사람들, 특히 아메리카 연구자들에게 널리 알려져 있는 구절과 테마들을 문자 그대로 다시 인용할 것인데, 다른 독자들에게는 그런 재인용이 유용할 수 있을 것이다.

라는 개괄적인 개념이 추가되었는데, 다자연주의 개념은 아메리카 원주민의 사유를 다음과 같은 몇몇 현대 철학적 프로그램의 예상치 못한 동반자처럼(혹은 이렇게 말하길 원한다면, 어두운 선구자처럼) 소개했다. 그 몇몇 프로그램이란 가능 세계들에 대한 이론을 둘러싸고 발전해 온 것이거나, 근대성의 끔찍한 이분법들 외부에 단번에 자리 잡은 것이다. 또한 그것은 "초월론적 경험주의" 또는 "사변적 실재론"이라는 깃발 아래서 사유의 새로운 도주선을 점차 정의해 온 프로그램이기도 한데, 이것은 모든 존재론적 질문에 대해 인식론적 대답을 찾도록 강요했던 비판철학적 헤게모니의 종말을 확인한 것에서 자신의 힘을 얻었다.

관점주의와 다자연주의라는 이 두 가지 개념은 우리가 방금 거론한 "포식의 형이상학"의 우주론적 전제들을 분석한 결과로 출현했다. 레비-스트로스가 요약한 것에서 추론할 수 있듯이, 혼인 동맹[2]을 가리키는 원주민 범주들이 만들어 낸 뛰어난 사변적 생산물에서 그 형이상학은 가장 잘 표현되는데, 우리는 그 혼인 동맹이라는 현상을 잠재적 인척관계라는 다른 개념으로 또다시 번역한다. 잠재적 인척관계는 들뢰즈가 아메리카 원주민 세계들의 "'타인' 구조"라 불렀을 만한 것의 특징을 나타내는 도식론이다. 그 세계들의 주민들이 가진 관계적 상상력 어디에나 존재하는 모티브, 즉 식인 풍습의 기호가 잠재적 인척관계 그 자체에 지워지지 않는 방식으로

● Viveiros de Castro 2001; 2002b/1993. 이 책의 11장을 참고할 것.

●● Deleuze 1969a.

표시되어 있다. 이런 식으로, 종 사이에 [성립하는] 관점주의, 존재론적 다자연주의, 식인의 타자성은 원주민적 타인류학alter-anthropologie의 세 가지 측면을 형성한다. 이런 타인류학은 서구 인류학의 대칭적이고 전도된 변형인데, 이때 대칭이란 라투르가 사용하는 의미의 대칭을 말하고, 전도란 와그너가 말하는 **전도된 인류학**reverse anthropology의 의미와 같다. 우리는 [그런 세 가지 측면으로 이루어진] 삼각형을 그리면서, 레비-스트로스가 "우리의" 철학과 대립시켰던 "이국적 인간집단들"의 철학 가운데 하나의 윤곽을 그리기 시작할 수 있을 것이다. 혹은 다르게 말하자면, 『철학이란 무엇인가?』(Deleuze·Guattari 1991) 4장("지리철학")에서 초안이 작성된 웅장한 프로그램의 일부를 실현하기 위한 시도를 시작할 수 있을 것이다. 비록 이 두 가지 경우에서 의도적인 애매성과 어떤 방법적 부정확성이라는 대가를 치르더라도 말이다(그러나 항상 이런 대가를 치를 준비가 되어 있어야만 한다).

* * *

이 작업은 우리 연구의 결과물과 레비-스트로스의 잘 알려진 우화 사이에 발생하는 어떤 공명을 갑작스레 지각한 이후, 이것을 완전히 우발적인 (꼭 우발적이어야 하는 것처럼) 출발점으로 삼았다. 우리 연구는 아마존의 세계시민주의[3]에 관한 것으로서, 실재적인 것에 내속되어 있는 관점적 다양체라는 일반개념을 겨냥한다. 레비-스트로스의 우화는 아메리카 정복에 관한 것으로서, 『인종과 역사』

*Race et histoire*에서 다음과 같이 이야기된다.

아메리카를 발견하고 몇 년이 지난 후, 대 안티야스Antilles 제도에서
스페인인들이 원주민에게도 영혼이 있는지 탐색하려고 조사단을 파견
하는 동안, 원주민들은 백인의 시체도 썩는 지를 오랜 관찰을 통해 검
증하려고 백인 포로들을 물에 빠트리는 데 열중했다(Lévi-Strauss 1973/
1952, 384).

레비-스트로스가 위와 같은 두 가지 인류학 사이의 충돌에서 본
것은, 인간 본성을 전형적으로 드러내 주는 것 가운데 하나가 인간
자신의 고유한 일반성을 부정하는 것이란 사실에서 나타나는 바로
크적 알레고리였다. 일종의 선천적 인색함이 있어서, 인간성을 설
명하는 술어들을 전체로서의 종으로 확장하는 것을 가로막는데, 바
로 그 인색함 자체가 인간성을 설명하는 그러한 술어 중 하나처럼
보인다. 요컨대 자기종족중심주의란 양식bon sens과 같은 것(아마도
자기종족중심주의란 단지 양식의 통각을 [구성하는] 계기일 것이다), 세계
에서 가장 널리 공유되는 것이다. 익숙한 형식의 가르침이지만, 익
숙하다고 해서 덜 날카롭지는 않다. 타자의 인간성을 손상시켜 자
기 자신의 인간성을 우위에 둔다는 사실은 그렇게 하찮게 여겨지던
타자와의 근본적인 유사성을 드러낸다. 즉, '동일자'(유럽인)의 타자
는 자신이 '타자'(원주민)의 타자와 동일하다는 것을 보여 주므로,
그 '동일자'는 결국 자기도 모르는 사이에 자신이 '타자'와 동일하
다는 것을 보여 주게 된다.[4]

레비-스트로스는 위의 일화에 마음을 완전히 빼앗겨서 『슬픈 열대』*Tristes Tropiques*에 또다시 수록한다. 그러나 그 책에서 저자는 양쪽의 유사성보다 차이를 지적하면서 어떤 아이러니한 어긋남을 보충적으로 소개한다. 그는 타자의 인간성을 조사하는 과정에서 유럽인들이 사회 과학의 도움을 받았던 반면, 원주민들은 오히려 자연 과학을 신뢰했다는 것을 지적한다. 그리하여 유럽인들은 원주민이 동물이라고 선언한 반면, 원주민은 유럽인이 신이 아닐까 의심하며 만족했다는 것이다. 저자는 "양쪽 모두 무지하기는 마찬가지였지만, 원주민의 태도가 확실히 인간에게 더 마땅한 것이었다"(Lévi-Strauss 1955, 81-83[국역본 193-197쪽])고 결론 내린다. 그게 실제로 일어난 일이라면,° 이로부터 우리는 타자와 관련해 양쪽 모두 무지하기는 마찬가지였지만, '타자'의 타자가 '동일자'의 타자와 정확히 동일하지는 않았다는 결론을 내야 한다. 만일 원주민의 세계들에서 인간성의 두 가지 타자, 즉 동물성과 신성 사이의 관계가 우리가 기독교에서 이어받은 관계와 완전히 다르지만 않았더라도, 어쩌면 ['타자'의 타자는 '동일자'의 타자와] 정확히 반대였다고 말할 수도 있을 것이다.[5] 타이노인[6]의 우주론적 위계질서보다 우리들의 우주론적 위계질서에 호소하기에는 레비-스트로스의 수사적인 대조가 효과적이다.°°

° 사린즈가 보여 주었듯이(Sahlins 1995), 근대인과 원주민의 다양한 만남에서 침략자들을 현지의 신성들과 연관시키는 현상이 관찰된다. 이런 현상은 원주민이 근대성이나 유럽성에 대해 어떻게 생각하는지보다, 신성에 대해 어떻게 생각하는지에 관해 훨씬 더 많은 것을 말해 준다.

°° 이 일화는 곤살로 페르난데스 데 오비에도 발데스의 『인디아스의 역사』(*Historia de las*

어쨌든 우리는 [서구와 원주민 인류학의] 이러한 비평형에 관한 성찰을 통해 다음과 같은 가설에 이르게 되었다. 즉, 신체와 영혼에 부여된 기호학적 기능이 전도되어 있다는 바로 그 지점에서, 아메리카 원주민의 존재론적 체제들은 서구에 가장 널리 퍼져 있는 존재론적 체제들과 갈라진다는 것이다. 안티야스 제도에서 벌어진 사건에서 스페인인들은 영혼의 차원에, 원주민들은 신체의 차원에 주목했다. 유럽인이 원주민도 신체를 가지고 있다는 것을 의심한 적은 결코 없었다(동물도 역시 신체를 가지고 있다). 원주민은 유럽인도 영혼을 가지고 있다는 것을 의심한 적이 결코 없었다(죽은 자의 유령과 동물도 역시 영혼을 가지고 있다). 유럽인의 자기종족중심주의는 타자의 신체도 자기의 신체에 살고 있는 영혼과 형식적으로 유사한 영혼을 포함하는지 의심하는 데서 성립했다. 반대로 아메리카 원주민의 자기종족중심주의는 다른 영혼이나 정신도 원주민의 신체와 물질적으로 유사한 신체를 갖출 수 있는지 의심하는 데서 성립했다.

Indias)에서 발췌된 것이다. 그 일은 히스파니올라(Hispaniola) 섬과(식민지 운용자들과 함께 성 제롬(Saint-Jérôme) 수도회의 수사들이 1517년 수행한 조사) 푸에르토리코에서(원주민들은 탐구를 위해 스페인 청년 한 명을 물에 집어넣었는데, 물에 잠겨 있다가 결국 익사했다) 벌어진 일이었을 것이다. 그 일화는 "인간 과학의 고고학"이 최소한 바야돌리드(Valladolid) 논쟁(1550-51)까지는 거슬러 올라가야 할 필요가 있음을 보여 주는 논의이기도 하다. 그것은 아메리카 원주민의 본성에 관해 바르톨로메 데 라스 카사스와 후안 히네스 데 세풀베다가 벌인 유명한 토론을 말한다(Padgen 1982).

• 옛날의 영혼은 새로운 이름들을 얻었고, 지금은 가면을 쓴 채 전진하고 있다. 즉, 문화, 상징적인 것, 마음(mind)이라는 의미에서의 정신 …… 타자의 영혼이라는 신학적 문제는

부가 설명

로이 와그너(아메리카 원주민의 관점주의 이론을 위한 결정적 매개자임이 곧 드러날 멜라네시아 연구자)의 기호학 용어에 따르면, 신체는 유럽 존재론에서 선천적이거나 자발적인 차원("자연")에 속할 것인데, 이 차원은 "관습화하는" 상징화 작용의 역™발명된 결과다. 다른 한편 영혼은 구축된 차원, 즉 "차이화하는"[7] 상징화의 결실일텐데, 이 상징화는 "급진적 구별들을 그리면서, 관습적 세계의 독특한개체성들을 구체화하면서, 그 세계를 명시하고 구체적으로 만든다"(Wagner 1981, 42).[8] 반대로 원주민의 세계들에서 영혼은 "모든사물에 함축된 관습적 질서의 드러남 …… 처럼 경험되며 [……]자신의 소유자와 타자들[다른 존재자들]이 달라지는 방식들을 넘어, 서로 유사해지는 방식들을 종합한다"(같은 책, 94). 다른 한편●신체는 행위자들의 책임에 해당하는 것의 영역에 속할 텐데, "내재적 인간성"(같은 책, 86-89)의 보편적이고 선천적인 바탕에 맞서 구

곧바로 다른 마음에 관한 문제들(problem of other minds)로 알려진 철학적 퍼즐이 되어 버렸다. 오늘날 이러한 퍼즐은 인간의 의식, 짐승의 정신, 기계의 지성(신들은 인텔(Intel)의 마이크로프로세서로 거처를 옮겼다)에 관한 신경 기술적 연구들의 최첨단에 서있다. 이 중동물의 정신과 기계의 지성이라는 두 가지 경우에서 문제가 되는 것은, 결국 몇몇 동물들이 영혼이나 의식 같은 것을 (아마 문화까지도) 가지고 있는지 아닌지를 아는 것, 그리고 자기 창조 능력이 없는, 다르게 말하자면 참된 신체를 갖추지 못한 몇몇 물질 체계들이 지향성을 가질 능력을 보여 줄 수 있는지를 아는 것이다.

● 여기서 우리는 와그너에 비해 (그가 이 단어에 부여한 의미에서) "혁신적이다." 와그너는 『문화의 발명』에서 차이화하는 문화들에게 신체가 어떤 지위를 차지하는지에 관한 질문을 제기하지 않았다.

축되어야 하는 것의 기본적 형태figure 중 하나다. 간략히 말하자면 유럽적 프락시스는 주어진 물질-신체적 바탕(자연)에서 출발해 "영혼들을 만드는"데에서(그리고 문화들을 차이 나게 하는 데에서) 성립한다. 원주민적 프락시스는 주어진 사회 정신적 연속체에서 출발해 "신체를 만드는"데에서(그리고 종들을 차이 나게 하는 데에서) 성립한다. 아래에서 살펴보겠지만, 그 연속체는 바로 신화 속에서 주어진다.

매우 독창적이고 개념적으로 밀도가 높은 와그너의 이론 체계는 쉽게 가르치기 위한 요약을 허용하지 않는다. 우리는 독자에게 『문화의 발명』*The invention of culture*(Wagner 1981)을 직접 경험해 보길 부탁하는데, 그 책은 가장 세련된 형식으로 완성된 그의 설명을 담고 있다. **대체로** 와그너의 기호학은 (인간적이기도 하고 정말로 비인간적일 수도 있는) 프락시스에 관한 이론이라고 말할 수 있을 것이다. 이 이론에 따르면 그의 기호학은 [다음과 같은] 두 가지 상징화 방식의 상호적이고 회귀적인 작동으로 철저히 이루어진 것으로 이해된다. 즉, ① 관습적이거나 집단화하는 (또한 문자적인) 상징화 작용이다. 여기서 기호는, "지시 대상"의 이질적 평면과 대립하는 한에서, 다시 말해 기호 자신과 다른 것을 상징화하는 것으로 보이는 한에서, 표준화된 맥락(의미론의 영역, 형식 언어 등) 속에서 조직된다. ② 차이화하거나 발명적인 (또는 형태적인) 상징화 작용이다. 이러한 방식에서 관습적인 상징화가 재현하는 현상들의 세계는 "자기 자신을 재현하는 상징들", 즉 사건들로 구성된 것으로 파악된다. 이 사건들은 관습적인 대조를 해소하면서, 상징이자 동시에 지시 대상인 것처럼 드러난다.[9] 무엇보다 여기서 지시 대상의 세계, 즉 "실재적인 것"은 기호학적 효과처럼 정의된다는 것을 살펴보아야 한다. 즉, 기호의 타자는 "자기 자신을 재현하는" 독특한 능력을 갖춘 또 다른 기호다. 사건이나 경우들로서의 현실적 개별체가 존재하는 방식은 토테고리tautégorie[10]다. 그다음으로 이런 두 가지 상징화 방식 사이의 대조 그 자체가 관습화하는 작동(그리고 지각)의 결과임을 강조해야 한다. 즉, 발명과 관습의 구별 그 자체가 관습적이지만, 동시에 모든 관습은 역발명에 의해 생산된다. 따라서 이런 대조는 내속적으로 회귀적인데, 무엇보다 우리가 다음 사실을 이해한다면 그렇다. 인간의 문화들은 "주어진 것"이라는 기능을 타자의 것으로 돌리면서, 상징화 방식을 행위나 발명에 알맞게 맞추어진 요소로서 (관습적으로) 특권화하는데, 바로 그러한 상징화 방식을 두고 인간의 문화들이 근본적으로 서로 대립한다는 것이다. 문화들(관습의 인간적 거시 체계들)은 다음 두 가지에 의해 서로 구별된다. 그 문화들이 무엇을 행위자들의 책임 영역("구축된" 것의 세계)에 속하는 것으로 정의하느냐에 따라서, 또한 "주어진 것"의 세계, 즉 구축되지 않은 것의 세계에 속하는 것이 무엇이냐에 따라서다(왜냐하면 이것은 구축되지 않은 것의 세계에 속하는 것으로 역구축된 것이기 때문이다).

모든 문화적 관습의 집합은 맥락의 두 가지 유형 사이의 단순한 구별에 그 핵심이 있다. [첫 번째] 유형의 맥락은, 그것이 관습화되지 않은 맥락이든 관습 그 자체의 맥락이든, 인간 행위가 일어나는 동안 의도적으로 분절 및 접합되어야 하는 것이다. [두 번째] 유형의 맥락은 "주어진 것"이나 "선천적인 것"이라는 관습적 가면 아래에서 "동기"로서 역발명되어야 하는 것이다. 물론 [……] 오로지 두 가지 가능성밖에 없다. 즉, 차이화하는 행위 형식을 의도적으로 실천하는 인간집단의 경우, [사회와 그 사회의 관습에_저자] 동기를 부여하는 집단성을 "선천적인 것"으로서 불변적으로 역발명할 것이다. 반면 집단화하는 행위 형식을 의도적으로 실천하는 인간집단의 경우, 차이화하는 동기 부여를 역발명할 것이다(Wagner 1981, 51).[11]

* * *

안티야스 제도의 그 사건에 관해 레비-스트로스가 지적한 인류학적 교차는 아마존 종족지학에서 막 구별되기 시작했던 두 가지 특징과 매우 잘 들어맞았다. 첫째, 그 인류학적 교차는 그 당시에 애니미즘적● 이라고 (알다시피 다소 일방적인 방식으로) 막 재정의되었던 존재론들의 핵심 자체에서 신체성의 경제 전체가 가진 중요성을 예상치 못한 길을 따라 확인해 주었다. 우리는 확인이라고 말했는데, 왜냐하면 『신화들』이 [그 중요성을] 이미 풍부하게 보여 주었기 때문이다(그러나 이 책을 문자 그대로, 즉 그것의 연구 대상이었던 신화적 변형들의 신화적 변형을 구성하는 것으로서 고려할 수 있어야 했다). 이 책은

● 최근에 데스콜라의 작업이 애니미즘이라는 테마를 다시 다루었다(Descola 1992; 1996). 그의 작업은 아마존에 관한 자료에 꾸준한 주의를 기울었다.

데카르트적인 엄격함을 라블레적인 영감과 접목시킨 문체에 따라, 유기적 흐름과 물질적 코드화라는 용어로, 또한 감각 가능한 다양체와 동물-되기라는 용어로 정식화된 원주민의 인류학을 서술했다. 그 책에서 원주민 인류학은 우리 자신의 인류학을 떠도는 유령 같은 용어들로 표현되지 않았는데, 우리 인류학은 상대적으로 신학-법률적인 회색빛 단조로움에(우리 학문 분야를 가공하는 권리와 의무, 규칙과 원칙, 범주와 "도덕적 인격들"을 떠올려 보자) 짓눌려 있다. 둘째, 그 인류학적 교차는 존재자들의 잠재적 차원("영혼")이 지닌 유적 générique이거나 표식 없는 지위의 이론적 함축 가운데 일부를 엿볼 수 있게 해주었다. 영혼의 이러한 지위는 강력한 원주민 지적 구조의 핵심 전제이고, 다른 것보다 특히 서구 인류학에 의해 그려진 자기 자신의 이미지를 역逆서술할 능력이 있다. 바로 이것에 의해 "우리가 우리 자신을 알아보지 못하는 이미지를 우리 자신으로부터 우리에게 되돌려 준다." 바로 이러한 물질주의적이고 사변적인 이중의 비틀림이 우리가 "관점주의"라고 부른 것이고, 그런 비틀림은 애니미즘에 관한 통상적 재현, 즉 심리학주의적이고 실증주의적인

● 원주민의 아메리카에서 나타나는 신체성에 관한 문제를 처음으로 정식화한 것에 대해서는 Seeger·DaMatta·Viveiros de Castro(1979)를 참고할 것. 이 작업은 명시적으로 『신화들』에 의지하면서 발전했고, 그다음 수십 년간 공격적 인류학을 사로잡게 될 신체화(embodiment)라는 테마와는 아무런 연결도 없었다. 아메리카 원주민을 연구하는 종족학의 구조주의적 흐름은 현상학적 '육식주의'의 "경건하면서도 관능적인"(Deleuze·Guattari 1991, 169) 호소에(『신화들 I: 날것과 익힌 것』의 독자라면 "썩은 나무의 호소"라고 부를 것이다) 귀 기울이지 않은 채, 여전히 성 '삼위일체'보다는 요리의 '삼각형'라는 시점에서 신체화를 사유했다.

재현에 적용된다. 우리가 그것을 관점주의라고 부르는 것은 고트프리트 빌헬름 라이프니츠 혹은 프리드리히 니체, 알프레드 노스 화이트헤드 혹은 들뢰즈에게서 발견할 수 있는 관점주의란 이름표가 붙은 철학적 테제들과의 (적어도 눈으로 확인되는 것만큼이나 구축된) 유비들 덕분이다.

* * *

거의 언제나 잠깐 언급하는 수준이기는 하지만 다양한 종족학자들이 이미 지적했듯이, 신세계의 수많은 인간집단이 (아마도 모든 인간집단이) 다음과 같은 개념화를 공유한다. 즉, 세계는 시점들의 다양체로 이루어져 있다는 것이다. 즉, 모든 존재자들이 지향성의 중심들이며, 각자의 특징과 역량에 따라 다른 존재자들을 파악한다. 이러한 관념의 전제와 결론은 얼핏 연상되는 상대주의라는 통상적 개념으로 환원되지 않는다. 사실, 그 전제와 결론은 상대주의와 보편주의의 대립에 수직하는 평면 위에 배열되어 있다. 아메리카 원주민의 관점주의가 우리의 인식론적 논쟁의 용어에 그렇게 저항한다는 사실은, 그러한 논쟁에 자양분을 제공하는 존재론적 분할들이 다른 곳에도 쉽게 적용될 수 있는 것인지 의심스럽게 만든다. 이것이 바로 수많은 인류학자가 (비록 이유는 다양할지라도) 다음 사실을 강조하며 도달했던 결론이다. 즉, '자연'과 '문화'의 구별은 (이런 구별은 인류학의 헌법 제1조로서, 인류학은 거기에 기반을 두어서 서구 형이상학의 오래된 모형에 충성을 맹세한다) 일단 엄격한 종족학적 비판의 대상이 되지 않고서는, 비서구적 우주론들의 몇몇 내적 차원이나 영역들을 서술하는 데 활용될 수 없다는 것이다.

지금의 경우에, 그러한 비판은 "'자연'"과 "'문화'"라는 두 가지 계열체적[12] 연쇄 내에 정렬되어 있던 술어들의 재배열을 요구했다. 그 술어들이란 보편적인 것과 특수한 것, 객관적인 것과 주관적인 것, 물리적인 것과 도덕적인 것, 사실과 가치, 주어진 것과 수립된 것, 필연성과 자발성, 내재성과 초월성, 신체와 정신, 동물성과 인간성 등이다. 이렇게 다시 돌려진 개념의 카드들에 의해, 우리는 근대의 "다문화주의적" 우주론들과 비교해서 아메리카 원주민의 사유가 가지는 변별적 특징 가운데 하나를 지시하기 위해 "다자연주의"라는 표현의 사용을 제안하게 되었다. 즉, 다문화주의적 우주론들은 자연의 유일성unicité과 문화들의 다양체multiplicité 사이의 상호 함축에 의지하는 반면(신체와 실체의 객관적 보편성이 자연의 유일성을 보장하고, 정신들과 기의들의 주관적 특수성이 문화들의 다양체를 낳는다 *), 아메리카 원주민의 개념화는 정신의 단일성unité과 신체들의 다양성diversité을 전제한다고 할 수 있다. "문화" 또는 주체가 보편적인 것의 형식을, "자연" 또는 대상이 특수한 것의 형식을 재현할 것이다.

원주민의 아메리카를 연구하는 종족지학은 우주를 묘사하는 세계시민주의적 이론에 대한 이런 참조들로 가득 채워져 있다. 그 우주란 인간과 비인간 모두를 포함하는 다양한 유형의 주관적인 행위

---

* Ingold 1991, 356 참고.

주actant나 행위자들(신, 동물, 죽은 자, 식물, 기상현상, 대부분의 경우 대상과 인공물 역시)이 살고 있는 곳이다. 그들 모두는 지각적·욕구적·인지적 자질들의 동일한 일반 집합, 달리 말해 유사한 "영혼"을 갖추고 있다. 이러한 유사성은, 이를테면 수행적이라 말할 수 있는 하나의 동일한 통각aperception 방식을 포함한다. 즉, 영혼이 있는 동물 및 다른 비인간들은 "자신을 인격personne처럼 보며", 따라서 그들은 "인격이다." 다시 말해, 이것은 지향성을 갖춘 대상들, 혹은 (가시적이고 비가시적인) 두 개의 얼굴을 가진 대상들이다. 이 대상들은 사회적 관계에 의해 구성되고, 반성적인 것과 상호적인 것이라는 이중의 대명사적 양태, 다시 말해 집단적인 것이라는 양태 아래 존재한다. 그렇지만 이러한 인격들이 무엇을 바라보는지(인격으로서의 그 인격들은 무엇으로 존재하는지)가 바로 원주민 사유에 의해, 또한 그 사유에 대해 제기되는 철학적 문제를 구성한다.

영혼들이 유사하다고 해도 그 영혼들이 표현하거나 지각하는 것이 공유된다는 것을 함축하지는 않는다. 인간이 동물, 정신, 다른 우주적 행위주들을 바라보는 방식은 그러한 존재자들이 인간을 바라보는 방식 및 자신을 바라보는 방식과 근본적으로 다르다. 전형적으로(다음과 같은 동어반복은 관점주의의 제로 단계dégré-zéro와 같은 것이다), 정상적 조건들 아래에서 인간은 인간을 인간처럼 보고, 동물을 동물처럼 본다. 정신에 관련해서는, 보통은 눈에 보이지 않는 이런 존재자들을 인간이 본다는 것은 "조건들"이 정상적이지 않다는 (질병, 신들린 상태, 또 다른 이차적 상태들) 점을 확실히 지시한다. 포식 동물과 정신들의 편에서는 인간을 먹잇감처럼 보는 반면, 먹잇감들은 인간을 정신이나 포식자처럼 본다. 게르하르트 바에르는 페루 아마존 지역의 마치겡가인에 관해 이렇게 말한다. "인간 존재는 자기 자신을 인간으로 본다. 그렇지만 달, 뱀, 재규어, 천연두할멈은 인간을 자기들이 죽이는 맥貘이나 페커리[13]처럼 본다"(Baer 1994, 224). 동물과 정신들은 우리를 비인간처럼 보면서, 그들 자신을 (각자의 동종집단을) 인간처럼 본다는 것이다. 즉, 그들은 자기 집이나 마을에 있을 때 자신들을 인간의 형상을 한 존재자처럼 지각하며(또는 그런 존재자가 되며), 자신의 행동 방식과 특징들을 문화적 외양을 가진 것으로 파악한다. 자기 음식을 인간의 음식처럼 지각하고(재규어는 피를 옥수수 맥주처럼 보고, 콘도르는 썩은 고기의 구더기를 구운 생선처럼 보는 등), 자신의 신체적 특성들(털, 깃털, 발톱, 부리 등)을 문화적 도구나 장신구처럼 본다는 것이다. 그들의 사회 체계는 인간 제도의 방식(지도자, 샤먼, 족외혼의 한쪽 집단, 제례 ……)으로 조직되어 있다.

　여기서 몇 가지 지점을 정확히 할 필요가 있다. 관점주의는 (다른 존재지들, 적어도 죽은 자들을 거의 항상 포괄하면서도) 아주 드문 경우에만 모든 동물에게 적용된다. 관점주의는 많은 경우에, 멧돼지, 원숭이, 물고기, 사슴 혹은 맥 같은 전형적인 인간의 먹잇감을 비롯해, 재규어, 아나콘다, 콘도르, 부채머리수리 같이 덩치 큰 포식 동물 및 썩은 고기를 먹는 동물 등의 종들에 관련되는 것으로 보인다. 실제로 관점주의적 전도顚倒의 기본적인 차원 가운데 하나는 포식자와 먹잇감의 상대적이고 관계적인 지위에 관련되어 있다. 포식에 관한 아마존의 형이상학은 관점주의에 지극히 호의적인 실용주의적, 이론적 맥락이다. 그렇다 해도, 포식 역량의 등급 위에서 차지하는 상대적 위치의 용어로 정의될 수 없는 존재자는 거의 없다.

왜냐하면 사실의 차원에서 모든 존재자들이 반드시 인격은 아니라고 해도, 모든 종이나 존재 방식이 (권리의 차원에서) 인격이기를 방해하는 것은 아무것도 없다는 점이 중요하기 때문이다. 요컨대 문제가 되는 것은 계통학, 분류, "종족 과학"ethno-science이 아니다. 우주의 **모든** 동물과 다른 구성 성분들은 강도적으로 인격이며, 잠재적으로 인격이다. 그것들 가운데 무엇이든 자신이 하나의 인격임을 드러낼 수 있기 (하나의 인격으로 변형될 수 있기) 때문이다. 문제가 되는 것은 단순한 논리적 가능성이 아니라 존재론적 잠재능력이다. "인격성"personnitude과 "관점성"(하나의 시점을 차지할 수 있는 능력)은 이러저러한 종들이 가진 변별적 속성이라기보다는 정도, 맥락, 위치의 문제다. 어떤 비인간들은 다른 것들보다 더 완전한 방식으로 그러한 잠재능력을 현실화한다. 더구나 그중 어떤 것들은 우리 종보다 우월한 강도로 그 잠재능력을 드러낸다. 이런 의미에서 그들은 인간보다 "더 인간적"이다(Hallowell 1960, 69). 게다가 이런 문제가 가진 성질은 후험적으로 본질적이다. 이때까지는 보잘것없던 한 존재자가, 인격의 형상을 한 채 인간의 일에 영향을 미칠 능력이 있는 행위자처럼 (꿈꾸는 자에게, 병자에게, 샤먼에게) 자신을 드러낼 가

● 수단의 딩카인들이 씨족의 숭배물로 쓰는 종들, 개별체들, 현상들의 잡다한 무더기에 관해 고드프리 리엔하르트가 이야기한 것과 비교해 보자. "딩카인들에게는 씨족의 숭배물에 어떤 종들을 포함시키고, 어떤 종들을 배제할 것인지 나누는 원칙에 대한 이론이 없다. 그들의 사유에 따르면, 그 무엇이든 씨족의 숭배물이 되지 못할 이유는 없다"(Lienhardt 1961, 110).

능성은 언제나 열려 있다. 존재자들의 인격성에 관련해서는, 바로 "인격적[개인적]" 경험이 그 어떤 우주론적 도그마보다도 더 결정적이다.

그 어떤 존재자를 인격으로(다시 말해 하나의 생물사회적 다양체라는 양상으로) 생각하는 것을 가로막는 것이 없다면, 다른 인간집단은 인격이 아니라고 생각하는 것을 가로막는 것도 없다. 더구나 이것이 규칙이다. 즉, 어떤 기이한 관대함이 있는데, 이것에 의해 아마존인과 같은 인간집단들은 가장 [인간적이지] 않을 것 같은 형식 아래 감추어진 인간을 바라보게 되고, 혹은 심지어 가장 [인간적이지] 않을 것 같은 존재자들도 자신을 인간처럼 볼 능력이 있다고 긍정하게 된다. 이런 관대함은 바로 그 동일한 인간집단들의 잘 알려진 자기종족중심주의와 겹쳐 있다. 그들은 자신의 동종집단이 지닌 인간성을 부정하고, 때로는 역사적으로나 지리적으로 가장 가까운 이웃 집단의 인간성조차(혹은 그들의 인간성을 가장 먼저) 부정한다. 이것은 마치 오래 전부터 인간 조건에 대한 우주적 유아론唯我論을 (종 내부의 상호주관성이라는 위안을 받아 그 유아론이 부드러워진 것은 사실이다) 체념하고 받아들인 옛 유럽인들이 용감하게 미몽에서 깨어나 성숙했던 반면, 우리의 이국적 인간집단들은 두 가지 유아적 나르시시즘 사이에서 끊임없이 흔들리는 것과 같다. 하나는 가끔 너무나 유사해 보이는 동종집단들 간의 작은 차이들에서 비롯한 나르시시즘이고, 다른 하나는 완전히 다른 종들 간의 커다란 유사성에서 비롯한 나르시시즘이다. 타자들이 승자가 되는 것이 얼마나 불가능한지 알 수 있다. 즉, 자기종족중심적 타자와 애니미즘적 타자 모두 부족함 때문이든 지나침 때문이든 항상 정상적 범위를 벗어난 쪽에 서 있다.

인격의 조건이 (인격의 보편적인 통각 형식이 곧 인간의 형식이다) 우리 종의 다른 집단들에서 "거부될" 수 있는 것처럼, 다른 종들로 "확장될" 수 있다는 사실은 단번에 다음을 시사한다. 즉, 인격의 개념(내적 잠재력 차이에 의해 구성되는 지향성의 중심)이 인간 개념에 앞서고, 논리적으로도 우월하다는 것이다. 인간성이란 동종집단이라는 위치, 집단의 반성적 양태이고, 이러한 양태로서 포식자나 먹잇감이라는 기초적 위치들에 따라 파생되는 것이다. 이런 위치들은 필연적으로 다른 집단들, 다른 인격적 다양체들을 관점적 타자성이라는 상황 속으로 밀어 넣는다.● 주어진 포식성의 차이는 의도적으로 중지되는데, 사회적으로 생산된 이러한 중지에 의해서 유사성 또는 동종성이 출현한다. 유사성과 동종성이 포식성의 차이에 앞서는 것이 아니다.●● 바로 여기에서 아메리카 원주민의 친족관계 형성 과정

● "인간"은 실체가 아니라 관계를 지시하는 용어다. 원시적 인간집단들이 자신을 지시하는 유명한 명칭들은 순진한 동시에 거만한데, 그것은 "인간적 존재자들", "진정한 인간[남성]들"을 의미한다. 그런 명칭들은 통사론적으로 기능하는 경우가 아니라면 화용론적으로, 즉 實體를 表現하는 명사(substantif)보다는 발화자의 "주관적" 위치를 표시하는 대명사처럼 기능하는 것으로 보인다. 이런 이유로 집단적 정체성에 관한 원주민의 범주들은 대명사들에게 매우 특징적으로 나타나는 이런 커다란 맥락적 변이 가능성을 가지고 있다. 그런 범주들은 '자아'(Ego)와 직접적인 관계에 있는 친족부터 모든 인간에 이르기까지, 혹은 우리가 이미 살펴보았듯이, 의식을 갖춘 모든 존재자에 이르기까지, 자신/타자의 대조를 표시한다. "종족명"(ethnonyme)이 그런 범주의 침전물인데, 그것은 넓은 범위에 걸쳐 종족지학자와의 상호작용이라는 맥락 속에서 생산된 인공물로 보인다.

●● Taylor·Viveiros de Castro 2006, 151; Viveiros de Castro 2001b.

이 성립한다. 즉, 이것이 포식의 강도적 안정화, 포식의 의도적 미완성으로서의 "재생산"이다. 이는 들뢰즈와 과타리에게 영감을 주었던 그레고리 베이트슨의 (또는 발리인들의) 그 유명한 "강도의 연속적 고원"과 비슷한 방식이다.[14] 레비-스트로스가 다른 텍스트에서 식인 풍습을 다룬 것은 우연이 아닌데, 그 텍스트에서 빼기에 의한 동일성이라는 이러한 관념은 아메리카 원주민의 관점주의에 완벽히 맞아떨어지도록 정식화되었다.

> 식인 풍습의 문제는 …… 그 풍습의 원인을 찾는 것이 아니라, 반대로 포식의 그런 하극한이 어떻게 나타났는지를 찾는 것에서 성립합니다.[15] 아마도 사회적 삶은 그런 하극한으로 환원될 것입니다(Lévi-Strauss 1984, 144; 1971, 617).

이것은 고전적인 구조주의적 규율의 한 가지 적용에 지나지 않는다. 이에 따르면 "유사성은 그 자체로 존재하지 않는다. 즉, 유사성이란 단지 차이의 한 가지 특수한 경우, 차이가 0으로 수렴하는 경우일 뿐이다"(Lévi-Strauss 1971, 32). ● 물론 "수렴하다"라는 동사에 모든 것이 있다. 왜냐하면 저자가 지적하듯이, 차이는 "결코 완전히 무효화되지 않기" 때문이다. 실제로 우리는 다음과 같이 말할 수 있

● 이 규율은 고전적이지만, 자칭 "구조주의적"인 인류학자 가운데 이런 생각을 실제로 끝까지, 다시 말해 그 생각을 넘어서까지 밀고 나갈 수 있었던 사람은 거의 없다. 그들이 그렇게 한다면 아마도 『차이와 반복』(*Différence et répétition*)에 너무나 가까워지기 때문일까?

을 것이다. 차이는 원하는 만큼 작아질 때에만, 자신의 모든 개념적 역량 안에서 활짝 핀다는 것이다. 예를 들어, 아메리카 원주민 철학자라면 그것은 쌍둥이 사이의 [차이와 같다]고 말할 것이다(Lévi-Strauss 1991).

* * *

현실의 비인간들은 인격의 형상을 한 비가시적 측면을 지닌다는 발상은 원주민적 실천이 가진 여러 차원의 기본적인 전제다. 하지만 이런 발상은 어떤 특수한 맥락 속에서, 즉 샤머니즘에서 첫 번째 평면에 이른다. 아메리카 원주민의 샤머니즘이란 어떤 개인들이 드러내는 능숙함 같은 것으로 정의될 수 있다. 그 개인들이란 다른 종의 주체성들과 인간들 사이의 관계를 운용하기 위해, 종들 사이의 신체적 장벽을 횡단하고, 그러한 다른 주체성들의 관점을 자기 것으로 가져오는 이들이다. 샤먼은 비인간적 존재자들이 그들 자신을 (인간으로) 바라보는 것처럼 그들을 바라보면서, 종횡단적 대화에서 적극적인 교섭자 역할을 맡을 능력이 있다. 무엇보다 샤먼이 아닌 자가 쉽게 하지 못하는 것, 즉 이야기를 들려주기 위해 되돌아올 능력이 있다. 관점들의 마주침 또는 교환은 위험한 과정이며 정치의 기술, 즉 외교적 수완이다. 서구의 상대주의에 공적 정치로서의 다문화주의가 있다면, 아메리카 원주민의 샤머니즘적 관점주의에는 우주적 정치로서의 다자연주의가 있다.

샤머니즘은 인식하기의 한 가지 방식을 함축하는 행위 방식, 혹은 인식의 어떤 이상을 함축하는 행위 방식이다. 그러한 이상은 몇몇 양상 아래에서 서구 근대성이 촉진시키는 객관주의적 인식론의 대척점에 서있다. 서구 근대성의 경우, 대상이라는 범주는 목적telos을 제공한다. 즉, 인식하는 것은 "객관화하기"다. 이것은 대상 내에서 대상에 내속된 것과 인식하는 주체에 속하는 것을 구별할 줄 아는 것이다. 주체에 속하는 그것은 그 자체로 부당하게 혹은 불가피하게 대상에 투사되어 있던 것이다. 그래서 인식하기는 탈주체화하기다. 이는 대상 안에 현존하는 주체의 일부를 명시적으로 드러내어, 그 일부를 이상적인 최소치로 줄이는 것이다(또는 눈길을 끄는 비판적 효과를 얻기 위해 그 일부를 확대하는 것이다). 주체들도 대상들과 마찬가지로 객관화 과정의 결과처럼 보인다. 즉, 주체는 자신이 생산하는 대상들 안에서 구성되거나, 자기 자신을 식별한다. 그리고 주체가 "이것"ça을 볼 때처럼 자기 자신을 "외부로부터" 보는 데 성공할 경우, 자신을 객관적으로 인식하게 된다. 우리의 인식론적 놀이는 객관화라고 불린다. 객관화되지 않았던 것은 비실재적이거나 추상적인 것에 머문다. '타자'의 형식은 곧 사물이다.

아메리카 원주민의 샤머니즘을 인도하는 것은 전도된 이상이다. 즉, 인식한다는 것은 "인격화하기"이고, 이는 인식되어야 하는 것의 시점을 취하는 것이다. 혹은 인식되어야 하는 ["것"이 아니라] 누군가의 시점을 취하는 것이라고 하는 편이 낫다. 왜냐하면 "사물들이 누구"인지 아는 것이 전부이기 때문이다(조어웅 기마랑이스 호자). 그것을 모르고서 "왜"라는 질문에 지적인 방식으로 대답할 수는 없을 것이다. '타자'의 형식은 곧 인격이다. 요즘 유행하는 어휘를 쓰자면 우리는 다음과 같이 말할 수도 있을 것이다. 샤머니즘적 인격화 또는 샤머니즘적 주체화는 정신의 근대 철학자(또는 근대정신의 철학자) 몇몇이 강조하는 "지향적 태도"를 보편화하려는 성향을 반영한다는 것이다. 더 정확히 말하자면 (원주민들은 일상생활에서 "물리적"이고 "기능적인" 태도(Dennett 1978)를 완벽하게 취할 능력이 있기 때문에) 우리는 여기서 어떤 인식론적 이상을 마주하고 있는데, 그 이상은 세계에 대한 절대적으로 객관적인 재현에 이르기 위해 "주변 환경의 지향성"을 제로 수준으로 줄이려 하기는커녕, 그 반대를 장담한다. 즉, 참된 인식이 겨냥하는 것은 체계적이고 의도적인 "행위능력의 귀추법"abduction d'agence[16]이라는 과정을 통해 지향성의 최고치를 드러내 보여 주는 일이다. 우리는 앞서 샤머니즘이 정치적 기술art이라고 말한 바 있다. 이제 우리는 샤머니즘이 정치적 기술이라고 말한다.● 왜냐하면 좋은 샤머니즘적 해석이란 각각의 사건을 바라볼 때, 그것이 진정으로 하나의 행위인 것처럼, 어떤 행위자의 지향적 상태들이나 술어들의 한 가지 표현인 것처럼 바라보는 데 성공한 해석이기 때문이다. 대상이나 노에마에 지향성의 순서를 부여하는 데 성공했을 때, 해석의 성공은 그런 순서에 직접적으로 비례한다.●● 주체화에 동의하지 않는 사물들의 상태 혹은 개별체는, 다

● 앨프리드 겔은 『예술과 행위능력』(*Art and Agency*, 1998)에서 예술적 경험과 "행위능력의 귀추법" 과정 사이의 관계를 분석한 바 있다.

●● 우리는 여기서 지향적 체계들의 n-순서성(n-ordinalité)에 대한 대니얼 C. 데넷의 개념을 참조한다. 순서2의 지향적 체계에서는 관찰자가 단지 믿음, 욕망, 다른 지향들을 대상(순서1)에 부여할 뿐만 아니라, 다른 믿음들에 대한 믿음 등도 대상에 부여한다. 가장 널리

시 말해 자신을 인식하는 자와 맺는 사회적 관계의 현실화에 동의하지 않는 사물들의 상태 혹은 개별체는 샤머니즘적으로 무의미하다. 그런 것은 인식의 잔여물, 정확한 인식에 저항하는 "비인격적 요인"이다. 우리의 객관주의적 인식론이 [샤머니즘적 인식론과] 반대 방향으로 간다는 점을 상기할 필요는 없을 것이다. 즉, 우리의 인식론은 공통감의 지향적 태도를 편리한 픽션처럼 간주한다. 목표로 삼은 대상의 행동 방식이 기본적인 물리적 과정으로 분해되기에 너무 복잡할 때, 우리는 그런 편리한 픽션을 택한다. 세계를 총망라하는 과학적 설명은 모든 행위를 사건들의 인과 사슬로 환원할 능력이 있어야 하고, 이 사건들을 다시 (특히 멀리 떨어져 있는 "행위"가 아니라) 물질적으로 밀접한 상호작용들로 환원할 능력도 있어야만 한다.

그러므로 근대성의 자연주의적 세계에서 주체란 불충분하게 분석된 어떤 대상인 반면, 아메리카 원주민의 인식론적 관습은 그것의 전도된 원리를 따라간다. 즉, 대상이란 불완전하게 해석된 어떤 주체다. 여기서 인격화를 할 줄 알아야만 하는데, 알기 위해서는 인

수용되는 인지주의적 주장은 오로지 호모 사피엔스만이 순서2 이상의 지향성을 보여 준다는 것이다. "최대 행위자성(agency)의 귀추법"이라는 샤머니즘적 원리는 다음과 같은 물리주의적 심리학의 도그마에 당연히 반대한다는 것에 주목하자. "심리학자들은 '로이드 모건의 인색함 규칙'(Lloyd Morgan's Canon of Parsimony)으로 알려진 원칙에 자주 의지했는데, 이는 '오컴의 면도날'의 한 가지 특수한 경우로 볼 수 있다. 그 원칙에 따르면, 한 유기체의 행동을 설명하는 데 충분한 최소한의 지성, 의식, 합리성 혹은 마음만을 그 유기체에 부여해야 한다"(Dannett 1978, 274). 실제로, 샤먼의 방울은 오컴의 면도날과는 완전히 다른 종류의 도구다. 오컴의 면도날은 논리학이나 심리학에 대한 글을 쓰는 데 사용될 수 있지만, 예를 들어 영혼을 회복시키는 데 사용되기는 어렵다.

격화를 해야 하기 때문이다. 해석의 대상은 대상의 역해석이다.[●] 왜냐하면 대상은 자신의 충만한 지향적 형식(인간의 얼굴을 한 동물이나 정신의 형식)에 이를 때까지 발전되어야 하거나, 최소한 어떤 주체와 입증된 관계를 맺어야만 하기 때문에, 다시 말해 행위자의 "이웃에" 존재하는 어떤 것으로 규정되어야만 하기 때문이다(Gell 1998).

[대상이 주체와 입증된 관계를 맺어야 한다는] 이러한 두 번째 선택지와 관련해서, 비인간 행위자들이 자기 자신과 자신의 행동 방식을 인간적 문화의 형식 아래에서 지각한다는 관념은 결정적 역할을 수행한다. 인간 밖 주체성의 세계들에서, 여러 "자연적" 사건과 대상들을 어떤 지표가 되는 것으로 재정의하는 것은 "문화"의 번역이 이르게 되는 필연적 귀결이다. 사회적 행위자성은 그러한 지표들로부터 추론될 수 있다. 인간이 보기에는 가공되지 않은 단순한 사실인 어떤 것이, 다른 종의 시점을 따라 높은 수준으로 문명화된 행동 방식이나 인공물로 변형되는 것이 가장 흔한 경우다. 즉, 우리가 "피"라고 부르는 것이 재규어의 "맥주"이며, 우리가 진흙탕으로 보는 것을 맥獏은 거대한 제의 시설처럼 경험하는 식이다. 인공물들은 이러한 모호한 존재론을 지니고 있다. 즉, 인공물들은 대상이지만, 필연적으로 어떤 주체를 지시한다. 왜냐하면 그것들은 행위들이 응

[●] 이는 스트라선이 아메리카 원주민의 것과 유사한 인식론적 체제에 관해 지적한 바와 같다. "[이러한] 관습은 [위의 와그너를 참고할 것] 해석의 대상이 ─ 인간이든 아니든 ─ 다른 인격으로 이해되기를 요구한다. 사실 해석이라는 행위 자체가 해석되고 있는 것의 인격성 (personhood)을 전제한다. [……] 그래서 해석을 하면서 마주치는 것은 언제나 역해석들이다"(Strathern 1999, 239)[인용문 내 대괄호는 저자가 추가한 것_옮긴이].

고된 것, 비물질적 지향성의 물질적 신체화들 같은 것이기 때문이다. 이런 식으로 누군가 "자연"이라고 부르는 것이 다른 이들의 "문화"임은 매우 분명히 밝혀질 수 있다.

여기에 인류학이 유익하게 이용할 수 있을 만한 원주민의 가르침이 있다. 왜냐하면 주어진 것과 구축된 것의 차별적 분배를 어떤 하찮은 상호 교환 정도로 간주해서는 안 되기 때문이다. 그 하찮은 상호 교환이란 기호들의 단순한 변화인데, 이것은 문제의 항들은 손대지 않고 남겨 두게 될 것이다. 다음 두 가지 세계 사이에 "세계의 모든 차이"(Wagner 1981, 51)가 있다. 첫 번째 세계에서는, 원초적인 것이 벌거벗은 초월성, 순수한 반인류적 타자성(구성되지 않은 것, 수립되지 않은 것, 풍습과 담론에 대립하는 것*)으로 경험된다. 두 번째는 내재적 인간성의 세계인데, 여기서 원초적인 것은 인간의 형식을 두르고 있다. 원주민 세계의 이러한 전제는 인간의 형상을 하고 있는데, 끈질긴 인간중심적 노력에 급진적으로 대립한다. 그런 노력은 주어지지 않은 것으로서의 인간, 주어지지 않은 것의 존재 그 자체로서의 인간을 "구축하려고" 한다. 이러한 노력은 서구 철학에서 재발견되며, 거기에는 가장 급진적인 철학도 포함된다(Sloterdijk 2000, 20 et s.; 35 et s. 참고). 그렇지만 이국적 인간집단들의 나르시스적 낙원에 관한 환상(또는 디즈니식의 인류학)과는 정반대로, 인간에

---

* "'자연'은 인간과 다르다. 자연은 인간에 의해 수립된 것이 아니며, 풍습, 담론에 대립한다. '자연'은 원초적인 것, 다시 말해 구축되지 않은 것, 수립되지 않은 것이다 ……"(Merleau-Ponty 1995/1956, 20).

대한 [원주민적] 전제는 원주민 세계를 더 친숙하거나 더 위안을 주는 것으로 만들지 않는다는 점을 강조해야 한다. 즉, 그곳에서는 모든 사물이 인간이며, 인간이란 또 다른 사물이다.

하늘과 땅에는 우리 인류학이 꿈꾸는 것보다 훨씬 더 많은 세계가 있다. 이러한 다우주multivers에서는 모든 관계가 사회적이므로, 모든 차이는 정치적이다. 그런 다우주가 마치 우리 우주의 가상적 버전인 것처럼 서술하는 것, 다우주의 발명을 우리 우주의 관습으로 환원함으로써 두 우주를 통일하는 것, 이는 두 우주 간 관계의 너무 단순한 (그리고 정치적으로 인색한) 형식을 선택하는 일이다. 그러한 설명적 용이함은 결국 온갖 종류의 복잡함을 야기한다. 왜냐하면 이러한 자칭 존재론적 일원론은 결국 인식론적 이원론의 폭발적 증식이라는 대가를 치르기 때문이다. 즉, 이믹emic과 이틱etic, 은유적인 것과 문자적인 것, 의식적인 것과 무의식적인 것, 재현과 실재, 가상과 진리 등, 계속해서 나열할 수 있다. 이러한 이원론들이 의심스러운 이유는 모든 개념적 이분법이 원칙상 유해하다는 데 있는 것이 아니라, 그런 이원론들이 특히 두 세계의 주민을 차별하는 것을 두 세계의 통일을 위한 조건으로 요구한다는 데에 있다. 모든 '거대 분할자'는 단자연주의자다.

다자연주의

"만약 우리, 근대적 인간이 개념은 가지고 있되, 내재성의 평면 plan d'immanence을 잃어버린 것이 사실이라면 ……." 앞 장에서 이야기한 모든 것은 단지 아메리카 대륙의 신화집합을 수립하는 직관의 거의 연역적인 전개일 뿐이다. 그런 연역적 전개는 원주민의 이론적 실천에 의해 실행된다. 그 직관은 고유하게 선先역사적인(그 유명한 절대적 과거-현재는 끊임없이 지나가는 반면, 결코 현재였던 적이 없었고, 따라서 결코 지나간 적도 없는 과거) 환경을 수립한다. 현실 존재자들의 모형과 척도가 되는 그 환경을 가득 채우고 구성하는 모든 "사

● Deleuze·Guattari 1991, 100[『철학이란 무엇인가?』의 원문장은 다음과 같다. "내재성의 평면을 시야에서 잃어버린 것이 사실이라면 ……"_옮긴이].

라지지 않는 것들"insistant의 존재론적 상호 침투성이 바로 그 환경을 정의한다.

『신화들』이 우리에게 가르쳐 주듯, 원주민적 내재성의 평면에 관한 이야기 만들기는 거기서 배역을 맡은 인물 혹은 행위주를 종별화하는 (어떤 특징적 신체성을 수용하는) 원인과 결과 주위에서 특권적 방식으로 뚜렷하게 구성된다. 그 인물과 행위주들은 모두 인간적 양상이나 비인간적 양상이 이리저리 뒤엉킨 채로 섞여 있는 불안정한 일반 조건을 공유하고 있는 것으로 여겨진다.

[- 단순하게 질문하고 싶습니다만, 신화란 무엇인가요?]
- 그것은 전혀 단순한 질문이 아닙니다. [……] 어느 아메리카 원주민에게 물어본다면 이렇게 답할 가능성이 큽니다. 인간과 동물이 아직 구별되지 않던 시절의 이야기라고요. 제가 보기에 매우 근본적인 정의입니다(Lévi-Strauss·Éribon 1988, 193).

이 정의는 정말이지 근본적이다. 레비-스트로스가 그렇게 대답할 때 염두에 두고 있었던 방향과는 다소 다를지 모르지만, 그 정의를 파고들어 보자. 신화적 담론은 완벽한 투명성을 갖춘 잠재적인 선先우주론적 조건에서 출발해서, 즉 존재자들의 신체적 차원과 정신적 차원이 아직 서로에게 모습을 감추지 않던 "카오스모스"에서 출발해서, 사물들의 현 상태를 현실화하는 운동을 기록하는 것으로 이루어진다. 그 선우주는 흔히 서술되는 것처럼 인간과 비인간의 원초적 동일화를 나타내기는커녕, 무한한 차이에 의해 가로질러진다. 비록(혹은 왜냐하면) 그 무한한 차이가 현실 세계의 종들과 질들을 구성하는 유한하고 외적인 차이와 달리, 각 인물 또는 행위자에 내적이라 할지라도 그렇다(혹은 내적이기 때문이다). 거기서 신화에 고유한 질적 다양체의 체제가 나온다. 예를 들어, 신화적 재규어가 재규어의 형식을 지닌 인간의 정서affect 블록인지, 아니면 인간의 형식을 지닌 고양이과 동물의 정서 블록인지는 엄격히 말해서 결정 불가능하다. 왜냐하면 신화적 "변신"은 하나의 사건이기 때문이다. 말하자면, 제자리에서 일어나는 변화, 즉 동질적 상태들의 외연적 전환이 아니라 이질적 상태들의 강도적intensif 중첩이기 때문이다. 신화는 역사가 아니다. 왜냐하면 변신은 과정이 아니고, "아직 과정이 아니었고", "결코 과정이 되지 않을 것"이기 때문이다. 변신은 과정의 과정에 선행하며 외부적이다. 즉, 변신은 되기의 한 가지 형태(형태화)다.

그렇게 신화적 담론이 그려내는 일반적 선은 식별불가능성의 선 우주론적 흐름들이 우주론적 과정에 진입했을 때, 그 흐름들이 순간적으로 압축됨을 묘사한다. 이때부터 재규어가 지닌 (그리고 인간이 지닌) 고양이과 동물의 차원과 인간적 차원은 번갈아 가며 하나가 다른 하나에게 잠재력적potentiel인 형태와 바탕으로 기능하게 될 것이다. 여기서부터 기원적 투명성 또는 무한한 접힘complicatio은 (인간의 영혼과 동물의 정신이 지닌) 비가시성과 (동물의 신체적 "거죽"과 인간의 신체가 지닌) 불투명성이라는 두 갈래로 나뉘거나 설명된다

● 관점주의의 모티브는 거의 항상 다음 생각에 결부되어 있다. 각 종의 가시적 형상은 인

[주름이 펼쳐진다].[1] 이런 비가시성과 불투명성이 모든 현세적 존재자의 구성을 표시한다. 그렇지만 잠재성의 바탕이 파괴 불가능하거나 소진 불가능한 것이 되었을 때, 그러한 비가시성과 불투명성은 상대적이며 가역적인 것이 된다(세계를 재창조하는 원주민의 웅장한 제의들이 바로 그러한 파괴 불가능한 바탕의 반反실행 장치다).

우리가 앞서 말한 바에 따르면, 종 간의 유한하고 외적인 차이와 반대로, 신화의 유효한 차이들은 무한하며 내적이다. 사실 신화적 사건의 행위자와 행위대상patient을 정의하는 것은 다른 사물이 될 수 있다는 그들의 내속적 역량이다. 이런 의미에서 각 인물은 자기 자신과 무한히 달라지는데, 신화적 담론은 오로지 그 인물을 대체하기 위해, 즉 변형하기 위해 그를 단숨에 위치시키기 때문이다. 이러한 "자기" 차이auto-différence는 "정신"이라는 일반개념의 특징적 속성이다. 이런 이유에서 모든 신화적 존재자는 정신으로 (그리고 샤먼으로) 이해된다. 또한 뒤집어서 보면, 모든 유한한 양식 또는 현실의 존재자는 자신의 존재 이유가 신화에서 자세히 묘사되자마자, (정신이었기 때문에) 하나의 정신처럼 드러날 수 있다. 신화적 주체들은 서로 분화되지 않는다고 전제되는데, 이런 분화되지 않음은 자신이 고정된 정체성이나 본질로 환원될 수 없다는 구성적 환원 불가능성에 의존한다. 그런 정체성과 본질이 유적이든 종적이든 심지어 개체적이든 상관없다.*

간적인 내적 형상을 감추는 단순한 포장("거죽")이라는 것이다. 앞서 살펴보았듯, 같은 종의 눈이나 샤먼 같은 몇몇 관점 전환자의 눈만이 그런 내적 형상에 접근할 수 있다.

요컨대 신화는 유동하는 강도적 차이가 지휘하는 존재론적 체제를 제안한다. 이 강도적 차이는 어떤 이질적 연속체의 점들 각각에 반향을 미치는데, 그 점들에서 변형은 형식에 선행하고, 관계는 항들보다 우월하며, 틈은 존재에 내적이다. 각각의 신화적 주체는 순수한 잠재성이면서, "이전에 이미" "앞으로 될" 어떤 것이었고, 그래서 현재로서는 규정된 바가 아무것도 없다. 다른 한편, (넓은 의미에서) 탈신화적 종별화가 가져오는 외연적인 차이들은 — 이는 연속적인 것에서 불연속적인 것으로의 이행이며, 구조적 인류학의 거대한 테마(혹은 신화소mythème)를 구성한다 — 무한한 내적 동일성의 몰적molaire 블록으로 결정結晶화된다(각각의 종은 내적으로 동질적이고, 그 종의 구성원들은 동등하고 일률적으로 자기가 속한 종 그 자체를 대표한다).●● 양화 가능하고 측정 가능한 외부의 틈이 그러한 블록을 서

● 떼었다 붙였다 할 수 있는 페니스와 인격화된 항문, 굴러다니는 머리, 조각들로 잘려진 인물, 개미핥기와 재규어의 눈을 교환하기 등, 신화 속을 떠도는 탈전체적이고 "탈유기적" 인 신체를 생각해 보자.

●● 우리가 알고 있듯이, 신화는 이런 관습이 (Wagner 1981의 의미에서) "상대화"되는 여러 순간을 담고 있다. 무한한 동일성이란 존재하고 않고, 차이는 결코 완전히 무효화되지 않는다는 바로 그 이유 때문이다. 잘못된 조합으로 이루어진 혼인에 관련해,『신화들 III: 식사 예절의 기원』이 들려주는 재미있는 사례를 살펴보자. "그 신화들은 실제로 무엇을 말하고자 하는가? 종적 차이들이 인간과 동물을 분리하거나 동물들을 서로 분리하는데, 이러한 종적 차이들과 여자들 간의 물리적 차이들을 혼동하는 일은 위험하고 비난받아 마땅하다는 것이다. …… 아름답든 추하든 간에, 여자는 모두 인간으로서 배우자를 얻을 자격이 있다. [……] 짝짓기하는 동물의 암컷과는 전반적으로 달리, 인간 여자들은 서로 동등한 가치를 지닌다. 그러나 신화의 뼈대가 역전된다면, 다음과 같은 불가사의를 드러낼 수 있을 뿐이다. 즉, 사회가 외면하고 싶어 할지언정, 모든 인간 여자가 서로 동등한 가치를 지니지는 않았다는 것이다. 왜냐하면 인간 여자들이 자신의 동물적 본질에 의해 서로 차이 나

로 분리하는데, 종 간의 차이는 동일한 질서와 동일한 본성을 가진 성질들의 치환, 비율, 상호 관계로 이루어진 유한한 체계들이기 때문이다. 이런 식으로 선우주론적 세계의 이질적 연속체는 동질적 불연속체에 자리를 내어 준다. 그 불연속체의 항들 내에서 각 존재자는 오로지 그 자신일 뿐이고, 자신 아닌 것이 아니기 때문에 오로지 자신일 뿐이다. 그러나 정신들은 모든 잠재성이 반드시 현실화되었던 것은 아니라는 증거이고, 그것들은 또한 어지러운 신화적 흐름이 종들과 유형들 사이의 표면적 불연속성들 아래에서도 계속해서 은밀하게 울부짖고 있다는 증거다.

그때 아메리카 원주민의 관점주의는 신화 안에서 시점들의 차이가 무효화되는 동시에 격화되어 가는 자취를 인식한다. 이러한 절대적 담론 내에서 존재자의 각 종류들은, 이미 동물, 식물 혹은 정신이라는 명확하고 결정적인 자기 본성을 드러내며 행동하고 있으면서도, 자신에게 나타나는 자신 그대로 (즉 인간으로) 다른 존재자들에게도 나타난다.[●] 신화란 관점주의의 보편적 도주점으로서, 어떤 존재 상태에 관해 말한다. 그 상태에서는 신체와 이름, 영혼과 행위, 나 자신과 타자가 전前주관적이거나 전객관적인 하나의 동일

는 것은 그 무엇도 막을 수 없고, 이는 남편들이 그녀들을 동등하지 않게 욕망하도록 만들기 때문이다"(Lévi-Strauss 1967, 60-61).

● "아마도 신화적 시대에는 인간과 동물이 서로 구별되지 않았을 것이다. 하지만 서로 분화되지 않은 이런 존재자들이 서로를 탄생시켰음은 분명하고, 그들 사이의 몇몇 질적 관계는 아직 잠재적 상태에 머물러 있던 종적 특수성들보다 먼저 존재하고 있었다"(Lévi-Strauss 1971, 526).

한 환경에 잠긴 채로 상호 침투한다.

신화의 의도는 정확히 그 "환경"의 "종말"에 관한 이야기를 들려주는 것이다. 달리 말하면, 레비-스트로스가 아메리카 원주민 신화 집합에서 핵심적 역할을 수행한다고 본 "'자연'에서 '문화'로의 이행"이라는 테마를 서술하는 것이다. 다른 사람들이 제안했던 것과 반대로, 당연히 이를 밝힐 필요가 있다. 단지 다음을 정확히 하면 될 것이다. 즉, 그러한 이행이 핵심이라는 사실은 오히려 그 이행의 근본적 양가성을 배제하지 않는다는 것이다. 여기서 양가성이란 그 이행이 원주민 사유에 대해 가지는 (여러 가지 의미에서) 이중의 의미인데, 이 점은 『신화들』을 읽어 나갈수록 명백해지는 것 같다. 그러한 이행 속에서 이행하는 것과 벌어지는 일은 흔히 상상하는 것과 정확히 일치하지 않는다는 점을 강조하는 게 중요했을 것이다. 그 이행은 서구의 진화주의적 통념처럼 동물에서 출발해 인간으로 분화해가는 과정이 아니다. 인간과 동물에게 부여된 공통 조건은 동물성이 아니라 인간성이다. 신화적 거대 분할이 보여 주는 것은 자연과 구별되어가는 문화라기보다, 문화에서 멀어지는 자연이다. 즉, 신화들은 인간을 통해 계승되고 보존된 특성들을 동물이 어떻게 잃어버렸는지 들려준다. 인간이 과거에 비인간이었다는 것이 아니라, 비인간이 과거에는 인간이었다는 것이다. 그리하여 우리의 대중적 인류학이 인간성을 동물적 기반, 일반적으로는 문화에 의해 감추어진 기반 위에 세워진 것으로 본다면(우리는 예전에 "완전히" 동물이었고, 여전히 "바탕에서는" 계속 동물일 것이다), 원주민의 사유는 그와 반대로 동물을 비롯한 우주의 다른 존재자들이 예전에 인간이었고,

지금도 계속해서 인간이라고 결론 내린다. 비록 그것들이 우리에게는 명백하지 않은 방식으로 인간이기는 하지만 말이다. •

*　*　*

그렇다면 왜 존재자의 각 종이 지닌 인간성은 주관적으로는 명백하고(동시에 굉장히 문제적이며), 객관적으로는 명백하지 않은가(동시에 완고히 긍정되는가)? 이것이 가장 일반적으로 품게 되는 의문이다. 왜 동물은 (그리고 다른 것들은) 자신을 인간으로 보는가? 내가 생각하기에는 분명, 우리들 인간이 우리 자신은 인간으로 보면서, 그들을 동물로 보기 때문이다. 페커리는 자신을 페커리로 볼 수 없는데 (그리고 아마도 인간과 다른 존재자들은 그들 자신의 종적spécifique 거죽을 걸친 페커리라는 사실에 대해서도 사색할 수 없을 것이다), 페커리라는 것은 그들이 인간에게 보여지는 방식이기 때문이다. 만약 인간은 자신을 인간으로 보는데, 비인간은 인간을 비인간으로 (동물이나 정신으로) 본다면, 동물은 필연적으로 자신을 인간으로 보아야 한다. 관점주의가 긍정하는 것은 결과적으로 동물이 "바탕에서" 인간과 닮았

• 존재자들의 이런 측면은 일반적으로 은밀히 감추어져 있는데 (그래서 그 측면은 다양한 방식으로 — 모든 방식은 아니지만 — 겉으로 드러난 측면보다 "더 진정한 것"으로 여겨진다), 그런 측면을 폭로하는 일은 각각의 지적 전통에서 폭력과 밀접히 결부되어 있다. 즉, 우리의 지적 전통에서는 인간의 동물성, 아메리카 원주민의 지적 전통에서는 동물의 인간성이 파괴적 결과를 낳지 않고 현실화되는 경우는 드물다. 아마존 북서쪽의 쿠베오인은 "재규어의 사나움은 인간적 기원에서 유래한다"고 말한다(어빙 골드먼).

다는 발상이 아니라, 인간으로서의 동물은 "바탕에서" 다른 것이라는 발상이다. 즉, 동물은 결국 어떤 "바탕", 어떤 다른 "측면"côté을 가진다. 그들은 그들 자신과 다른 것이다. 애니미즘도 아니고 (애니미즘은 동물과 인간 사이의 실질적 또는 유비적 유사함을 긍정할 것이다) 토테미즘도 아닌 (토테미즘은 인간 내부의 차이와 동물 간 차이 사이의 형식적 또는 상응적homologique 유사함을 긍정할 것이다)[2] 관점주의는 인간/비인간의 차이를 각 존재자의 내부로 가져오는 강도적 차이를 긍정한다. 이렇게 각 존재자는 그 자신으로부터 분리된 것으로 존재하고, 오로지 이러한 공통적인 자기분리와 어떤 엄격한 상보성이라는 이중의 빼기 조건 아래에서만 다른 존재자들과 유사한 것이 된다. 왜냐하면 모든 존재자가 그들 자신에게는 인간이라는 양식으로 존재한다면, 다른 존재자에게는 그 어떤 존재자도 인간이 아니기 때문이다. 따라서 인간성은 각자에게 반성적인 것이지만(재규어는 재규어에게 인간이며, 페커리는 페커리에게 인간이다), 상호적인 것일 수는 없다(재규어가 인간일 때 페커리는 인간이 아니며, 그 역도 마찬가지다). 최종적으로 이런 것이 "영혼"의 의미다. 만일 모두가 영혼을 가지고 있다면, 그 누구도 자기 자신과 일치하지 않는다. 만일 모두가 인간일 수 있다면, 명백하고 분명한 방식으로 인간인 것은 없다. 바탕의 인간성은 형식 또는 형태의 인간성을 문제적인 것으로 만든다.

● 그렇게 다음 사실을 알 수 있다. 우리의 경우에 "인간이 인간에게 한 마리 늑대일 수 있다"면, 원주민의 경우에는 늑대가 늑대에게 한 명의 인간일 수 있다는 것이다. 하지만 인간과 늑대가 동시에 인간(또는 늑대)이 될 수 없다는 사실에는 여전히 변함이 없다.

그러나 결국 비인간이 사람gens이라면, 그래서 자신을 사람으로 본다면, 왜 비인간은 그 자신을 보듯이 모든 우주적 인격을 보지 않는가? 우주가 인간성의 포화 상태라면, 왜 그 형이상학적 에테르는 불투명한가? 또한 왜 그 에테르는 기껏해야 한쪽 측면으로만 인간의 이미지를 되돌려주는, 수은을 바르지 않은 거울[3] 같은 것일까? 안티야스 제도에서 있었던 일을 언급하며 예고했듯이, 이러한 질문들은 우리가 "신체"에 대한 아메리카 원주민의 개념에 접근할 수 있게 해준다. 마찬가지로 이러한 질문을 통해 관점주의에 대한 아직은 준*인식론적인 일반개념에서 다자연주의에 대한 참된 존재론적 일반개념으로 이행할 수 있게 된다.

주관적 위치들의 다양체를 포함하는 세계라는 발상은 곧바로 상대주의라는 일반개념을 연상시킨다. 직접적이든 간접적이든 그 일반개념에 대한 언급은 아메리카 원주민의 우주론을 서술할 때 흔히 나타난다. 생각나는 대로, 마쿠나인을 연구한 종족지학자 카흐 오르헴의 결론을 살펴보자. 오르헴은 아마존 북서쪽에 거주하는 이 집단의 관점적 우주를 상세히 묘사한 후에, 다음과 같은 결론을 내린다. 실재에 대한 다중 시점이라는 일반개념은 마쿠나인의 경우에 다음을 함축한다. "관점들은 모두 똑같이 유효하고 참되다", 그리고 "세계에 대한 올바르고 참된 재현은 존재하지 않는다"(Arhem 1993, 124).

오르헴은 분명 옳다. 그러나 어떤 의미에서만 옳다. 마쿠나인은 인간에 관해서라면 그와 반대로 세계에 대한 정확하고 진정한 재현이 존재한다고 말할 가능성이 매우 크기 때문이다. 어느 인간이 콘도르가 하듯 사체에 꾄 구더기를 구운 생선처럼 보기 시작한다면, 그에게는 무슨 일이 생긴 것이라는 결론을 내릴 수밖에 없다. 즉, 그의 영혼은 콘도르에게 도둑맞았고, 그의 친족들이 보기에 그는 인간이기를 그치면서(역으로 친족도 그에게 인간이기를 그치면서), 그는 콘도르 한 마리로 변형되고 있는 것이다. 요컨대 그는 심각한 병을 앓고 있으며, 심지어 죽은 것과 다름없다. 혹은, 실천적으로는 마찬가지지만, 샤먼이 되는 과정에 있는 것이다. 관점들은 양립 불가능하기 때문에, 관점들이 서로 분리된 상태를 유지하도록 모든 주의사항을 지켜야 한다. 종에 관해 (그리고 산 자와 죽은 자의 조건에 관해) 일종의 이중 국적을 누릴 수 있는 샤먼들만이 관점들을 서로 소통하도록 해줄 수 있는데, 이는 특수하고 통제된 조건 아래에서만 가능하다. •

그러나 여기에는 더 중요한 질문이 하나 남아 있다. 아메리카 원주민의 관점주의적 이론은 정말로 세계에 대한 재현들의 다원성을 전제하고 있을까? 종족지학들의 이야기를 살펴보는 것만으로도 실제로 벌어지는 일이 정확히 반대라는 점을 알 수 있다. 즉, 모든 존재자들은 동일한 방식으로 세계를 본다("재현한다"). 이때 변화하는 것은 그들이 보는 세계다. 동물들이 사용하는 "범주들"과 "가치들"은 인간이 사용하는 것과 동일하다. 예컨대 그들의 세계들도 사냥과 고기잡이, 요리와 발효주, 교차 사촌 관계에 있는 여자들과[4] 전

• F. 스콧 피츠제럴드에 덧붙여, 현장의 최전선에서 사용되는 샤머니즘적 지성의 징표는 양립 불가능한 두 가지 관점에서 동시에 바라볼 수 있는 능력이라고 할 수 있을 것이다.

쟁, 성인식, 샤먼, 족장, 정신 등을 중심으로 돌아간다. 달, 뱀, 재규어가 인간을 맥이나 페커리로 본다면, 그들도 우리처럼 인간의 훌륭한 양식인 맥과 페커리를 먹기 때문이다. 그럴 수밖에 없다. 왜냐하면 인간이 사물을 보듯이, 다시 말해 우리 인간이 우리 구역에서 사물을 보듯이, 비인간도 자기 구역에서 인간으로서 사물을 보기 때문이다. 그러나 우리가 그것을 보듯이 그들이 그것을 볼 때, 그들이 보는 사물은 다른 것이다. 즉, 우리에게 피인 것이 재규어에게는 맥주이고, 죽은 자들의 영혼에게는 썩은 사체인 것이 우리에게는 발효된 카사바[5]이며, 우리 눈에는 진흙탕으로 보이는 것이 맥에게는 거대한 제의 시설이다 …….

이는 얼핏 보면 약간 반직관적으로 보이는 발상인데, 정신물리학의 다중안정적 대상[6]의 경우처럼, 쉴 새 없이 반대 상태로 변형되는 것 같다. ● 예를 들어, 제럴드 와이스는 페루 아마존 지역의 아샤닌카인의 세계를 "상대적 외양들을 가진 세계, 즉 다양한 유형의 존재자들이 동일한 사물을 다르게 보는 세계"(1972, 170)[7]처럼 서술한다. 되풀이하자면, 이것도 어떤 의미에서만 사실이다. 다양한 유형의 존재자들이 동일한 사물을 다르게 본다는 사실은, 다양한 유형의 존재자들이 다양한 사물을 동일한 방식으로 본다는 사실에서 오는 단순한 결과라는 점, 와이스는 바로 이것을 "보지 않고" 있다. 도

● 네커 큐브(Necker cube)가 여기에 딱 들어맞는 사례가 될 것이다. 그것의 모호성은 바로 관점의 흔들림 주변을 맴돌기 때문이다. 아마존 신화집합에는, 인간이 보는 앞에서 하나의 형상에서 다른 형상으로, (매혹적인) 인간에서 (두려운) 동물로 순식간에 이행하는 인물들이 여럿 등장한다.

대체 누가 그것을 "동일한 사물"이라고 간주하는가? 누구와의 관계에서, 어떤 종과의 관계에서, 어떤 방식과의 관계에서 동일하다는 것인가?

다문화주의의 일종인 문화적 상대주의는 주관적이고 부분적인 재현들의 다양성을 전제한다. 그 재현들은 자연에 부수적인 것인데, 이 자연은 하나이자 전체이고, 재현과 무관하게 외부에 존재한다. 아메리카 원주민이 제안하는 것은 정반대다. 즉, 한편으로 순수하게 대명사적인 재현의 단일성을 제안한다. 이 경우 우주론적 주체의 위치를 차지하게 될 모든 존재자는 인간이다. 모든 존재자를 사유하는 존재자로 사유할 수 있다(존재한다. 고로 사유한다.). 다시 말해, 그들은 어떤 시점에 의해 "활성화"되거나 "행위자화"agencé된 것으로 사유될 수 있다. 다른 한편으로 실재적인 또는 객관적인 급진적 다양성을 제안한다. 관점은 재현이 아니므로, 관점주의는 다자연주의의 하나다.

관점은 재현이 아니다. 왜냐하면 시점이란 신체에 있는 반면, 재현은 정신의 속성이기 때문이다.[8] 어떤 시점에 자리 잡을 능력이 있음은 아마도 영혼의 역량일 것이고, 비인간들은 정신을 가지는 한에서 (또는 정신인 한에서) 주체다. 그러나 시점 간 차이는 (또한 하나의 시점은 하나의 차이와 전혀 다르지 않다) 영혼에 있지 않다. 영혼은 모든

● 소쉬르처럼 말하자면, 시점은 대상이 아니라 주체 자신을 창조한다. "그런 것이 관점주의의 기초다. 관점주의는 사전에 정의된 주체에 의존함을 의미하지 않는다. 오히려 시점으로 오는 게 주체일 것이다 ……"(Deleuze 1988, 27[국역본 40쪽]).

종에서 형식적으로 동일하고, 어디에서나 같은 것만을 지각한다. 그렇다면 차이는 신체의 종적 특수성에 의해 주어져야만 한다.

동물은 우리가 보는 것과 다른 사물을 우리와 같은 방식으로 본다. 그들의 신체가 우리의 신체와 다르기 때문이다. 나는 여기서 생리학적인 차이가 아니라 (이와 관련해 아메리카 원주민들은 신체들의 기본적 획일성을 인정한다), 정서들에 관해 말하고 있다. 이러한 정서가 신체적으로 구별되는 각각의 종에, 또한 그들의 역량과 허약함에 독특성을 부여한다. 다시 말해, 무엇을 먹는지, 어떤 방식으로 움직이고 소통하는지, 어디에 사는지, 집단생활을 하는지 단독생활을 하는지, 소심한지 과감한지 ……. 신체적 외형은 눈속임일 수도 있다. 예를 들어, 어떤 인간적 형태가 재규어-정서작용을 감출 수도 있기 때문이다. 그럼에도 불구하고 신체적 외형은 그러한 차이들의 강력한 기호다. 따라서 우리가 여기서 "신체"라고 부르는 것은 어떤 특별한 생리학이나 특징적 해부학이 아니다. 그것은 어떤 아비투스, 에토스, 에소그램을 구성하는 존재 양식과 방법의 집합이다. 영혼들의 형식적 주관성과 기관들의 실질적 물질성 사이에 신체로서의 중앙면plan central이 있다. 이 중앙면은 정서와 능력이 묶여 있는 다발로서의 신체이며, 관점들의 기원에 놓여 있다. 상대주의의 정신적 본질주의와 달리, 관점주의는 신체적 매너리즘이다.

* * *

다자연주의는 각 종에 고유한 지성 범주에 의해 부분적으로만 파

악되는 '사물 그 자체' 같은 것을 전제하지 않는다. 즉, 원주민이 "어떤 것 = x"가 존재한다는 것을 상상한다고 믿어서는 안 된다. 예를 들어, 인간은 피라고 보지만, 재규어는 맥주라고 보는 어떤 것의 존재 말이다. 다자연에 존재하는 것은 다르게 지각되는 자기동일적 개별체들이 아니라, 피|맥주 유형의 직접적으로 관계적인 다양체들이다. 말하자면, 피와 맥주 사이의 경계만이 존재한다. "인척관계에 있는" 그 두 가지 실체가 그 테두리에 의해 서로 소통하고 분기한다.[•] 결국 어떤 종에게는 피이고, 다른 종에게는 맥주인 x 같은 것은 없다. 처음부터 인간|재규어 다양체의 특징적 정서작용이나 독특성 중 하나인 피|맥주가 있는 것이다. 여기서 인간과 재규어 둘 모두 "맥주"를 마신다고 하면서 그들 사이의 유사성을 긍정하는 것은 단지 인간과 재규어의 차이를 만드는 것을 더 잘 지각하기 위해서일 뿐이다. "우리는 이 언어에 있거나 혹은 다른 언어에 있다. 즉, 세계의 뒤편이 없는 것처럼 언어의 뒤편도 없다"(Jullien 2008, 135). 실제로 우리는 피에 있거나 혹은 맥주에 있다. 아무도 '음료 그 자체'를 마시지 않는다. 다만 모든 맥주 맛은 피 맛의 뒤편이고, 그 역도 마찬가지다.

우리는 이제 막 아메리카 원주민의 관점주의에 번역이라는 문제가 어떻게 제기되는지 이해할 수 있게 되었고, 그 결과 관점주의를

• 어원적으로 인척(affin)이란 끝 쪽에(ad-finis) 놓여 있는 것, 그의 영역과 나의 영역 사이에 경계가 만들어져 있음을 말한다. 인척들은 경계를 통해 서로 소통하고, 자신들을 서로 분리시키는 것만을 "공통으로" 가진다.

서구 인류학의 존재 기호학의 용어로 번역하는 문제가 어떻게 제기되는지도 알아차리게 되었다. 그런 식으로, 유사한 영혼들을 소유하고 있다는 것은, 모든 존재자들이 유비관계에 있는 개념들을 소유하고 있음을 함축한다. 그러므로 존재자의 한 가지 종에서 다른 종으로 이행할 때 변하는 것은 그 영혼들의 신체와 그 개념들의 지시 대상이다. 즉, 신체는 각 종이 지닌 "담론들"(세미오그램들 sémi-ogrammes) 사이의 지시적 분리접속[9]의 도구이자 거점이다. 그래서 아메리카 원주민 관점주의의 문제는 서로 다른 두 가지 재현("아침별"과 "저녁별")의 공통된 지시 대상(말하자면, 금성)을 찾아내는 것이 아니다. 오히려 재규어가 "카사바 맥주"라고 말할 때, 단순히 그가 우리와 동일한 사물을 "말하고자 한다"는 이유로 우리와 "동일한 사물"을 참조하고 있다고 상상하는 데서 발생할지 모를 애매함을 에둘러 피해 가는 것이 관점주의의 문제다. 달리 말해서, 관점주의는 불변의 한 가지 인식론과 가변적인 존재론들을 전제한다. 즉, 재현들은 동일하지만 대상들이 다르고, 의미는 유일하지만 지시 대상은 여럿이다. 그렇다면 (샤먼의 주요 임무 중 하나인) 관점주의적 번역의 목표는 우리 인간의 개념 언어에서 **동의어**(공통된 것을 지시하는 재현)를 찾아내는 것이 아니다. 이런 경우 그 동의어는 다른 종들이 저 **바깥의** out there 동일한 사물을 말하기 위해 사용하는 재현들에 대응하는 것이다. 이와 반대로, 관점주의적 번역의 목적은 우리의 언어와 다른 종들의 언어를 연결-분리하는 기만적인 **동음이의어**의 내부에 숨겨진 차이를 시야에서 놓치지 않는 것이다. 서구 인류학이 인간 문화들 사이의 자연적인 동의관계를 긍정하는 해석적 자비로움

(사상가의 선한 의지, 타자의 거친 인간성을 향한 그의 관용)이라는 원리에 기반을 둔다면, 아메리카 원주민의 타他인류학은 그와 반대로 살아 있는 종들이 가진 담론 사이의 반反자연적 동음이의 관계를 긍정한다. 모든 종류의 치명적 애매함의 기원에 그런 동음이의 관계가 있다(아메리카 원주민 주의 사항의 원리: 한 세계가 전부 지향성의 살아 있는 초점으로만 이루어지면, 그 세계는 나쁜 지향을 다량 함유할 수밖에 없다).

결국, 다자연주의라는 일반개념은 인류학적 다문화주의의 단순한 반복이 아니다. 문제가 되는 것은 여럿multiple을 접합하는 매우 상이한 두 가지 방식이다. 일단 우리는 다양체를 다원성의 한 유형처럼, 예를 들어 문화들의 다양체처럼 고려할 수 있다. 아름다운 문화적 다양성이 될 것이다. 혹은 이와 반대로 문화 내의 다양체, 다양체로서의 문화를 택할 수도 있다. 우리가 관심을 두는 것은 이 두 번째 의미다. 여기서 다자연주의라는 일반개념은 그 역설적 특징 덕분에 유용하다는 것이 밝혀진다. 즉, "자연"이라는 우리의 거시개념은 참된 복수형을 허락하지 않는데, 이는 우리가 자발적으로 "(복수의) 자연들"이라는 관념에 담겨 있는 존재론적 구문오류를 깨닫게 만든다. 그래서 그 관념이 강요하는 교정 작업을 실현하게 된다. 상대주의에 대한 들뢰즈의 정식(Deleuze 1988, 30[국역본 44쪽])을 부연하며, 아마존의 다자연주의가 자연들의 변이성보다 변이의 자연성, 즉 자연으로서의 변이를 긍정한다고 말하도록 하자. 다문화주의라는 서구의 정식을 뒤집는 것은 오로지 기능(단일성과 다양성)에 의해 각각 규정되는 항들(자연과 문화)에만 영향을 미치는 것이 아니라, "기능"과 "항"의 가치 자체에도 영향을 미친다. 인류학의 독자들은 여기서 당연히 레비-스트로스의 표준 정식을(Lévi-Strauss 1958/1955, 252-253) 떠올리게 될 것이다.[10] 즉, 관점주의적 다자연주의는 서구 다문화주의를 이중으로 비틀어 변형한 것이다. 그것은 번역 가능성과 애매성의 문턱이기도 한 어떤 역사기호학적 문턱을 넘어갔음을 알린다. 이것은 바로 관점적 변형의 문턱이다.

● 레비-스트로스의 "문턱 넘기"(Lévi-Strauss 2001, 29). 이 점에 관해 마우루 아우메이다의 매우 중요한 주석을 참고할 것(Almeida 2008).

야생적 사유의 이미지들

우리는 원주민 세계시민주의 이론으로서의 관점주의와 다자연주의에 대해 이야기하고 있다. ● "이론"이라는 단어는 의도적으로 사용된 것이다. 야생의 사유[1]에는 참된 이론적 상상력의 특징들이 빠져 있다고 보는 경향이 최근 수십 년간 인류학에 널리 퍼져 있었다. 내가 생각하기에, 무엇보다도 그런 부정 자체가 인류학자들에게 이론적 상상력이 상당히 결여되어 있다는 것을 보여 주는 하나의 증거다. 아메리카 원주민의 관점주의는, 대상에 외속적인 어떤 이론

● 새삼스레 언급할 필요도 없이, "세계시민주의"는 스탕게르스 및 라투르의 작업과 연결된 용어다(Stengers 2003/1996). 라투르는 자기 방식으로 다자연주의에 대한 아마존의 개념을 도입했는데, 이는 (세계시민주의적 시점에서) 다문화주의/단자연주의라는 근대적 이중어의 생존 불가능성을 지시하기 위해서였다(Latour 1999; 2002).

(예를 들어, 관점주의를 일차적인 애니미즘 존재론의 이차적인 인식론적 반영(Descola 2005)이나, 사냥 부족의 "모방적" 문화에서 출현하는 현상학적 화용론(Willerslev 2004)처럼 규정하는 이론)의 가능 대상이 되기에 앞서, 이론에 대한 다른 이론적 이미지들을 구축하도록 우리를 안내한다. 왜냐하면 가장 훌륭한 비판적 전통 안에 있는 인류학조차 "원주민의 시점"(말리노프스키)을 서술할 때, 그들의 시점을 관찰자의 시점으로 흡수하면서 그들의 시점이 지닌 맹점을 지적하는 것을 즐기기 때문이다. 인류학은 이런 식으로 원주민의 시점을 자세히 서술하는 것만으로는 만족하지 못한다. 이와 대립하는 관점주의의 임무는 "대칭적인" 것인데, 원주민에게 시점이란 무엇인지, 다시 말해 아메리카 원주민 문화에 현존하는 시점의 개념이 무엇인지 발견하는 것이다. 즉, 시점이라는 인류학적 개념에 대한 원주민의 시점이 무엇인지가 문제다. 물론 시점에 대한 원주민적 개념은 원주민의 시점이라는 개념과 일치하지 않는다. 마찬가지로, 인류학자의 시점은 원주민의 시점일 수 없고(지평의 융합은 없다), 그 대신 인류학자의 시점이 자신과 원주민이 맺는 (관점적) 관계의 시점일 수는 있다. 이 관계는 반성적 탈구dislocation 관계의 일종이다. 아메리카 원주민의 관점주의는 인류학을 통해 수행하는 자기 고유의 서술 방식에 관한 이론을 포함한 지적 구조다. 왜냐하면 관점주의는 바로 우리 인류학을 가로질러 놓여 있는 또 다른 인류학이기 때문이다. ● 그래서 관

● "물론 더 엄격하게 말하자면 구조는 일종의 변형 체계처럼 정의되기 때문에, 자신의 재현을 자기 자체의 일부분으로 만들지 않고서는 재현될 수가 없다"(Maniglier 2000, 238). 텔

점주의는 데스콜라가 말하는 애니미즘의 하위 유형, 즉 오직 인류학자의 이성만이 인식하는 어떤 이성들을 소유한 "실천의 도식"이 아니다. 그것은 유형이 아니라, 개념이다. 더구나 유형에 대한 유형이 아니라, 개념에 대한 개념이다. 그것이 가장 흥미롭게 사용되는 곳은 우리에게 이국적으로 보이는 우주론들을 분류할 때가 아니라, 우리에게 너무나 친숙한 인류학들을 역_逆분석할 때다.

* * *

이론적 상상력의 결핍 외에도, 물론 그것을 결코 과소평가해서는 안 되겠지만, 비근대인에게 적용되는 이중의 기준을 널리 수용하게 된 다른 이유들이 존재했다. 그런 이유들은 서로 조금 모순적이었다. 그 이중의 기준은 비근대인이 이론의 힘pouvoir을 가진다는 것을 부정하기도 하고, 그들의 이론이 무력하다는 것을 부정하기도 했다. 즉, 한편에서는 원주민적 프락시스의 본질을 하이데거의 도

로르는 인류학을 정의하는 데 더 만족스러운 표현을 찾아냈다. "인류학이란 학문의 고유한 속성은 종족학자의 시점과 그들이 연구하는 주제의 시점을 서로 마주보도록 하고, 거기서 인식의 도구를 추출하는 것이다 ……." 이런 마주봄에는 단호한 개념적 노력이 요구된다는 점을 강조해야 할 것이다. 대부분의 경우, 문제가 되는 시점들의 방향은 서로 완전히 수직 교차하며(at cross purposes), 그것들이 교차하는 지점은 인간 본성의 자취가 아니라, 오히려 애매성의 교차점(아래 내용 참고)이기 때문이다. 서뉴기니의 코로와이인은 어떤 나무 몸통 위에 가로질러 쓰러진 다른 나무 몸통의 이미지를 통해, 살아 있는 것의 세계와 죽은 것의 세계 사이에 성립하는 상호 비가시성의 관계와 관점들의 전도를 이해한다(Stasch 2009, 97).

구성Zuhandenheit이라는 용어로 정의하려는 경향이 있었고, 다른 한 편에서는 "준準명제적 재현들"(단 스페르베르)[2]이 인식의 진정한 기능을 가지고 있다는 것을 모조리 부정했다. 야생의 사유가 백과전서와 범주화의 소박하고 안심을 주는 경계들을 벗어날 때마다, 그 준명제적 재현들은 이 사유를 볼모로 붙잡게 될 것이다.

사실, 문제는 사유 능력과 "판단 체계"를, 그리고 인식과 명제 모델을 특권적으로 동일시하는 데 있다. 현대 인류학은 얼마 전부터인지-학습주의자cognitivo-instructionniste의 진영만큼이나 현상학-구축주의자phénoménologico-constructionniste의 진영에서도 그 모델의 심각한 한계에 대해 거침없이 논해 왔다. 이는 비서구적 유형의 (또는 비근대적, 비문자적, 비학설적, 그리고 또 다른 "구성적" 결여들) 지적 경제를 설명하기 위함이다. 달리 말해, 인류학적 담론은 타자의 담론들이 가진 비명제적 본질을 다루면서, 명제 위에 명제를 쌓아 올리는 역설적 계획에 몰두하고 있다. 이를테면, 너무나 당연한 일에 관해 끝없이 주절거리면서 말이다. 원주민이 자기해석적 실천을 향한 숭고한 경멸을 내보이고, 우주론과 체계라는 것을 마주해서도 여전히 별 관심이 없음을 보여 줄 때, 우리는 (이론적으로) 만족한 것으로 하자. 즉, 원주민적 해석이 부재하다는 것은 그런 부재에 대한 인류학적 해석을 풍부하게 만들어 주는 큰 이점을 가지고 있으며, 우주론적 건축물을 마주했을 때 보여 준 무관심은 아름다운 인류학적 대성당들을 건설하게 해준다. 그 대성당 안에서 사회들은 많든 적든 체계성을 향한 자신의 성향에 따라 조직된다. 요약하자면, 원주민이 실천적일수록 인류학자는 더 이론적으로 된다. 덧붙여, 그러한 비非명제적 양식은 그 전달과 유통의 "맥락"에 완전히 의존적임을 보여 주는 것으로 생각된다. 이런 생각은 과학 담론과 그 담론이 가진 경이로운 보편화 역량으로 상상할 만한 것의 대척점에 그 양식을 위치시킨다. 따라서 우리 모두는 우리의 "상황"과 "관계적 형태 구성configuration"에 의해 필연적으로 한정된다. 그러나 누군가는 다른 이들보다 (도대체 얼마나!) 더 체계적으로 한정된다(상황에 더 밀접히 관련되고, 형태가 더 강하게 구성된다).

따라서 길들여지지 않은 사유에 비명제성이 내속되어 있다는 주장에 반론을 제기하는 것은 첫 번째 문젯거리가 아니다. [이런 반론을 제기하기 위해] 타자들이 결코 요구한 적 없는 "합리성"에 대한 타자들의 권리를 재정립하기 위해 싸울 필요는 없다. 야생의 사유라는 레비-스트로스의 통찰력 있는 관념은 야생에 대한 다른 이미지가 아니라, 사유에 대한 다른 이미지를 투사하는 것으로 이해되어야 한다.[3] 반론을 제기해야 할 대상은, 명제가 계속해서 합리적 발화의 원형과 이론적 담론의 원자로 사용되어야 한다는 암묵적 관념이다. 비명제적인 것은 본질적으로 원시적이고, 비개념적이고, 심지어 반개념적인 것으로 간주된다. 이런 [견해]는 당연히 개념이 없는 그 '타자들'을 "지지하기" 위해서도, "반대하기" 위해서도 주장될 수 있다. 긍정적으로는, 합리적 개념의 부재가 인식하기와 행동하기, 사유하기와 감각하기 등의 분리 불가능한 상태를 나타냄으로써, 관련된 인간집단들의 실존적 탈소외를 표시하는 것으로 간주될 수 있다. 그렇지만 타자들을 지지하든 반대하든 간에, 이 모든 것은 명제에게 너무 많은 것을 양보하고, 개념에 대한 완전히 낡아 빠진 개념을 재긍정한다. [이런 낡은 개념의 개념은] 계속해서 개념을 보편적인 것 아래로 특수한 것을 포섭하는 작용처럼, 분류와 추상이라는 본질을 지닌 운동처럼 사유한다. 그러나 개념을 거부하는 대신, 개념 안에서 철학의 기반이 되는 것을 발견할 줄 아는 것, 그리고 역으로 철학의 기반이 되는 것 안에서 잠재적 개념성을 발견할 줄 아는 것이 무엇보다 필요하다. 달리 말해, 개념에 대한 인류학적 개념에 도달해야 한다. 그런 인류학적 개념은 ("야생의") 모든 창조적 사유가 명제 외부에 있음을 자신의 완전한 실정성 안으로 받아들이고, (선천적이든 전달된 것이든) 범주, (명제적이든 준명제적이든) 재현 또는 (꽃에 대해 말할 때처럼 단순하든 여러 겹으로 된 것이든) 믿음이라는 전통적 일반개념들과 전혀 다른 방향으로 전개된다.

아메리카 원주민의 관점주의 또는 관점적 다자연주의는 개념의 개념이라는 왕좌를 두고 다투는 인류학적 주장 중 하나다. 그렇지만 적어도 처음에는 학계 일부에서 그렇게 받아들여지지 않았다. [당시에] 관점주의는 오히려 어떤 대상-담론의 내용이 가진 몇몇 속성들에 관한 서술적 일반화로 여겨졌다. 이때 대상-담론이란 인류학적 담론에 맞서 급진적 외부성의 자리를 차지하며, 인류학적 담론에 그 어떤 구조적structurel 효과도 생산하지 못하는 것이었다. 따라서 우리가 보로로인이나 쿠나인이 "관점주의자인지" 아니면 다

● 한편, 나는 아메리카 원주민의 관념들에 관한 이러한 관념들을 아메리카 원주민 청중에게 발표할 기회가 있었다. 원주민 "문화"와 서구 "과학" 사이의 통상적 힘의 관계에서 후자가 전자를 한정 짓고 관리하는데, 아메리카 원주민 청중들은 자신이 이런 관계에 어떻게 연관되어 있는지 재빨리 알아차렸다.

른 것인지에 관한 물음을 두고 다소 활발한 토론을 벌인 것은 놀라운 일이 아니다.[4] 즉, 밀림에서 산책하며 "관점주의자"를 손가락으로 가리킬 수 있다고 생각했던 것이다. 심지어 『페르시아인의 편지』[5]의 정신을 너무나 잘 이어받은 나머지, "어떻게 관점주의자가 될 수 있는가?"라고 자문하는 사람들도 있었다. 거꾸로 회의론자들은 빈정대며 다음과 같이 선언하기를 그만두지 않았다. 그 누구도 관점주의자였던 적은 없으며, 이 모든 웅성거림은 이미 오래 전부터 잘 알려져 있던 것들, 즉 아메리카 원주민 신화집합의 몇몇 세세한 내용을 둘러싸고 일어날 뿐이라고. 하여튼 그 회의론자들이 보기에, 문제가 될 수 있었던 것은 어떤 '이론'이 아니라 오히려 몇몇 화용론적 제약들이 생산해 낸 (영화적 의미의) 특수 효과일 뿐이었다. 그 화용론적 제약들의 원리는 원칙적으로 관계된 것들에서 벗어난다. 그런 제약들은 재규어에게 말을 걸지만, 그렇게 할 수 있는 이유가 재규어도 말을 한다고 자신이 말했기 때문이라는 것을 깨닫지 못한다. 회의론자에 따르면 이것은 한마디로 언어의 질병이다. 그렇지만 이런 수용 맥락 안에서, 관점주의가 인류학 이론에 미치는 영향을 진지하게 검토할 가능성은 단번에 차단되었다. 그것은 관점주의가 인류학 내에서 개념의 모든 실천을 변형할 가능성이기도 했다. 이 생각을 요약하자면, 관점주의라는 이름이 붙은 관념들은 여러 인류학적 대상 중 하나를 구성한 것이 아니라, 인류학에 관한 다른 관념을 투사했다는 것이다. 이 다른 관념은 서구의 "인류학적 인류학"의 기반을 전복했던 한 가지 대안이었다.

<u>부가 설명</u>

부분적으로는, 관점주의를 세계의 객관화라는 도식, 즉 애니미즘의 여러 속성 가운데 하나로 고려하는 자연주의적 (혹은 유비추리적) 해석이 지역 인류학의 공간에 새로운 길을 열었다. 이는 데스콜라가 자신의 **대작**『자연과 문화를 넘어서』(Descola 2005)에서 애니미즘이라는 일반개념을 위한 자리를 만들어 준 직후였다. 내 연구를 자주 문제로 삼는 그 기념비적 저작에 대해, 내가 여기서 올바르게 평가하는 것은 불가능하다. 내 자신이 정식화해야 할 것으로 보이는 [그와 나의] 이견들은 이미 오랫동안 이어져 내려온 대화의 토대 위에서 표현된다. 그 대화는 서로를 풍성하게 만들어 주며, 우리 인류학이 다루는 다른 많은 질문들에 대한 깊은 동의를 전제한다.

『자연과 문화를 넘어서』는『야생의 사유』에서 그려진 파노라마를 받아들여 수정하고 완성하는 작업이다. 거기서 데스콜라는 토테미즘이라는 일반개념을 애니미즘, 유비추리, 자연주의라는 세 가지 "존재론" 또는 "동일화 방식"과 같은 편에 놓음으로써(그는 동의관계에 대한 관심을 거두지 않는다), 그 일반개념을 다시 명확하게 할 것을 제안한다. 이렇게 저자는 정사각 행렬을 구성하는데,[6] 이 행렬 속에서 네 가지 기본 존재론은 존재자의 상이한 종들이 지닌 ("물리성"physicalité과 "내부성"이라는 신조어로 불리는) 신체적 차원과 정신적 차원 사이의 연속성 관계 내지는 불연속성 관계에 따라 분포된다.[ ] 데스콜라가 다른 곳에서 관대하게 강조하듯, 그 행렬은 내가 제안했던 도식에서 받은 영향을 눈에 보이도록 표현한 것이다. 나는 아메리카 원주민의 관점주의에 대한 논문에서(Viveiros de Castro 1998/1996) 그 도식을 제안한 바 있다. 나는 앞서 [2장에서] 부분적으로 인용했던 이 텍스트에서 "교차된" 두 가지 존재론적 도식을 다소 간략하게 대조했다. 이것은 다음 두 가지 조합의 대조다. 첫째, 존재자들의 종 사이에 성립하는 형이상학적 연속성(유적 영혼)과 물리적 불연속성(종적 신체)의 조합이다. 이러한 조합은 원주민의 심리형태적psychomorphique 다자연주의에 고유한 것이다. 둘째, 근대의 인간중심적 다문화주의의 전형인 물리적 연속성과 형이상학적 불연속성의 조합이다. 이러한 조합에서 인간은 신체적 물질을 통해 다른 창조물과 소통하는 동시에, 정신적 실체(와 그것의 현대적 아바타들) 덕분에 다른 창조물과 절대적으로 분리된다.●● 이러한 대조의 대략적 개요는 데스콜라의 애니미즘과 자연주의 도식을 떠올리게 한다. 토테미즘과 유비추리라는 다른 두 가지 도식을 각각 만들어 내기 위해서는, 다음과 같은 두 가지 다

● 마지막 분석에서, 이런 상이한 종들은 인간/비인간으로 양극화된다. 예를 들어, 근대적 자연주의는 "세계와 타인의 객관화를 다스리는 더 일반적인 도식들의 가능한 표현 중 하나"라고 말해진다(Descola 2005, 13). 자연(세계)과 문화, 자연(세계)과 사회(타인) 사이의 이원성은 비판받는 동시에, 다른 한편으로는 계속해서 배경막으로 쓰이는데, 이는 아마도 불가피한 일일 것이다.

●● "애니미즘적" 세계 내에서 살아가는 존재자 간의 정신적 연속성에 초점을 맞추었던 데스콜라의 이전 연구들과 비교할 때, 『자연과 문화를 넘어서』이 성취한 가장 큰 진전 중 하나는 바로, 악센트를 붙이는 방식으로, 신체적 차원을 포함시킨 데 있다. 이런 점에서, 카낙(Kanak)인 보에주가 프랑스인 모리스 린아르트에게 했던 잊을 수 없는 말처럼, 내 친애하는 동료이자 친구 역시, 내가 그의 이론에 가져다준 것은 바로 신체였다고 내게 말해 줄 수 있을 것이다.

른 형태를 가진 경우를 덧붙이는 것으로 충분하다. 즉, 물리적 차원과 형이상학적 차원 사이의 연속적 혹은 불연속적 "평행" 관계가 지배하는 두 가지 경우다(같은 책, 176). •

『자연과 문화를 넘어서』를 시작한 최초의 추진력은 아마도 우리 세대의 많은 인류학자(그리고 철학자)를 이끌었던 추진력과 같은 것이었을 테다. 즉, 구조주의의 다소 편향된 관심사에 대한 불만족이었다. 구조주의는 야생적 사유의 연속주의적이고 "횡범주적인", 환유적이고 지표적indiciel인, 화용론적이고 제의적인 양상들을 희생시켜, 불연속주의적이고 분류적인, 은유적이고 상징적인, 토테미즘적이고 신화적인 측면에만 치중했다. 요약하자면, 우리는 여러 해 동안 레비-스트로스의 주변을 맴돌고 나서야, 뤼시앵 레비-브륄[7]의 주변을 다시 탐색해야 하지 않을까 의문을 품게 되었다. 물론, 메제글리즈나 게르망트의 경우처럼,[8] 그 방향들을 연관 짓는 길이 하나가 아니라는 점을 잊지는 않았다(어쨌든 그 방향들은 화자의 시점에서 생각했던 것만큼 서로 멀리 떨어져 있지는 않았

• 이러한 두 가지 평행 도식의 정당성에 관련해(아니면 적어도 이 두 도식이 교차된 도식들과 동일한 존재 유형학적 범주에 속해있다는 점에 관련해) 내가 몇 가지 유보 사항을 가지고 있다는 것을 숨기지 않겠다. 이는 그 두 도식이 "물리성"과 "내부성"의 상호 독립적 정의를 전제하는 한에서 그렇다. 이러한 정의는 물리성과 내부성을 실체화하는 경향을 가질 수 있는 반면, 교차된 도식들은 단순히 "위치"의 가치를 요구할 뿐이다. 이런 가치는 내적 대조에 의해 규정 가능한데, 거기서 한쪽 극은 다른 쪽 극의 형태나 바탕으로 상호 기능한다. 이것은 내가 관점주의라 부르는 것과 데스콜라의 애니미즘 사이의 중요한 차이를 표시할 것이다. 관점주의는 더 이상 애니미즘의 특수한 지적 생산물이나 한 가지 유형이 아니라, 오히려 신체와 영혼 간 구별의 또 다른 기능 방식처럼 보일 수 있기 때문이다.

다). 데스콜라가 자신의 아마존 연구 경험으로부터 첫 번째 존재론으로 지목한 애니미즘은 정확히 그런 방향으로 한 걸음을 내딛었다. 인간 외의 존재자들도 인격, 다시 말해 사회적 관계의 항들이라는 생각이 애니미즘의 기본 전제임을 떠올리는 것으로 충분하다. 즉, 인간 내부의 관계들을 의미하기 위해 자연적 다양성을 사용하는 분류 체계인 토테미즘과 반대로, 애니미즘은 인간과 비인간의 관계를 의미하기 위해 사회성의 범주들을 사용할 것이다. 이런 식으로, 두 가지가 아닌 단 하나의 계열(인격들의 계열)만이 있을 것이다. 그리고 "자연"과 "문화" 사이의 관계들은 은유적 유사 관계보다는 환유적 인접 관계에 속할 것이다.

　내 자신의 입장에서는, 『야생의 사유』에 나타난 매우 논쟁적인 대립에서 "소수" 극pôle에 가치를 부여함으로써, 야생의 사유에 대한 지나치게 조합적인combinatoire 개념화로 보였던 것에서 벗어나려 시도했다. 그 대립이란 토테미즘과 희생의 대립을 말한다(이 책의 8, 9장을 볼 것). 내가 아메리카 원주민의 샤머니즘과 식인 풍습에 대한 분석에서 (레비-스트로스가 사용한 의미의) 희생이라는 이름이 붙은 칸에 넣었던 것을 데스콜라는 애니미즘에 관련시켰다. 우리 연구가 서로를 풍성하게 만들어 줄 수 있었던 것은 전반적으로 그 개념적 "동의관계" 덕분이었다. 즉, 우리는 같은 것들에 관해 이야기한다고 생각했다. …… 그러나 내가 희생의 환유를 뛰어넘어 분류적 이성의 "타자", 더 정확히 말하자면 구조주의의 핵심적

● 우리가 이미 살펴보았듯이, 미분적 신체성의 도입이 이 모델을 복잡하게 만들었다.

일반개념(변형이라는 일반개념)에 대한 비조합적 또는 비논리적 해석을 추구했다면, 『자연과 문화를 넘어서』의 저자는 다른 경로를 따라갔다. 데스콜라는 『야생의 사유』의 기획을 외연적으로 확장할 것을 결정했다. 그는 토테미즘을 여러 존재론의 한 가지 유형으로 변형하기 위해, 레비-스트로스의 작업에서 토테미즘의 일반개념이 가지고 있던 유적 의미를 제한한다(레비-스트로스에게 토테미즘이란 결국 의미작용의 활동 전체와 동의어가 된다). 이러한 의미의 제한을 통해 『자연과 문화를 넘어서』에 나오는 네 가지 기본 존재론의 연역 과정 전체가 "희생"이 아니라, 확실히 (레비-스트로스가 본래 사용한 의미에서) "토템"적 영감에 속하게 된다.● 데스콜라는 그의 대상을 닫힌 조합적 작용으로 이해하며, 그의 목적은 한정된 조립 규칙에 따라 실천의 도식들(세계와 타인의 객관화 형식들)을 유형화하는 것이다. 이런 의미에서 그 책은 근본적으로 "유비추리"적인 만큼 "토테미즘"적이다. 이것은 놀랄 일이 아닌데, 『자연과 문화를 넘어서』가 고전 구조주의 우주론에 특히 기여한 점은 레비-스트로스의 토테미즘을 두 가지 하위 유형으로 분할했다는 것이었기 때문이다. 이 두 가지 하위 유형이란 데스콜라적 의미의 토테미즘과 유비추리다. 실제로, 유비추리의 그러한 정의가 어떤 문명화 현상과 스타일들(특히 오래전 "야만인"이라 불렸던 인간집단의 문명화 현상과 스타일들)의 계열에 훌륭하게 들어맞는다는 사실을 전혀 의심

● 데스콜라의 책에서 희생은 애니미즘보다는 유비추리적 존재론의 특징을 나타내는 것처럼 고려되면서, 더 제한적이거나 문자 그대로의 의미로 해석된다.

하지 않더라도, 『자연과 문화를 넘어서』 그 자체에 유비추리가 먼저 존재한다는 것을 말해야 한다. 그 책은 경탄할 만한 학식과 치밀한 분석을 보여 주지만, 다른 한편으로 이론과 방법의 시점에서는 완전히 유비추리적이다. 그가 전체적 분류 작업을 좋아한다는 점과 동일화, 대응 체계, 속성, 미시우주-거시우주라는 투사 도식 등에 대해 애착을 가진다는 점이 그 사실을 보여 준다. 실제로, 데스콜라의 체계는 그 구축 방식에 의해 그가 식별한 네 가지 존재론 중 하나를 더 우세한 것으로 표현할 수밖에 없다. 즉, 네 가지 존재론을 식별한다는 관념 자체가 일종의 유비추리적 관념이다. 애니미즘적 정신, 혹은 자연주의적 뇌는 아마도 상이한 관념들을 가지고 있을 것이다. 관점주의적 관념들이 그 한 가지 사례가 될 수 있다. 이 책이 바로 그 관점주의적 관념들의 한 가지 버전이다.

왜냐하면 나에게 제기된 문제는 구조주의를 외연적으로 확장하는 것이 아니라, 강도적으로 해석하는 것이기 때문이다. 즉, 구조주의를 "탈구조적" 방향으로 해석하는 것이다. 그래서 데스콜라가 『말과 사물』을 깊이 흡수한 후에 『야생의 사유』를 다시 쓰는 도전에 임해서 성공했다고 말할 수 있다면, 내가 얼마 전부터 나 자신에게 제기했던 도전은 내가 인류학에 관해 배운 것 가운데 『천 개의 고원』*Mille Plateaux*이 "잊혀지게 만든" 모든 것으로부터 출발해서 『신화들』을 어떻게 재독해할지 아는 것이다. *

---

*『자연과 문화를 넘어서』와 『말과 사물』의 관계가 밀접하다고 해서, 우리가 다음 사실을 지적하지 못할 이유는 없다. 즉, 미셸 푸코의 그 걸작 자체가 [자신이 수행한] 고유한 시대

그렇다고 해도, 관점주의가 분류에 관한 모든 문제틀에 과민반응을 보이는 것은 아니다. 분류는 근본적으로 로고스 중심적이라고 비난하거나, 이와 비슷한 다른 원죄를 씌우며 비난하지도 않는다. 사태를 가까이에서 바라본다면, 우리 타자들, 우리 인류학자들은 모두 조금씩 유비추리주의자들일 것이다. …… 이런 의미에서 관점주의는 분명 분류적 리비도의 중복화 또는 "강도화"다. 관점주의의 특징적 문제가 다음과 같이 정식화 될 수 있는 한에서 그러하다. 분류 대상이 분류자가 될 때, 어떤 일이 벌어지는가? 자연이 종들로 분할된다고 보면서 그 종들을 질서 지우는 것이 문젯거리가 아니라, 그 종들 자신이 그 임무를 어떻게 수행하는지가 문젯거리가 될 때, 어떤 일이 벌어지는가? 그럼 다음과 같은 질문이 제기된다. 그 종들은 그런 식으로 어떤 자연을 만드는가?(재규어는 "세계와 타인"을 어떻게 객관화하는가?). 토템의 시점에서 토템의 작동자가 어떻게 기능하는지를 질문할 때, 어떤 일이 벌어지는가? 혹은 더 일반적 방식으로(그러나 정확히 같은 의미에서) 우리가 원주민에게 인류학이 무엇인지 물을 때, 어떤 일이 벌어지는가?

구분과 급진적으로 관련되어 있다는 (그래서 복잡해졌다는) 것이다. 반면, 나는 다음 질문의 명쾌한 대답이 『자연과 문화를 넘어서』 안에서 발견되지 않는 것처럼 보인다. 즉, 이 책 자체가 자신의 고유한 유형학 안에 위치하게 되었는지, 혹은 반대로 사유 방식들을 위치시키는 하나의 사유 방식으로서, 그런 유형학에 포함되지 않는지에 관한 질문이다. 마지막으로, 레비-스트로스의 문집 안에서 우리가 참고하는 각 저작 사이의 차이는 『말과 사물』의 칸트주의와 『천 개의 고원』의 탈상호 관계주의적 유목학 사이의 차이와 동등하며, 게다가 더 의미심장하다는 것을 기억하자.

"사회" 또는 "문화" 인류학이 그렇게 불리는(혹은 그렇게 불려야 하는) 이유는 "물리학적" 또는 "생물학적" 인류학과 대비되어서가 아니라, 인류학이 연구하는 인간집단에게 "사회적" 또는 "문화적"인 것의 역할을 하는 것이 무엇인지 정의하는 게 인류학이 대면해야 할 첫 번째 질문이기 때문이다. 달리 말해, 그 인간집단의 인류학이란 무엇인지, 그 인간집단을 이론적 행위대상이 아니라 행위자로 삼는 인류학이 무엇인지에 대한 질문이다. 이것은 인류학을 한다는 것이 인류학들을 서로 비교하는 것, 그 이상도 이하도 아니라고 말하는 것과 같다. 비교란 우리의 주요 분석 도구일 뿐만 아니라, 우리의 원료이며 궁극의 지평이기도 하다. 우리가 비교하는 것은 언제나 이미 필연적으로 비교들일 수밖에 없기 때문이다. 이것은 구조적 방법의 경우(『신화들』에서 적용된 방법)와 같은 의미다. 즉, 모든 변형의 대상은 기원적 실체가 아니라, 필연적으로 또 다른 변형이라는 것이다. 비교란 모두 일종의 변형이기에, 그럴 수밖에 없을 것이다. 스트라선(Strathern 1992c, 47)의 우아한 과정적 정의에 따라, "사람들이 자기 세계의 상이한 영역들 사이에 유비를 확립해 가는 방식"이 문화가 있는 곳이라 한다면, 모든 문화는 엄청나게 거대한 다차원적 비교 장치다. 그리고 여기서 와그너를 인용해(Wagner 1981, 35), 인류학이 "문화를 통해 문화를 연구하는 것"이라 한다면, "우리의 탐구를 특징짓는 작동들이 어떤 것이든 간에, 그것 또한 문화의 일반적 속성임이 틀림없다." 요약하면, 인류학자와 원주민은

"직접적으로 비교 가능한 지적 작동들"(Herzfeld 2001, 7)에 가담하고 있으며, 그러한 작동들은 무엇보다 비교를 수행하는 작동들이다. 문화 내부의 관계들 혹은 내적 비교들(스트라선이 말하는 "영역들 사이의 유비")과 문화 간 관계들 혹은 외적 비교들(와그녀가 말하는 "문화의 발명")은 엄격하게 존재론적 연속성 위에 있다.

그러나 직접적 비교 가능성이 필연적으로 무매개적 번역 가능성을 의미하는 것은 아니며, 존재론적 연속성이 인식론적 투명성을 함축하는 것도 아니다. 아마존의 인간집단들이 그려낸 유비를 우리에게 고유한 유비의 용어들로 어떻게 재생할 것인가? 우리가 원주민의 비교를 우리의 비교와 비교할 때, 우리의 비교에는 어떤 일이 생길 것인가?

우리는 여기서 애매성équivocité이라는 일반개념을 제안한다.[9] 이는 아메리카 원주민의 관점주의 인류학의 도움을 받아 우리 아카데미 인류학의 상징적 절차, 즉 비교를 재개념화하기 위해서다. 우리가 고려하는 작동은 관찰자 외부에 있는 두 가지 이상의 사회 문화적 개별체들을 명시적으로 비교하는 것이 아니다. 이런 비교는 불변적인 것을 잡아내거나, 일반적 법칙을 수립할 만한 가치를 지닌 병존하는 변이들을 식별하려는 의도에서 이루어진다. 이것은 확실히 인류학에서 가장 인기 있는 기법 중 하나지만, 우리가 쓸 수 있는 여러 가지 기법 중 하나에 불과하다. 이것은 인류학적 방법의 "조절 규칙"이다. 반대로 우리가 참조하는 비교는 방법의 "구성 규칙"이다. "관찰되는 것"의 실천적이고 담론적인 개념들을 "관찰자"가 지닌 개념적 장치의 용어들로 번역하는 작업에 함축된 기법이 필요하다. 따라서 우리가 말하는 것은 대부분의 경우 함축적이거나 자동적인 비교다(이것의 명시화 또는 주제화topicalisation가 방법의 본질적인 순간이다). 이러한 비교는 필연적으로 인류학자의 담론을 비교항의 하나로 포함하며, 현지 연구를 하거나 종족지학 학술 논문을 독해하는 첫 순간부터 작동하기 시작한다.

비교의 이러한 두 가지 양태는 등가적이지도, 서로 독립적이지도 않다. 흔히 칭송 받는 것은 첫 번째 양태인데, 나 자신과 타자 사이에 벌어지는 상상의 결투를 객관화하는 삼각측량을 가능하게 해줄 것이고(이 삼각측량이 [다음의] 두 번째 작동에 표시를 남길 것이다), 관찰되는 것에 온전히 귀속될 수 있는 속성에 접근하도록 해줄 것이기 때문이다. 하지만 이런 비교의 양태는 겉으로 보이는 것만큼 결백하지 않다. 이것은 참된 삼각 구도를 이루지 않는 삼각형이다. 즉, 2 + 1이 반드시 3은 아니다. 인류학자의 문화에 낯선 두 개 이상의 문화들, 종종 그들끼리도 낯선 이런 문화들을 관계 짓는 용어들을 정의하는 것은 언제나 ("1"에 해당하는) 인류학자이기 때문이다. 인류학자가 카친인을 누에르인[10]과 비교할 때, 이런 비교는 카친인이나 누에르인이 요구한 것이 아니다. 이들이 요구하지 않았다는 것을 이유로 인류학자가 흔히 하는 일은 자기 자신이 카친인과 누에르인에게 제기한(부과한) 문제에서 발을 빼면서, 비교의 장면에서 사라지는 것이다. 마치 그 두 집단이 자기들끼리 비교되는 것처럼 말이다. …… 그 두 집단은 이런 식으로 인류학 담론의 내부로부터 등장하고, 자신들과 다른 사회문화적 개별체가 제기한 문제 덕분에, 비교 가능한 사회문화적 개별체들이라는 공통된 대상성을 갖게 된다.

그 다른 사회문화적 개별체는 비교 놀이의 규칙을 규정하면서도, 그 놀이의 진정한 바깥에서 가장 우월한 것으로 드러난다. 여기서 독자가 조르조 아감벤의 "예외 상태"라는 관념을 떠올린다면, 그것은 문제가 되는 것이 동일한 관념이기 때문이다(that's the idea).

요약하면 다음과 같다. 학자들의 독사doxa와 달리, 대상 내부의 대칭화는 비교에 의해 대상이 복수화됨으로써 생산되는데, 주체와 대상 간의 관계를 대칭화하는 마술적 힘pouvoir을 쓸 수는 없다. 주체를 순수한 비교의 정신으로 변형시킬 방법을 만들어 낼 힘도, 아래에 감춰진 다른 비교를 자기 스스로 명시적으로 드러낼 힘도 쓸 수 없다. 감춰진 다른 비교란, 앞서 살펴보았듯, 관찰자와 관찰되는 것의 관계 내에 관찰자를 **함축**하는 비교를 말한다.

이러한 함축이 "번역"이라 불린다. 오늘날, 문화의 번역이 인류학 특유의 임무라고 말하는 것은 일종의 클리셰가 되었다.[●] 문제는 번역이란 정확히 무엇이고, 무엇일 수 있는지, 또는 무엇이어야 하는지, 그리고 번역이라는 작동이 어떻게 실현되는지를 아는 것이다. 탈랄 아사드가 보여 주었듯(Asad 1986), 내가 떠맡은 (또는 번역하는) 다음 용어들 내에서는 문제가 복잡해진다. 즉, 인류학에서는 비교가 번역에 종사하는 것이지, 그 반대가 아니다. 인류학은 번역하기 위해 비교하는 것이지, 설명하기, 정당화하기, 일반화하기, 해석

● 적어도 몇몇 환경에서는 클리셰가 되었다. 왜냐하면 번역 대상이 무엇이든 간에 문화적 번역을 실행하는 것은 인류학의 진정한 임무가 아니고, 오히려 그 대상을 자연적으로 환원하는 것이 진정한 임무라고 주장하는 다른 환경들도 있기 때문이다.

하기, 맥락화하기, 말할 필요 없이 당연한 것을 말하기 등을 위해 비교하는 것이 아니다. 이탈리아 속담처럼, 번역하기가 언제나 배신하기라면,[11] 배신이라는 명칭에 걸맞은 번역은 (나는 여기서 발터 벤야민 혹은 오히려 루돌프 판비츠를 부연하고 있을 뿐이다) 출발 언어가 아니라 도착 언어를 배신하는 번역이다. 좋은 번역이란, 낯선 개념들이 번역자의 개념적 장치를 변질시키고 전복할 수 있도록 하는 데 성공한 번역이다. 이는 번역자에게 원본의 장치가 지닌 의도in-tentio를 표현하고, 그 결과 도착 언어를 변형할 수 있도록 하기 위해 서다. 번역, 배신, 변형. 잘 알려져 있듯이, 구조적 인류학에서 이 세 가지로 이루어진 과정은 "신화"라 불린다. 신화의 동의어 중 하나가 "구조적 인류학"이다.

그렇다면 아메리카 원주민의 관점주의를 번역하기란, 무엇보다 그것이 포함한 번역의 이미지를 번역하는 것이다. 이것은 통제된 애매성의 운동에 대한 이미지인데, 여기서 "통제"란 걷기가 넘어지기의 통제된 한 가지 방법이라고 말할 수 있다는 의미에서 사용된 것이다. 원주민의 관점주의는 애매함에 관한 학설이다. 다시 말해, 동음이의적 개념 간에 성립하는 참조적 타자성에 관한 학설이다.[12] 거기서 애매함은 상이한 관점적 위치 사이의 대표적 소통 방식처럼 나타나고, 그리하여 인류학적 계획의 가능 조건과 한계로서 나타난다.

신체성의 다양한 양식들이 정서적 다양체로서의 세계 경험을 "자연적으로" 만들어 내도록 하는 방식들 사이의 함축적 비교로부터, 관점주의에 관한 원주민의 이론이 출현한다. 그런 이론은 이런 식으로 우리에게 전도된 인류학처럼 나타난다. 왜냐하면 상이한 유형의 정신 상태들이 세계를 "문화적으로" 재현하도록 하는 방식들 사이의 명시적 비교에 의해서, 우리 고유의 종족 인류학이 진행되기 때문이다. 이때 그 세계는 자신의 상이한 개념적 버전들의 단일한 기원처럼 상정된다. 그 결과, 관점주의에 관한 문화주의적 서술은 [관점주의라는] 자신의 대상에 대한 부정이나 비합법화를 함축한다. 그 대상은 문화주의적 서술이 역투사된 것으로서, 인류학적 추론의 원시적이거나 물신화된 형식, 즉 어떤 반反인류학이나 전前인류학처럼 [간주된다].

관점주의라는 개념은 이러한 전도를 다시 전도할 것을 제안한다. 즉, 이제 원주민의 차례다the turn of the native. 이것은 애덤 쿠퍼가 비꼬는 투로 말했던 "원주민의 귀환"the return of the native(Kuper 2003)이 아니다. 그는 이러한 반성적 자리바꿈에 영감을 주는 거대한 종족 정치적 운동을 두고 그렇게 말했다. 요컨대 "근대성의 원주민화"(Sahlins 2000)가 아니라, 차례the turn; le tour, 카이로스kairos, 어떤 것, 우회, 예상을 벗어난 선회다. 관점의 기술을 완전히 다루는 천재는 토머스 하디가 아니라, 오히려 헨리 제임스다. 즉, 원주민의 차례란 (가끔 우리 동료 중 몇몇이 선호하는 것처럼 보이는 원주민을 나사로 고정시키기 screw the native보다는) 제임스가 말하듯 너트의 회전the turn of the screw[13] 같은 것이다. 쿠퍼의 관점에서 보면, 우리가 들려주고자 하는 이야기는 사실 공포물로서의 콩트다. 즉, 타세계주의적altermondialiste 인지 인류학 또는 (언젠가 마니글리에의 입에서 들었던) "타인지주의"alter-cognitivisme다······.

* * *

하지만 결국, [지금까지의 논의는] 레비-스트로스가 말한 안티야스 제도의 우화에서 이미 문제가 되었던 것이다. 이 우화는 관점주의에 "대해" 많은 것을 말할 뿐만 아니라, 그 자체가 관점주의적이다. 그 우화는 여러 아메리카 원주민 신화의 (한 가지 이상의 의미에서) 역사적인[14] 변형처럼 읽혀야 한다는 것을 이해하도록 하자. 그들의 신화는 종 사이의 관점주의를 테마로 삼는다. 예를 들어, 나는 다음과 같은 이야기를 생각해 본다. 주인공이 밀림에서 길을 잃고 낯선 마을에 이르게 되는데, 그 마을 주민은 주인공에게 "카사바 맥주" 한 바가지를 대접하며 쉬어 가길 청한다. 주인공은 기꺼이 초대에 응하는데, 마을 주민들이 자기에게 내어 준 것이 사람 피로 찰랑거리는 바가지인 것을 알고 경악한다. 자연적으로, 그 주인공은 그들이 인간에 속하지 않는다는 결론을 내린다. 신화나 우화나 모두 어떤 한 가지 유형의 소통적 분리접속 주위를 맴돈다. 그런 유형의 분리접속에서 대화자들은 동일한 사물에 대해 말했던 것이 아니지만, 그들은 이 사실을 알지 못했다(푸에르토리코의 일화에서 "대화"는 상호적 자기종족중심주의에 관한 레비-스트로스의 비교 추론이라는 평면 위에서 전개된다). 재규어와 인간이 상이한 사물에 동일한 이름을 부여하는 것처럼, 유럽인과 원주민은 어떤 동일한 인간성에 대해 "말했고", 그다음 이런 자기 서술적 개념이 '타자'에게도 적용되는지 자문했다. 그러나 유럽인과 원주민이 개념을 정의하는 기준(의도)이라고 이해했던 것은 급진적으로 달랐다. 요컨대 신화만큼이나 레비-스트로스가 들려준 역사도 애매함의 주위를 맴돈다.

잘 생각해 보면, 안티야스 제도의 일화는 종족지학 문헌 속이나 현지 연구에 관한 우리 자신의 어렴풋한 기억 속에 있는 수많은 다른 일화와 닮았다. 사실, 그 일화는 가장 대표적인 인류학적 상황이나 사건을 단적으로 보여 준다. 예를 들어 사린즈(Sahlins 1985)가 분석한 것처럼, 쿡Cook 선장의 그 유명한 에피소드에서, 사람들은 푸에르토리코에서 교차된 경험들의 구조적 변형을 볼 수 있다. 즉, 거기서는 문화 사이의 애매성에 관한 원형적 모티브의 두 가지 버전이 문제가 된다. 원주민 아마존의 시각에서, 문화 간 관계는 종 간 관계의 한 가지 특수한 경우와 다름없으며, 역사는 신화의 한 가지 버전일 뿐이다.

애매함이 단지 인류학자와 원주민 간의 의사소통을 위협하는 수많은 병리적 증상 중 하나일 뿐이 아님을 강조해야 한다. 여기서 병리적 증상이란 언어적 무능, 맥락에 대한 무지, 공감의 부재, 경솔함, 천진난만함, 잘못된 신념, 망각, 그 밖에도 인류학적 발화를 경험적으로 괴롭힐 수 있는 수많은 변질과 결핍 등이다.[*] 이런 우발적인 병리적 증상과 달리, 애매함은 고유하게 초월론적인 범주, 즉 인류학에 고유한 문화적 번역의 기획을 구성하는 차원이다.[**] 그것

---

[*] 알다시피 "의사소통의 병리적 증상"은 성배(Graal)부터 아스디왈에 이르는 레비-스트로스 신화학의 거대한 주제다.

[**] 물론, 이러한 고찰은 들뢰즈와 과타리의 잘 알려진 한 단락(Deleuze·Guattari 1991, 53 et s.)에 관한 부연 설명(스트라선이 말하는 "영역 간의 유비")이다.

은 단순한 부정적 사실성이 아니라, 인류학 담론의 가능 조건, 즉 인류학 담론의 존재를 정당화하는 것이다(이는 권리의 문제quid juris? 에 관련된다). 번역하기는 애매함의 공간에 자리 잡고 거주하는 것이다. 이는 그 공간을 해체하기 위해서가 아닌데, 애매함의 공간은 결코 존재한 적이 없었다고 전제되어 있을 것이기 때문이다. 오히려 반대로, 그것은 애매함의 공간을 가치 있게 만들고, 그 공간의 효과를 강화하기 위해서다. 말하자면, 서로 접촉하는 "언어들" 사이에 존재하지 않는다고 상상했던 공간, 즉 애매함이 숨겨 둔 바로 그 공간을 열어서 넓히기 위함이다. 애매함은 관계를 방해하는 것이 아니라, 관계를 수립하고 추동하는 것이다. 즉, 관점의 차이다. 번역하기는 애매함이 지금까지 항상 존재했고, 앞으로도 항상 존재할 것이라고 추정하는 일이다. 이는 존재하던 것과 우리가 "말하는 중이었던" 것 사이에 어떤 기원적 유일의미성과 궁극적 의미 중복(어떤 본질적 유사성)이 있을 거라 추정하면서 '타자'를 침묵 속에 가두는 대신, 차이에 의해 소통하는 일이다.

마이클 허츠펠드는 최근 다음과 같이 지적했다. "인류학은 애매함에misunderstandings 몰두한다. 여기에는 우리들 인류학자에 관한 우리 자신의 애매함도 포함된다. 일반적으로, 애매성은 공통감이라고 여겨지는 것에 대한 다양한 일반개념 간의 상호적 통분 불가능성의 결과이기 때문이다. 이런 것이 우리의 연구 대상이다"(Herzfeld 2003, 2). 나는 여기에 동의하지 않을 수 없다. 나는 단지 다음과 같은 생각을 강조하고자 한다. 즉, 만약 인류학이 (권리상) 존재한다면, 이는 오로지 허츠펠드가 "공통감"이라고 부른 것이 공통적이지 않다는 바로 그 이유 때문이다. 또한 나는 다음과 같이 추가하고자 한다. 즉, 유효한 "일반개념" 간의 통분 불가능성이야말로 자신의 비교 가능성에 장애물이 되기는커녕 (마이클 람벡이 논하는 것처럼 'Lambek 1998') 그 비교 가능성을 허용하고 정당화하는 것이다. 왜냐하면 오직 통분 불가능한 것만이 비교할 가치가 있기 때문이다. 통분 가능한 것을 비교하는 것은 회계사가 해야 할 업무다. 결국, "미스언더스탠딩misunderstanding ……"은 관점적 다자연주의에서 재발견되는 그런 애매성의 의미로 받아들여야 한다는 사실을 강조해야 한다. 즉, 사람들이 한 가지 이상의 유효한 해석이 있다는 점을 파악하지 못하는 한에서, 애매함은 (결여라는 의미에서) "해석의 결핍"이 아니라, 오히려 해석의 "과잉"이다. 무엇보다 그런 한 가지 이상의 해석들은 필연적으로 서로 갈라지기 마련인데, 이는 [하나의] 세계를 바라보는 [여러] 상상적 방식들이 아니라, 보여지는 [여러] 실재적 세계들에 관련된다. 실제로 아메리카 원주민의 우주론에서 상이한 종들의 실재적 세계는 그들의 시점에 의존한다. 왜냐하면 "세계 일반"이 그런 상이한 종들로 이루어지며, 그 세계 일반은 그런 시점으로서의 종들이 서로 갈라지는 추상적 공간이기 때문이다. •

그래서 인류학은 애매함에 관심을 갖는다. [여기서 "관심을 갖는다" intéresser는] 가운데 존재한다inter esse는 "문자 그대로"의 의미, 즉 가운데 있음, 사이에 존재함이라는 의미를 가진다. 그런데 와그너

• 들뢰즈는 이렇게 말할 것이다(Deleuze 1988, 203). 사물에 대한 시점은 존재하지 않는다. 사물과 존재자가 곧 시점이다.

(Wagner 1981, 20)는 뉴기니의 다리비인과 맺었던 초기 관계에 대해, "그들이 나를 이해하지 못했던 방식은 내가 그들을 이해하지 못했던 방식과 같지 않았다"[*]고 말한 적이 있다. 이는 그때까지 결코 제안된 적 없는, 아마도 문화에 대한 가장 훌륭한 인류학적 정의일 것이다. 여기서 핵심은 몰이해라는 경험적 사실이 아니라, 양쪽의 몰이해가 같은 것이 아니었다는 "초월론적 사실"이다. 그렇다면 문제는 잘못을 범하는 게 누구인지가 아니고, 누가 누구를 속이는지는 더욱 아니다. 애매함은 오류, 오해, 거짓이 아니라 관계의 기초 그 자체인데, 이 관계는 언제나 외부성과의 관계이고, 자신의 기초 자체를 [자기 내에] 함축한다. 오류나 오해는 주어진 "언어 놀이" 속에서만 오류나 오해로 정의될 수 있을 뿐인 반면, 애매함은 상이한 언어 놀이들 사이의 간격에서 발생하는 것이다. 오해와 오류는 사전에 동질적인 것으로 구성된 전제들을 가정하는 반면, 애매함은 작동 중인 전제들의 이질성을 "가정"할 뿐만 아니라, 그 전제들을 이질적인 것으로 제기하고, 그 전제들을 전제들로서 미리 가정한다. 애매함은 전제에 의해 규정되는 것이 아니라, 오히려 전제를 정의한다. 결론적으로, 애매함은 변증법적 모순의 세계에 속하는 것이 아니다. 애매함의 종합은 분리접속적이고 무한하기 때문이다. 즉, 애매함을 대상으로 고려하는 것은 그 전 단계의 또 다른 애매함을 규정하게 되고, 이렇게 계속 전 단계로 이어진다.

　요약하면, 애매함은 주관적 결점이 아니라 객관화의 장치다. 그

---

[*] "Their misunderstanding of me was not the same as my misunderstanding of them."

것은 오류나 착각이 아니라(문제는 사물화 또는 물신화의 언어로 객관화를 상상하는 것이 아니다), 모든 사회적 관계의 제한적 조건이다. 이 조건은 이른바 "문화 사이의" 관계라는 제한된 경우 내에서 그 자신이 초객관화superobjective된다. 이런 경우에 언어 놀이들은 서로 최대한 갈라져 나간다. 이런 갈라짐은 말할 필요도 없이 인류학자의 담론과 원주민의 담론 간 관계를 포함한다. 그래서 예를 들어, 문화의 인류학적 개념은 와그너가 주장하는 것처럼 문화 사이의 애매성을 해소하려는 시도처럼 등장하는 애매함이다. 문화의 인류학적 개념이 "어떤 인간집단의 문화를 상상하지만, 그 집단은 그것을 자기 문화로 상상하지 않는 역설"(Wagner 1981, 27)에 기초하는 한에서, 그 개념은 애매하다. 이런 이유에서, "잘못 이해된 것"이 "이해된 것"으로 변형될 때(인류학자가 원주민에 관한 자신의 초기 몰이해를 "그들의 문화" 내에서 변형할 때, 혹은 예를 들어 백인들이 "선물"이라고 불렀던 것이 사실은 "상품"이었음을 원주민들이 이해할 때), 심지어 이런 때에도 애매함들은 계속해서 비非동일자들로 남아 있다. '타자들'의 '타자'는 여전히 타자인 것이다. 만일 애매함이 오류, 착각, 거짓말이 아니라 차이의 관계적 실정성의 형식 자체라면, 그것의 반대편에 있는 것은 진리가 아니라, 오히려 유일하고 초월적인 의미가 존재할 것이라는 갈망으로서의 일의적인 것univoque이다. 대표적인 오류 또는 착각은 바로 다음과 같이 상상하는 데서 성립할 것이다. 즉, 각각의 애매함 아래에는 어떤 일의적인 것이 있을 거라고, 그리고 인류학자는 그 일의적인 것의 복화술사일 거라고 상상하는 것이다.

따라서 원주민의 귀환return of the native과는 완전히 다른 것, 그 이상의 것이 필요하다. 만약 귀환이라는 것이 있다면, 그것은 오히려 레비-스트로스가 말했던 "경이로운 귀환"이다. 즉, 철학이 무대의 전면으로 귀환하는 것이다. 그렇지만 레비-스트로스가 시사하는 것처럼, 그것은 우리의 철학과 그들의 철학(동음이의 관계의 또 다른 경우인가? 더욱 좋다[15]) 사이의 배타적 양자택일의 방식에 따르는 귀환이 아니라, 인류학과 철학의 분리접속적 종합으로서의 귀환이다. 이때 인류학은 실험적 형이상학 또는 현지의 지리철학으로 이해되며, 철학은 독특한sui generis 종족 인류학의 이러한 실천으로 이해되는데, 이 실천은 개념의 창조에서 성립한다(Deleuze·Guattari 1991). (『천 개의 고원』의 저자들이라면 "정령적 동맹"[16]이라고 불렀을) 인류학과 철학의 이런 횡단성은 어떤 공통의 목표를 위해 실행되는데, 그 목표란 사유를 영속적으로 탈식민화하는 어떤 상태에 (강도의 어떤 고원으로) 진입하는 것이다.

철학적 개념과 문제들이 언제나 사회 및 문화 인류학을 머리부터 발끝까지 가로질러 왔다는 점을 새삼스레 떠올릴 필요는 없다. 그 철학적 개념과 문제란, 다른 무엇보다 "신화"라는 철학적 개념부터, 철학에서 어떻게 벗어날 것인지의 문제, 달리 말해 인류학의 문화적 행렬에서 어떻게 벗어날지의 문제까지를 말한다. 레비-스트로스는 이 문제 자체도 매우 철학적이라고 환기한 바 있다. 따라서 문제는 인류학자들이 결코 멈춘 적 없는 철학과의 대화를 재개해야 할지가 아니라, 어떤 철학과 연결되는 것이 가치 있는지 아는 것이다. 이 문제는 분명히 사람들이 원하는 게 무엇이고, 할 수 있는 게 무엇인지에 달려 있다. 임마누엘 칸트, 하이데거 혹은 루트비히 비트겐슈타인의 도움을 받아 야생의 사유에 대한 어떤 이미지를 정의하는 것은 완벽히 가능하다. 내용들의 평면 위에 여러 개의 직접적 평행 관계를 성립시키는 것도 역시 가능하다. 예를 들어, 아마존의 우주론은 본질의 세계와 겉모습의 세계 사이의 구별과 유사한 것들, 이런 애매한 유사성을 풍부하게 가지고 있어서, 자연적으로 플라톤주의적 독해로 인도하는 것처럼 보인다(그렇지만 이런 플라톤주의적 독해의 유일한 관심은 단지 그런 원주민적 플라톤주의가 얼마나 겉모습뿐인지를 보여 주는 데 있을 것이다). 그러나 다시 한 번 말하지만, 모든 것은 야생의 사유가 우리에게 제기하는 문제에 달려 있다. 다른 용어로 말하자면, 인류학이 연구하는 집단들은 복잡하고 셀 수 없는 기호 실천적 배치[17]들을 발명하는데, 이런 배치들 안에서 우리가 식별할 수단을 갖춘 철학적으로 흥미로운 문제가 무엇인지에 모든 게 달려 있다.

　나는 아메리카 원주민의 사유 속에서 막 잡아내려고 했던 주파수를 재전송하는 데 가장 적절한 도구로 들뢰즈의 철학을 골랐고, 특히 과타리와 함께 쓴『자본주의와 분열증』두 권을 선택했다. 인류학 담론이 재종합한 대상들인 (감히 말하건대, 왜냐하면 원주민의 이론은 그토록 편리한 방식으로 미리 포장되어 진열대에 올려져 있지 않기 때문이다!) 관점주의와 다자연주의는 아메리카 종족학의 어떤 들뢰즈주의자-되기와 들뢰즈·과타리 철학의 어떤 원주민-되기가 만난 결과다. 앞으로 살펴보겠지만, 이러한 원주민-되기가 결정적으로 통과하는 것은 정확히『천 개의 고원』의 되기들에 관한 장이다.

그렇다면 내가 언젠가 대담하게 선언했던 것처럼, "원주민은 들뢰즈주의자다"라고 다시 말하려는 것인가?[*] 그렇기도 하고 아니기도 하다. 일단은 그렇다고 할 수 있다. 들뢰즈와 과타리의 철학이 원주민의 관념들과 부딪힐 때, 공허한 소리를 내지는 않기 때문이다. 그리고 들뢰즈가 특권을 부여한 사상가의 계보가 서구 전통의 소수 계보처럼 구성되는 한, 그 계보는 서구 전통의 외부를 향한 일련의 연결을 허용하기 때문이다. 그러나 결국은 아니다. 원주민은 들뢰즈주의자가 아니다. 그들은 니체는 물론 칸트주의자일 수 있고, 비트겐슈타인은 물론 베르그손주의자일 수도 있으며, 모리스 메를로-퐁티, 카를 마르크스, 지그문트 프로이트, 그리고 누구보다 레비-스트로스주의자일 수 있기 때문이다. …… 나는 심지어 하버마스주의자인 원주민에 관해 이야기하는 것을 들어본 적도 있는 것 같다. 말하자면 그 무엇도 가능하다는 것이다.

그렇기도 하고 아니기도 하다. 물론 "문제가 잘못 제기되었다." 어떤 다자연주의적 역逆인류학의 시점에서 문제가 되는 것은 야생의 사유에 비추어 철학자들을 읽는 것이지, 그 반대가 아니기 때문이다. 즉, 문제는 우리 사유의 잠재성으로 존재하는 셀 수 없는 타자-되기들을 현실화하는 것이다. '바깥'의 사유와 반대 방향으로 가기 위해, 다른 쪽 끝을 통해 어떤 바깥에 대해 사유하기(그 바깥이

---

[*] Viveiros de Castro 2006.

반드시 중국일 필요는 없다). 다른 사유에 대한 경험은 모두 우리 사유에 대한 경험이다.

● 『바깥(중국)을 사유하다』(*Penser d'un dehors(la Chine)*)는 프랑수아 줄리앙의 책 제목으로 (Jullien·Marchaisse 2000), 그의 나머지 저작들과 마찬가지로 『안티 나르시스』와 완전히 계열체적 관계에 있는 참고문헌이다. 심지어 내가 그 책에 전적으로 동의할 수 없는 이런 몇 안 되는 순간에도 말이다.

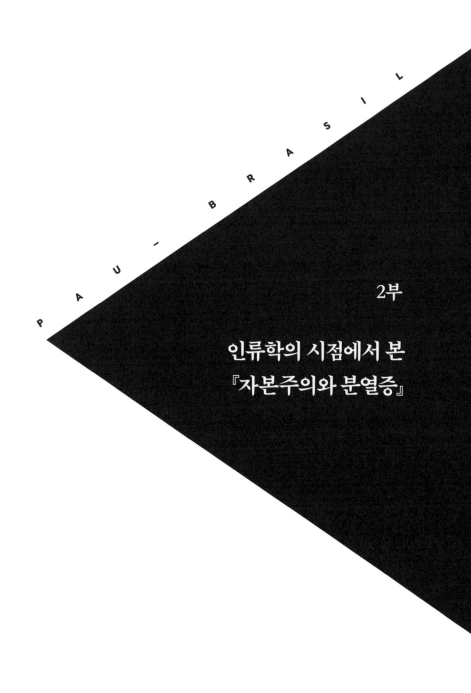

2부

인류학의 시점에서 본
『자본주의와 분열증』

흥미로운 교차

내 세대에게 들뢰즈와 과타리라는 이름은 1960년대 말을 수놓았던 사유의 방향 전환을 단숨에 상기시킨다. 현재 서구의 문화적 지각perception을 구성하는 몇 가지 핵심 요소가 그 시대를 거치며 발명되었다. 그 전환의 실재 자체, 의미, 결과는 오늘날까지 논쟁의 대상이 되고 있다.

질서의 영적 하수인들, '다수자'에게 복무하는 그 "보조 일꾼들"이 보기에,● 그 전환은 무엇보다 [미래 세대와 떼어 놓아야 할] 어떤 것을 대표한다. 미래 세대는 그것으로부터 보호받아야 했고, 또 여전히 보호받아야만 한다(오늘의 보호자는 어제 보호받았던 사람이고, 그 역

● Pignarre and Stengers 2005, 49-53.

도 성립하며, 앞으로도 마찬가지다). 이는 68년이라는 사건이 완수되지 않은 채 그냥 소진되고 말았다는 확신, 다시 말해 실제로는 아무것도 일어나지 않았다는 확신을 강화하기 위함이다. [그 하수인들이 보기에] 진정한 혁명은 68년의 사건에 대항해 일어났으며, 그 혁명을 가져온 것은 (통상적인 완곡어법에 따르자면) '이성'이었을 것이다. 그러한 '힘-이성'은 '제국'의 세계 기계를 확고히 했으며, 그 기계의 뱃속에서 '자본'과 '대지'의 신비한 짝짓기("세계화")가 실현된다. 이러한 작동은 "정보의 경제"라는 '정신 영역'Noosphère의 영광스러운 유출에 의해 왕관을 쓰게 된다. 자본은 여전히 이성이 없는 반면, 사람들은 이성 자신이 여전히 자본에 의해 소유되기를 갈망한다는 인상을 받는다.

반면, 다른 세계가 가능하다는 생각을 (통상적인 모욕적 표현에 따르자면) 낭만주의적으로 계속 고집하는 다른 많은 사람들이 보기에, 우리는 40년 이전에 잠깐 동안 표면에 솟아올랐던 욕망의 흐름과 우리 자신을 계속 연결할 수 있는 경우에만 신자유주의적 흑사병의 창궐과 통제 사회를 기술 정치적으로 공고화하는 것에('시장'은 '국가'이고, '국가'는 '시장'이다. 즉, 둘 사이에 선택할 것은 없다) 맞설 수 있을 것이다. 이런 사람들이 보기에 68년이라는 순수한 사건은 일종의 역사적 접속법 미래 안에 존재하는 것처럼 기입된 채(Deleuze·Guattari 1984), 아직 만기에 이르지 않았거나, 아마도 시작조차 하지 않았던 것일 게다.

"옳건" 그르건 간에,[1] 나는 나 자신을 이 두 번째 부류의 사람들에 포함시키고자 한다. 나는 이런 이유에서 들뢰즈와 그의 파트너 과타리의 영향에 대해서도 같은 것을 말하려 한다. 이들은 개념의 정치라는 시점에서 볼 때, 20세기 후반 50년간 철학에서 생산된 가장 중요한 작업의 저자들이다. 내가 "같은 것"이라는 말로 이해하는 바는 그들의 영향이 [68년 사건과 마찬가지로] 자기 잠재력을 완전히 실현하지 못했다는 사실이다. 실제로 현대의 몇몇 학문 분야나 연구 영역에서 들뢰즈(와 과타리)의 존재감은 기대할 수 있을 만큼 두드러지지는 않는다. 그들의 존재감이 아직도 보잘 것 없는 학문 분야 중 하나가 내가 실천하고 있는 것, 즉 사회 인류학이다.

* * *

들뢰즈와 과타리의 저작이 인류학에 미친 영향은 최소한 푸코나 데리다 같은 사상가들만큼은 크다. 우리가 인류학을 비롯한 현대 인간 과학의 지배적인 역_逆흐름이라 부를 수 있을 만한 것이 그 사상가들의 작업을 이미 광범위하게 흡수했다. [인간 과학이 철학의 작업을 흡수하는] 이러한 역흐름이 21세기 초반 몇 년간 프랑스에서는 그다지 쉽게 일어나지 않았음을 지적하자. 인류학과 철학의 관계는 지난 삼십 년간 눈에 띄게 강화되었지만, 이러한 과정은 영어권 학계에서 가장 먼저 진행되었다. 프랑스 인류학 자신이 [대륙 철학에 대해 보여 준 모습보다], 다른 인문학humanities과 마찬가지로 영어권 학계의 인류학이 "대륙 철학"에 더욱 개방적인 모습을 보여 주었다. 하이데거의 실존 분석, 신체성에 관한 메를로-퐁티의 현상학, 권력에 관한 푸코의 미시물리학, 데리다의 탈구축적 방법은 1980년대와 1990년대에 대륙의 바람을 확대했다. 1970년대에 이미 불고 있었던 그 대륙의 바람은 "옛 유럽"의 다양한 마르크스주의들이 남긴 흔적을 미국과 영국 인류학에 전파했다. 다른 한편, [유럽 철학이 끼친] 이런 일련의 영향력은 구조주의라는 위협, 즉 대륙에서 시작되어 1960년대를 지배했던 위협에 대한 면역학적 반응처럼 보일 수도 있다. 반면, 옛 유럽, 특히 프랑스에서 인류학과 철학의 관계는 구조주의가 자신의 패러다임적 도약력을 상실함에 따라 조금씩 퇴색해갔다. 그게 아니라면 적어도 인류학 쪽에서 보기에, 그 관계의 형태는 탈구조주의보다는 전前구조주의의 기초 위에서 구성되어 있었던 것이다(Lévi-Strauss·Éribon 1988, 131). 철학적 탈구조주의, 대표적으로 **프랑스 이론**French theory은 영어권 나라에서 인류학과 철학을 가깝게 만든 장본인이었던 반면(하지만 지역 학계의 보수 인사들에게 거친 반응을 유발시켰다는 것을 기억하자), 정작 프랑스의 기존 인류학에는 거의 영향을 미치지 않았다.

프랑스 밖의 인류학자들과 그의 동료들이 **프랑스 이론**을 전유할 때 의도치 않게 우스운 사례들이 있었던 것도 사실이다. 하지만 (물론 이중의 경멸이 담겨 있는) 프랑스 이론이라는 분류표가 지칭하는 한 무리의 문제들에 대해, 프랑스 인간 과학은 공개적 적대성을 제외하고서는 일반적으로 무딘 무관심만을 보여 주었는데, 이는 유감스러운 것 이상의 일이었다. 왜냐하면 그런 무관심은 프랑스 인류학의 주요 전통들 사이에 극단적 상호 몰이해, 결국에는 반성적 몰이해에 이르는 과정을 촉발시키면서, 인류학 내부의 괴리를 만들어 냈기 때문이다. 인류학을 "엔트로피학"(Lévi-Strauss 1955, 478[국역본 743쪽])

으로 다시 부르자며 자성을 가져온 제안은 갑작스레 [인류학 자신을 지시하는] 자기 참조적 차원을 획득한 것처럼 보인다.[2] 문명화 이론 내부의 불편함 …….

그렇지만 이는 흥미로운 교차다. 지금의 영어권 인류학이 현지의 경험실용주의적 하비투스에 1960년대와 1970년대 프랑스 철학(더 일반적으로는 대륙 철학)을 창의적인 방식으로 접목하면서 주저 없이 전유한 반면, 프랑스 인류학 쪽에서는 자신의 뒤르켐적 지질학 토대에 재흡수되는 징조를 보였다. 이와 동시에 프랑스 인류학은 영어권 논리주의의 프랜차이즈 대리점들이 자신을 사로잡도록 내버려 두었는데, [뒤르켐적 토대도 이러한 경향을] 방해하지는 못했다. 그 영어권의 논리주의적 스콜라 철학은 지난 수십 년간 프랑스에서 맥도날드 체인만큼 빠르고 설명 불가능한 확장을 겪었다. ([프랑스 인류학의 이런 경향에도] 항상 예외가 있는데, 그중 가장 주목할 만한 것은 명망 높은 사상가인 라투르와 프랑수아 줄리앙이다. 하지만 이들은 정치적으로도, 계통학적으로도 주류mainstream 인류학의 가장자리에 있다). (방금 말한 경향에 진정으로 맞서지 못하는 탓에 오히려 더욱) 커다란 우려를 가지고 폭로해야 할 또 다른 경향은 (인류학적 대상의 무의식에 투사된) 심리 인지적 자연주의의 한 가지 유형인 (인류학의 잠재의식적 평면 위에 있는) 광범위한 사회 인지적 자연화다. 지금 효과를 발휘하고 있는 인지적 자본주의의 공리계[3]와 완전한 일관성을 유지한 채, 그 사회 인지적 자연화는 어떤 인식의 경제를 정당화하는데, 그 경제 내에서 인류학적 개념은 상징적 잉여가치처럼 보이게 된다. 그 잉여가치는 "관찰자"가 "관찰되는 것"의 실존적 노동에서 추출해 낸 것이다.

물론 사태가 실제로 이 지경에 이르지는 않았다.** 인류학의 경우에, 역동성과 창조성의 사례들은 라투르와 줄리앙의 이름을 한번 언급하면서 떠올리게 되는 것보다 많았다는 사실, 그리고 [인류학의] 보호자 세대가 교체 중이라는 사실을 강조해야만 한다. 이런 세대교체 과정에서 위에서 묘사한 경향이 필연적으로 강화되리라는 법은 없다. 게다가 관점들의 상호성을 인류학적 기획을 구성하기 위한 요구로서 거침없이 주장했던 정통한 연구자들은 항상 존재했다. 밥 숄티의 직설적 표현을 따르자면, 이들은 그런 식으로 인류학의 대상을 "인식론적으로 살해하기"épistémocide⁴에 가담하길 거부했다. 반동적 대해일은 그 희생자들 사이에서 수는 적지만 상당히 유

● 구조주의 시기 이후 프랑스 사유가 택한 두 가지 방향, 즉 인지주의와 탈구조주의를 고려해 보면, 프랑스 인류학이 거의 만장일치로 인지주의를 향해 흘러갔다는 것은 분명하다. 이는 인류학의 최근 담론 내에서 "인지적"(cognitif)이란 말이 말걸기 기능(fonction phatique)을 수행하는 지배적인 작동자가 되었다는 점에서 그러하다[`말걸기`란 정보의 전달이 아니라, `안녕`, `잘 지내?`와 같이 발화자 간 사회적 상호작용에 관련된 기능을 수행하는 발화를 말한다_옮긴이]. 인류학적 인지주의는 결과적으로 푸코, 들뢰즈 또는 데리다와 같은 철학적 탈구조주의의 다양한 경우들보다 더욱 반(反)구조주의적임을 드러냈다(아마도 [인류학적 인지주의가] 레비-스트로스라는 거대한 인물과 제도적으로, 심리학적으로 가깝다는 것이 그 점을 설명해 줄 수 있을 것이다). 게다가, 루이 알튀세르와 자크 라캉의 저작에 뿌리를 두고 있으며, 알랭 바디우, 에티엔 발리바르, 자크-알랭 밀레르, 장-클로드 밀네르와 다른 이들의 저작 속에서 무르익은 "초(hyper)구조주의"와 함께, 탈구조주의의 방향은 알려진 바대로 팽팽하지만 풍부한 뒤얽힘 속에서 발전했다(Maniglier 2009).

●● 이 문단을 (재)작성하고 있는 시점부터 출판하게 될 시점까지, 나는 여러 번 후회하며 거기에 긴 수정 사항을 추가하려 할 것이 확실하다. 하지만 [이 문단을 작성하고 있다는 것이] 지금 여기에서 나에게 일어나고 있는 일이기도 하다. 그런데 나는 자연스럽게 내 동료 아메리카 연구자 모두를(우리는 항상 상부구조주의자들이었다!) 이런 무례한 평가로부터 곧바로 제외하고 있다 ……

명한 인류학자들을 징집했다(알다시피 그들 중 몇 명은 공화주의적 관례 하의 감찰관 역할을 참칭하기 위해 갑자기 레비-스트로스의 이름을 내세웠다). 따라서 그 반동적 대해일이 부서지려면, 철학자 쪽 만큼이나 인류학자 쪽에서도(예컨대 Favret-Saada 2000) 저항의 보루에 부닥쳐야만 했다. 그런 저항 과정에서 "일반화된 대칭"이라는 라투르의 원리를 완전히 실현하기 위해(다시 말해, 좌파에 의한 실현을 위해) 가장 열심히 노력한 사상가인 이자벨 스탕게르스의 강렬한 저작에 주목해야 한다.

요컨대 충분히 낙관할 만한 이유가 아직 남아 있다. 예컨대 오늘날 사람들은 구조주의적 기획에 대한 역사적·이론적 재평가의 시작을 목격하고 있다. 최근 레비-스트로스가 "플레야드의 도서관"[5] 총서에 포함되었는데, 이러한 "구조적structurel 사건"이 (지적 영역이라는 용어의 넓은 의미에서) 지적 영역에 어떤 효과를 발휘할지 예상하기는 어렵다. 하지만 그의 저작에 대한 진지한 재연구가 이제 막 시작되고 있음에도 불구하고, 또한 『인종과 역사』*Race et histoire*의 마지막 몇 줄을 떠올려 보면, 그의 저작이 단지 "우리 뒤편과 우리 주위"에 있을 뿐만 아니라, 무엇보다 "우리 앞에" 있음이 확인되고 있음에도 불구하고, 레비-스트로스는 "플레야드의 도서관" 총서에 들어가게 되었다. 게다가 그 총서의 레비-스트로스 선집은 저자가 관찰하기 좋아하던 경이로운 귀환 중 하나를 증언한다. 즉, [구조주의에 대해 인류학자들이 바치는] 경건한 오마주들과 [인류학자들이 보여 주는] 존경스러운 예외들을 제외하면, 오늘날 프랑스에서는 인류학보다 철학이 ([우리들 인류학자가 아니라] 당신들 철학자가) 인류학적 구조주의의 유산을 더 잘 관리하는 것으로 보인다. 나는 여기서 1960년대 프랑스 사유의 독창성과 지적 급진성을 회복하려는 젊은 철학자 세대가 레비-스트로스의 저작을 복권하기 위해 시작한 기획을 참고하고 있다. ●

그 세대의 구성원 가운데 마니글리에에 주목해야 하는데, 그는 구조주의적 기획에 관심을 가지고 연구한 가장 독창적인 해석가 중 한 명이다. 그는 기호에 관한 독특한 존재론을 드러낼 줄 아는 저자였다. 그 존재론은 소쉬르 기호학 아래에 숨겨져 있으며, 또한 인류학에 대한 레비-스트로스의 개념화와 불가분의 관계에 있다. 레비-스트로스 인류학에 대한 마니글리에의 독해는 들뢰즈 철학의 영향을 반영한다. 그 영향은 매우 핵심적이다. [마니글리에는 들뢰즈의 영향을] 신중하게 [수용하지만], [들뢰즈의 영향은] 완전히 명시적으로 나타난다. 말할 필요도 없이, 그런 독해가 그 두 사상가의 전적인 동의를 얻기는 어려울 것이다. 아마도 그 두 사상가의 제자를 자임하는 이들의 동의를 얻기는 더욱 어려울 것이다(그래서 더욱 흥미롭다). 그러나 선은 이미 그어졌다. 즉, 마니글리에가 눈썹 하나 까딱않고 단언하듯, 구조적 인류학은 "경험주의적인 동시에 다원주의적"이고, 그것을 기초로 삼은 철학은 "모든 면에서 실천 철학"이다. 경험주의적인, 다원주의적인, 실용주의적인 …… 레비-스트로스!

● 나는 다른 누구보다 먼저 고등사범학교의 국제프랑스현대철학연구센터(Centre international d'étude de la philosophie française contemporaine de l'ENS) 주변에 모여 있는 연구팀을 생각하고 있다. 하지만 물론 더욱 위쪽으로, 구조주의의 이론적 계보를 재정의했던 장 프티토의 선구적 노력까지 거슬러 올라가야 할 것이다(Petitot 1999를 참고할 것).

결국 누군가 이걸 말한 셈이다. 여기서 우리가 서있는 곳은 잔 파브레-사아다가 매우 경탄할 만한 방식으로 조롱하며 비난했던 "레비-스트로스-사상"[6]의 대척점이라는 것을 독자들은 이해하게 될 것이다.

*   *   *

들뢰즈 철학의 새로움은 1968년으로부터 태어난 반反문화적 정치들에 의해, 예컨대 실험적 예술과 소수자 운동, 특히 그중 가장 중요한 운동인 페미니즘의 몇몇 흐름에 의해 빠르게 수용되었다. 그 새로움은 즉시 과학 연구science studies 같은 반성-대칭적 인류학의 새로운 전략적 기획을 [구성하는] 개념 목록에 통합되었고, 후기 자본주의 동역학에 관한 몇몇 영향력 있는 분석이 그 새로움을 자기 것이라고 주장했다. 그 대신 (소수자 주체와 대상을, 이 세 단어가 가진 모든 의미에서 연구하는) 고전적 인류학과 들뢰즈의 개념을 접합하려는 시도는 아직도 놀라울 정도로 드물며, 거의 항상 무기력하다. 이는 사람들이 기대할 만한 것에 어긋나는데, 왜냐하면 『자본주의와 분열증』(Deleuze·Guattari 1972; 1980) 두 권의 논의 상당수가 구아야키인에서 카친인까지, 도곤인에서 몽골인까지의 비서구 인간집단에 관한 광대한 참고문헌에 의지하기 때문이다. 그 두 권의 책은 이런 참고문헌으로부터 풍부한 인류학적 함축을 지닌 주장들을 발전시키는데, 더욱 정교한 지적 구성물을 만들기에는 지나치게 풍부할지도 모르겠다. 다른 한편, 앞서 인용한 와그너, 스트라선, 라투르 같은, 지난 수십 년간 큰 족적을 남긴 몇몇 인류학자의 작업은 들뢰즈의 발상들과 암시적 연결들을 맺고 있음을 보여 준다. 하지만 그 연결들 자체는 아직 서로 연결되지 않았다는 점이 중요하다. 와그너의 경우, 그 연결들은 순수하게 잠재적인 것으로 보이는데, 그것들은 (들뢰즈적 의미의) "비평행적 진화"[7] 혹은 (와그너적 의미의) 독립적 "발명"의 결과물이다. [그렇다고 해서] 그런 연결들이 덜 실재적이고 덜 놀라운 것이 되지는 않는다. 스트라선에게 그 연결들은 (『부분적 연결』Partial connections의 저자와 잘 어울리듯) "부분적"이거나, 매우 우회적이다(하지만 "우회"indirection는 스트라선이 선호하는 방식이다). 그렇지만 다양체, 관점, 가분적인 것, 프랙털적인 것과 같이, 개념적으로 밀도 있는 용어의 집합을 들뢰즈·과타리와 공유하는 이 캠브리지 대학의 인류학자는 인용한 세 인류학자 중에 다양한 측면에서 가장 "분자적으로"moléculairement 들뢰즈적인 저자다.● 라투르의 경우, 그 연결들은 현실적이고 명시적, 즉 "몰적"molaire이다. 또한 그 연결들은 라투르의 이론적 하부 구조를 이루는 요소 중 하나를 구성한다. 반면, 이와 동시에 라투르 저작의 특징을 분명히 드러내는 몇몇 부분은 들뢰즈 철학의 정신에 매우 낯선 것이기도 하다 (그렇지만 그런 부분들이 자극을 주지 않는 것은 아니다).

방금 인용한 세 명의 인류학자가 (포스트모던 같은 것보다) 탈구조

● 스트라선은 자신이 들뢰즈적 인류학자의 모습으로 흐트러져 있는 이런 초상화를 매우 이상하게 생각할 것이다. 하지만 사람들은 모두 들뢰즈가 자신의 철학자 독해 방법을 초상화 기법처럼 묘사한 것을 정확히 기억할 것이다. "문제는 '비슷하게 그리는 것'이 아니다 ……"(Deleuze·Guattari 1991, 55-56).

주의라는 분류표를 정당하게 붙일 수 있을 만한 극소수의 사람에 속하는 것은 우연이 아니다. 그들은 구조주의 내에 남아 있던 새로운 것을 흡수했고, 명백히 퇴행적인 이론적 기획에 가담하는 대신 그들 자신의 길을 갔다. 그 퇴행적 기획이란 감상적 거짓 내재주의 pseudo-immanentisme 같은 것을 말하며, 체험된 세계, 실존적 체류, 합체된 실천이 [그런 거짓 내재주의를 구성한다]. 그 인류학자들은 자신의 길을 가면서, 사회생물학(정통적인 것이든 수정된 것이든), 세계 체계에 관한 정치경제학, "전통의 발명"이라는 신확산주의 따위를 유類에 관한 '전체 이론'이라는 마초 실증주의로서 택하는 일을 하지 않았다. 마찬가지 방식으로 적어도 『차이와 반복』Différence et répétition과 『의미의 논리』Logique du sens부터, 들뢰즈의 사유는 구조주의를 탈영토화하려는 기획이라고 볼 수 있다. 들뢰즈는 구조주의에 의존하면서도 다른 방향으로 나아가기 위해, 구조주의 운동에서 더 긴 유효 범위의 직관들을 추출했다(Maniglier 2006, 468-469). 실제로 이 두 권의 책은 구조주의의 가장 완성된 철학적 표현을 공들여 만들면서, 구조주의를 거의 파열에 가까운 거친 이론적 긴장 속에 집어넣었다. 그런 파열은 『안티 오이디푸스』에서 명시적으로 드러나게 된다. 이 책은 고유한 의미로 이해된 탈구조주의를 결정화한 주축 중 하나다. 여기서 고유한 의미란, 구조주의의 가장 보수적 양상을 요란하게(때로는 좀 너무 요란하게) 거부하면서, 구조주의의 혁명

● 들뢰즈의 기초적 소논문(Deleuze 2002/1972)을 참고할 것. 프티토가 구조주의 내부의 통로들을 만들었던 것처럼, 들뢰즈의 소논문은 그 통로 대부분을 안내해 주었다.

적 양상을 예전 상태statu quo ante보다 급진화하는 방식으로 발전한 사유 스타일을 말한다.

수년간 인류학 문헌에만 빠져 있다가 들뢰즈와 과타리를 읽거나 다시 읽기로 결정한 인류학자는 선후가 바뀐 데자뷔 같은 묘한 느낌만 받을 수 있을 뿐이다. 나중에 이미 쓰여 있었던 것 같다는 …… 최근에 와서야 인류학 내에서 과격하다는 인상에서 벗어난 많은 수의 이론적, 기술적 서술 관점이 20~30년 전에 쓰인 들뢰즈·과타리의 텍스트와 리좀을 형성하고 있다.* 그 텍스트의 인류학적 가치를 정확히 평가하기 위해서는, 오늘날 사회 인류학이 얽혀 있는 힘의 그물망을 세밀하게 따라가야 할 것이다. 이는 이 책의 범위를 벗어나는 일이다. 그렇지만 만일 우리가 [그 두 사상가를] 굳이 분류하고 싶다면, 그들이 현대의 어떤 개념적 미학이라 부를 수 있을 만한 것의 퇴적 과정에 참여하고 있음을 어렵지 않게 보여 줄 수 있다.

이런 식으로 얼마 전부터 인간 과학의 주된 관심이 환유, 지표성,

● "아마도 이런 데자뷔의 느낌은 또한 어떤 문화적 행렬에 거주하는 느낌일 것이다 ……"(Strathern 1991, 25). 독자는 『차이와 반복』으로 돌아가, 들뢰즈가 자기 책을 그 시대의 어떤 정신을 표현한 것으로 여겼음을 떠올릴 수 있을 것이다. 그는 그 시대로부터 모든 철학적 결론들을 뽑아내려고 했다(Deleuze 1968, 1[국역본 17-18쪽]). 반대로, 독자는 프랑스어로 표현된 인류학 문헌 내에서 『자본주의와 분열증』 두 권을 참조한 경우가 매우 적다는 데 놀랄 수도 있을 것이다. 최근에 주목해야 할 사례는 데스콜라의 『자연과 문화를 넘어서』(Descola 2005)다. 이 책은 『안티 오이디푸스』 3장 및 『천 개의 고원』 다섯 번째 고원에서 발견되는 전개과정과 [비교할 수 있는] 놀라운 유사점을 여럿 포함하지만, 들뢰즈의 이름은 단 한 번 언급될 뿐이다.

문자성 같은 기호학적 과정으로 이동하는 것이 관찰된다. 이것들은 은유와 재현(재현의 본질인 은유)을 거부하고, 의미론에 비해 화용론을 특권화하며, 종속관계보다 등위관계를 유리하게 하기 위한 세 가지 방법이다. 지난 세기 매우 다양한 철학적 분위기, 기획, 체계의 잠재적 수렴점이었던 "언어학적 전환"은 서서히 다른 쪽으로 돌기 시작한 것처럼 보인다. 그 언어학적 전환은 언어학에서 멀어지고 있으며, 인류학적 거시 패러다임으로서의 언어에서도 어느 정도 멀어지고 있다. 즉, 방금 말한 관심의 이동은 모델로서 [수용된] 언어의 도주선이 언어의 모델 내부 그 자체로부터 그려졌던 방식을 보여 준다.

기호 자체가 언어에서 멀어지는 것처럼 보인다. 기호와 지시 대상, 언어와 세계 사이의 존재론적 불연속성은 기호와 언어의 실재성 및 지시 대상과 세계의 지적 이해 가능성, 그리고 역으로 전자의 지적 이해 가능성과 후자의 실재성도 보장했다. 또한 그 불연속성은 (신화와 철학, 마술과 과학, 원시인과 문명인 사이의) 또 다른 불연속성과 배제를 위한 토대와 핑곗거리로 사용되었다. 하지만 그런 존재론적 불연속성이 있다는 느낌은, 최소한 전통적인 용어들을 따라 나타나는 경우에는, 형이상학적으로 쓸모없어지는 중인 것처럼 보인다. 바로 여기서 우리는 근대인이기를 멈추고 있는 중인 것이다. 혹은 우리는 결코 근대인이었던 적이 없기를 [지속하는] 중이라고 하는 게 낫겠다.● 세계의 측면에서는(이 측면은 이제 "측면들"의 무한

● 내가 여기서 마니글리에가 시작한 소쉬르 기호학의 재개봉을 완전하게 고려하고 있지

한 다원성으로 만들어졌으므로, [자신과] "다른 측면"이라는 것을 더 이상 갖지 않는다), [지금까지 말한 것에] 대응하는 이동이 전체-단위적인 것과 조합적인 것에 반대하며, 프랙털-분수적인 것과 미분적인 것을 특권화하도록 이끌었다. 또한 그 이동은 위계적 전체성만이 추구되던 곳에서 평평한 다양체들을 가려내도록, 내속적으로 동질적인 계열들 사이의 대응보다 이질적 요소들의 횡橫범주적 연결들에 관심을 갖도록, 형식의 입자적이거나 기하학적 불연속성보다 힘의 파동적이거나 위상학적 연속성을 강조하도록 이끌었다. 한편에는 기표와 기의라는 개념적으로 동질적인 두 계열 사이에 몰적 불연속성이 있고(그 두 계열 자체도 각각 구조적structurel 불연속성의 관계로 이루어져 있다), 다른 한편에서는 현상학적으로 연속적인 실재의 계열이 분자적인 불연속성들로 해소된다. 혹은 이런 불연속성들이 연속성을 미분적이고 이질적인 것으로 드러낸다고 하는 편이 낫다. 이 경우 연속성은 내속적으로 미분적이고 이질적인 것이다(분화되지 않은 것이라는 관념과 연속의 관념을 구별하는 게 중요하다). 결국, 어떤 "평평한 존재론"에 이른다(DeLanda 2002). 거기서 실재적인 것은 조합적인 드러남 혹은 초월적 원리나 규칙의 문법적 구현이 아니라, 연속적 변이 상태에 있는 내재적인 역동적 다양체로서, 즉 평형 상태와 거리가 먼 메타 체계처럼 불쑥 나타난다. 그리고 반대되는 것들의 ("수평

───────────────

는 않다. 왜냐하면 나는 아직 그것의 모든 함축을 흡수하지 않았기 때문이다. 그의 개념적 작업은 "되기와 다양체의 존재론" 내에서 기호를 재정의하는 것을 포함한다(Maniglier 2006, 27; 465).

적인") 변증법적 결합이나 ("수직적인") 위계적 전체화가 아니라, 미분화하는 관계, 다시 말해 이질적인 것들의 분리접속적 종합으로 나타난다. 어떤 "대칭적" 인식론이 이러한 존재론적 평면화에 대응하게 된다(Latour 1991). 즉, 엄격하게 말하자면 사람들은 인식론(언어)과 존재론(세계)의 구별이 붕괴되는 과정, 어떤 "실천적 존재론"(Jensen 2004)이 점진적으로 출현하는 과정을 목격하고 있다. 그런 실천적 존재론 내에서, 이제 인식하기는 인식되지 않은 것을 재현하는 한 가지 방식이 아니라, 인식되지 않은 것과 상호작용하기다. 다시 말해 응시, 반성 혹은 소통이 아니라, 창조의 한 가지 방식이다(Deleuze·Guattari 1991). 인식의 임무는 잡다divers를 재현[표상] 아래 통일하는 것이기를 멈추고, "세계를 채우는 행위자agencies의 수를 증가시키는 것"이 된다(Latour 1996a). 들뢰즈적 배음倍音은 귀로 들을 수 있는 것이다. ● 사유의 새로운 이미지. 유목학. 다자연주의.

● 평평한 존재론이라는 일반개념은 들뢰즈가 재활용한 중세 철학의 테제인 "존재의 일의성"을 참조한다. "일의성은 여럿의 직접적 종합이다. 즉, 여럿을 묶을 능력이 있는 공통된 상위류로서의 하나에 여럿이 종속되는 대신, 이제 하나는 여럿에 대해서만 말해진다"(Zourabichvili 2003, 82). 이 주석가는 계속 말한다. "동등성의 같은 공통 평면 위에 모든 것이 펼쳐진다는 것, 이것이 여럿의 그런 직접적 종합에서 파생되는 명제다. 즉, 여기서 '공통'은 이제 유적 동일성이라는 의미를 갖지 않으며, 단지 차이 나는 존재자들 사이의 위계 없는 횡단적 소통이라는 의미를 갖는다. 척도(혹은 위계)의 의미도 변한다. 그것은 이제 존재자들 외부에서 어떤 표준을 따르는 척도가 아니라, 자기 고유의 한계와 관계 맺고 있는 각 존재자들 내부의 척도다 ……." 마누엘 데 란다는 평평한 존재론이라는 관념에 긴 주석을 단다(DeLanda 2002). 그는 자기 고유의 방향으로 평평한 존재론을 발전시킨다(DeLanda 2006). 옌센은 이러한 존재론들의 정치적, 이론적 반향(잘 자리 잡은 것이든 아니든), 특히 라투르에 대한 훌륭한 분석에 몰두한다(Jensen 2004). 라투르는 『사회적인 것의 재조립』(Reassembling the Social)에서 "사회적인 것을 평평하게 보존하기"라는 방법론적 명령을 강조

아래의 장들은 이러한 현대 형상 미학의 매우 제한된 차원을 여행한다. 들뢰즈·과타리의 분열 철학과 사회 인류학 사이의 대화 가능성을 깊이 탐구하기 위해, 일단 두 가지 방향을 사례로서 제시한다. 첫째, 오늘날 인류학 내에서 영향력을 발휘하는 분석적 테마들과 들뢰즈의 개념들 사이에 몇 가지 도식적 평행 관계가 그려질 것이다. 둘째, 고전적 사회 인류학(친족 이론)이 원시적 영토 기계 혹은 전기표적 기호학[8]이라는 들뢰즈·과타리의 개념화에 미친 특수한 영향을 검토할 것이다.

한다. 이러한 명령은 "행위자-네트워크 이론"에 고유한 것이며, 게다가 그것의 다른 이름은 "행위주-리좀의 존재론"일 것이다(Latour 2005, 9). 이 이론에 고유한 개념적 분석(와그녀라면 사전방지(obviation)라는 그의 방법을 말할 것이다)은 사회체의 위계적 풀기로 이루어진다. 이러한 풀기는 사회체를 횡단하고 비전체화하는 강도적 차이들을 해방하기 위한 것이다. 이는 낡은 전체론적 유언의 복고풍 예언자들이 주장하는 것과 반대이며, "개체주의"에 대한 항복과는 급진적으로 다른 작용이다.

다양체들에 대한 반사회학

들뢰즈와 과타리는 『자본주의와 분열증 1: 안티 오이디푸스』(Deleuze·Guattari 1972)에서 정신분석학의 신전을 떠받치는 중심 기둥을 욕망하는 기계들에 관한 이론으로 대체함으로써 그 중심 기둥, 즉 욕망을 결여로 이해하는 반동적인 개념화를 쓰러뜨린다. 욕망하는 기계들은 사회체socius[1]라는 사회적 생산 기계에 의해 코드화되어야만 하는 순수하고 실정적인 생산성으로 간주된다. 욕망하는 기계에 관한 그 이론은 보편사의 광대한 파노라마를 통해 펼쳐지는데, 일부러 고풍스러운 스타일로 쓰여 책을 읽는 인류학자를 단숨에 오싹하게 만들 수 있는 『안티 오이디푸스』 3장에서 묘사된다. 여기서 두 저자는 풍부한 종족지학적 참고문헌들을 "비통제적aléatoire 비교"라 비난 받을 만한 방식으로 다루는 것과 마찬가지로, 야생-야만-문명이라는 전통적 시퀀스를 설명의 틀로 사용한다. [하지만 이게 전부는 아니다.] 그런 비난을 할 독자는 거기서 그 세 단계의 장소topos가 전혀 전통적이지 않은 해석을 따른다는 것을 곧바로 깨닫게 될 것이다. 그리고 비교를 위한 통제가 부재하다는 인상을 받는 이유는 저자들이 사용하는 "통제들"이 통상적인 것과 완전히 다르다는 사실에 있다는 것도 깨닫게 될 것이다. 즉, 로이 와그너처럼 말하자면, 그들이 사용하는 "통제"란 "집단화하는 것"보다는 "차이화하는 것"이다.[2] 『안티 오이디푸스』는 실제로 "다르게 사유하기 위한 경이로운 노력"의 결과물이다(Donzelot 1977, 28). 그 목적은 단순히 정신분석학과 '오이디푸스'의 억압적 오류추론을 규탄하는 것뿐만 아니라, 진정한 "반反사회학"을 정립하는 것이다(같은 책, 37). 이러한 기획은 현대 인류학, 적어도 자신을 사회학의 이국적이고 비공격적인 한 갈래처럼 간주하지 않는 인류학의 곁에서 자기 관심사를 찾아야만 할 것이다. 이런 인류학이 보기에, 사회학이란 오히려 "자기 인류학"의 한 가지 양태, 다소 혼란스럽고 거의 불가피할 정도로 규범적인 양태를 통상적으로 구성하는 학문이다. *

『자본주의와 분열증 2: 천 개의 고원』(Deleuze·Guattari 1980)은 정신분석학에 몰두했던 『안티 오이디푸스』에서 멀어진다. 엄청난 양의 새로운 개념들을 비롯해 가장 다양한 물질-기호학적 구성물들이 자리 잡은 강도의 다양한 고원들을 탐험함으로써, "우발성의 보편사"(Deleuze·Guattari 2003/1987, 290)를 쓰겠다는 기획은 『천 개의

---

* Lévi-Strauss 1973/1964; Strathern 1987; Viveiros de Castro 2003.

고원』에서 확실히 비선형적 방식으로 완수된다.

『천 개의 고원』은 다양체들에 관한 이론을 밝히고 예를 들어 설명한다. 이것은 아마도 현대 인류학에 가장 큰 반향을 일으킨 들뢰즈적 테마일 것이다. 들뢰즈의 다양체multiplicité[3]는 인류학에 고유한 새로운 인식 실천뿐만 아니라, 그 실천이 몰두했던 현상까지도 가장 잘 서술하는 개념으로 보인다. 이 개념은 무엇보다 [인류학을] 해방시키는 효과를 가져왔다. 인류학이 18세기와 19세기의 암흑에서 태어난 이래, '자연'과 '문화', '개인'과 '사회'라는 두 가지 이원론은 (물론 인류학 자신을 보호하기 위해서) 인류학을 가두었던 인식론적 감옥의 벽이라 할 만한 것을 형성했다. 다양체 개념이 가져온 해방의 효과는 이 두 가지 이원론 사이에 도주선이 지나가도록 하는 데 있다. 그 두 가지 이원론은 인류학의 "궁극적 정신의 틀"인데, 사람들이 습관적으로 말하듯이 우리가 참과 거짓을 사유하는 것 자체가 그러한 틀을 통해 이루어지므로, 우리는 그것을 거짓이라고 간주할 수도 없다. 하지만 우리가 실제로 그렇게 할 수 없을까? 그런 틀은 변하고, 사유의 가능성 또한 그것과 함께 변한다. 사유하기가 무엇인지에 대한 관념이 변하고, 사유 가능한 것이 무엇인지에 대한 관념도 변한다. 틀에 대한 관념 자체가 관념들의 틀과 함께 변한다. 다양체 개념이 인류학적으로 사유 가능한 것(따라서 인류학이 사유할 수 있는 것)이 되었다면, 이는 오로지 우리가 탈脫다원적인 세계, 비非부분론적 세계,[4] 우리가 결코 근대인이었던 적이 없는 세계를 지나고 있는 중이기 때문이다. 이 세계는 지양Aufhebung 따위보다는 무심함désintéressement을 통해, '하나'와 '여럿' 사이의 끔찍한 양자택일을 자기 뒤에 내버려 둔다. 바로 이 양자택일이 방금 말한 두 가지 이원론과 그보다 작은 수많은 이원론들을 지배하는 가장 거대한 이원론이다.[●]

이와 같이, 다양체는 개별체의 어떤 유형을 정의하는 메타 개념이다.『천 개의 고원』서론에 나오는 "리좀"이 그런 유형의 구체적 이미지다.[●●] 데 란다가 지적한 바와 같이, 다양체라는 관념은 본성상 반反본질주의적이고 반反계통주의적인 어떤 최초 결정에서 비롯한 성과물이다. 즉, 들뢰즈는 그 개념을 창조하며, 본질과 유형이라는 고전 형이상학의 일반개념을 기존의 권좌에서 끌어 내린다.[●●●] 다양체라는 관념은 사유를 식별, 분류, 판단과는 다른 활동처럼 사유하기 위한, 실체나 주체보다 강도적 독특성으로 사유해야 할 것을 규정하기 위한, "경이로운 노력"의 주요 도구다. 이러한 결정의 철

[●] 부분론적 모델에 관해서는 Strathern 1992a 참고. 탈(脫)다원적인 세계라는 아이디어에 대해서는 Strathern 1991, XVI; 1992a, 3-4; 184 et passim; 1992b, 92를 참고. "끔찍한 양자택일"이라는 표현은 Pingarre·Stengers 2005에서 빌려 온 것이다.

[●●] 내가 메타 개념에 대해 말하는 것은 모든 다양체가 반드시 개념적이지는 않지만, 모든 개념은 그 자체가 하나의 다양체이기 때문이다(Deleuze·Guattari 1991, 21 et s.).

[●●●] 들뢰즈의 다양체 개념은 베르그손 철학(강도적 다양체와 외연적 다양체에 대한 이론)과 카를 프리드리히 가우스와 리만의 기하학(내속적으로 정의된 n-차원 표면으로서의 다양체(variété)에 그 기원을 둔다. 다양체 개념과 베르그손 철학의 연관성에 대해서는 Deleuze 1966, chap. 2 참고할 것. 리만에 관련해서는 Deleuze·Guattari 1980, 602-609[국역본 921-930쪽] 참고할 것. 들뢰즈 다양체의 일반적인 수학적 양상에 대해서는 데 란다의 창의적 재구축(DeLanda 2002, 9-10; 38-40[국역본 27-29; 83-87쪽] et passim)외에도 사이먼 더피(Duffy (sous la dir.) 2006)에 수록된 더피, 대니얼 W. 스미스, 로빈 듀리, 아르카디 플로트니츠키의 소논문을 참고할 것. 프랑수아 주라비쉬빌리는 우리에게 들뢰즈 저작에 나타난 다양체 개념의 철학적 의미를 훌륭하게 요약해 준다(Zourabichvili 2003, 51-54).

학-정치적 의도는 분명하다. 즉, 다양체를 개념으로, 개념을 다양체로 변형하는 것이다. 개념과 권력, 달리 말하면 철학과 국가의 원초적 연관을 끊어 내는 것이 이런 변형의 목표다. 이것이 "플라톤주의의 전복"이라는 유명한 호소의 의미다(Deleuze 1969b).

다양체는 본질과 다르다. 다양체를 구성하는 차원들은 구성적 속성도 아니고, 분류상의 포함을 위한 기준도 아니다. 이와 반대로, 계통학적이지 않은 미분화로서의 개체화라는 일반개념이 다양체 개념의 주요 구성성분 중 하나다. 여기서 개체화란 "잠재적인 것의 현실화" 과정인데, 이 과정은 한계 지움을 통해 가능적인 것을 실재화하는 것과는 다르고, 유사, 대립, 유비, 동일성이라는 유형적 범주들에 반응하지도 않는다. 다양체는 순수 강도적 차이의 존재 양식이며, "세계의 조건을 형성하는 것은 이러한 환원 불가능한 비동등이다"(Deleuze 1968, 286[국역본 475쪽]). 리좀적 다양체를 정의하려다 보면, 유형과 개별체라는 일반개념은 일반적으로 완전히 부적절하다는 사실이 드러난다. 윌러드 밴 오먼 콰인이 멋진 대구법으로 말했듯이 만일 "정체성 없이는 개별체도 없다"면,[5] 다양체가 그런 [개별체의] 지위를 바랄 수는 없다고 결론 내려야 한다. 리좀은 유형

● 이 문장은 레비-스트로스의 유사한 구절들과 비교해 보아야 한다. "언제나 비평형이 주어져 있다 ……"(Lévi-Strauss 1966, 222[국역본 366쪽]). "세계의 존재는 어떤 불균등에서 성립한다. 세계에 관해, 순수하고 단순하게 그것이 존재한다고 말할 수 없다. 그것은 어떤 최초의 비대칭이라는 형식 아래 존재한다 ……"(Lévi-Strauss 1971, 539). 우리는 여기서 구조주의의 두 가지 주요 테마를 마주한다. 즉, 구조의 필연적으로 비평형적인 본성, 그리고 실재적인 것의 구성적 비대칭이라는 두 가지 테마다. 구조주의는 이 두 가지를 통해 자신의 계승자와 소통한다.

을 정의하지 않듯이, 개별체처럼 행동하지도 않는다. 이것은 이질적 독특성들 사이의 강도적 관계들("되기들")에 의해 형성된, 중심 없는 격자 체계다. 그런 이질적 독특성들은 실체 외부적 개체화들에 대응하거나 사건들("이것임들"heccéités)[6]에 대응한다. 이처럼 리좀적 다양체는 실재적으로 존재가 아니라 되기들의 배치, 어떤 "사이"다.[7] 그것은 어떤 차이의 엔진difference engine이고, 혹은 오히려 이 엔진의 기능적 작동이 그리는 강도적 다이어그램이라고 하는 편이 낫다. 브뤼노 라투르는 행위자-네트워크 이론이 리좀 개념에 빚지고 있음을 밝히며, 모든 사물이 하나의 네트워크처럼 서술될 수 있으므로 네트워크는 하나의 사물이 아니라는 것을 완전히 명시적으로 말한다(Latour 2005, 129-131). 하나의 네트워크는 하나의 관점이고, 기입과 서술의 한 가지 방식이다. 또한 "다른 많은 요소들과 연관되어 가는 어떤 사물의 기록된 운동"이다(Jensen 2003, 227). 그런데 이때 관점이란 내적이거나 내재적인 것이다. "사물들"의 다양한 연관들은 그 관점을 점진적으로 관점 자신과 차이 나게 만든다. 즉, "사물 그 자체가 자신을 여럿임으로 지각하도록 만든다"(Latour 2005, 116).[8] 요컨대 라이프니츠까지 거슬러 올라가는 테제에 따르면, 사물들에 대한 시점이란 없다. 사물들과 존재자들이 바로 시점들 "이다"(Deleuze 1968, 79[국역본 144쪽]; 1969d, 203[국역본 295쪽]). 정체성 없는 개별체가 없다면, 관점주의 없는 다양체도 없다.

만일 리좀이 하나의 존재자가 아니라면, 하나의 존재자도, 게다가 복수의 존재자들도 아니다. 다양체란 단일성보다 큰 것이 아니고, 다원성이나 우월한 단일성 같은 것도 아니다. 오히려 다양체란 하나보다 덜한 것, 빼기에 의해 얻어지는 것이다(들뢰즈 철학에서 소수, 소수성, 수의 감소라는 관념들은 중요하다). 모든 다양체는 부가적 차원 (n + 1. 즉, n개의 요소와 그것의 "원리", n개의 요소와 그것의 "맥락" 등)이 부과하는 외속적 질서 지움을 회피한다. 다양체의 내재성이란 스스로 자리 잡는 것, 맥락 자체에 선행하는 것이다. 다양체는 토테고리적인 것이고, 자신의 고유한 내적 척도를 가짐으로써 "자신이 자신을 재현하는"(Wagner 1986) 와그너의 상징 같은 것이다. 다양체는 n-1개의 차원으로 이루어진 체계인데(Deleuze·Guattari 1980, 13; 27; 31[국역본 18; 40; 47쪽]), 거기서 '하나'는 단지 여럿을 생산하기 위해 빼어져야 하는 것처럼 작동한다. 이때 여럿은 "탈초월성"에 의해 창조된다. 다양체는 "여럿 그 자체에 고유한 조직화"를 드러내고, 이런 조직화는 "하나의 체계를 형성하기 위해 어떤 단일성도 필요로 하지 않는 것이다"(Deleuze 1968, 236[국역본 398쪽]).[9]

이와 같이, 다양체는 "횡적" 복잡성을 지닌 체계다. 이런 복잡성은 위계질서나 초월적 단일화[10]의 다른 모든 형식에도 반응하지 않는다. 이 책의 주요 논변을 먼저 이야기하자면, 그것은 혈통보다는 동맹의 복잡성이다. 리좀들은 개방된 강도적 선들(윤곽선이 아니라 힘의 선들. Deleuze·Guattari 1980, 621[국역본 948쪽])이 이질적 요소들을 연결시키는 순간과 장소에서 형성되어, "부분"과 "전체"의 구별을 모르는 프랙털적 존재론을 투사한다.※ 홍글린 크바의 지적에 따르

※ "우리는 [부분들의] 옆쪽에 있는 전체성들만 믿는다. [……] 전체는 단지 부분들과 공존할 뿐만 아니라, 부분들에 인접하고, 그 자체가 별도로 생산되어 부분들에게 적용된다

면(Kwa 2002), 이는 낭만적이라기보다는 바로크적인 복잡성의 개념화다. 실제로 다양체는 낭만주의의 유기적 전체성들과 계몽주의의 원자적 연합들을 대체하게 된 준準대상이다. 바로 이런 낭만주의와 계몽주의가 인류학이 이용하던 가능성들을 고갈시켰던 것으로 보인다. 이런 식으로 다양체는 인류학을 상징하는 거대 개념인 '문화'와 '사회'에 대한 완전히 다른 해석으로 인도하고, 그 결과 이 두 개념을 "이론적으로 쓰이지 않는 말"로 만든다(Strathern et al. 1996/1989).

와그너의 프랙털적 인격, 스트라선의 부분적 연결, 미셸 칼롱과 라투르의 사회 기술적 네트워크는 평평한 다양체의 몇 가지 유명한 인류학적 사례다. "프랙털적 인격은 결코 총합과의 관계 속에 놓여 있는 단위도, 단위와의 관계 속에 놓여 있는 총합도 아니며, 항상 온전하게 함축된 관계성relationship을 지닌 개별체다"(Wagner 1991, 163). 이미 잘 알려져 있듯이, 다양체, 함축,[11] 강도 개념의 뒤얽힘은 들뢰즈에 의해 오랫동안 숙고된 지점이다(Deleuze 1968, chap. VI). 들뢰즈 철학의 가장 세심한 주석가 중 한명인 프랑수아 주라비쉬빌리는 "함축은 들뢰즈 철학의 기초적인 논리 운동이다"(Zourabichvili 2004/1994, 82)라고 지적했다. 그는 다른 곳에서 들뢰즈의 다원주의

……"(Deleuze·Guattari 1972, 50; 52[국역본 84; 85-86쪽]). 리좀 안에서 서로 연결되어 있는 요소들의 이질성에 관해 다음 사실에 유의하는 것이 중요하다. 즉, 그 이질성은 선행하는 실체적 조건이나 어떤 본질, 항들과는 관련이 없으며(이런 의미에서 [무엇인가를] 이질적이라고 간주하는 것은 관찰자의 "문화적 성향"(cultural predisposition)에 의존한다. Strathern 1996, 525), 오히려 항들을 연결 짓고 이질적으로 만드는 다양체가 그 이질성을 포획한 것의 효과에 관련된다는 것이다. 이때 다양체는 그 항들이 토테고리적 독특성들처럼 기능하도록 만든다.

가 "관계의 우위성"(Zourabichvili 2003, 52)을 전제하고 있음을 강조했다. 차이의 철학이란 관계의 철학이다.

하지만 [관계의 철학에서] 아무 관계나 문제가 되는 것은 아니다. 다양체는 항들의 연결이나 결합과는 다른 관계적 종합의 어떤 양태에 의해 형성되는 체계다. 즉, 문제가 되는 것은 들뢰즈가 분리접속적 종합 혹은 포함적 분리접속이라 부르는 작용이다.[12] 이것은 유사성이나 동일성이 아니라 발산이나 거리를 (형식적이거나 최종적인) 원인으로 갖는 관계 양식이다. 이것은 또한 "되기"라는 이름을 얻을 수 있는 관계 양식이기도 하다. 분리접속적 종합 혹은 되기는 "들뢰즈 철학의 주요 작용자"다(Zourabichvili 2003, 81). 왜냐하면 분리접속적 종합은 차이 그 자체의 운동이기 때문이다. 차이는 이런 원심 운동에 의해 변증법적 모순과 이행의 순환적 수렴점으로부터 도주한다. 분리접속적 종합은 대립적인 차이가 아니라 실정적인 차이, 반대되는 것들의 조정이 아니라 이질적인 것들의 식별불가능성이다. 분리접속적 종합은 분리접속을 "관계의 본성 자체"(Zourabichvili 1994/2004, 99)로 만들고, 관계를 "비대칭적 상호 함축"(Zourabichvili 2003, 79)의 운동으로 만든다. 이것은 그러한 종합이 서로 연관시킨 항들이나 관점들 사이의 비대칭적 상호 함축의 운동이며, 이 운동은 등가성이나 우월한 동일성으로 해소되지 않는다.

들뢰즈의 가장 근원적인 발상은 아마도 다음과 같을 것이다. 차이는 또한 소통, 즉 이질적인 것들의 감염이다. 다른 용어로 말하자면, 시점들의 상호 전염 없이 발산은 결코 출현하지 않는다. [……] 연관 짓기,

언제나 이것은 떨어져 있는 두 쪽이 항들의 이질성 자체에 의해 서로 소통하도록 만드는 것이다(Zourabichvili 2004/1994, 99).

현대 인류학 이론과의 비교로 돌아가기 위해, 분리가 관계를 만든다는 테마가 와그너와 스트라선의 저작 어디에나 존재함을 떠올려 보자. 관계는 "분리접속과 연결을 한꺼번에together 포함하는 것"(Strathern 1995, 165)으로 개념화되는데, 이것은 "관계들이 인격들 사이의 차이를 만든다"(Strathern 1999, 126; 1996, 525 참조; 1988, chap. 8)는 것을 긍정하는 이론의 기초다. "체계 M"(Gell 1999)은 스트라선을 참고하며 멜라네시아 사회성을 관점들의 교환 및 관계적 함축-설명의 과정으로 훌륭히 서술한 것이며, 분리접속에 관한 대칭-인류학적 이론이라고 말할 수 있다.●

우리는 메타이론적 시점에서 다음과 같이 덧붙일 수도 있을 것이다. 즉, 리좀의 다양체, 더하기가 아닌 빼기의 다양체가 리좀으로 비非부분론적이고 "탈脫다원적인" 어떤 형태를 만든다는 것이다. 이런 방식으로 다양체는 하나와 여럿 사이의 끔찍한 양자택일에 도

● 이 이론은 멜라네시아의 "유비적 친족"에 관한 와그너의 기본 논문(Wagner 1977)을 참조한다. 그 논문에서 사용하는 "흐름"과 "절단"이라는 언어는 기묘한 방식으로 『안티 오이디푸스』를 상기시킨다(와그너는 이 책을 인용하지 않는데, 그것을 알지 못했을 가능성이 크다). 와그너와 스트라선의 발상에 영향을 받았다고 할 수 있는 최근의 작업 가운데 루퍼트 스타슈의 세부적인 연구에 주목하자(Stasch 2009). 이 연구는 서뉴기니 코로와이인들의 관계적 상상에 대한 것인데, 야생의 사유가 자신을 문제화하는 역량을 옹호하고 예증한다. 거기서 관계를 분리접속적이고 이종적인 다양체로 다루는 코로와이인의 놀라운 이론이 설명된다.

주선을 그린다. 스트라선은 그가 늘 보여 주는 통찰력으로 그 양자 택일이 인류학에 특징적인 난관이라고 지적한다.

> 인류학자들은 대체로 하나를 대신하는 것이 여럿이라는 생각에 고무되어 있었다. 결국 우리는 하나들, 즉 [제각각] 단일한 사회들 혹은 특성들을 다루거나, 그렇지 않으면 하나들로 이루어진 하나의 다양체를 다룬다. [……] 하나들, 그리고 하나들의 증식[13]과 분할에 집착하는 세계는 관계를 개념화할 때 많은 문제를 발생시킨다(Strathern 1991, 52-53).

따라서 개념적 집착에서 벗어나기 위한 치료법이 필요해진다. 다양체들을 서로 비교하는 것은 특수성들을 일반성들 주변으로 수렴시키는 것과 다르다. 우연적 차이들 아래에서 실질적 유사성을 모색하는 인류학의 습관적 분석이 그런 수렴의 사례다. 그런 분석은 "모든 인간 사회에서는 ……"이라고 말하곤 한다. 다음 인용문은 알베르 로트만(들뢰즈가 수학과 관련해 참고하는 저자)의 정확한 지적을 참조한다.

> 가우스와 리만에 의해 수립된 미분 기하학은 다양체variété의 내속적 속성들을 연구하는데, 이 연구는 다양체가 어떤 공간에 들어가든지 그 공간에 독립적이다. 또한 그들의 미분 기하학은 [다양체를 담을] 보편적 그릇에 대한 참조 혹은 특권적 좌표의 중심에 대한 참조를 모두 제거한다(Smith 2006, 167, n. 39에서 재인용).

만일 기하학을 읽는 그곳에서 인류학을 읽는다면, 그 효과는 분명할 것이다. 무엇이 인류학에서 [미분 기하학의] 다양체variété 같은 역할을 할 수 있을까? 이걸 상상해 보는 일이 아주 어렵지는 않다. [그런 상상을 통해] 평소에는 의례적으로 모순이나 시끄러운 소란일 뿐이라고 비난받던 다음의 질문들이 모두 돌연히 이해 가능한 것이 된다. 변하지 않는 바탕을 전제하지 않고 변이들을 서술하거나 비교할 수 있는가? 보편적인 것들은 어디에 있는가? (그 유명한 "외부 실재"에 관해 말하지 않기 위한) 종의 생물학적 구성, 상징적인 것의 법칙들, 정치경제의 원리들에 대해서는 어떤가? 이런 질문들은 확실히 현실적으로가 아니라, 잠재적으로 이해 가능한 것이 된다.[14] 그러나 사람들은 최소한 이런 식으로 위의 질문들에 대해 사변적 사유를 할 권리는 얻는다. 그때 인류학이 미분 기하학 같은 이국적인 지적 상품들의 밀거래를 하는 중이라고 말해서는 안 된다. 그런 지적 상품들이 비교와 일반화에 대한 인류학적 정통학설에 양분을 공급하는 상품들보다 더 이국적이지는 않다. 비교와 일반화에 대한 그 정통학설은 인류학과 마찬가지로 이천 년간 이어져 온 형이상학에 종속되어 있다. 바로 그 형이상학이 자신만만한 태도로 기하학만을 자신의 벽 안에 들였던 것을 상기하자.

그런데 다양체들을 서로 비교하는 일은 아마도 외연적 차이들 사이의 형식적 유비를 이용해서 상호 관계적 불변 요소들을 수립하는 것과도 다를 것이다. 고전적 구조주의의 비교들이 이런 상호 관계적 불변 요소의 수립에 해당하는데, 거기서 "서로 유사한 것은 유사성들이 아니라, 차이들이다"(Lévi-Strauss 1962a, 111[국역본 109쪽]). 다양체들을 서로 비교하는 것은 (다양체는 비교 그 자체의 체계, 그리고 비교 그 자체에 의한 체계다) 그것들의 발산이 가지는 특징적 양식, 그것들의 내외부적인 거리를 규정하는 것이다. 여기서 비교 분석은 분리적 종합과 동등하다. 다양체에서는 관계들이 변이하는 것이 아니라, 변이들이 관계를 만든다. 즉, 서로 차이 나는 것은 차이들이다.[*] 이는 분자적 사회학자 가브리엘 타르드가 한 세기 전에 이렇게 쓴 것과 같다.

> 차이가 차이난다는 것, 변화가 변화한다는 것, 또한 이처럼 변화와 차이가 자기 자신을 목적으로 취함으로써 자신들의 필연적이고 절대적인 특징을 입증한다는 것이 참이다(Tarde 1999/1895, 69).

크바는 앞서 인용한 논문에서 "사회를 유기체로 보는 낭만주의적 개념화와 유기체를 사회처럼 보는 바로크적 개념화 사이의 근원적인 차이"(Kwa 2002, 26)를 지적했다. 그가 이름을 언급하지는 않지만, 이 말은 뒤르켐 사회학과 타르드 사회학의 차이를 완벽하게 서술한 것일지도 모른다. 에밀 뒤르켐의 사회적 사실들이 고유함sui generis이라는 특징을 갖는 데 반해, 타르드가 주장하는 "보편적인 사회학적 시점"은 "모든 사물이 하나의 사회이고, 모든 현상이 하나의 사회적 사실"이라는 입장에 있다(Tarde 1999/1895, 58; 67). 이러

---

[*] 게다가 이것은 레비-스트로스가 말한 "신화의 표준 정식"에 관한 그럴듯한 주해일 수도 있다["신화의 표준 정식"에 관해서는 72쪽 참고_옮긴이].

한 타르드의 입장은 개인과 사회, 부분과 전체의 구별이 어떤 유효성도 갖지 않는다고 본다. 마찬가지로 인간과 비인간, 생동하는 것과 아닌 것, 인격과 사물의 차이도 모두 적절한 것으로 인정하지 않는다. 타르드의 프랙털적 존재론("존재한다는 것은 차이난다는 것이다")과 경계 없는 사회학주의는 "보편적 심리형태론psychomorphisme"에 도달한다. 즉, 모든 것은 인격들, "작은 인격들"(같은 책, 43), 인격들 안의 인격들이고, 이런 식으로 계속된다. 말하자면 아래쪽으로 온통 all the way down[15] 인격들이다.

강도적 차이, 관점의 차이, 차이들의 차이. 니체는 질병에 대한 건강의 시점과 건강에 대한 질병의 시점 사이의 차이에 주목했다.● 왜냐하면 차이는 결코 동일하지 않고, 주라비쉬빌리가 다음과 같이 말했듯 경로는 두 방향에서 동일하지 않기 때문이다.

> 니체적 관점주의에 대한 한 가지 성찰이 분리접속에 실정적 응집력 consistance을 부여한다. 즉, 시점들 사이의 거리다. 이 거리는 분해될 수 없는 동시에 자기 자신과도 동등하지 않은데, [그 거리를 횡단하는] 경로는 두 방향에서 동일하지 않기 때문이다(Zourabichvili 2003, 79).

다양체들의 비교(다른 말로 하자면 "다양체의 발명"으로서의 비교 - 와 그녀+들뢰즈)가 연관 짓는 관계들과 마찬가지로, 그러한 비교 자체

● Deleuze 1969d, 202-203[국역본 294-295쪽]. 같은 식으로, '주인'과 '노예'의 변증법에서 변증법적인 것은 주인이 아니라 노예다(Deleuze 1962, 11[국역본 32-33쪽]).

도 분리접속적 종합이다.

* * *

들뢰즈의 텍스트는 두 가지 원리의 접합dyade을 늘려가는 것에서
즐거움을 얻는 것처럼 보인다. 차이와 반복, 강도와 외연, 유목과
정착, 잠재와 현실, 선과 조각[직선과 선분], 흐름과 양자, 코드와 공
리계, 탈영토화와 재영토화, 소수와 다수, 분자와 몰, 매끄러운 것
과 홈 파인 것 …… 들뢰즈는 이러한 특징적 스타일로 인해 이미
"이원론" 철학자로 간주되곤 했다(Jameson 1997). 정중하게 말하자
면, 이는 다소 성급한 결론이다.

이원성으로 가득 찬 『자본주의와 분열증』 두 권의 설명 과정은
역접적 표현, 양태변화, 명시화, 퇴화, 하위분할에 의해 매순간 중
단된다. 또한 저자들이 제안하는 이원적(혹은 그 이상의) 구별은 제
안되자마자 곧바로 논변 내의 자리를 바꾸면서, 그 설명 과정을 중
단시킨다. 이런 종류의 방법적 중단들은 단지 방법의 문제일 뿐, 이
분법이라는 죄악을 저질렀다는 후회를 표명하는 것이 아니다. 그것
들은 개념적 구축 과정을 구성하는 완벽히 규정된 순간들이다. ** 원

● 들뢰즈를 "무매개적 혹은 비변증법적 이원론"의 철학자라고 부른 더욱 흥미로운 해석
에 대해서는 Lawlor 2003 참고.

●● 이런 경우의 사례는 다음과 같은 것들이 있다. 나무모양과 리좀의 이원성(Deleuze·
Guattari 1980, 21[국역본 31-32쪽]), 몰과 분자라는 다양체의 두 유형(47[국역본 73-74쪽]), 표
현의 형식과 내용의 형식 사이의 구별(110[국역본 168-170쪽]), 조각난 것과 중앙 집중적인

리도 결말도 아닌, 두 가지 원리의 들뢰즈적 접합은 항상 다른 곳에 도달하기 위한 수단이다. 여기서 사례로 제시할 것은 다시 한 번 뿌리와 리좀의 구별이다. 아마도 다음은 『천 개의 고원』에서 가장 많이 인용된 단락일 것이다.

중요한 점은 뿌리-나무와 관-리좀이 두 가지 모델로서 서로 대립하지 않는다는 것이다. 즉, 뿌리-나무는 자신의 고유한 도주를 발생시키는 경우라 할지라도, 초월적 모델과 모사로서 작동한다. 관-리좀은 자신의 고유한 위계질서를 구성하거나, 전제적despotique 관을 발생시키는 경우라 할지라도, 모델을 전복하고 지도의 윤곽을 그리는 내재적 과정으로서 작동한다. 문제가 되는 것은 대지 위의 이러저러한 장소나 역사의 이러저러한 순간이 아니고, 정신 안의 이러저러한 범주는 더욱 아니다. 문제가 되는 것은 중단 없이 수립되고 강화되는 모델, 그리고 중단 없이 길어지다가 끊어지고 다시 이어지는 과정이다. 이것은 또 다른 이원론이나 새로운 이원론이 아니라, 쓰기의 문제다. [⋯⋯] 우리가 어떤 이원론에 호소하는 것은 오로지 또 다른 이원론을 거부하기 위해서다. 우리가 모델들의 이원론을 사용하는 것은 오로지 모델 전체를 거부하게 될 어떤 과정에 도달하기 위해서다. 우리가 만들길 원치

것의 대립(255; 259[국역본 399; 405쪽]), 마지막으로 매끄러운 공간과 홈 패인 공간(593[국역본 907쪽]). 한편, 들뢰즈와 과타리의 분석은 두 가지 극을 구별한 바로 다음, 그것이 과정이든 경향이든 간에, [그 두 가지의] 극성을 또 다른 극성들로 분배한다. 이런 다른 극성들은 (어떤 권리상의 "혼합물"을 생산하면서) 그 처음 극성에 비대칭적으로 끼워 맞춰진다. 다른 한편, 그들의 분석은 최초의 극들도 사실상의 혼합물이었음을 반드시 지적한다.

않았고, 그냥 거쳐 가기만 할 뿐인 이원론들을 부수는 핵심 교정자가 매번 필요하다. 모든 이원론을 거쳐 가며, 우리 모두가 찾는 마술의 정식, 즉 '다원론=일원론'에 도달해야 한다. 그 이원론들은 우리의 적대자이지만, 절대적으로 필요한 적대자, 우리가 멈추지 않고 자리를 옮기는 물건들이다(Deleuze·Guattari 1980, 31[국역본 46쪽]).

덧붙이자면, 들뢰즈와 과타리는 여기서 자신들의 철학을 '거대 구분'(나무 모양의 '서구', 리좀 모양의 '타자')에 대한 이론으로 환원하는 독해를 배제할 뿐만 아니라, [자신들의] 두 가지 특징적 기법을 예를 들어 설명한다. 첫째, 소수 양식 혹은 실용주의적 양식에 따라[16] 개념을 대상이나 의미작용, 근원적 목적보다는 도구, 교량 또는 이동수단 같은 것으로 다룬다. 이는 야생의 사상가로서 철학자가 취하는 방식이다. 관성적 방식에 빠져 있는 사유의 이원론적 성향을 마주한 들뢰즈와 과타리의 통찰력 있는 실용주의가 바로 여기에서 나온다. 그들은 『안티 오이디푸스』에서 욕망하는 생산에 대한 일원론적 개념화를 주장하고, 『천 개의 고원』에서는 다양체에 관한 탈㈇다원주의적 이론을 진전시킨다. 이는 명백히 비이원론적인 두 가지 기획이다. 그렇지만 그들은 이원론들이 약간의 선한 의도를 가진 협상 가능한 장애물이라 전제하지도 않는다. 이원론들은 상상적인 것이 아니라 실재적인 것이다. 그것들은 "이데올로기적" 측면의 단순한 효과가 아니라 추상 기계의 기능적 작동 혹은 특수한 상태의 결과물이고, 견고하거나 초㉗코드화하는 조각화 작용이다(그리고 또 다른 추상 기계들, 또 다른 기능적 작동들도 존재한다).[17] 이원론들을 부숴야 한다면, 무엇보다 그것이 실재적으로 만들어졌기 때문이다. 같은 이유로 그것을 부수는 것이 가능하다. 그것은 실재적으로 만들어졌기 때문이다. 들뢰즈와 과타리는 이원론들이 서구 형이상학의 사건의 지평이라고 생각하지도 않는다. 즉, 이원론들을 '동굴'의 수인이 결코 넘지 못하는, 오로지 드러날 수 있을 뿐인 (탈구축될 수 있을 뿐인) 절대적 한계라 생각하지도 않는다. 그렇지만 이원론들을 부수기 위해서는, 그것을 무시하거나 반박할 때 생길지 모를 순환적 함정을 피하는 것이 중요하다. 이원론에서는 "계산된 방식"으로 벗어나야 한다. 다시 말해 항상 접선을 따라, 즉 도주선을 따라 벗어나야 한다. 이것이 앞서 말한 두 가지 특징적 기법 중 두 번째로 우리를 인도한다.

들뢰즈의 이원성들은 어떤 되풀이되는 도식에 따라 구축되고 변형된다. 그 도식은 이원성들을 최소 다양체로 규정한다. 이런 식으로 모든 개념적 구별은 외연적-현실적 극과 강도적-잠재적 극의 수립으로 시작된다. 그다음에 이원성을 한쪽 극이나 다른 쪽 극의 시점에서 고려함에 따라 그것이 어떻게 본성적으로 변화하는지 보여 주는 분석이 뒤따른다. 외연적 극의 시점에서(나무 모양, 몰, 견고한 것, 홈 패인 것 등의 시점에서) 외연적 극과 강도적 극을 구별하는 관계는 전형적으로 대립적인 것, 즉 배타적 분리접속과 제한적 종합이다. 다시 말해, 이런 대립적 관계는 그 자체가 외연적, 몰적, 현실적이다. 그렇지만 다른 쪽 극의 시각에서(강도, 리좀, 분자, 유연한 것, 매끄러운 것의 시각에서) 대립은 없다. 그 대신 강도적이거나 잠재적인 극 안에, 외연적 극의 강도적 차이, 함축 혹은 분리접속적 포함이 있을 뿐이다. 외연적–현실적 극이 제기한 이원성은 강도적–잠재적 극에 놓여진 분자적인 다양체의 몰적인 앞면, 위상 혹은 메아리로 밝혀진다. ° 이것은 마치 각각의 극이 자기 고유의 본성에 따라 다른 쪽 극과의 관계를 파악하는 것과 같다. 다르게 말하자면, 마치 두 극의 관계가 필연적이고 양자택일적인 방식에 따라 두 가지 극 중 하나의 체제에 속하는 것, 즉 모순의 체제 혹은 도주선의 체제에 속하는 것과 같다(Deleuze·Guattari 1980, 263-264[국역본 410-413쪽]). 그 관계는 외부로부터, [두 극을] 둘러싼 제3의 극으로부터 그려질 수는 없다. 관점주의(다양체로서의 이원성)란 변증법(단일성으로서의 이원성)이 보편적 법칙으로 인정받기 위해 무시해야만 하는 것이다. °°

모든 현상이나 과정 안에는 이러저러한 이원성의 두 가지 극 혹

° "양자택일, 배타적 분리접속은 어떤 원리에 따라 규정되는데, 이 원리는 다시 양자택일로 두 가지 항이나 하위 집합을 구성한다. 그리고 그 원리 자신이 그 양자택일 안으로 들어가 버린다(이는 분리접속이 포함적일 때 벌어지는 일과 완전히 다른 경우다)"(Deleuze·Guattari 1972, 95[국역본 148쪽]). 이런 모델은 들뢰즈의 초기 저작부터 나타난다. 그것은 지속과 공간이라는 앙리 베르그손의 분할에 관한 주석에서도 볼 수 있다(Deleuze 1966). 즉, 그 분할은 단순히 본성적 차이로 정의될 수 없다. 왜냐하면 차이는 무엇보다 지속과 공간 사이에 존재하는데, 모든 본성적 차이들을 지탱하고 전달하는 것은 지속이기 때문이다. 반면, 공간은 오로지 정도의 차이만을 보여 줄 뿐이다. "따라서 분할된 두 절반 사이에는 본성적 차이가 없다. 본성적 차이 전체가 한쪽에만 속하기 때문이다"(Deleuze 1966, 23[국역본 37쪽]).

°° 어떤 아메리카 인류학자는 이러한 이원성들의 이원성을 보고 어쩔 수 없이 『스라소니 이야기』(Lévi-Strauss 1991)의 중심 논변을 떠올릴 것이다. 그 중심 논변이란 구세계와 신세계의 신화집합 속에 담겨 있는 쌍둥이에 대한 대조적인 개념화를 말한다. 사람들은 내가 여기서 말하고자 하는 바를 잘 알 것이다 ……

은 양상이 항상 활동적으로 현존하기 마련이다. 그 두 가지의 관계
는 "상호 전제"의 관계라고 전형적으로 개념화된다. 『천 개의 고원』
에서● "상호 전제"라는 일반개념은 여러 차례에 걸쳐 (선형적이거나
변증법적인) 인과성, 거시 → 미시라는 환원, 질료 형상적이고 표현
적인 도식의 자리를 대체할 때까지 나아간다. 어떤 인류학적 시점
은 상호 전제를 발명과 관습이라는 와그너의 이중적 기호학에 접근
시킬 수 있다. 그 기호학에서 각각의 상징화 방식은 도형과 바탕의
교대라는 도식에 따라 다른 쪽의 상징화 방식을 떠밀거나 "역逆발
명"한다(Wagner 1981, chap 3; 1986).●● 또는 상호 전제를 『증여의 젠더』
(Strathern 1988)의 몇 가지 주요한 분석적 극성들의 기능적 작동 방
식에 접근시킬 수도 있다. 그 극성들은 젠더의 논리적 경제 혹은 멜
라네시아적 교환 방식들 사이의 접합을 지배하는 것이다. 그런 교
환 방식들 내에서 하나의 극은 (남성적인 것 혹은 여성적인 것, 동일한 성
혹은 대립하는 성,[18] 매개 교환 혹은 직접 교환 중 하나의 극) 항상 다른 쪽

● Deleuze·Guattari 1980, 59; 85; 111; 260; 629[국역본 93-95; 131; 170; 407; 960-961쪽].

●● 와그너는 관습의 계기(moment)와 발명의 계기 사이의 상호 생산 관계를 문화적 "변
증법" 안에 위치시킨다(Wagner 1981, 52. 변증법이라는 용어는 Wagner 1986에서 널리 사
용된다). 하지만 이러한 변증법은 비헤겔적이라고 명시적으로 정의될 뿐 아니라, 곧바로
상호 전제와 분리접속적 종합을 상기시킨다. "[내가 말하는 변증법이란 헤겔이나 마르크
스의 개념보다는] 본래의 그리스적 발상에 더 가깝다. 즉, 상호 모순적인 동시에 서로를 지
탱하는 두 가지 개념화나 시점 사이의 긴장, 혹은 그런 두 가지 개념화나 시점이 대화하듯
이 서로 번갈아 가는 것을 말한다"(Wagner 1981, 52). 요컨대 이는 해소나 조정 없는 변증법
이다. 즉, 헤겔의 지양(Aufhebung)보다 베이트슨의 구분발생(schismogenesis)에 가깝다. 지
금의 내가 보기에, 베이트슨의 저작은 서로 비평행적으로 진화한 와그너의 개념과 들뢰즈
·과타리의 개념 사이를 횡단하며 서로 연결해 준다.

극의 한 가지 버전 혹은 변형처럼 서술된다. 이는 스트라선이 전혀 다른 맥락에서 (이것이야말로 맥락이라고 말할 만한 경우다) "각각은 다른 것에게 맥락과 기초를 제공한다"고 요약한 바와 같다(Strathern 1991, 72).[*]

이원성의 두 극이 서로를 조건 지우므로, 상호 전제는 모든 이원성의 두 극을 동등하게 필수적인 것으로 정의한다. 하지만 상호 전제가 그 두 극을 대칭적이거나 등가적으로 만들지는 않는다는 점이 중요하다. 상호 전제[19]는 비대칭적인 상호 함축의 관계다. 즉, "경로는 두 방향에서 동일하지 않다." 이런 식으로 들뢰즈와 과타리가 나무형 모사와 리좀적 지도를 구별할 때, 그들은 그 지도가 끊임없이 모사에 의해 전체화되고, 통일되고, 안정화되는 중임을 지적한다. 모사는 모사대로 리좀적 과정에 의해 초래된 모든 종류의 무정부적 변질에 종속된다. 그러나 결국 "언제나 모사를 지도 위로 다시 가져와야 한다. 그런데 이런 작업은 앞선 작업과 전혀 대칭적이지 않다" (Deleuze·Guattari 1980, 21[국역본 32쪽]). 그 두 작업은 대칭적이지 않다. 왜냐하면 한쪽 작업은 되기라는 욕망의 과정(334[국역본 517쪽])에 반대되는 방향으로 작동하는 반면, 다른 쪽 작업은 되기에 호의적으로 작동하기 때문이다.[**]

---

[*] 멜라네시아의 친족과 젠더의 우주에서 "각각의 관계는 오로지 다른 관계로부터 생겨날 수 있다. [······] 혼인관계와 부모자식관계에서 한 관계는 다른 관계의 은유이고, 이런 이유에서 그 두 관계는 내적 반영의 원천이다"(Strathern 2001, 240).

[**] 앞의 주석이 인용한 논문에서 스트라선은 다음과 같이 지적한다. "대립하는 성(cross-sex)의 관계들은 동일한 성(same-sex)의 관계들과 동시에 번갈아 가며 나타나고 이런 번갈

상호 전제하는 과정과 모델 사이의 이런 비대칭적 관계는 (여기서 리좀이 과정이고 나무는 모델이다) 『차이와 반복』에서 논의된 차이와 부정의 구별을 상기시킨다. 즉, 부정은 실재적이지만, 그것의 실재는 순수하게 부정적이다. 부정은 단지 전도되고 외연화된 차이, 제한되고 대립화된 차이일 뿐이다(Deleuze 1968, 302 et s.[국역본 500-501쪽]). 들뢰즈와 과타리가 리좀과 나무, 유연한 분자적 조각성과 견고하고 몰적인 조각성 등을 가치론적으로 대조하는 것이 중요하지 않다고 여러 차례 밝힘에도 불구하고(Deleuze·Guattari 1980, 31, 259-260 [국역본 46; 405-407쪽]), [방금 말한 비대칭성에 관한] 사실로부터 여전히 어떤 경향과 반경향, 전적으로 다른 두 가지 운동이 존속한다. 즉, 잠재적인 것의 현실화와 역실행이다. 잠재력 차이 혹은 강도의 차이가 외연 안에서 설명되고[밖-주름운동을 하고] 경험적 사물의 상태들로 구현되는 한에서, 잠재적인 것의 현실화라는 첫 번째 운동은 그러한 차이가 상실되면서 일어난다. 잠재적인 것의 역실행이라는 두 번째 운동은 차이의 창조자 혹은 차이를 "함축하는 자"[안-주름운동을 하는 자]다. 이 두 번째 운동이 회귀 혹은 역逆인과성의 운동 (Deleuze·Guattari 1980, 537[국역본 829쪽]), 즉 "창조적 퇴화"[20]라고 할지라도, 첫 번째 운동과 엄격히 동시적이기를 멈추지 않는다. 두 번째 운동은 첫 번째 운동의 초월론적 조건이고, 그 자체가 폐기 불가

아 나타남을 자신의 내적 전제로 포함한다"(Strathern 2001, 227). 이는 비대칭적 상호 전제의 한 가지 사례가 될 만하다. 즉, 동일한 성의 관계들과 대립하는 성의 관계들 사이의 관계는 그 자체가 대립하는 성의 유형에 속한다. 이는 또한 레비-스트로스의 전제, 즉 동일성은 차이의 한 가지 특수한 경우일 뿐이라는 것을 예시하는 또 다른 방식이다.

능한 것이기 때문이다. 이러한 두 번째 운동은 '사건' 혹은 '되기', 강도의 순수한 저장소, 즉 어떤 일이 일어나든 자신의 고유한 현실화 운동에서 도망치는 부분이다(Deleuze·Guattari 1991, 147).[21]

다시 한 번 이러한 상호 함축적인 과정의 비대칭을 와그너의 기호학이 가진 몇 가지 양상에 접근시키지 않을 수 없다(Wagner 1981, 51-53; 116; 121-122). 와그너의 두 가지 상징화 방식[22] 간 관계가 지닌 "변증법적" 혹은 "사전방지적" 본성은 그 두 가지 중 발명-차이화라는 한쪽 방식을 참조한다. 반면 그 두 가지 방식의 대립적 대조는 그 자체로 관습화-집단화라는 다른 쪽 방식의 작동에서 비롯된 결과다. 게다가 그 두 가지 방식이 모든 상징화 행동에서 동시적이고 상호적으로 활동하고 있음에도 불구하고 (그 둘은 서로 상대방 위에서 작동하는데, 그것들 너머에는 아무것도 없기 때문이다) 관습적 방식의 "통제 맥락"(『천 개의 고원』의 용어로 말하자면 영토화의 벡터)을 가진 문화들과, 차이화하는 방식의 통제를 가진 문화들 사이에 "세계의 모든 차이"가 있다. 만일 그 두 방식 간의 대조가 그 자체로 가치론적이지 않다면, 관습적이고 집단화하는 상징화에 친숙한 문화(문화를 "집단적 재현"으로 보는 이론을 낳았던 문화)는 모사의 방향을 지향하고, 발명의 변증법을 차단하고 억제한다. 바로 이런 이유로 최종적으로는 그 문화를 "지도 위로 다시 가져와야" 한다. 같은 방식으로, 『증여의 젠더』에서 논의된 "증여"의 사회성과 "상품"의 사회성 사이의 대조는 명시적으로 상품의 세계 내부에 있는 것으로 여겨진다(Strathern 1988, 16; 136; 343). 하지만 이와 동시에 증여의 사회성에 대한 분석이 우리 인류학자에게 인류학 자체의 문화적 전제들이 가진 특수성

을 파악하기를 요구하고, 우리 고유의 자본주의적 은유를 분해하라
고 요구하자마자(Strathern 1988, 309), 모든 일은 마치 상품 형식이
증여 형식의 변형(혹은 변질)인 것처럼 일어난다. 이때 그 반대, 즉
증여 형식이 상품 형식의 변형인 것이 아니다. 상품에 대한 증여의
시점은 증여에 대한 상품의 시점과 같지 않다. 이것이 바로 비대칭
적 상호 함축이다. •

● 오로지 다른 이원론을 대체하기 위해 어떤 이원론을 불러내는 이런 전략은 라투르도 사
용한다. 예컨대 패티슈(faitiche)[사실(fait)과 물신(fétiche)의 합성어]에 대한 반(反)비판적
소책자에서 그는 이렇게 말한다. "근대인의 이중 레퍼토리는 그들이 사실과 물신을 구별
했다는 데에서 발견되지 않는다. 한편에는 사실과 물신의 이론적 분리가 있고, 다른 한편
에는 이런 이론적 분리와 완전히 다른 실천의 전개가 있다. 근대인의 이중 레퍼토리는 이
둘 사이의 더욱 교묘한 구별에서 발견되어야 한다"(Latour 1996b, 42-43).

07

모든 것은 생산이다
:강도적 혈통

들뢰즈의 개념 체계에서 일차적이라고 말할 수 있는 함축적 비대칭이 실제로 있다면, 이것은 강도적(혹은 잠재적)인 것과 외연적(혹은 현실적)인 것의 구별에 존재한다. 여기서 내 관심사는 『자본주의와 분열증』이 동맹과 혈통을 재독해할 때, 이런 구별이 어떤 영향을 미쳤는지 평가하는 것이다. 동맹과 혈통은 고전적 친족 이론의 두 가지 핵심 범주다. [이런 평가를 수행하겠다는] 내 선택의 타당성은 다음 두 가지에서 찾을 수 있다. 첫째, 들뢰즈와 과타리가 동맹과 혈통이라는 일반개념을 다루는 방식이 『안티 오이디푸스』와 『천 개의 고원』 사이에 일어난 중요한 이행을 특징적인 명료함으로 표현하기 때문이다. 둘째, 내 선택은 친족 인류학을 변형할 가능성을 제안하는데, 이는 친족 인류학을 오늘날 다른 연구 영역에서 일어나고 있는 "비인간주의적" 발전(Jensen 2004)에 일치시키기 위해서다. 왜냐하면 실제로 문제가 되는 것은 동맹과 혈통이라는 일반개념을 인간 바깥의 존재에게도 열려 있는 양태로 전환할 가능성을 찾는 것이기 때문이다. 고전적으로 이 두 가지 일반개념은 친족 내에서 친족에 의해 실행되는 것으로서의 인간화[1]를 위한 좌표처럼 간주되었다. 만일 인간적인 것이 본질이 아니라면, 이 사실이 친족 인류학에 미치는 영향은 무엇인가?

동맹과 혈통이라는 일반개념은 1950년대와 1970년대 사이에 인류학에서 거의 토템에 가까운 역할을 수행하면서, 친족에 관한 정반대의 두 가지 개념화(Dumont 1971)[2]를 제유법적 방식으로 보여 주었다. 그 이후 단순한 분석적 관습의 기능만을 받아들일 때가 되자, 그 두 일반개념은 자신이 속해 있던 모건적 패러다임의[3] 일반적 숙명에 따라 돌연히 시놉시스적 가치를 잃어버렸다. 이는 그 두 가지가 사용에서 언급으로 이행하면서[4] 자신의 활동 정년도 채우지 못한 때였다. 아래에서는 고전 이론의 몇몇 부분이 재활용될 수 있음을 시사하면서, [두 일반개념의 가치 상실이라는] 움직임을 반성적으로 중단하자고 제안할 것이다. 물론 예전으로 돌아가자는 제안은 아니다. 즉, "규범적 동맹"[5]에 관한 다소 무의미한 형식주의, 『친족의 기본 구조』를 둘러싼 논란의 주요 이유였던 그 형식주의를 재생산하자는 것이 아니다. 또한 혈통 그룹에 대한 실체주의적 형이상학, 즉 앨프리드 래드클리프-브라운, 마이어 포테스, 구디로 이루어진 (뒤르켐의 영감을 받은) 영국 학파의 트레이드마크로 되돌아가자는 것도 아니다.[6] 이와 반대로 친족에 관한 리좀적 개념화의 가능한 윤곽을 상상해 보자는 것이다. 이런 개념화가 "인격들은 자신의 관계들에 의해 통합적으로 구성된다"(Strathern 1992b, 101)●는 전제로부터 모든 결과를 뽑아낼 수 있다. 혈통 그룹에 관한 이론의 원형이 실체와 동일성이라는 관념이었고(형이상학적 개체로서의 그룹), 혼인 동맹에 관한 이론의 원형이 대립과 통합이라는 관념이었다면(변증법적 전체로서의 사회), 여기서 제안하는 관점은 **차이와 다양체**(포함적 분리접속으로서의 관계)로서의 친족 이론을 수립하기 위한 몇 가지 요소들을 들뢰즈와 과타리의 저작으로부터 이끌어 낸다.

* * *

사회 인류학은 『자본주의와 분열증』에서 핵심적 위치를 차지한다. 『자본주의와 분열증』 1권은 요한 야코프 바흐오펜과 루이스 H. 모건, 프리드리히 엥겔스와 프로이트에서 시작해 레비-스트로스와 에드먼드 리치에 도달하면서(이때는 1972년이었다) 원시적 사회체에 관한 이론을 완전히 다시 쓴다.[7] 그 책은 주요 대화자로 삼은 레비-스트로스의 구조주의를 다루기 위해, 또한 그것에 광범위하게 맞서기 위해 많은 양의 이론적, 종족지학적 참고문헌을 동원한다. 이것은 말리노프스키의 기능주의에서 포테스의 법률주의까지, 마르셀 그리올과 제르맨느 디테르랑의 종족지학적 실험부터 클로드 메야수와 에마뉘엘 테레의 종족 마르크스주의까지, E. E. 에번스-프리

● "Persons have relations integral to them."

처드의 관계적 조각성에서 빅터 터너[8]의 사회적 극작법까지 포함한다. 친족에 관한 레비-스트로스적 개념화는 근친상간 금지를 사회성의 조건으로 삼는 초월론적 연역에 근거를 둔다(Lévi-Strauss 1967/1949). 들뢰즈와 과타리는 이런 개념화를 거부하는데, 거기서 '오이디푸스'의 인류학적 일반화를 발견하기 때문이다. 그들은 레비-스트로스의 결점을 발견하기 위해 모스의 『증여론』*Essai sur le don*(레비-스트로스의 주요 참고문헌)을 니체의 『도덕의 계보』*Zur Genealogie der Moral*와 비교한다. 그들은 『도덕의 계보』야 말로 인류학자들의 진정한 애독서가 되어야 할 것이라고 제안한다(Deleuze·Guattari 1972, 224 et s. [국역본 327쪽]).

부가 설명

내가 보기에 『안티 오이디푸스』에서 모스와 니체 사이의 이런 차이는 다소 과장되어 있다. 모스의 논의 과정에서 "교환"과 "빚"의 구별에 해당하는 것을 알아보기는 힘들다. 그리고 들뢰즈와 과타리가 이야기하는 것만큼 그런 구별이 명확한 것도 아니다. 어쨌든 포틀래치potlatch나 쿨라kula에서 교환되는 것은 빚이다. 무엇보다 포틀래치의 경우, 빚을 통해서 상대방을 (종종 문자 그대로) "살

● 들뢰즈와 과타리의 종족학 참고문헌 목록에는 "아프리카" 섹션이 충분히 갖춰져 있다. 이는 그 시대 프랑스의 인류학적 환경이 가진 조건을 반영하는 것이다. 그 당시 아프리카 연구는 가장 널리 퍼져 있으면서, 구조주의의 영향을 가장 적게 받았던 세부 전공 분야였다.

●● 이 구별은 『니체와 철학』에 이미 나타난다(Deleuze 1962, 155[국역본 240쪽]).

해하는 것"이 증여를 투쟁적으로 교환하는 목적이다. 『안티 오이디푸스』에서 교환이라는 일반개념은 언제나 상품 교환의 측면(저자들은 이것에 의해 "교환"과 "증여"를 대립시킨다) 아니면 사회 계약의 측면으로 당겨진다. 이런 관념들은 의심할 여지 없이 『증여론』 내에 존재하지만, 내 생각에는 의무라는 더 기초적인 관념에 명확하게 종속된다. 모스는 이 관념을 초월적 규범보다는 주체의 내적 분할, 즉 내재적 타자성을 마주한 주체의 의존성으로 간주한다. 게다가 "사회적 기억"의 창조에 필수 불가결한 "생물학적 기억"이라는 원原역사적 억압에 관한 니체의 이론이 인간화 패러다임과 그토록 양립 불가능한 것도 아니다. 교환에 대한 모스와 구조주의자의 이론들도 이 패러다임을 공유한다. 내 생각에, 들뢰즈와 과타리가 『천 개의 고원』에서 되기를 반反기억으로 명확히 정의하는 때가 되어서야(Deleuze·Guattari 1980, 324[국역본 502-503쪽]), 문제를 구성하는 용어들이 단호하게 변화했다고 말할 수 있다.

『안티 오이디푸스』에 나타난 모스와 니체의 대조는 헤겔, 알렉상드르 코제브, 조르주 바타유, 콜레주 드 소시올로지Collège de socio-logie[9] 그리고 더 가깝게는 레비-스트로스, 라캉, 장 보드리야르 등의 이름이 등장하는 논쟁적 배경을 참조한다. 바타유가 『증여론』에 대한 니체적 독해로부터 연역해 낸 "일반화된 경제"는 『안티 오이디푸스』에서 매우 드물게 언급된다(Deleuze·Guattari 1972, 10; 225[국역본 17; 328쪽]). (리오타르의 고찰에 따르면) 들뢰즈와 과타리가 위반transgression이라는 바타유의 범주를 폄하한다는 점이 이런 침묵에 가까운 태도를 부분적으로 설명할 수 있다. 그렇지만 들뢰즈는

『의미의 논리』에 포함된 피에르 클로소프스키에 대한 시론에서 교환, 일반성(등가성), 거짓 반복을 증여, 독특성(차이), 진정한 반복과 대조한다. 이런 대조는(『차이와 반복』 시작 부분처럼, Deleuze 1968, 7[국역본 25-26쪽]) 교환에 대한 『안티 오이디푸스』의 테제를 예견하면서, 바타유와 적절히 관련지어진다. 즉, 클로소프스키가 쓴 이 소설의 주인공인 테오도르Théodore는 "진짜 반복이 증여 속에, 교환의 상업 경제에 대립하는 증여의 경제 속에 있음을 알고 있다(…… 조르주 바타유를 위한 오마주)"(Deleuze 1969c, 334[국역본 455쪽]. 말줄임표는 원텍스트를 따른 것).

어쨌든 충돌하는 이해관계의 사회발생학적 종합으로서의 교환이라는 테마에 맞서, 『안티 오이디푸스』는 사회 기계가 욕망 흐름의 코드화라는 문제에 답해 준다는 공준을 진전시킨다. 들뢰즈와 과타리는 기입적 개념화를 제안한다("사회체는 기입자"이고, 여기에 신체들이 표기되며, 순환은 단지 이차적 활동일 뿐이다[Deleuze·Guattari 1972, 217 et s. [국역본 319쪽]). 그것은 동시에 생산주의적 개념화다. 즉, "모든 것은 생산이다"(10[국역본 27쪽]). 『정치경제학 비판 요강』Grundrisse의 가장 뛰어난 문체를 따라, 생산, 분배, 소비는 보편적 과정으로서의 생산을 구성하는 계기들처럼 제시된다. 기입은 생산의 기록이라는 계기 혹은 생산의 코드화라는 계기다. 그 생산은 자연이나 신에 의해 '주어진 것'의 심급, 기입의 마술적 표면, 반反생산의 요소("기관 없는 신체")로서 물신화된 사회체를 역逆실행한다.

하지만 결국 『안티 오이디푸스』에서 추진된 친족의 분열분석적 파괴는 여전히 불완전하다는 인상을 지울 수 없다. 이는 바로 그 파괴가 하나의 비판으로 남기를 원했기 때문이다. 설사 패러디라 할지라도, 이 책의 언어가 강조하는 칸트주의에 유의하자. 즉, 초월론적 가상, 무의식의 종합을 적법하지 않게 사용하기, '오이디푸스'의 네 가지 오류추론 …… 『안티 오이디푸스』는 이렇게 '오이디푸스' 안에 머물러 있다. 이 책은 필연적으로, 혹은 더 나쁘게는 변증법적으로 오이디푸스적이다.* 그것은 사회성에 대한 인간중심적 개념화에 묶여 있다. 그것의 문제는 여전히 인간화, 즉 '자연'에서 '문화'로의 "이행"이다. 물론 이런 접근 방법의 불충분함은 『자본주의와 분열증』 2권의 급진적인 반反오이디푸스적 시점에서만 밝혀진다. 『천 개의 고원』의 저자들이 『안티 오이디푸스』에 관해 다음과 같이 말하는 걸 상상해 보는 일은 결코 부조리하지 않을 것이다. 즉, 인간종이나 인간의 조건을 [다른 종과 구별해 주는] 특징에 관해 어떤 "인류학적" 유형의 물음을 던지더라도, 그 특징이 선정된 (혹은 그 특징에 담긴 불운의) 원인이나 표식이 무엇이든 간에, 그 물음은 '오이디푸스'에 의해 치유 불가능할 정도로 위협당한다. 오류는 대답이 아니라 질문 안에 있기 때문이다.

『자본주의와 분열증』 1권의 접근 방법이 가진 이러한 한계가 그 책에서 동맹이 오이디푸스 삼각형의 전달자라는 배타적 역할을 수행한다고 해석되는 이유를 설명해 줄 것이다. 이 해석의 논변은 부

---

* "『안티 오이디푸스』는 칸트적 야망을 가지고 있었다 ……"(Deleuze·Guattari 2003/1997, 289).

모자식 관계를 혼인관계 앞에 위치시키고(첫 번째가 두 번째 안으로 "연장된다"), 혈통을 위한 단순한 도구로서 동맹을 위치시킨다(Deleuze·Guattari 1972, 85-86[국역본 134-135쪽]). 다른 용어로 말하자면, 교환주의적 개념화에 대한 『안티 오이디푸스』의 비판은 '오이디푸스'를 반대하는 어떤 이론에 의존하는데, 이 이론에서는 혈통과 생산이 동맹과 교환보다 원초적이다. 이런 의미에서 또 다른 용어로 말하자면, 『안티 오이디푸스』는 분명 반反구조주의적 책이다. 그런데 들뢰즈와 과타리는 이렇게 인간의 친족 구조에 대한 레비-스트로스적 평가와 거리를 두었지만, 그에 앞서 레비-스트로스가 친족에 관한 질문을 정식화하며 사용한 몇몇 용어들은 받아들여야만 했다. 예컨대 그들은 동맹이 친족에 관련된 일이라고, 그리고 친족은 사회에 관련된 일이라고 믿었던 것으로 보인다. 이번에는 그들이 과도한 신중함을 보여 주고 있다.

* * *

『안티 오이디푸스』의 중심부이자 가장 긴 분량을 가진 3장("야생인, 야만인, 문명인")은 "원시적 영토 기계"의 특징 및 그 기계가 수행하는 동맹과 혈통의 "활용변화"[10]가 지닌 특징을 밝히는 것으로 시작한다(Deleuze·Guattari 1972, 171[국역본 256쪽]). 거기서 구조주의에 대안적인 이론을 구축하기 위한 기본 가정은 혈통을 두 번 나타나게 하는 데서 성립한다. 첫 번째는 친족의 유類적이고 강도적인 상태로 나타나고, 두 번째는 동맹을 보완하는 대립물 안에서 특수하고 외연적인 상태로 나타난다. 동맹은 오로지 외연적 순간에만 나타난다. 그것의 기능은 정확히 친족을 코드화하는 것, 즉 강도적 친족에서 외연적 친족으로의 이행을 작동시키는 것이다.

들뢰즈와 과타리는 강렬하고 생식질적이고[11] 분리접속적이고 야행적이고 모호한 선先우주론적 혈통의 원초적 존재를 공준으로 전제한다. 이 혈통은 "생식질적인 복잡성 혹은 유체"(같은 책, 191)다. 이것은 대지의 충만한 신체, 대지의 생산되지 않은 신체 위에 표기된 기입의 첫 번째 특징이다. 즉, "혈통의 순수한 힘, 또는 계보학, '누멘'"이다(같은 책, 181). 이러한 분석은 마르셀 그리올과 그의 연구진이 서아프리카에서 수집한 이야기들에 관한 해석에 거의 전적으로 의존하고 있다. 특히 『검은꼬리모래여우』(Griaule·Dieterlen 1965)에 담겨 출판된 도곤인의 거대한 기원 신화에 의존한다. 그 신화에는 아마Amma가 낳은 알 우주, 태반 '대지', 근친상간을 범한 트릭스터[12] 유루구Yuruggu, 인간과 뱀의 형상을 모두 가진 암수한몸의 "쌍둥이"인 노모Nommo 등이 등장한다.

도곤 신화가 전체 논의에서 차지하는 위치는 이론적으로 매우 중요하다는 것이 밝혀진다. 그것은 『안티 오이디푸스』에서 "준거가 되는 반反신화"[13]처럼 기능한다. ● 2장("정신분석과 가족주의")에서 저

● 이런 종족지학적 지평의 역할은 도곤 신화에 대한 미셸 카르트리와 알프레드 아들레르의 논문(Cartry·Adler 1971)에서 시작된다. 분석의 결정적 순간마다 이 논문이 인용된다. 언드라시 젬플레니와 함께 이 두 인류학자는 『안티 오이디푸스』 3장의 초고를 주의 깊게 읽었다(Nadaud 2004, 20-21 참조). 한편, 들뢰즈와 과타리의 아이디어가 카르트리와 아들레르의 연구에 결정적 영향을 미치기도 했다(Cartry·Adler 1971, 37, n. 1).

자들은 무의식의 표현적-연극적 개념화와 무의식의 생산적-기계적 개념화를 대조한 바 있다. 이로부터 저자들은 정신분석의 상징과도 같은 그리스 신화 사용법을 언급하면서, 몇 차례에 걸쳐 다음과 같이 성급한 질문을 제기하는 데 이른다. "왜 신화로 돌아가는가?"(Deleuze·Guattari 1972, 67; 99; 134[국역본 110; 153-155; 201쪽]). 하지만 3장에서 친족관계를 인류학적으로 재구축하는 그들의 작업이 마지막 단계에 도달했을 때(181-195[국역본 201; 269-289쪽]), 결국 그들 자신이 신화로 돌아온다. 들뢰즈와 과타리는 신화의 개념을 급진적으로 재평가하는 과정을 거친 다음에야 도곤에 관한 자료들을 소개한다.

신화에 도움을 청하는 것은 필수적이다. 이것은 신화가 외연적으로 실재하는 관계들의 위치를 뒤바꾼 재현, 혹은 더 나아가 전도된 재현이라서가 아니다. 그것은 신화만이 (생산의 체계도 포함된) 체계의 강도적 조건들을 원주민의 사유와 실천에 부합하도록 규정하기 때문이다(Deleuze·Guattari 1972, 185[국역본 274쪽]).

신화에 도움을 청하는 것에 대한 이런 평가들은 모두 『안티 오이디푸스』 중심부에서 이루어졌지만, 겉으로 보기에는 서로 앞뒤가 맞지 않는다. 그 평가들은 내가 당장 할 수 있는 것보다 더 깊은 숙고를 요구할 것이다. 사변적 수준에서, 오이디푸스왕의 비극을 참조하는 문헌들과 검은꼬리모래여우의 순환을 참조하는 문헌들 사이에서 발견되는 차이는 동일한 신화에 대한 태도의 차이보다는,

신화 그 자체의 차이라고 말할 수 있다. 즉, 우리가 "신화"라고 부르는 것의 내적 차이다. 오이디푸스왕의 이야기는 전제적 기표의 야만적 혹은 "동양적" 체제에 속하는 반면, 도곤의 이야기는 그보다 오히려 (Deleuze·Guattari 1980, 147 et s.[국역본 228쪽]의 의미에서) 원시적 혹은 "전기표적" 기호학의 야생적 체제에 속할 것이다.[14] 따라서 문제가 되는 것은 유일하고 동일한 신화도 아니고, 로고스와 다른 종류에 속한다는 점에서 동일한 타자도 아니다. 지리철학의 핵심 개념을 떠올리며(말하자면, 개념에 거의 가까운 것에 대한 개념. Deleuze·Guattari 1991, 86 et s. 참고),[15] "형태"와 "형태"가 있다고 말할 수 있는 것과 정확히 같은 의미에서, 신화와 신화가 있다. 우리가 "국가에 맞서는 사회들"이 놓여 있는 철학 외부의 세계, 야생의 사유와 급진적인 인류학적 타자성의 세계로 들어가기 위해, "'진리'의 '주인들'" (Detienne 1981/1967)의 전前철학적 세계 및 그 세계를 이루는 발화의 군주적 체제로부터 벗어나는 순간, 즉 그리스 연구자와 철학사가들의 고전적 세계로부터 벗어나는 순간, 신화적 발화가 담고 있는 완전히 다른 의미에 대한 질문이 제기된다. 그런데 이 질문은 아직도 그 중요성에 맞게 적절히 분석되지 않았다. *

하지만 도곤인의 메타신화는 야생의 사유라는 종류의 정신에 나타났을지 모를 흔한 사유가 아니다. 그것은 [다른 곳이 아니라] 서아

---

* 이러한 차이는 레비-스트로스와 폴 리쾨르가 신화에 대한 구조적 분석을 두고 벌인 논쟁의 원천이기도 하다("La pensée sauvage et la structualisme", *Esprit* 322, novembre 1963 참고). 마르크 리쉬르는 신화의 다양한 체제들에 대한 흥미로운 제안을 한다(Richir 1994). 이 책 217-218쪽 참고.

프리카에 거주하는 한 집단의 우주생성 신화다. 서아프리카에는 친족의 공통된 기원(가계)[16]이라는 바탕 위에 구성되는 정치적 그룹 만들기가 존재한다. 그 지역에는 그런 정치적 그룹 만들기의 깊은 영향과 마찬가지로, 선조와 후손이라는 관념들의 깊은 영향을 받은 친족 문화가 꽃피고 있다. 따라서 『안티 오이디푸스』의 두 저자가 도곤 신화를 통해 친족의 기원을 이루는 관계적 차원으로서의 혈통에 도달한 것, 그리고 가계의 소속을 구별하는 기능을 맡은 외래적 차원처럼 동맹을 본 것은 놀라운 일이 아니다. 우리는 포테스에 매우 가까운(Fortes 1969; 1983) 구조주의-기능주의적 친족의 우주 한가운데에 있다. 모호하고 퇴화적이며 함축적이고 (전前)근친상간적인 혈통적 가계들이야말로 강렬하고 원초적인 것이다. 이런 혈통적 가계들은 사회체의 물리적 공간 내에서 스스로 주름이 펼쳐지고[설명되고] 현실화할 수 있기 위해, "야행적이고 생명우주적인" 기억의 대상이 됨으로써 동맹이 실행하는 "억압을 감내해야만" 한다(Deleuze·Guattari 1972, 183[국역본 272쪽]). 혈통적 가계들은 이러한 감내를 거치며 자신의 포함적이고 무제한적인 용도를 상실한다.[17]

『안티 오이디푸스』의 이 지점에서 도곤인은 제유법적으로 '야생인'이다. 방금 말한 것에도 불구하고 전체 흐름을 보면, 도곤인의 체계가 마치 잠재적·강도적 평면 위의 혈통에 관한 이론과 현실적·외연적 평면 위의 동맹에 관한 이론을 표현하는 것처럼 보인다. 왜냐하면 저자들은 리치가 "보완적 혈통"에 관련해서 포테스를 비판한 것을 전적으로 공유하고 있기 때문이다. 마찬가지로 그들은 교차 사촌들의 혼인 논리를 다룬 레비-스트로스의 핵심 단락(Lévi-Strauss

1967, 151-154)에 관해 다음과 같이 결론 내린다. "동맹은 결코 혈통으로부터 유도되지도, 연역되지도 않는다." 그리고 "이런 외연적 체계 내에는 최초 혈통도, 최초 세대 혹은 초기 교환도 없다. 이미 항상 동맹이 있을 뿐이다 ……"(Deleuze·Guattari 1972, 182; 184[국역본 271; 274쪽]). 외연적인 것의 질서 내에서, 혈통은 후험적으로 "관리적이고 위계적인" 특징을 띤다. 반면 그러한 질서 내에서 일차적인 것은 동맹인데, 이것은 "정치적이고 경제적이다"(172[국역본 257쪽]). 인척이란 혼인으로 맺어진 정치사회적 인물로서의 동맹자인데, 처음부터 가족 관계를 항상 사회적 장에 공외연적인 관계로 만들기 위해 존재한다(188[국역본 279쪽]). 그런데 이러한 처음 이전에 뭔가 존재한다. 즉, 형이상학적 발생의 질서 내에서, 다르게 말하자면 신화적 시점에서는(185[국역본 275쪽]) 동맹이 그 이후에 온다. "외연적 체계는 자신을 가능케 해주는 강도적 조건들로부터 태어나지만, 그 조건들에 역작용한다. 또한 그것들을 무효화하고 억압하며, 오로지 신화적 표현으로만 나타나게 한다"(188[국역본 279쪽]). 물론 남은 문제는 무엇이 진부하지 않은 의미에서 신화적 표현일지 아는 일이다. 신화란 "표현적인 것이 아니라 조건 지우는 것"(185[국역본 275쪽])이기 때문이다.

근친상간 금지를 따르는 친족의 장場은 이렇게 상호 전제의 관계

● 다음과 같이 전형적인 구조주의적 고찰도 참고. "횡적 동맹과 빚의 블록이 외연적 체계 내에서 연장된(étendu) 혈통을 조건 짓는 것이지 그 반대가 아님에도 불구하고, 친족의 구조 내에서는 마치 동맹이 혈통의 선들과 그것들의 관계로부터 생겨나는 것처럼 진행되기 쉽다"(Deleuze·Guattari 1972, 220[국역본 322쪽]).

에 있는 동맹과 혈통에 의해 조직된다. 이 상호 전제의 관계는 동맹에 의해 현실적으로, 혈통에 의해 잠재적으로 통솔된다. 신화의 강도적 평면은 동맹을 모르는 전前근친상간적 혈통에 의해 채워진다. 신화는 (전前)근친상간적이기 때문에 강도적이고, 그 역도 성립한다. 즉, 동맹은 "실재적으로" 사회의 원리이고, 신화의 종말이다. 여기서 『친족의 기본 구조』 마지막 문단을 떠올릴 수밖에 없다. 거기서 레비-스트로스는 '황금기'와 '내세' 신화에서 다음을 발견한다.[18] "[오늘날까지] 인간성은 이러한 일시적 순간을 붙잡아 고정시킬 것을 꿈꿨다. 그 순간에는 교환 법칙으로 농간을 부릴 수 있고, 잃는 것 없이 얻을 수 있고, 나누지 않고 즐길 수 있으리라 믿는 게 허용되었다." 그래서 "사회적 인간에게 영원히 허용되지 않는" 완전한 감미로움은 인간성의 "자기들끼리 살아가기"에 있을지 모른다(Lévi-Strauss 1967, 569-570).

『안티 오이디푸스』의 개념적 경제의 용어들로 문제를 재구성해 보면, 내가 보기에 (강도적) 혈통을 기입의 분리접속적 종합의 작동자로 규정한 점이 도곤 신화 분석의 결정적 측면이다(노모(들)은 하나이자 둘이고, 남자이자 여자이며, 인간이자 뱀이다. 검은꼬리모래여우는 '대지'의 아들이자 동시에 형제이고 배우자다. 기타 등등). 반면, 동맹은 결합적 종합의 작동자다.

이런 것이 기입의 두 번째 특징으로서의 동맹이다. 즉, 동맹은 생산적 연결에 인격들의 접합이라는 외연적 형식을 부과한다. 이 형식은 기입의 분리접속과 양립 가능하지만, 거꾸로 바로 그 분리접속의 배타적이고 제한적인 사용을 규정하면서 기입에 반작용한다. 따라서 동맹은 신화적 방식에 따라 어떤 순간에 혈통의 선들 안에 갑작스레 들어온 것으로 재현될 수밖에 없다(다른 의미에서는 동맹이 항상 거기에 있었음에도 불구하고)(Deleuze·Guattari 1972, 182[국역본 271쪽]).

우리는 위에서 분리접속적 종합이 다양체에 특징적인 관계적 체제라는 것을 살펴보았다. 위 인용 단락 바로 다음 부분에서 볼 수 있듯이, 문제는 혈통에서 동맹으로 가는 게 아니라 "에너지적 강도의 질서에서 외연적 체계로 이행하는 것이다." 이런 의미에서 저자들은 다음과 같이 말한다.

강도적 질서의 최초 에너지가 혈통의 에너지라는 사실 때문에 변하는 건 없다. 왜냐하면 그 강렬한 혈통은 아직 연장되지étendu 않았고, 아직 어떤 인격의 구별이나 심지어 성의 구별도 포함하지 않은 채, 단지 강도적 상태에 있는 전前인격적 변이들만 포함하기 때문이다 ······(Deleuze·Guattari 1972, 183[국역본 272쪽]).

이러한 강도적 질서가 인격이나 성의 구별을 알지 못한다면, 종의 구별, 특히 인간과 비인간의 구별도 알지 못한다는 것을 여기에 추가해야 할 것이다. 즉, 신화 속에서 모든 행위주는 제각각 유일한 상호작용의 장을 점유하며, 이러한 장은 존재론적으로 이질적인 동시에 사회학적으로 연속적이다(여기서 모든 사물은 "인간적"이고, 인간은 완전히 다른 사물일 뿐이다).

여기서 다음 질문이 자연스레 제기된다. 최초 에너지가 혈통의 에너지라는 사실 때문에 변하는 게 없다면, 최초 에너지가 [혈통이 아니라] 동맹의 에너지인 강도적 질서를 규정하는 것도 가능한가? 동맹이 언제나 오로지 자신에 선행하는 전前근친상간적 혈통을 질서 지우고, 식별하고, 불연속화하고, 문명화policer하기 위해 기능하는 것은 정말로 필연적인가? 그게 아니라면 "강도적 상태에 있는 전前인격적 변이들"을 포함하는 반反오이디푸스적인 강렬한 동맹을 생각해 보는 것도 가능하지 않을까? 요컨대 문제는 분리접속적 종합으로서의 동맹 개념을 구축하는 데 있다.

하지만 그렇게 하려면, 교환 개념을 "도착적"perversif 해석 혹은 들뢰즈적 해석에 종속시키면서, 『안티 오이디푸스』가 레비-스트로스의 사회 우주론과 두었던 거리보다 더 멀어져야 할 것이다. 그리고 이런 목적을 위해서는 [레비-스트로스를 멀리하는 것과] 상호적이면서 동시에 다음 사실을 진정으로 받아들이는 것에서 시작해야 한다. 모든 것을 고려해 보면, 혼인 교환에 관한 레비-스트로스의 이론은 여전히 혈통 그룹에 관한 법률주의적 학설보다 한없이 더 정교하고 흥미로운 인류학적 구축물이라는 것이다. 『친족의 기본 구조』가 가족 중심적이고 부모자식 관계에 지배되는 친족의 이미지와 완전히 단절했다는 것을 고려해 보면, 어떤 의미에서는 그 책이 최초의 안티 오이디푸스였다. 다르게 말하자면, 『안티 오이디푸스』와 『친족의 기본 구조』의 관계는 『친족의 기본 구조』와 『토템과 타부』의 관계와 유비적이다.

반反오디이푸스의 음정에 맞게 친족에 관한 구조주의 담론을 다시 연주하려면 최소한 배타적 양자택일의 용어로(이 여자는 내 누이 아니면 부인, 이 남자는 내 아버지 아니면 외삼촌) "친족의 원자"를 서술하기를 포기하고, 그것을 포함적 혹은 비제한적인 분리접속의 용어 ("……이든 ……이든", "그리고/또는")[19]로 다시 정식화해야 한다. 누이와 부인의 차이, 형제와 부인형제[누이남편][20]의 차이는 "분해될 수 없고 그 자신과도 동등하지 않은" 내적 차이처럼 고려되어야 한다. 들뢰즈와 과타리가 분열증자와 그가 마주한 "남성적/여성적", "죽은/살아 있는"[큰따옴표는 옮긴이가 추가한 것_옮긴이]의 분리접속에 대해 말하는 것은 이 경우에도 유효할 것이다. 주어진 한 여자는 사실의 차원에서 내 누이 혹은 형제부인이지만, "정확히 말하자면 그 여자는 두 측면 모두에 있다." 즉, 누이들(그리고 형제들)의 측면에서는 누이고, 부인들(그리고 남편들)의 측면에서는 부인이다.[21] 나에게 동시에 누이와 부인이라는 것이 아니라, "이 두 가지 각각은 미끄러지듯 날아간 거리의 양 끝에 있다. [……] 분해 불가능한 공간 내에 있는 막대기의 두 끄트머리와 같이, 한쪽은 다른 한쪽의 끄트머리에 있다"(Deleuze·Guattari 1972, 90-91[국역본 142쪽]).[22]

이 점은 모든 인류학자가 인정할 언어로 다시 정식화될 수 있다. 내 누이가 내 누이인 것은 그녀가 타인에게 부인이기 때문이다. 즉, 누이가 동시에 부인으로 태어나지 않고서는, 누이로 태어나지도 않는다. 누이는 부인이 있기 위해서 존재한다. 모든 "여자"는 "누이"의 관계와 "부인"의 관계 사이의 비대칭적 관계에 의해 구성된 하나의 항(메타관계)이다(동일한 것이 물론 "남자들"에게도 적용된다). 누이라는 혈족관계는 그녀의 몰적인 성적 할당과 마찬가지로 주어진 것이 아니라("생물학적으로 주어진 기초"(Héritier 1981)라는 것은 결코 존재한 적이 없다), 수립된 것이다. 누이라는 혈족관계는 단지 부인이라는 인척관계와 같은 자격으로 수립된 것일 뿐 아니라, 그 인척관계의 매개에 의해서 수립된다(형식적 역인과성). 내가 내 누이남편[부인형제]과 맺는 동일한 성의 관계를 낳는 것은 내가 내 누이/부인과 맺는 대립하는 성의 관계다. 대립하는 성의 관계들은 단지 동일한 성의 관계들을 낳을 뿐 아니라, 동일한 성의 관계들에게 그것들의 고유한 내적 미분 잠재력을 알려 준다(Strathern 1988; 2001). 서로에게 누이남편과 부인형제인 두 남자의 관계에 교차하는 성의 쌍들(형제/누이, 남편/부인)이 토대를 제공하는데, 그런 쌍들이 서로 연관되는 것과 같은 방식으로, 그 두 남자도 서로 연관된다. 즉, 그들의 차이에도 불구하고 연관되는 것이 아니라, 그 차이 때문에 연관되는 것이다. 누이남편[부인형제]의 관계에 있는 한 남자는 자기 누이의 남편에게서 그녀가 가진 부인의 면모를 본다. 다른 한 남자는 자기 부인의 형제에게서 그녀가 가진 누이의 측면을 본다. 그 두 남자 중 한 명은 다른 한 명이 대립하는 성의 연관에 의해 정의된 것처럼 본다. 그 대립하는 성의 연관이 그 둘을 서로 차이 나게 만든다. 즉, 다른 한 명이 대립하는 성에 속하는 것"처럼" 보이는 한에서, 각자는 자신을 "동일한 성"에 속하는 것처럼 본다. 그 역도 마찬가지로 성립한다. 이렇게 관계 짓는 항의 두 가지 면모가 연관된 항들의 내적 분할을 창조한다. 모두가 "여자들" 및 "남자들"로 이중화된다. 연관 짓는 것과 연관되는 것은 중복되지 않으면서도 서로 치환 가능한 것으로 드러난다. 인척관계 삼각형의 각 꼭짓점은 다른 두 개의 꼭짓점을 자기 자신의 다른 버전들처럼 포함한다.

부가 설명

멜라네시아 다리비인의 혼인 교환에 관한 와그너의 분석을 다시 참고할 수 있다. 여자를 보내는 부계혈통 씨족은 [상대 씨족에] 양도하는 여자들을 자신의 고유한 남성적 실체에서 뻗어 나가는 원심적 흐름처럼 본다. 그러나 양도받는 씨족은 그 구심적 흐름이 여성적 실체로 구성된 것이라 볼 것이다. 혼인 부담금이 반대의 경로를 따라 전달될 때, 관점은 뒤집어진다. 와그너는 이렇게 결론 내린다. "교환이나 상호성으로 서술될 수 있는 것은 사실 [……] 한 사물에 대한 두 가지 시선의 맞물림이다"(Wagner 1977, 628). 아마도 『증여의 젠더』(Strathern 1988)는 지난 25년간 가장 큰 영향력을 끼친 인류학적 연구일 텐데, 스트라선은 그 책에서 멜라네시아의 증여 교환이 관점의 교환이라는 용어에 따라 의도적으로 정의될 수 있다는 해석을 매우 정교한 수준으로 발전시켰다(그 해석에서 교환이라는 일반개념을 개념적으로 규정하는 것은 관점이라는 일반개념이지, 그 반대가 아니라는 것을 분명히 기억하자). 와그너와 스트라선의 작업이 보여 주는 이런 모습은 잠재력적 인척관계와 우주론적 관점주의 간 관계라는 테마의 "예고된 변형"을 대표한다. 그 당시 아마존 종족학에서는 이런 변형의 초벌작업이 막 시작되고 있을 뿐이었다. 해석을 위한 공조 작업은 훨씬 나중에 진행되었다(Strathern 1999, 246 et s.; 2005, 135-162; Viveiros de Castro, 1998; 2008a).

"누이" 규정에 대한 "부인" 규정의 선행성에 관해, 나는 독자에게 타자기로 작성된 『야생의 사유』 원고 중 한 문단을 읽어 보라고 권유하고자 한다. 이 문단은 1962년 판에서는 삭제되었지만, 프레데리크 케크가 "플레야드의 도서관" 총서의 『선집』*Œuvres* 비평판에 재수록했다.

> 따라서 음식 섭취 금지와 족외혼 규칙의 사변적 기초는 어떤 일반적 시점(모든 음식이 "섭취 가능한" 것처럼, 모든 여자와 "짝짓기 가능" 하다)에서 나올 수 있는 항들을 결합시키는 것에 대한 반감에서 성립한다. 하지만 어떤 특수한 경우에(내 씨족의 여자, 혹은 동물) 정신은 그런 항들 사이에서 유사성의 관계를 제기했다. …… 왜 결합의 그러한 축적은 …… 불길한 것으로 간주되는가? 가능한 유일한 대답은 다음과 같다. …… 최초의 유사성은 하나의 사실처럼 주어지는 것이 아니라, 하나의 법률처럼 공표된다는 것이다. [……] 유사한 것을 어떤 새로운 관계 내에서 유사하다고 취급하는 일은 그 법률과 모순될 것이다. 그 법률은 차이 나는 것을 창조하는 수단으로서의 유사한 것을 허용했기 때문이다. 실제로 유사성은 차이의 수단이고, 차이와 전혀 다르지 않다 ……(Lévi-Strauss 2008, 1834-1835, n. 14; 강조는 저자의 것).

이 주목할 만한 단락이 삭제된 것은 레비-스트로스가 유사성과 차이에 대해 일반적으로 가지고 있던 생각과 충돌하기 때문은 분명히 아니다. 그 대신 이 단락의 문젯거리는 그 논의 전개가 나중에 『신화들 IV: 벌거벗은 인간』*L'Homme nu*에서 다시 나타날 정식을 예고한다는 것이다. 우리는 그 정식을 이미 인용한 바 있다("유사성은 그 자체로 존재하지 않는다. 즉, 그것은 차이의 한 가지 특수한 경우일 뿐이다 ……").[23] 게다가 그 정식은 『스라소니 이야기』*Histoire de Lynx*가 담고 있는 아메리카 원주민의 불가능한 쌍둥이 상태에 대한 논의를 더 추상적으로 발화한 것에 다름 아니다. 그렇지만 내가 보기에 위 단락은 그 특징적 가치로 인해 호소력을 지닌다. 즉, 그것은 혼인 교환에 관한 구조주의적 개념이 **"동일한 것의 비중복"**noncumul de l'identique 같은 원리들로부터 얼마나 떨어져 있는지 측정하도록 해준다. 이 원리는 프랑수아즈 에리티에가 제안한 것인데, 차이에 대한 레비-스트로스 존재론에 완전히 낯선 ("실체주의"라는 용어의 이중적 의미에서) 실체주의적 결심에 따라, 유사성을 그 자신으로부터 생겨나도록 하는 원리다. 모순어법으로 말한다면, 실제로 구조주의에게는 "동일한 것의 비중복" 같은 발상이야말로 이차적 원리의 전형 그 자체다.

그런데 들뢰즈와 과타리는 프루스트의 『소돔과 고모라』에 나오는 식물의 재생산과 동성애 사이의 유비에 대해 언급하면서, 교환에 의해 창조된 이런 복잡한 복제를 명시적으로 서술한다(그 교환 내에는 두 개의 삼각형이 있다는 점에 잠깐 주목하자. "연관 짓는 것"으로 고려된 각각의 성에 대해 하나의 삼각형이 있다). 여기서 "젠더 원자"라는 질서에 관련된 어떤 것을 엿볼 수 있다.

식물에 관한 테마는 …… 우리에게 다시 한 번 또 다른 메시지와 코드를 가져다준다. 즉, 각자는 암수한몸이고, 각자는 두 개의 성을 가졌지만, 이 두 개의 성은 칸막이로 분리되어 있어서 서로 교류하지 않는다. 남자는 오로지 남성 부분이 통계적으로 지배적인 쪽에서만 남자다. 여자는 오로지 여성 부분이 통계적으로 지배적인 쪽에서만 여자다. 그 결과 횡단적 교류가 성립하는 다양체를 구성하기 위해서는, 기초적 조합의 수준에서 최소한 두 남자와 두 여자가 개입하도록 해야 한다. [……] 남자의 남성 부분은 여자의 여성 부분과 교류할 수 있다. 그러나 또한 여자의 남성 부분이나 또 다른 남자의 여성 부분과도 교류할 수 있다. 또한 그 다른 남자의 남성 부분과도 교류할 수 있다. 기타 등등(Deleuze·Guattari 1972, 82[국역본 130쪽]).

"최소한 두 남자와 두 여자." 만일 "누이의 교환"에 의해 이들을 관련짓는다면, 말하자면 대립하는 성을 가진 형제자매 두 쌍(요컨대 각각 양성적이고 가분적인 두 개의 항) 사이의 혼인 배열에 의해 이들을 관련짓는다면,[24] 구조주의적 규칙에 맞는 젠더-다양체의 외연적 버전에 도달하게 될 것이다. 그러나 물론 "모든 것을 강도 속에서 해석해야만 한다"(Deleuze·Guattari 1972, 186[국역본 276쪽]). 이것이 위 단락 마지막의 조그마한 "기타 등등"이 하고 있는 것처럼 보이는 작업이다. 이제 교환에서 되기로 가는 것인가?

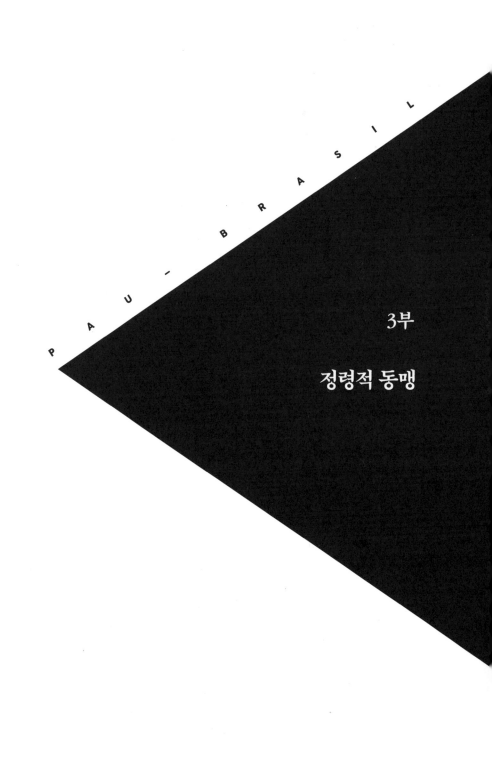

PAU-BRASIL

3부

정령적 동맹

08

포식의 형이상학

다음에 이어질 페이지들에서는 구조주의의 결을 거슬러 읽는 독해가 제안될 것이다. 이를 위해 나의 자전적 이야기를 짧게 하고 넘어갈 필요가 있는데, 이에 대한 독자들의 너그러운 이해를 부탁한다. 이 이야기는 아메리카 종족학자로서의 내 경험에 경험적으로 기초하고 있다는 점도 고려해 주길 바란다.[1]

『친족의 기본 구조』에 나타났던 "전前구조주의"가 『신화들』의 "탈[후기]구조주의"에 자리를 내어 주기 시작하는 전환점이 된 1962년의 두 저서, 즉 『오늘날의 토테미즘』과 『야생의 사유』에서° 레비-스트로스는 "토테미즘"과 "희생"의 계열체적 대조를 확립한다. 내

° Viveiros de Castro 2008c 참고.

가 보기에 그러한 대조는 고유하게 신화적이라 서술될 만한 가치를 얻게 되었고, 내가 구조적 인류학의 한계들이라고 막연하게 지각했던 것을 더욱 분명하게 정식화하도록 해주었다. 여기서 한계는 그 용어의 기하학적인 의미에서의 한계이며(레비-스트로스적 방법의 관할 범위), 마찬가지로 동역학-수학적 의미에서의 한계이기도 하다(레비-스트로스적 방법의 몇몇 잠재성들이 수렴하는 영역). 그러한 대조는 특히 아마존 종족지학을 재독해할 때 중요했는데, 이런 재독해는 아마존 동부지역의 투피Tupi어 사용 집단인 아라웨테인 곁에서 이루어진 연구의 도움을 받은 것이었다. 전사의 식인 풍습과 샤머니즘의 의미, 즉 투피인을 비롯한 아메리카 원주민 사회의 중심적인(혹은 오히려 "탈중심적인") 세계시민주의적 제도들의 의미를 다시 사유하려는 나의 시도에 그러한 대조는 하나의 기점이 되어 주었다.

* * *

원주민의 아마존에 "희생" 제례가 존재하는지에 대한 질문은 남아메리카 저지대의 문화와 안데스 및 메소아메리카 지역의 국가 형성 사이의 역사적이고 유형학적인 관계에 대한 문제를 제기한다. 그런 국가 형성에서 희생이란 필수적인 신학-정치적 장치다. 이러한 문제 다음에는 이른바 원시적인 사회에서의[2] 국가 출현이라는 더 광범위한 문제가 뒤따른다. 희생 제례에 관한 질문에 관심을 가

● Viveiros de Castro 1992/1986.

진 전문가들이 아마존 지역에서 주의를 기울이는 현상이 바로 샤머니즘이다. 샤먼이 종종 초월성의 대리자라는 원형적 사제의 모습을 띠는 것처럼 보이기 때문이다. 희생에 관한 프랑스 사회학의 고전적인 정의(Hubert·Mauss 1950/1899)는 여전히 교과목의 일반적 참고문헌으로 쓰이고 있지만, 아메리카 연구자들은 그런 정의가 남아메리카 샤머니즘의 복합체를 만족스럽게 설명하지 못한다는 점에 합의한다.

그럼에도 불구하고 나는 아라웨테인 종족지학과 희생이라는 일반개념을 연결해야만 했는데, 이러한 연결은 그 인간집단의 샤머니즘적 실천에서 직접적으로 도출된 것이 아니라, 그들의 종말론eschatologie 담론에서 나온 것이었다. 아라웨테인의 우주론은 사후 식인 풍습을 위한 명예로운 자리를 마련해 놓는다. 즉, 천상의 신들(마이Maï)은 천상에 도착한 죽은 자들의 영혼을 먹어 치우는데, 이는 죽은 자들이 자신을 먹어 치우는 신들을 닮은 불멸의 존재자로 변신하기 위한 전주곡과 같다. 내 연구 논문에서 주장했듯이, 장례 의식에 관련된 이런 신비주의적인 사후 식인 풍습은 투피남바인의 호전적이고 사회학적 성격을 지닌 식인 풍습이 명백하게 구조적으로 변형된 것이다. 투피남바인은 16세기 브라질 해안가에 거주했으며, 리우데자네이루와 바이아 지역에서 투피어를 사용하는 가장 중요한 부족을 구성했다.

투피남바의 식인 풍습이 가진 일반적 면모를 다시 떠올려 보는 것이 아마도 유용할 것이다. [그들의 식인 풍습은] 적대자를 포획하고, 처형하고, 의례에 따라 먹어 치우는 매우 정교한 체계를 필요로

했다. 포획자들은 같은 언어와 풍습을 가진 인간집단에서 전쟁 포로를 잡아오는 경우가 많았는데, 포로들은 마을의 중앙 광장에서 장중하게 처형되기 전까지는 포획자들 곁에서 충분히 오랜 시간을 함께 살 수 있었다. 일반적으로 포로들은 좋은 대우를 받았으며, 성대한 처형 제례를 위한 오랜 준비 기간 동안 감시 속에 자유롭게 살았다. 포획자가 자기 그룹의 여자들을 포로들에게 아내로 주는 것이 관례였다. 이렇게 포로는 누이남편으로 변형되었다("적대자"와 "누이남편[부인형제]"은 옛 투피어에서 토바자르라는 하나의 단어로 말해지는데, 이 단어의 문자적 의미는 "반대자"다). 즉, 레비-스트로스가 지적했듯이, 여기서 이미 아메리카 원주민의 포식이 어떻게 인척관계에 대한 질문을 함축하는지 알 수 있다. ⋯⋯ 포로의 처형이 집행되는 순간, 제의 과정은 정점에 이르렀다. 처형은 제의 집전자에게는 입문의식[성인식]의 가치를 지닌 행위이기도 했는데(그는 새로운 이름을 얻었고, 기념을 위해 피부에 상처를 냈고, 혼인할 권리와 아이를 가질 권리, 천국에 갈 가능성 등도 획득했다), 그다음에는 제의 참석자 모두가 포로의 신체를 먹어 치우는 순서가 이어졌다. 제의 참석자란 제의를 주관하는 이들과 이웃 마을의 손님 모두를 말한다. 제의와 처형을 집전한 사람만이 예외인데, 그는 포로를 먹지 않을 뿐만 아니라 그 자신이 장례를 치르기 위한 은둔 생활, 즉 추모 기간으로 들어갔다. 다른 용어로 말하자면, 그는 자신이 방금 처형한 "반대자"와 자신을 동일시하는 과정에 진입했다.

투피남바인의 인간섭취anthropophagie는 자주 "인간 희생"[인신공양]이라는 형식으로 해석되었다. 이것은 초기 연대기 작가 중 일부가 사용했던 대로 그 표현에 담긴 구상적figuratif 의미에서 쓰인 것이기도 했고, 브라질 사회학의 설립자 중 한 명인 플로레스땅 페르낭지스가 했던 것처럼(Fernandes 1970/1952) 정확한 개념적 의미에서 쓰인 것이기도 했다. 페르낭지스는 16세기 브라질의 자료에 위베르·모스의 도식을 적용했다.[3] 하지만 그는 이를 위해 원자료에 실려 있지 않은 한 가지 정보, 즉 희생의 수취자로서 어떤 "초자연적 개별체"가 [존재한다는 것을] 공준으로 제기했다. 페르낭지스에 따르면, 희생은 [포획자] 그룹에 속했던 죽은 자들의 정신에게 보내졌다. 전쟁 포로를 처형하고 먹어 치움으로써 죽은 자들의 복수를 하고, 그들을 기리는 것이었다.

투피인의 식인 풍습에 초자연적 개별체들이 함축되어 있을 것이며, 그런 개별체들의 자비를 구하는 것이 제례의 이유일 것이라는 그러한 생각에 대해, 나는 아라웨테인에 대한 연구에서 반론을 제기했다. 정확히 아라웨테인의 경우에 한해서는, 식인 풍습의 관계에서 적극적인 극점의 역할을 수행하는 "초자연적 개별체들"이 있었던 것은 사실이다. 그러나 내가 투피남바인의 사회학을 통해 아라웨테인의 종말론을 독해한 바에 따르면, 먹어 치우는 자의 그러한 초자연적 조건은 크게 중요하지 않았다. 나는 다음과 같이 주장했다. 투피남바인의 제례에서 주체의 기능을 하는 그룹(포로를 먹어 치우는 살해자 그룹과 동맹자들)이 차지했던 자리는, 아라웨테인의 마이(말하자면, 신)들이 차지하는 반면, 투피남바인 제례에서 희생의 대상이 되었던 포로의 자리는 아라웨테인의 죽은 자들이 차지한다는 것이다. 마지막으로, 살아 있는 아라웨테인들은 **공동주체**cosujet

의 자리를 차지하는데, 투피남바인의 경우에 이 자리를 차지하는 것은 제물이 속한 적대자 그룹이다.[•] 요컨대 아라웨테인의 신적인 식인 풍습은 투피남바인의 인간적 식인 풍습을 변형시킨 것인데, 이런 변형이 겨냥하는 것은 그런 실천의 상징적 내용이나 그것의 사회적 기능이 아니다. 그 변형은 주체와 대상, 수단과 목적, 자신과 타인이라는 가치와 기능들에 영향을 주는 어떤 화용론적 미끄러짐, 관점의 비틀림 혹은 이동으로 이루어졌던 것이다.

이로부터 나는 다음과 같은 결론에 도달했다. 식인 풍습의 모티브는 아라웨테 버전과 투피남바 버전이 있는데, 시점들의 잘 조정된 변화라는 발상은 이 두 버전 사이의 관계를 서술하는 것보다 더 많은 일을 했다는 것이다. 이런 변화는 투피의 식인 풍습 그 자체가

[•] 제의적(cérémoniel) 죽음이 아름다운 죽음(kalòs thánatos)으로 여겨지는 한, 적대적 집단들 사이의 관계는 어떤 본질적인 긍정성을 갖추고 있었다. 즉, 제의적 죽음은 개인적 불멸성을 향한 길을 열어 줄 뿐만 아니라, 집단적 복수도 할 수 있도록 해주었다. 집단적 복수는 투피남바인에게 삶의 주요한 동력이자 동기였다. 소아리스 지 소우자는 다음과 같이 간결하게 정식화 했다. "투피남바인들은 매우 호전적이어서, 반대자들과 어떻게 전쟁을 할 것인지에 그들의 모든 토대가 놓여 있다"(Soares de Souza 1972/1587, 320). 개인적 죽음과 집단적 삶의 변증법에 대해서는 앙드레 테베의 다음 구절을 참고할 것. "포로가 [자신이 곧 처형당하고 잡아먹히게 될 것이라는_저자] 그 소식에 놀라리라 생각하지 마십시오. 오히려 포로는 자신의 죽음이 명예롭고, 집에서 전염병 따위로 죽는 것보다는 훨씬 낫다고 생각합니다. 왜냐하면 (그들이 말하길) 인간을 상처 입히고 살해하는 죽음에게 복수할 수는 없지만, 전쟁에서 죽고 살육당한 사람들의 복수는 분명히 해주고 있기 때문입니다"(1953/1575, 196)[테베의 이 책은 저자의 참고문헌 목록에 누락되어 있는데, 다음 책을 참조하는 것으로 보인다. André Thevet, *Le Brésil et les Brésiliens* (La Cosmographie universelle, Histoire de deux voyages par lui faits aux Indes australes et occidentales, Le grand insulaire et pilotage), choix de textes et notes par Suzanne Lussagnet, collection "Les classiques de la colonisation," PUF, Paris, 1953_옮긴이].

가진 속성을 행위주 도식으로서 드러냈다. 그 당시에 나는 그 변화를 관점들의 변환 과정으로 정의했다. 그 과정에서 "나"는 "타자"로 규정되는데, 이는 바로 그 타자의 일체화incorporation 행동에 의한 것이다. 그 타자의 편에서 보면, 그도 [또 다른] 하나의 "나"가 되지만, 언제나 타자 안에서, 문자 그대로 "타자를 가로질러"그렇게 된다. 이러한 정의에 의해 단순하지만 끈질긴 한 가지 질문을 해결할 방법이 제시되었다. 즉, 그 적대자의 무엇을 정말로 먹어 치우는 것일까? 문제가 되었던 것은 어떤 제의적 식인 풍습이므로, [이 질문의 답이] 적대자의 물질이나 "실체"일 수는 없었다. 그런 식인 풍습에서 제물의 고기를 섭취하는 것은 양적인 측면에서 별 의미가 없었다. 더구나 우리가 알고 있는 원자료들을 보면, 적대자의 신체에 어떤 물리적이거나 형이상학적인 효력vertu이 부여되었을 것이라는 증언은 드물고, 또한 어떤 결론을 말해 주지도 않는다. 따라서 먹히는 "사물"은 하나의 신체라는 것이 핵심이고, 그 사물이 그냥 어떤 "사물"이기만 할 수는 없었다. 하지만 그 신체는 하나의 기호, 순수한 위치 값이었다. 먹히는 것은 적대자와 그를 먹어 치우는 자 사이의 관계, 달리 말해 적대자가 가진 적대자의 조건이었다. 제물로부터 흡수한 것은 그의 타자성이라는 기호였고, 목표로 삼은 것은 '자신'에 대한 시점으로서의 그 타자성이었다. 식인 풍습과 그에 결부된 원주민의 전쟁 유형은 적대자의 시점에 의한 상호적 자기규정이라는 역설적인 운동을 함축하고 있었다.

나는 이러한 주장을 가지고 인류학의 몇몇 고전적 규율에 대한 분명한 역逆해석을 진전시켰다. 유럽의 다문화주의적 인류학의 목적이 원주민의 시점에서 체험되는 바와 같은 인간의 삶을 서술하는 것이라면, 원주민의 다자연주의적 인간섭취는 적대자의 시점을 "물리기호학적으로" 포착préhension하는 것(죽임과 먹어 치움)을 자기 서술의 생존 조건으로 받아들인다. 이것이 인류학으로서의 인간섭취다. •

내가 이러한 생각을 하게 된 것은 아라웨테인의 전쟁 노래를 들었을 때였다. 그 노래에서 전사는 지시적이고 조응적인[4] 복잡한 연주를 통해 죽은 적대자의 시점에서 자기 자신에 대해 말한다. 즉, 노래의 주제이자 주체인 희생자[죽은 적대자]는 자신이 죽인 아라웨테인들에 대해 말하고, (아라웨테인이 먹는 것은 단지 단어들뿐임에도 불구하고) 식인 풍습을 가진 적대자에 대해 말하듯이 자신을 살해한 자("말하는" 사람, 다시 말해 죽은 적대자의 가사로 노래를 부르고 있는 그 사람)에 대해 말한다. 아라웨테인 살해자는 자신의 적대자를 통해 자신을 적대자로 보거나, 적대자임을 자처하는데, 그는 "적대자로서" [죽은 적대자의 관점에서] 이렇게 하는 것이다.[5] 그는 희생자의 시선을 통해 자기 자신을 보는 순간부터, 혹은 희생자의 목소리를 통해 자신의 독특성을 자신에게 발음하는 그 순간부터 자신을 주체로서 파악한다. 이것이 관점주의다.

투피인 전사의 기호 섭취는 아메리카 원주민 지역 내에서 통상적 수준 이상으로 발전하지는 않았다. 식인 풍습에 관한 원주민의 정

● 혹은 그 유명한 『식인 선언』(*Manifiesto antropófago*, 1928)의 저자인 오스바우지 지 앙드라지의 잔혹한 유머 감각에 따르자면, 존재론(ontologie)으로서의 치과학(odontologie) …… (『식인 선언』은 프랑스어로 번역되어 있다. Andrage 1972/1928 참고[『식인 선언』은 한국어로도 번역되어 있다. 임호준, 『즐거운 식인』, 민음사, 2017, 113-123쪽_옮긴이]).

치 철학이란 동시에 정치에 관한 식인 풍습의 철학이기도 한데, 이러한 철학이 존재하느냐는 테마에 관해 대략적인 초안을 작성한 것은 전쟁에 관한 피에르 클라스트르의 이론이었다(Clastres 1977; 선구적인 연구물로는 Clastres·Sebag 1963; Clastres 1968; 1972를 참고할 것). 그렇지만 그의 이론이 가진 일반성과 종족지학적 복잡성은 다양한 동료 아마존 연구자들의 노력 덕분에, 내가 투피인 자료에 몰두하던 때 즈음에야 인정받기 시작했다. 이러한 작업들이 향하고 있던 것은 아마존 사회성의 기초 체제를 구성하는 포식적 타자성의 경제였다. 즉, 이러한 발상에 따르면, 사회체corps social의 "내부성"은 외부의 상징적 자원들(이름과 영혼, 인격과 전리품, 말과 기억)을 포획함으로써 온전히 구성된다는 것이다. 적대자로부터 유래한 특성들과 일체화하는 것을 운동 원리로 선택하면서, 아메리카 원주민의 사회체는 바로 그와 같은 특성들을 따라 자기 자신을 "정의하기"에 이른다. 이것이 바로 투피남바인의 삶에서 성대한 제의가 진행되는 동안 일

● 그들 중 일부는 특별히 언급할 만하다. 야노마미인의 전쟁-장례 복합체를 다룰 때 필수적인 브뤼스 알베르의 박사 논문(Albert 1985). 파트리크 멩게가 학회지 *Journal de la Société des américanistes*의 한 호에 엮은 논문들(Menget 1985a)과 그 중에서 특히 히바로인의 머리 사냥을 인격의 잠재성을 포획하는 장치로 본 텔로르의 논문들(Taylor 1985) 및 야구아인에게 나타나는 전쟁의 우주론적 경제에 관한 장-피에르 쇼메유의 논문(Chaumeil 1985). 이크펭인이 적대자 집단의 여자와 아이들을 "입양"하는 체계에 관한 멩게의 작업들(Menget 1985b; 1988). 파노(pano)어 사용 집단에 나타나는 식인 풍습의 종족사회학에 관한 필리프 에릭송의 논문(Erikson 1986). 피아로아인의 우주론에 나타나는 식인 풍습의 이미지에 관한 조애나 오버링의 논문(Overing 1986). 그 이후 몇 년 동안 많은 연구들이 쏟아져 나왔다(이미 언급한 연구자들의 여러 작업들 외에도 다음을 인용하자. P. Descola, B. Keifenheim, I. Combès, A. Vilaça, C. Fausto, A. Surrallès, D. Karadimas, T. Stolze Lima ……).

어나는 일에서 볼 수 있었던 것이다. 그런 제의에서 포로를 살해하는 순간, 쌍둥이의 형태를 한 살해자와 제물에게 명예로운 자리가 마련되는데, 이 둘은 서로를 무한히 반영하고 반사한다. 결국 바로 여기에 레비-스트로스가 말했던 "포식의 형이상학"의 본질적인 것이 있다. 즉, 원시사회란 내부가 없는 사회로서, 오로지 자신의 외부에서만 "자기 자신"이 되는 데 성공한다. 그 사회의 내재성은 그 사회의 초월성과 일치한다.

이처럼 내가 희생이라는 문제와 처음 마주한 것은 샤머니즘보다는 전쟁과 식인 풍습 때문이었다. 그때 내가 보기에 모스의 정의는 적합하지 않았던 반면(제물의 수취자도 없고, 신성한 것도 없다. ……), 레비-스트로스가 자신의 토테미즘 연구에서 제안한 발상은 투피인의 인간섭취를 이해하는 데 새로운 빛을 비추어 준 것 같았다.

* * *

『오늘날의 토테미즘』(Lévi-Strauss 1962a, 32[국역본 35쪽])의 앞부분에서 오지브와인의 토템 체계와 마니도manido 체계 사이의 수직적 대립이 확립되는데, 토테미즘과 희생의 대조는 처음에 그러한 대립의 형식으로 소개된다. 『야생의 사유』8장에서는 그 대립이 다음과 같은 방식으로 일반화·체계화되어 다시 그려진다(Lévi-Strauss 1962b, 298[국역본 325쪽]).[6]

① 토테미즘은 전반적으로 동형적인 차이들의 두 가지 체계 사이

에 형식적이고 가역적인 상호 관계를 확립하면서, 평행하는 두 가지 계열(자연적 종들과 사회적 그룹들) 사이의 상응 관계가 존재한다는 것을 공준으로 제기한다.

② 희생은 연속적이고 방향성을 가진 단 하나의 계열이 존재한다는 것을 공준으로 제기한다. 그 계열을 따라 비상응적인 두 개의 극항(인간과 신성) 사이에 실재적이고 비가역적인 매개가 실행된다. 그 두 가지 극항 사이의 인접성은 차례로 이어지는 유비적 동일시와 근사에 의해 확립되어야 한다.

③ 토테미즘은 은유적이며, 희생은 환유적이다. 토테미즘은 "참조들의 해석 체계"이며, 희생은 "작동의 기술 체계"다. 토테미즘은 랑그langue의 질서에 속하며, 희생은 파롤parole의 질서에 속한다.

이와 같은 정의로부터 다음을 연역해 낼 수 있다. 『야생의 사유』에서 분석한 토테미즘이나 다른 "변형의 체계들"에서 벌어지는 일에는 비례의 등가성들이 있는데, 희생은 얼핏 보기에 그런 등가성들과는 다른 유형의 과정들을 현실화한다는 것이다. 토테미즘의 논리적 변형들은 치환, 도치, 교차 또는 다른 조합적이고 외연적인 재분배에 의해 상호 위치가 바뀌는 항들 사이에서 확립된다. 즉, 토테미즘은 불연속성의 장소topique다. 반면, 희생의 변형들은 항들 자체의 본성을 바꾸는 강도적 관계들을 촉발시킨다. 그런 변형들은 그 항들 사이로 어떤 것이 "지나가도록" 하기 때문이다. 즉, 여기서 변형은 치환보다는 질베르 시몽동이 사용하는 의미의 **변환**transduction

이다. 그런 변형은 연속적인 것의 에너지학에 도움을 청한다. 토테미즘의 목표가 주어진 차이들의 두 가지 계열 사이의 유사성을 각각의 계열 편에서 확립하는 것이라면, 희생의 목적은 자기 동일적이라 전제된 두 가지 극 사이에서 식별불가능성의 지대 혹은 순간을 귀납해 내는 것이다. [희생은] 이와 같이 차이를 완전히 다른 식으로 만들어 낸다(말하자면 외부를 통해서가 아니라 내부를 통해서). 수학적 알레고리의 도움을 받아 다음과 같이 말할 수도 있다. 토테미즘의 구조적 변형 모델은 조합론인 반면, 희생의 강도적 변신으로 성립된 "연속성의 왕국"(레비-스트로스)을 탐험하기 위해 필요한 도구는 오히려 미분학의 질서에 속한 어떤 것을 참고하게 될 것이다. 즉, 제물의 죽음이 어떤 접선의 집합이라고, 신성의 곡선에 가장 가까운 근사라고 생각해 보라. ……

이런 식으로 토테미즘에 대한 레비-스트로스의 정의는 그것을 형식들의 체계처럼 파악하는 반면, 희생에 대한 정의는 힘의 체계가 현존함을 시사하는 정식화들을 이용한다. 이는 참된 유체 역학이다. 즉, 레비-스트로스는 희생에 관해 말하려고 연통관[7]의 도식론 전체를 이용한다. 예를 들어, 그는 "용기들" 사이의 "연속성 단절", "자동적으로" 채워지는 "인접성의 부족 상태" 및 다른 유사한 표현들을 참조한다. 이 모든 것에서 희생의 원리로서의 잠재력 차이라는 핵심 관념을 떠올릴 수밖에 없다.

부가 설명
이와 동일한 수력 에너지학의 언어가 『신화들 IV: 벌거벗은 인간』

의 "피날레"[8]에 재등장하는데, 거기서는 축적된 상징적 에너지를 방출하는 것으로서의 웃음과 미학적 감정에 대해 분석한다. 레비-스트로스는 "가열된" 역사를 가진 사회들을 참조할 때도 그러한 언어를 이용한다. 그런 사회들은 되기와 에너지를 발생시키기 위해, 다른 인간집단에 대한 착취나 자기 내부의 계급 불평등에 담겨 있는 잠재력 차이를 활용하며 엔트로피와 투쟁할 것이다(Lévi-Strauss·Charbonnier 1961, 44-48). 거의 주목 받지 못했지만, 잠재력 차이라는 일반개념은 "마술에 관한 일반론 초고"Esquisse d'une théorie générale de la magie에서 마나mana 개념의 구축에 결정적인 역할을 한다. 위베르·모스는 마나가 사물들과 존재자들의 미분 가치[값]에 대한 관념이라고("마술에서는 언제나 사회가 인정하는 각각의 가치들이 필요하다"), 따라서 그것들의 위계적 배치에 대한 관념이라고 주장한다. 또한 가치의 그러한 위계적 차이는 (니체와 함께하는 모스!) 마나와 오렌다orenda 등의 개념을 "마술적 잠재능력"으로 옮겼던 J. N. B. 휴잇의 번역과 일맥상통한다고 주장한다. 그리고 위베르·모스는 다음과 같이 결론짓는다. "우리가 사물들의 상대적 위치나 사물들 각각의 가치라고 불렀던 것을 당연히 잠재력 차이라고 부를 수도 있다. 왜냐하면 그러한 차이들 덕분에 사물과 사물이 서로에게 작용할 수 있기 때문이다. …… 마나라는 관념은 그런 가치들, 즉 그런 잠재력 차이들이라는 관념과 전혀 다르지 않다. 마술의 근거를 제공하는 일반개념의 모든 것이 거기에 있고, 따라서 마술의 모든 것이 거기에 있다"(Hubert·Mauss 1950/1902-1903, 114). 그 당시 레비-스트로스가 마나를 기표와 기의 사이의 불합치inadéquation

라는 용어로 해석한 것은(Lévi-Strauss 1950, XLIX) 토템 유형의 설명
과 희생 유형의 설명 사이에 이루어진 타협이다. 상호 관계를 맺고
있는 기표 계열과 기의 계열 사이의 차이들이라는 모델에 도움을
청하는 한에서 그의 해석은 [토템 유형의 설명을 이용하는 것이고],
이러한 두 가지 계열 사이의 영속적 어긋남("적정화"péréquation의
부재)을 확인하는 것에 의지하는 순간부터 그의 해석은 [희생 유형
의 설명을 이용하는 것이다]. 이런 영속적 어긋남은 위베르·모스의
"잠재력 차이"와 매우 유사한 비평형이다.

요컨대 차이에 대한 서로 다른 두 가지 이미지, 즉 형식이라는 외
연적 이미지와 힘이라는 강도적 이미지가 있다. 레비-스트로스가
시사하듯(Lévi-Strauss 1962b, 295[국역본 322쪽]), 이 두 가지 이미지는
"양립 불가능"할 정도로 매우 다르지만, 나는 그의 이러한 판단이
나타내고자 하는 것이 상보적 이미지들이라고 해석하려 한다. 이것
은 레비-스트로스도 자주 인용하는 저자인 닐스 보어가 사용하는
의미에서의 상보적이다.* 이 경우에 토테미즘과 희생이 지시하는
것은 두 개의 "체계"라기보다는, 동일한 일반적 현상에 대한 두 가
지 서술, 동시에 필요하지만 상호 배타적인 두 가지 서술일 것이다.
그 동일한 현상이란 이질적 계열들을 분절하는 것으로서의 의미 또
는 기호작용sémiose을 말한다.

● 예를 들어, Lévi-Strauss 1958/1952, 326; 1958/1954, 398; 2004, 42; Lévi-Strauss·Charbonnier
1961, 18; 25를 참고할 것.

그렇지만 적어도 레비-스트로스에 관련된 경우, 그와 같은 상보성은 확실히 비대칭적이다. 콜레주 드 프랑스Collège de France의 개회 강의에서 그는 역사학과 달리 구조적 인류학은 "유율법보다 변형의 방법"을 사용해야 한다고 단언했다(Lévi-Strauss 1973/1960, 28). 이는 미분적 동역학보다는 군#의 대수학을 시사하는 것이다. "유율법"은 아이작 뉴턴이 붙인 이름으로 훗날 미분학으로 불렸다는 것을 상기하자. 실제로 인류학에서 구조적 방법은 (이 방법에 대한 통상적 해석이라 말하는 편이 더 나을지도 모르겠다) 마치 힘보다는 형식을 설명하기 위해, 미분적인 것보다 조합적인 것을 더 잘 설명하기 위해, 파동적인 것보다는 입자적인 것을 더 수월하게 설명하기 위해, 파롤을 상대적으로 희생시켜 랑그를 설명하기 위해, 행위보다 범주화를 우선적으로 설명하기 위해 고안된 것처럼 모든 일이 벌어진다. 결과적으로, 레비-스트로스는 정도에 상관없이 구조적 방법에 저항하는 것으로 보이는 이런 양상들을 통상적으로 기호학의 (혹은 심지어 존재론의) 소수 양식처럼 다룬다(이 책의 서두에서 소수 인류학에 대해 말했던 것은 우연이 아니다). 왜냐하면 그런 양상들은 사유 가능한

● 그렇지만 들뢰즈는 1972년에 이미 구조주의의 수학에 관해 다음과 같이 지적했다. "사람들은 구조주의의 기원을 공리계 쪽에서 찾곤 한다. 예를 들어, 부르바키가 구조라는 말을 사용한 것은 사실이다. 그러나 우리가 보기에 그 말은 구조주의와는 매우 다른 의미에서 쓰인 것이다. [······] 구조주의의 수학적 기원은 오히려 미분학 쪽에서 찾아야 할 것이다. 정확하게 말하자면 카를 바이어슈트라스와 버트런드 러셀이 제공한 미분학 해석이다. 이러한 정적이고(statique) 서수적인(ordinal) 해석에 따르면, 미분학은 무한소에 대한 모든 참조에서 확정적으로 벗어나 관계들의 순수 논리로 통합된다"(Deleuze 2002/1972, 247[국역본 527쪽]).

것의 한계를 증언하거나, 비기표적인 것assignifiant에 속하거나, 마침내 가상의 역량을 표현할 것이기 때문이다. 그리하여 우리가 알다시피 희생은 상상적이고 거짓된 것으로 간주되었고, 토테미즘은 객관적이고 참된 것으로 평가되었다(같은 책, 301-302). 이러한 판단은 『신화들 IV: 벌거벗은 인간』에서 발전된 신화와 제례 사이의 거대한 대립에서 되풀이되고 일반화된다(Lévi-Strauss 1971, 596-603). 우리가 하고 싶은 말은 이런 것이다. 즉, 그러한 판단이 우리에게 가르쳐 주는 것은 레비-스트로스가 그렇게 열심히 연구했던 인간집단들의 우주론보다는, 레비-스트로스 자신의 우주론이 지닌 몇 가지 양상들이다. •

오늘날 토테미즘은 야생적 사유의 일반적 분류 활동 속에 용해되어 있다. • • 다른 한편, 희생은 여전히 그와 비견될 만한 구축적 용해를 기다리고 있다. 레비-스트로스가 토테미즘을 어떻게 풀어헤쳤는지는 잘 알려져 있다. 즉, 토테미즘은 하나의 제도이기를 그치고, 분류 방법이자 의미작용 체계가 되었다. 이런 체계에서 자연종들의

• 『신화들 IV: 벌거벗은 인간』에서 신화와 제례를 그렇게 대립시킨 것은 구조주의의 후계자들에게 커다란 장애물이었다. 그런 대립의 양태를 바꾸거나, 그 대립을 재정식화하거나 혹은 단호하게 거부하려 했던 수많은 시도들이 그 점을 증언한다(때로는 그 대립과 함께 레비-스트로스적 문제틀의 주요 부분 전체를 거부하기도 했다). 특히 아메리카 종족학의 경우, 아마존의 제의 체계에 대한 적어도 두 개의 기초 연구가 그런 대립과 대결해야만 했다(Hugh-Jones 1979; Albert 1985).

• • 이미 언급했듯이, 데스콜라의 이론은 중요한 예외다. 그 이론에서 토테미즘이라는 용어는 특정한 존재론을 지시하게 되었는데, 그 전형적 경우는 원주민 오스트레일리아에서 발견될 것이다.

계열에 대한 참조는 우연적이다. 이와 유사한 선을 따라 희생을 다시 사유하는 것이 가능할까? 요컨대 희생 관계의 항으로서 기능하는 신성들을 토테미즘의 자연종들만큼 우연적인 것으로 보는 게 가능할까? 전형적인 제도적 결정화cristallisation가 희생의 한 가지 특수한 경우에 불과하다면, 희생의 유적générique 도식이란 어떤 모습을 하고 있을까? 혹은 토템보다 희생의 언어로 문제를 정식화하자면, 희생이 어떤 역동적 잠재성들의 독특한 현실화라고 할 때, 어떤 것이 그러한 잠재성들의 장이 될 것인가? 희생은 어떤 힘들을 동원하는가?

레비-스트로스에 대한 가치 판단을 미루어 둔다면, 은유적 불연속성과 환유적 연속성, 위치적 양과 벡터적 질, 계열체적 참조와 통합체적 작동 사이에 확립된 대조는 나에게 매우 명쾌한 것으로 보였고, 그래서 내가 투피인의 제의적 식인 풍습을 희생의 열(계열체!)[9]에 기입하도록 이끌었다. 참된 반反토테미즘적 작동자인 식인 풍습은 어떤 변형을 실현할 터인데, 이 변형은 자신이 연결하는 항들 사이에서 잠재력적으로는 상호적이지만(투피남바 사회에서는 복수를 해야 한다는 명령이 식인 풍습에 의미를 부여했으므로), 실재적으로는 비가역적이다. 식인 풍습은 최고의 인접성 및 "비인접성"의 행동들(처형이라는 폭력적 물리적 접촉, 제물의 신체를 조각내어 섭취하는 것)을 수단으로 삼아 그 변형을 실현하는데, 그런 행동들은 살해자와 제물, 잡아먹는 자와 잡아먹히는 자 사이의 식별불가능한 지대를 창조하는 비정의indéfinition 운동을 함축한다. 희생의 요소 안에 있다는 것을 스스로 납득하기 위해서, 초자연적 개별체들이 존재한다는 것을 공준으로 제기할 필요는 전혀 없다. 아라웨테인에 대한 내 종족지학

연구에서 투피남바인의 제의를 세 가지 극으로 해석한 바 있는데, 이 해석에 따르면 제의의 행위주들은 잡아먹는 그룹, 처형자-제물이라는 이원적 인격, 그리고 적대자 그룹이다. "죽은 자"는 제례의 이러한 세 가지 극이 차례로 번갈아 가며 받아들이는 어떤 대리 기능일 뿐이다. 하지만 그 과정에서 순환하는 힘들을 안내하는 것이 바로 그 기능이다.

이 모든 것이 매우 잘 맞아떨어진다. 그러나 이러한 새로운 레비-스트로스적 의미의 "희생" 개념이 정말로 식인 제의에서 일어나는 일을 설명하고 있는 것일까? 투피인의 식인 풍습에는 상상적인 것이란 없고, 거짓은 더욱 없다. 엄격히 말해서 복수란 "불가능"한 것이지만, 심지어 복수조차 상상적인 것이 아니었다. 복수란 그 무엇보다 사회적 포이에시스poiesis의 도식론이었다. 즉, 복수는 적대적 그룹 사이에 어떤 영속적 비평형을 설치함으로써 집단적 시간성(복수의 끝없는 순환)을 제의적으로 생산하는 메커니즘이었다.* 어떤 식으로든 항상 적대자를 상상해야만 했다면(타자 그 자체를 구축해야만 했다면), 그 목표는 (타자로서의 '자신'을 구축하기 위해) 그를 실재적으로 먹는 것이었다. 비록 토테미즘 개념보다는 희생 개념을 지나는 것이 훨씬 많다고 할지라도, 희생 개념을 지나지 않는 어떤 것도 있다.

---

* "영속적 비평형"은 『스라소니 이야기』(Lévi-Strauss 1991)의 핵심 개념이다. 이 개념은 테베가 1554년 무렵 수집한 투피남바인의 쌍둥이 신화를 분석한 것에서 (우연인 듯이) 창안되었다.

횡단하는 샤머니즘

앞서 관점주의 이론을 요약하면서 거론했던 샤머니즘으로 돌아가 보자. 아마존 샤먼들은 다른 종들이 자기 자신을 (인간으로) 바라보는 것과 같은 식으로 그 종들을 바라볼 능력이 있다. 이런 이유로 샤먼들은 다양한 사회자연적 이해관계들이 서로 대치하고 있는 격투장에서 세계시민주의적 외교관의 역할을 수행한다. 이런 의미에서 샤먼의 기능은 본질적으로 전사의 기능과 다르지 않다. 둘 다 관점들의 통신교환기 또는 전도체다. 샤먼은 종 사이의 지대에서 작동하며, 전사는 인간 사이 또는 사회 사이의 지대에서 작동한다. ●

● 각 종은 자기 고유의 샤먼을 가지고 있다는 것을 잊지 말자. 그리고 인간 샤먼이 다른 종들과 동맹 관계를 맺고 있을 때, 이 관계는 무엇보다 그 종들의 샤먼과 엮여 있다는 점도 잊

그러한 지대들은 수평적 근접 또는 수직적 포괄의 관계에 따라 외연적으로 배열되기보다는 강도적으로 중첩된다. 아마존 샤머니즘은, 자주 지적되었듯이, 다른 수단들에 의한 전쟁의 연장이다. 그러나 이것은 폭력 그 자체와는 아무런 관련이 없다.● 오히려 소통, 즉 소통 불가능한 것들 사이를 횡단하는 소통, 관점들 사이의 위험하고 까다로운 비교에 관련된다. 이런 비교에서는 인간의 자리를 놓고 영속적인 다툼이 벌어진다. 여기서 인간의 자리는 누구에게 돌아갈 것인가? 한 개체가 타종족에 속한 정서작용 및 행위자성의 다발과 마주하게 될 때, 언제나 이 질문이 제기된다. 그것은 밀림의 동물이나 낯선 자일 수도 있고, 오랫동안 자리를 비웠다가 마을에 다시 돌아온 친족이거나 꿈에 나타난 고인故人의 이미지일 수도 있다. 존재자들의 보편적 인간성(존재자의 모든 종을 반성적인 인간 유類로 만드는 바탕인 우주적 인간성)은 다음 사실로 자신을 정의하면서 상보성의 원리를 따르게 된다. 즉, 서로 다른 두 가지 종 각각은 자기 자신을 필연적으로 인간으로 보지만, 이와 동시에 한 종이 다른 종을 인간으로 볼 수는 없다는 것이다.

전쟁이란 다른 수단에 의한 샤머니즘의 연장이라고 말하는 것도 마찬가지로 옳을 것이다. 즉, 아마존에서는 전쟁이 초자연적인 것만큼이나 샤머니즘 역시 폭력적이다. 이 두 가지 모두 관점적 투쟁

지 말자.

● 비록 샤먼이 신탁을 전하는 예언자이든 보이지 않는 것을 다루는 전사이든, 전쟁에 반드시 필요한 조력자인 경우가 많기는 하지만 말이다.

agonisme의 모델인 사냥과의 연관을 간직하고 있다. 이 모델은 어떤 횡인간적 에소그램의 형태를 구성하는데, 그 에소그램에는 위험을 향한 온전히 형이상학적인 이끌림이 드러나 있으며(Rodgers 2002), 생명 활동이란 모두 포식성을 확장하는 형식이라는 뿌리 깊은 확신이 적혀 있다.●

[앞 장에서 살펴본] 레비-스트로스적 대조의 용어들에서, 샤머니즘은 확실히 희생의 편에 놓여질 것이다. 샤머니즘적 활동이 상호 대결 중인 서로 다른 시점들 사이의 적극적 등가 관계와 상응 관계를 모색하면서, 자연 종 각각이 가진 세계 사이의 상호 관계 또는 번역을 수립한다는 것은 사실이다(Carneiro da Cunha 1998). 하지만 샤먼 자신은 실재적인 "관계 맺는 자[이야기를 들려주는 자]"이지 형식적으로 관계를 중계하는 자가 아니다.[1] 즉, 그는 하나의 시점에서 다른 시점으로 이행해야만 하며, 동물을 인간으로, 인간을 동물로 변형할 수 있도록 그 자신이 동물로 변형되어야만 한다. 샤먼은 우주를 구성하는 관점들의 발산에 내속된 잠재력 차이를 활용한다(그 차이에 "실질적 내용"과 신체를 부여하고, 관계rapport를 수립하고 이야기를 들려준다rapporter).[2] 즉, 그가 가진 권력의 한계만큼이나 그의 권력 역시

● 이런 이유로 내가 보기에는, 아메리카 원주민들이 "상호 우호성"(convivialité)과 "평정"이라는 가치에 중요성을 부여한다는 가정은 우스꽝스러울 정도로 애매한 해석이다. 원주민의 사유는 포식적 타자성을 보편적인 존재론적 지평으로 받아들이는데, 그 가정은 이런 포식적 타자성이 가진 모호한 힘(pouvoir)을 애매하게 해석한 것이다. 최근의 아마존 연구 문헌들은 그런 두 가지 가치와 관련해, 달콤한 도덕 감정이 담긴 몇 방울의 눈물은 물론, 엄청난 양의 씁쓸한 잉크도 쏟아 부었다.

그러한 차이에서 유래한다.

마침내 이제야 [앞 장에서 적합하지 않다고 말했던] 희생에 관한 모스의 이론에서 상당한 성과를 얻기 시작할 수 있다.[3] 희생의 도식이 포화된 혹은 완성된 어떤 매개 구조를 구성한다고 상상해 보자. 이 구조는 희생의 봉헌자(희생 제의를 올리고 그것의 혜택을 받는 자)와 [제물을 받는] 수취자라는 두 극성을 연결시키는데, 이는 희생의 집행자(희생을 집전하는 자)와 제물 사이의 이중적 상호매개를 수단으로 삼아 이루어진다. 레비-스트로스가 제한된 교환은 일반화된 교환이 수학적으로 퇴화한 경우라고 말했던 것과 같은 의미에서, 아마존의 두 가지 "희생" 형태인 제의적 식인 풍습과 샤머니즘은 모스 도식의 퇴화dégénération라고 상상해 보자.

아마존 샤머니즘이 다른 것과 구별되는 특징은 샤먼이 희생의 집전자인 동시에 운송자라는 점이다. 인간과 비인간 사이에 유익한 기호학적 흐름이 지나가도록 할 수 있는 것은 "인접성의 부족 상태"(신체와 영혼의 분리가 창조하는 빈 공간, 샤먼의 인격을 이루는 부분들을 빼내어 외부에 두는 것)인데, 그러한 부족 상태는 바로 샤먼 안에서 실현된다. 거울의 반대편으로 건너가는 것은 샤먼 그 자신이다. 샤먼은 제물의 형식을 띤 사절단이나 대표단을 보내지 않는다. 샤먼 그 자신이 바로 제물이다. 즉, 아라웨테인 샤먼이 하늘로 여행을 가면 아라웨테인의 식인 신들이 그를 "우리의 미래 음식"으로 부르는 것처럼, 샤먼이란 미리 죽어 있는 자mort anticipé다.[4] "우리의 미래 음식"은 5세기 전 투피남바인이 전쟁 포로들을 조롱하는 데 사용했던 표현이기도 하다.˙ 샤먼이 타인을 위한 희생의 집행자가 될 때, 사람들은 다른 사회 우주 체제를 향한 문턱을 넘게 된다. 예를 들어 샤머니가 인간 제물의 처형자, 권력자들이 제공한 희생의 관리자가 될 때, 자신은 감독하는 것 말고는 할 수 있는 게 없는 운동들을 승인하는 누군가가 될 때, 샤먼의 형태 뒤에 사제 형태의 그림자가 드리워져 있음을 보게 된다.

문제가 되는 것은 당연히 어떤 절대적 대립이 아니다. 원주민의 아마존에서 일반적으로 샤머니즘이라고 지칭되는 것은 "수평적" 샤머니즘과 "수직적" 샤머니즘 사이의 중요한 차이를 은폐한다. 스티븐 휴-존스가 이 점을 지적한 바 있다(Hugh-Jones 1996).[5] 이러한 대조는 중앙 브라질의 보로로인이나 히우네그루Río Negro 지역의 투카노인과 아라와크인 등의 인간집단에서 특히 두드러지게 나타난다. 그 집단들 내에서 신비주의적 매개자들은 두 가지 범주로 확연히 구별된다. 휴-존스가 수평적이라고 분류한 샤먼들은 자기 힘 pouvoir의 원천을 영감과 카리스마에서 찾는 전문가들이다. 그들의 행위는 사회체 외부를 향해 있는데, 공격성과 도덕적 모호함을 간직한다. 그들의 대표적 대화자는 동물의 정신들이다. 원주민의 아마

● 이러한 아라웨테인의 응축된 표현에서 식인 풍습, 즉 희생 도식의 한층 더 극적인 환원을 다시 발견하게 된다. 그러한 환원에서 희생의 집행자-처형자는 제물과 자신을 동일시할 뿐만 아니라(애도, 상징적 죽음, 적대자를 먹는 행동의 금지), 희생의 봉헌자, 다시 말해 제물을 먹어 치우는 그룹도 희생의 수취자와 일치하게 된다. 이와 동시에, 그 희생 도식은 특징적 비틀림에 따라 둘로 나뉜다. 즉, 제의적 복수에 내몰린 적대자 집단은, 한편으로는 일종의 공동 봉헌자가 되어 제물을 "제공하는" 것처럼 보인다. 다른 한편으로, 그 적대자 집단은 미래의 수취자처럼 정의되는데, [자기 그룹의 일원을] 먹어 치운 집단에 대해 운명적으로 실행될 전사의 복수라는 [과제를] 붙들고 있기 [때문이다].

존에서 아마도 가장 자주 질병의 원인으로 [간주되는 것이] 동물의 영혼일 것이다(질병이란 잡아먹힌 동물이 식인을 통해 복수하는 경우라고 이해되는 때가 많다). 다른 한편, 수직적 샤먼의 범주에는 노래를 가르치는 스승과 의례 전문가들이 포함된다. 그들은 비의秘儀적 지식의 평화적 수호자이며, 그러한 지식은 출생, 입문의식[성인식], 임명식, 장례식 같이 그룹의 내부 관계를 재생산하는 과정들이 잘 진행되는 데 반드시 필요한 것들이다.

내가 "희생의 집행자-제물"로 규정했던 샤먼은 수평적 샤먼이다. 휴-존스가 지적하듯이, 그들은 비교적 평등주의적이고 호전적인 에토스를 가진 아마존 사회들의 전형적인 전문가다. 반면 수직적 샤먼은 더 위계적이고 평화적인 사회들에만 존재하며, 오히려 사제의 형태에 가까울 것이다. 그렇지만 수직적 샤먼만이 제의를 집전하는 아마존 사회는 존재하지 않는다는 점에 주의해야 한다. 샤먼의 단 한 가지 유형만 인정되는 곳에서도, 그 샤먼은 보로로인이나 투카노인이 인정하는 두 가지 샤먼의 기능들을 모두 축적하려는 경향이 있다. 그렇지만 수평적 샤머니즘의 특성과 책임들이 더 지배적 위치를 차지하는 것은 명확하다.

휴-존스가 확립한 대조는 명시적으로 매우 도식적이고 단순화된 이상적 유형의 용어들에 의해 고안된 것이다. 하지만 그것은 샤머니즘 간 차이에 관한 분석의 타당성을 다시 문제 삼지 않는다. 내가 보기에 그런 타당성을 완전히 정당화해 주는 것은 종족지학이다. 세계시민주의적 매개 작업은 샤먼의 두 가지 유형에 따라 분할되는데, 만약 레비-스트로스가 "신화의 구조"La structure des mythes에서 열거한 매개적 양분dédoublement들의 계열에 그러한 분할을 삽입한 다면, 그 분할은 비교를 통해 중요한 의미를 얻게 된다. "신화의 구조"에서 열거된 계열은 다음과 같다(Lévi-Strauss 1958/1955, 251). 메시아 〉디오스쿠로이 〉트릭스터 〉양성적인 것 〉형제자매 〉혼인한 부부 〉할머니/손자 〉4개의 항으로 이루어진 그룹 〉삼각구도.[6] 그러므로 샤먼들의 비대칭적 이원성은 아메리카 원주민의 우주론적 구조가 가진 본질적인 속성, 즉 『스라소니 이야기』에서 설명된 "영속적 비평형 [상태에 있는] 이원론"을 지시할 것이다. 하지만 그보다 먼저 다음에 유의하자. 즉, 위 계열의 첫 번째 항인 메시아주의는 실제로 휴-존스가 두 가지 샤먼을 구별함으로써 구축한 문제의 핵심 요소라는 점이다. 19세기 중반 이후 아마존 북서쪽 지역에서 전개되었던 수많은 천년왕국운동 전체를 이끌었던 것은, 휴-존스가 강조하듯이 "수평적인" 모습을 가진 예언자-샤먼이었다. 이점이 시사하는 바는 다음과 같다. 그토록 구별해야 할 것은 전문가의 두 가지 유형, 즉 사제-샤먼과 엄격한 의미에서의 샤먼(또는 "전사-샤먼")이 아니라, 오히려 샤머니즘적 기능의 두 가지 가능한 궤적이라는 것이다. 이 두 가지 궤적이란 사제적 변형과 예언자적 변형을 말한다. 이 경우에 예언주의는 샤머니즘이 역사적으로 재가열되는 과정의 결과일 것이고, 반면 분명히 정의된 사제 기능의 출현은 샤머니즘의 정치적 재냉각, 다시 말해 사회적 권력이 샤머니즘을 포섭하는 것에서 유래한 것일 테다.

다음과 같이 말하는 것이 이러한 가설을 정식화하는 또 다른 방법일 것이다. 사제적 변형, 즉 [사제 기능이] 샤머니즘의 기본 기능으로부터 달라지는 과정은 사회적 내부성의 구성 과정에 결부된다. 다시 말해 선조성ancestralité과 정치적 위계질서 같은 가치들의 등장에 결부된다. 선조성은 살아 있는 자와 죽은 자 사이의 통시적 연속성을 표현하며, 정치적 위계질서는 살아 있는 자들 사이의 공시적 불연속성을 수립하고 확고하게 만든다. 실제로, 수평적 샤먼이 직면하는 원형적인 '타자'가 동물의 형상을 하고 있다면, 수직적 샤머니즘의 '타자'는 '선조'가 지닌 인간 형상의 모습을 수용하려는 경향이 있다.

아메리카 원주민의 수평적 샤머니즘은 어떤 우주론적 경제에 삽입되는데, 그러한 경제에서 살아 있는 인간과 죽은 인간의 차이는 최소한 죽은 인간과 살아 있는 비인간 사이의 유사성만큼은 크다. 서부 아마존의 와리인의 종말론에 관해 베스 A. 콩클린이 관찰한 바에 따르면(Conklin 2001), 죽은 자의 세계에 동물은 없다. 동물이 없는 이유는 죽은 자들 자신이 동물이기 때문이다. 이들은 사냥감이라는 버전으로 존재하는version-gibier 동물 그 자체다. 즉, 죽은 자들은 멧돼지로 변형되는데, 이는 고기의 순수한 본질, 따라서 진정한 먹을거리의 순수한 본질이다. 다른 인간집단에 속한 죽은 자들은 재규어, 즉 동물성의 또 다른 극인 사냥꾼이나 식인 버전으로 존재하는 동물이 될 것이다.[*] 처음에는 동물이 인간이었던 것처럼,

---

●『신화들 I: 날것과 익힌 것』에 등장하는 "목도리페커리의 론도"(Rondeau du caetetu)를 떠올려 보자. 거기서 돼지와 재규어는 (각각 나쁜 인척과 좋은 인척이라는) 인척관계의 두 가지 극을 이루는 동물적 원형으로 소개된다. 다시 말해, 타자성에 의해 구조화된 것으로서의 인간성이 가진 두 가지 극이다. 그리고 까르네이루 다 꾸냐를 참고하며, 죽은 자와 인

각각의 인간이 종말을 맞이한 후에는 인간이 동물일 것이다. 즉, (탈)개체화의 종말론은 (전前)종별화의 신화와 합류한다. 개체발생 ontogenèse의 질서 내에 있는 죽은 자의 유령은 계통발생phylogénèse 의 질서 내에 있는 동물과 같다. "처음에 모든 동물은 인간이었다 ……." 따라서 인간 신체와 분리접속적 관계에 있는 것으로 정의된 이미지들로서, 죽은 자들이 동물의 신체에 이끌리는 것은 놀라운 일이 아니다. 그래서 아마존에서 죽는다는 것은 곧 동물로 변형된 다는 것이다. 즉, 동물의 영혼이 원초적인 인간 신체의 형식을 가진 것으로 이해된다면, 인간의 영혼이 사후에 동물적 신체를 갖춘다고 이해하거나, 살아 있는 자들이 죽여서 잡아먹을 수도 있는 동물의 신체 안으로 인간의 영혼이 들어간다고 이해하는 것도 논리적이다.

그래서 수직적 샤머니즘의 출현은 죽은 자와 동물이라는 타자성 의 두 가지 위치가 서로 분리되는 [과정에] 결부될 것이다. 어떤 특 정한 순간부터 (그 순간을 규정하는 것은 완전히 내 능력 밖의 일이라는 점 을 밝히지 않을 수 없다) 죽은 인간은 죽은 자보다는 인간처럼 보이기 시작한다. 그 결과 비인간의 더 완성된 "대상화"를 위한 대칭적 가 능성이 제공된다. 요컨대 인간과 비인간의 분리, 즉 동물의 유적 형 태를 인간성의 '타자'로서 투사하는 것은 죽은 자와 동물을 사전에 분리하는 것에 의존한다. 이러한 사전 분리는 선조의 형식으로 대 상화된 인간성의 유적 형태가 갑작스레 출현하는 것에 결부되어 있 다. [수평적 샤머니즘에서] 죽은 자가 동물이 되었다는 종말론의 기본

척은 정확히 같은 것이라는 점도 기억하자(Carneiro da Cunha 1978).

적 사실은 동물을 인간화시켰던 동시에 죽은 자를 변질시켰던 어떤 것이었다. [수직적 샤머니즘에서는] 죽은 자와 동물이 결별함으로써, 죽은 자는 계속 인간으로 남거나 심지어 초超인간이 되며, 동물은 하위 인간성이나 반인간성을 향해 흘러가면서, 인간이기를 그치기 시작한다.

휴-존스가 살펴본 [두 가지 샤머니즘 간] 구별의 다양한 양상을 요약하기 위해, 우리는 다음과 같이 말할 수 있다. 수평적 샤머니즘은 외부실천적exopratique인 반면, 수직적 샤머니즘은 내부실천적endopratique이라는 것이다. 내가 말하고자 하는 것은 다음과 같다. 원주민의 아마존에서는 외부실천이 (논리적으로, 연대기적으로, 우주론적으로) 내부실천에 선행하며, 외부실천은 아마존 북서쪽처럼 더 위계적인 구성체에서조차 여전히 작동하는 상태로 남아 있다는 것이다. 거기서 외부실천은 형이상학적으로 완성된 내부성을 갖춘 족장체제 혹은 국가의 구성을 차단하는 어떤 잔여물과 같은 방식으로 작동한다. 죽은 자는 부분적으로라도 동물이길 결코 그치지 않는다. 왜냐하면 신체를 가지고 있는 한, 죽은 자는 모두 유령을 만들어 내기 때문이다. 그런 한에서 누군가는 귀족으로 태어날 수 있지만, 직접적으로 선조로서 죽을 수 있는 사람은 없다. 내부의 시공간, 즉 신화의 선先우주론적이고 선신체적인 평면 안에서가 아니라면, 순수한 선조란 존재하지 않는다. 하지만 그런 시공간에서 인간과 동물은 직접 소통했다. 다른 한편, 동물과 식물을 비롯한 아마존의 여러 존재 범주들은 완전히 인간이길 결코 그치지 않는다. 그것들은 신화를 벗어나며 동물을 비롯한 여러 존재 범주들로 변형된 것이지만, 이런 변형은 어떤 기원적 인간성을 역실행한다. 이러한 기원적 인간성이 샤머니즘적 로고프락시스logopraxis에 접근할 수 있게 해주는 기반인데, 동물과 식물을 비롯한 여러 존재 범주들의 현실적 대표자들이 그 로고프락시스를 향유하게 된다. 모든 죽은 자는 여전히 조금은 짐승이다. 모든 짐승은 여전히 약간은 인간이다. 인간성은 초월성의 거처foyer를 이루는 가장 큰 부분을 재흡수하면서, 여전히 내재적인 것으로 남아 있다. 그런 초월성의 거처는 다양하고 무성하고 풍부함을 지닌 광활한 밀림 속에 놓여 있으며, 그곳에 붙어 있는 불은 꺼지지 않는다. 그 밀림이 바로 아마존의 사회체다.

아마존의 수평적 샤먼은 그 지역 어디에나 있음으로써 정치적 권력과 우주적 역량의 일치가 불가능함을 표시한다. 그 불가능성은 이런 식으로 고전적 유형의 희생 체계를 고안해 내는 것을 더 어렵게 만든다. 앞서 말했던 안데스와 메소아메리카의 "상위 문화들"에 의해 수립된 희생 제도는 국가에 의한 샤머니즘의 포획을 그런 식으로 표시할 것이다. 샤먼의 우주론적 수작업bricolage은 종말을 고하고, 사제의 신학적 기술작업ingénierie이 시작된다. ●

● 내가 레비-스트로스의 용어 사전에 올라있는 수작업자(샤먼)와 기술자(사제)라는 용어로 표현하려는 대립은『천 개의 고원』에서 확립된 다음 두 가지 기호학 사이의 대립에 대응한다. 하나는 (조각나 있고 다차원적이며 인간섭취에 관련된) 전기표적 혹은 원시적 기호학이고, 다른 하나는 (해석병, 무한한 빛, 얼굴성에 관련된) 기표적 혹은 전제적 기호학이다(Deleuze·Guattari 1980, 140 et s.[국역본 217쪽]). 데스콜라의 용어로 말하자면(Descola 2005), 문제가 되는 것은 애니미즘과 유비추리의 대조일 것이다[수작업자(bricoleur)와 기술자(ingénieur)의 구별에 대해서는 Lévi-Strauss 1962b, 26-33[국역본 69-71쪽] 참고.『천 개의 고원』의 두 기호학에 대해서는 5장의 옮긴이 주 8 참고. 조각나 있음(segmentaire)의 개념

샤머니즘의 수직적 유형과 수평적 유형 사이의 대립은 종종 초월성과 내재성 사이의 대조와 연관 지어졌다(Pedersen 2001; Holbraad·Willerslev 2007). 아마존 샤머니즘은 자신의 배경이 되는 관점주의와 마찬가지로, 실제로 내재성의 한 가지 실천이다. 나는 단순히 다음에 주목한다. 그 말이 샤머니즘에 의해 연결되는 인간 바깥의 존재자와 인간 사이에 지위의 평등이 있음을 함축하지는 않는다. 오히려 그 반대다. (내재성과 평등을 혼동하는 것은 아마존 종족학에서 자주 발견된다.) 그러나 존재자들 사이에 시점의 고정된 위계질서 역시 존재하지 않는다. 아마존의 관점주의는 존재론적 존엄성의 연쇄를 따라 [다른 관점을] 점진적으로 포섭하는 것에 비례하는 관점들의 등급처럼 해석될 수 없고,● "모든 것의 시점"따위가 투사된 것으로 해석될 수도 없다. 존재자들 사이의 변형적 잠재력 차이가 샤머니즘의 존재 이유이지만, 그 어떤 시점도 일방적으로 다른 시점을 포함하지는 않는다. 모든 시점은 "전체적"인 것이며, 그 어떤 시점도 등

은 『천 개의 고원』 아홉 번째 고원 '1933: 미시정치와 조각성'에서 설명된다. "해석병"(inter-prétose)이란 "해석"(interprétation)에 질병을 의미하는 접미사 -ose를 붙인 말이다(Deleuze·Guattari 1980, 144[국역본 223쪽]). 데스콜라의 애니미즘과 유비추리 개념은 4장의 옮긴이 주 6 참고_옮긴이].

● 내가 여기서 말하고자 하는 것은 다음과 같다. 에두아르도 콘(Kohn 2002; 2005)이 아빌라 루나를 관찰하며 제기한 이견은 밀림의 케추아인이 가진 우주론에 고유한 "수직화" 경향, 아마도 오래되었을 그 경향을 드러내는 것으로 해석해야 한다는 것이다. 내가 말한 의미에 따라 히바로 아추아르에 대한 텔로르의 다음 언급을 참고할 것(Taylor 2009). "정신적 존재자의 분류들도, 인간이 그런 분류들과 함께 발전시키는 상호작용의 형식들도, 존엄성이나 역량의 등급에 따라 순서 매겨지지 않는다. 그 어떤 성(sexe)도 비인간들과 관계 맺는 능력을 배타적으로 누리지는 않는다."

가적이거나 유사한 것을 알지 못한다. 따라서 수평적 샤머니즘은 수평적인 것이 아니라 횡단적인 것이다. 시점 사이의 관계(이 관계가 곧 다양체로서의 시점이다)는 분리접속적 종합이나 내재적 배제의 질서에 속한 것이지, 초월적 포섭이 아니다. 요컨대 레비-스트로스가 아메리카 원주민의 우주론에 적용했던 표현으로 한 번 더 돌아가자면, 관점주의적 체계는 영속적 비평형 [상태]에 있다.

하지만 그렇다면 아마존의 (수평적) 샤머니즘을 모스 도식의 구조적 환원처럼 해석하는 것은 결국 부적절하다는 것이 밝혀진다. 사람들은 토템적 논리와 희생적 실천 사이의 구분이 철저하다고 믿었지만, 샤머니즘은 그런 구분을 빠져나간다. 샤먼은 맹아적이거나 동작을 막 개시하려는 단계의 사제가 아니며, 샤머니즘은 준準사제가 이끄는 종교라기보다는 오히려 영향력이 적은 예언주의다. 샤머니즘적 작동이 토템적 분류라는 상징적 놀이로 자신이 환원되도록 내버려 두지 않는다면, 희생의 상상적 상호 계열성이 추구하는 융합적 연속체의 생산을 모색하지도 않는다. 관계의 세 번째 형식을 보여 주는 표본들, 이것들은 이질적 항들 사이의 소통을 무대에 올린다. 그러한 항들은 전前개체적, 강도적 혹은 리좀적 다양체들을 구성한다. 즉, 우리의 사례로 돌아가자면, 모든 재규어-되기에는 피|맥주가 함축되어 있다.

우리는 이곳을 거쳐(되기의 길을 거쳐) 들뢰즈와 과타리의 저작으로 되돌아간다. 그리고 우리가 『천 개의 고원』으로, 그 책의 저자들이 토테미즘과 희생의 대립을 재독해 할 것을 제안하는 정확히 그 지점으로 되돌아가는 것은 우연이 아니다.

생산이 전부가 아니다
:되기들

　우리는 위에서 『안티 오이디푸스』를 쓴 이중의 저자가 다음과 같이 주장한 것에 주목했다. 즉, 원시 에너지가 혈통 에너지라는 사실은 "문젯거리를 전혀" 변화시키지 않았다는 것이다. 다른 용어로 말하자면, 그 원시 에너지는 우연적 사실이었다. 그래서 우리는 일차적 에너지가 "동맹 에너지"일 수 있는 또 다른 강도적 질서를 구상하는 것이 합당하지 않을지 자문하게 되었다. 우리가 이미 결론 내렸듯이, 문제는 동맹의 개념을 분리접속적 종합으로 구축할 조건을 규정하는 것이었다.

　동맹을 강도적으로 해석할 가능성은 『천 개의 고원』에서 출발할 때에만, 그중 되기에 관한 긴 분량의 장 안에서만 이해 가능한 것이

된다.[1] 되기는 베르그손과 니체에 관한 연구 이래로 들뢰즈의 핵심적인 일반개념이었고, 『의미의 논리』에서는 익히 알려져 있는 그 위치를 차지하고 있다. 그러나 카프카에 대해 두 저자가 함께 쓴 시론부터(Deleuze·Guattari 1975), 그 일반개념은 독특한 개념적 구부러짐과 강도를 획득하고, 이것들은 『천 개의 고원』의 열 번째 고원 "1730년: 강렬하게-되기, 동물-되기, 지각 불가능하게-되기 ……"에서 자신의 탈출 속도에 도달하게 된다. 되기란 "메메시스"memesis, 즉 기억과 역사로부터, 또한 미메시스, 즉 모방과 재생산으로부터 ("흉내 내기는 아주 나쁜 개념인데 ……")[•] 문자 그대로 탈주하고, 도주하고, 도망가는 것이다. 되기는 기억상실, 전前역사, 도상적이지 않은 것aniconique, 비생산적인 것이다. 되기는 실천 중에 있는 차이다.

* * *

『천 개의 고원』열 번째 고원은 레비-스트로스가 확립한 계열적-희생적 논리와 토템적-구조적 논리의 대립을 보여 주며 시작된다. 즉, 한편에는 인간과 동물 사이의 상상적 동일시가 있고, 다른 한편에는 사회적 차이와 자연적 차이 사이의 상징적 상호 관계가 있다. 들뢰즈와 과타리는 계열과 구조라는 이런 두 가지 유비적 모델 사이에 되기라는 베르그손적 모티브를 도입한다. 되기는 구조적 대응으로도, 또한 계열적 유사성으로도 환원 불가능한 관계 유형이

● Deleuze·Guattari 1980, 18[국역본 26쪽].

다. 되기라는 개념은 어떤 관계를 서술하는데, 그 관계를 구조주의의 분석틀 안에서 파악하는 것은 얼핏 보기에 어렵다. 그런 틀 안에서 관계들은 몰적인 논리적 대상들처럼 기능할 것이기 때문이다. 이런 대상들은 본질적으로 외연 속에서 파악되는 것들이다(대립, 모순, 매개). 되기란 실재적, 분자적, 강도적 관계이며, 이런 관계는 구조주의의 지나치게 형태학적인morphologique 관계성의 음역대와는 다른 음역대에서 작동한다.[2] 형식적 구조들의 조합적 놀이 규칙을 따르는 것으로는 되기의 분리접속적 종합이 불가능하다. 이런 분리접속적 종합은 실재적 다양체들이 거주하는 지역에서, 평형 상태와는 멀리 떨어진 지역에서 작동한다(DeLanda 2002, 75[국역본 156-158쪽]). "되기와 다양체는 하나이며 같은 것이다."●

계열적 유사성이 상상적이고, 구조적 상호 관계가 상징적이라면, 되기라는 것은 실재적이다. 되기는 은유도 아니고 변신도 아니며, 자신이 창조하는 관계의 두 항을 탈영토화하는 운동이다. 이런 탈영토화 운동은 그 항들을 정의했던 관계로부터 그 항들을 추출해냄으로써 이루어지는데, 이는 새로운 "부분적 연결"을 이용해 그 항들을 연관 짓기 위해서다. 이런 의미에서, 되기라는 동사는 술어적 작동이나 타동사적 행위를 지시하지 않는다. 즉, 재규어-되기 안에 함축되어 있는 것은 하나의 재규어가 된다는 것과 같지 않다.[3] "토템적" 재규어 안에서 한 인간은 "희생의 방식에 따라" 스스로 변형되는데, 그 재규어는 상상적이지만, 그 변형은 실재적이다. 되기

● Deleuze·Guattari 1980, 305[국역본 473쪽].

그 자체가 고양이과 동물인 것이다. 즉, 재규어-되기에서 "재규어"는 행위의 내재적 양상이지, 행위의 초월적 대상이 아니다. 왜냐하면 되기는 자동사이기 때문이다.＊ 그 인간이 재규어가 되자마자, 그 재규어는 더 이상 거기에 없다(이런 이유로 우리는 위에서 되기의 이러한 분리접속적 다양체를 지시하기 위해 "인간│재규어"라는 정식에 도움을 청했다). 이는 저자들이 아메리카 원주민의 신화를 의미심장하게 인용하면서 다음과 같이 말한 바와 같다.

> 자신의 신화 연구에서 레비-스트로스는 멈추지 않고 그런 민첩한 행동들을 교차시킨다. 그 행동들에 의해 인간은 동물이 되고, 동시에 동물은 …… (그런데 동물은 무엇이 되는 것일까? 인간이 되는 것인가 혹은 다른 것이 되는 것인가?)(Deleuze·Guattari 1980, 290[국역본 451쪽]).

들뢰즈와 과타리의 이어지는 논의에 따르면, 되기란 자기 자신의 일관성consistance을 분명히 가지고 있는 동사다. 그것은 모방하기, 나타나기, 존재하기, 대응하기가 아니다. 또한 (놀랍게도) 되기는 "생산하기, 혈통을 생산하기, 혈통에 의해 생산하기도 아니다"(앞의 책, 292[국역본 454쪽]). 생산도 아니고 혈통도 아니다. 도로시라면 토토에게 이렇게 말할지도 모르겠다. 나는 우리가 이제 『안티 오이디푸

＊ 그리고 극단적인 결여동사인데, 그 동사는 오로지 부정법만을, 역사외적인 순간성의 법만을 갖기 때문이다[결여동사(défectif)란 gésir처럼 몇 가지 동사 변화 형식을 결여한 동사를 말한다. 재규어-되기에서 "되기"는 시제나 인칭에 따라 변화하는 동사가 아니다. 그것은 오로지 부정법만 가진다_옮긴이].

스』에 있는 게 전혀 아니라는 "기분이 들어."

데 란다는 "강도적 사유 일반은 생산에 대한 사유다"라고 확언한
다(DeLanda 2003, 15). [하지만] 아마도 그렇게 일반적이지는 않을 것
이다. 『천 개의 고원』에서 되기 개념은 사실상 『안티 오이디푸스』
에서 생산 개념이 담당했던 것과 동일한 우주론적 주축 역할을 수
행한다. 이는 "모든 것은 되기다"(이것은 어법에 맞지 않는 말일 것이다)
라는 것 때문이 아니고, 그 책에 다른 흥미로운 관념이 없기 때문도
아니다. 그보다 『천 개의 고원』에서 재현 작업을 차단하는 대표적
인 반재현적 장치가 되기 개념이기 때문이다. 이는 생산이 『안티 오
이디푸스』의 반재현적 장치였던 것과 정확히 같다. 생산과 되기는
구별되는 두 가지 운동이다. 둘 모두 자연에 관련되고, 둘 모두 강
도적이고 전前재현적이다. 어떤 의미에서 그것들은 한 가지 운동의
두 가지 이름이다. 즉, 되기는 욕망의 과정이고, 욕망은 실재적인
것의 생산이고, 되기와 다양체는 하나이며 같은 것이고, 되기는 리
좀이고, 리좀은 무의식의 생산과정이다. 하지만 또 다른 의미에서,
그것들은 동일한 운동이 아니라는 것도 확정적이다. 즉, 생산과 되
기 사이에서 "경로는 두 방향에서 동일하지 않다."[4] 생산은 인간과
자연의 동일성이 실현되는 과정이고, 그 과정에서 자연은 생산의
과정으로 드러난다("자연의 인간적 본질과 인간의 자연적 본질은 생산이나
산업으로서의 자연 안에서 서로 동일하다 ……"[Deleuze·Guattari 1972, 10, 국
역본 27쪽]). 그와 반대로, 되기는 인간과 자연의 "반자연적인" 참여
다.[5] 되기는 이질적인 것 사이의 포획, 공생, 횡단적 연결이라는 순
간적 운동이다(Deleuze·Guattari 1980, 294; 296[국역본 456-458, 460-462쪽]).

"자연은 오직 이런 식으로만, 자기 자신에 맞서는 식으로만 진행한다. 우리는 혈통적 생산, 유전적 재생산과는 멀리 떨어져 있다 ……" (296[국역본 460쪽]). 되기와 생산은 거울의 서로 다른 쪽이다. 즉, 동일성의 이면이다. 적대자를 지칭하는 투피남바인의 단어를 상기해 보면, 그것은 "반대쪽의" 동일성이다.[6]

"우주는 혈통에 의해 기능하지 않는다"(296[국역본 460쪽]). 여기에 생략된 말은 다음과 같다. 그것은 자신의 모든 상태에 있는 우주다. 즉, 외연적-현실적 상태에 있는 우주는 물론 강도적-잠재적 상태에 있는 우주이기도 하다. 그런데 그 우주가 혈통에 의해(그리고 뭔가 다른 것에 의해) 기능하지 않는다면, 우리는 우주가 동맹에 의해 기능하는 게 가능할 거라는 믿음에 이끌린다. 그리고 실제로 우리는 첫 번째 고원에서 "나무는 혈통이지만 리좀은 동맹, 오로지 동맹이다"(36[국역본 54쪽])라고 읽은 바 있다. 이제 우리는 다음과 같은 단락을 읽는다.

되기는 진화가 아니다. 적어도 후손과 혈통에 의한 진화는 아니다. 되기는 혈통에 의해서는 아무것도 생산하지 않는다. 모든 혈통은 상상적인 것일 테다. 되기는 항상 혈통의 질서와는 다른 질서에 속한다. 그것은 동맹에 속한다(같은 책, 291[국역본 453쪽]).[7]

명쾌하다. 도곤 신화의 야행적이고 모호한 강도적 혈통을 긍정했던 『안티 오이디푸스』의 분석과, 그런 관계 양식에 어떤 실정적 역할을 부여하기를 거부한 『천 개의 고원』 사이에 무슨 일이 벌어졌던 것일까? 강도적이었던 혈통은 어떻게 상상적인 것이 될 수 있었던 것일까?

내가 보기에 이러한 변화는 들뢰즈와 과타리의 시선이 겪은 주요한 방향 전환을 반영한다. 이것은 종 내부의 지평에서 종 사이의 지평을 향한 방향 전환이다. 즉, 욕망의 인간적 경제에서(이것은 아마도 세계-역사적 욕망일 것이다. 또한 인종적이고 사회정치적인 욕망이다. 가족적, 인격학적, 오이디푸스적 욕망은 아니지만, 어쨌든 인간적 욕망이다) 종 횡단적 정서들의 경제를 향한 방향 전환이다. 이러한 종 횡단적 정서들은 포함적 분리접속을 통해 우리를 내재성의 평면에 연결시키면서, 종들의 자연적 질서와 그것들의 제한적 종합은 무시한다. 『안티 오이디푸스』의 욕망하는 경제의 시점에서는 외연적 동맹이 강도적이고 분자적인 혈통을 제한하게 되는데, 이러한 제한은 그 혈통을 혈통 그룹의 몰적 형식 아래에서 현실화시키면서 이루어진다. 그러나 정서의 우주적 경제의 시점에서는(비인간적 힘인 욕망의 시점에서는) 이제 혈통이 자신의 상상적 동일시를 이용해 이질적 존재자들 사이의 동맹을 제한하게 된다. 그 동맹은 반자연적인 만큼 더욱 실재적이다. 즉, "만일 진화가 참된 되기들을 포함한다면, 공생의 광대한 영역 안에서 그럴 것이다. 그 공생 영역은 그 어떤 가능한 혈통도 없이, 전혀 다른 생물계와 분류 단계에 속한 존재자들이 함께 어울리도록 만든다"(Deleuze·Guattari 1980, 291[국역본 453쪽]).

그 뒤에 저자들이 즐겨 사용하는 말벌과 난초의 사례가 나온다. [그 두 가지는 하나의 배치agencement를 이루지만] 그 배치의 "어떤 말벌-난초도 후손을 낳을 수 없다." 덧붙이자면 우리가 말벌과 난초에 대해 알고 있는 바대로, 그러한 배치 없이는 그 어떤 말벌이나 난초도 후손을 남길 수 없을 것이 분명하다. 왜냐하면 각 종의 한가운데에 있는 자연적 혈통은 그 두 가지 종 사이의 그런 반자연적 동맹에 의존하기 때문이다.

『안티 오이디푸스』에서 시작된 섹슈얼리티의 개념적 탈영토화가 여기서 완성된다. 양성성을 포함하는 성의 이항적 조직은(165쪽에서 말한 "젠더 원자" 참고) "n개의 성"에게 길을 양보하는데, 이러한 n개의 성은 분자적 평면 위에서 "n개의 종"과 더불어 서로 연결된다. "섹슈얼리티는 남자의 여자-되기와 인간의 동물-되기를 거쳐 간다. 즉, 입자들의 방출이다"(Deleuze·Guattari 1980, 341[국역본 528쪽]). 만일 동물-되기에 함축된 모든 동물이 다양체라면 ("모든 동물은 우선 하나의 떼, 하나의 무리다", 293[국역본 455쪽]), 이는 그 동물이 하나의 사회성을 정의하기 때문이다. 그 사회성은 여럿이고, 횡적이고, 이종적이고, 혈통과 재생산의 외부에 있으며, 인간적 사회성을 보편적인 정령적 환유 속으로 끌고 들어간다.

> 우리는 전염을 혈통에 대립시키고, 감염을 유전에 대립시키며, 감염에 의한 증식을 유성 생식이나 성적 생산에 대립시킨다. [……] 반자연적 참여, 반자연적 혼례는 생물계들을 횡단하는 참된 '자연'이다(같은 책, 295[국역본 459쪽]).

즉, 동맹이다. 그러나 모든 동맹은 아니다. 앞에서 살펴보았듯이 『자본주의와 분열증』 1권은 두 가지 **혈통**을 설정했다. 하나는 강도적이고 생식질적이며, 다른 하나는 외연적이고 체물질적이다. 이 중 두 번째 혈통이 동맹과 마주보게 된다. 즉, 욕망의 재현자인 생식질적 유체의 "억압적 재현"이라는 역할을 수행하는 외연적 원리가 동맹이다.[8] 이제 우리는 『천 개의 고원』에서 두 가지 동맹이 갑작스레 나타나는 것을 본다. 첫 번째 동맹은 『안티 오이디푸스』에서도 자세하게 분석되었던 것으로서, 사회체는 물론이고 남성 젠더(일차적인 집단 동성애)에도 내적이다. 되기에 내재적인 두 번째 동맹은 상징적인 교환과 분류(족외혼 동맹, 토테미즘)로 환원 불가능하고, 또한 상상적인 생산과 변신(신화적 계보, 동물에 연관된 혈통)으로도 환원 불가능한 것이다.

모든 되기는 동맹이다. 다시 한 번 말하지만, 이는 모든 동맹이 되기라는 말은 아니다. 외연적, 문화적, 사회정치적 동맹이 있고, 그리고 강도적, 반자연적, 세계시민주의적 동맹이 있다. 첫 번째 동맹이 혈통들을 구별한다면, 두 번째 동맹은 종들을 뒤섞고, 더 나아가 함축적 종합에 의해 연속적 차이들을 역실행한다. 그러한 연속적 차이들은 다른 쪽 방향에서(경로는 동일하지 않다. ……) 불연속적 종별화라는 제한적 종합에 의해 현실화된다. 어느 샤먼이 재규어-되기를 활성화할 때, 그는 재규어를 "생산하는" 것도 아니고, 재규어의 후손으로 "가입하는" 것도 아니다. 그는 그 대신 재규어를 채택한다. 또한 그는 재규어를 선발한다.[9] 그는 고양이과에 속하는 동맹을 수립하는 것이다.

마치 두 개의 항이 자신들 각자의 분화에 바로 선행하는 지점에 도달한 것처럼, 그 두 항 사이에 어떤 무분별, 식별불가능성, 모호성의 지대가 수립된다고 말하는 게 나을 것이다. 즉, 닮음이 아니라 미끄러짐, 극도의 가까움, 절대적 인접성이다. 자연적 혈통이 아니라, 반자연적 동맹이다(Deleuze 1993, 100).

되기에 대한 이런 정의가 다음과 같은 계열체적 이원론에 횡적으로 놓여 있는 방식에 주목하자(왜냐하면 문제가 되는 것은 되기이므로). {혈통, 환유적 연속성, 계열적 유사성} vs {동맹, 은유적 불연속성, 대립적 차이}. 미분 접선 유형의 "절대적 인접성"은 반자연적 동맹에 의해 수립된 것으로서, 혈통적 가계들 사이의 대조적이고 절대적인 "비인접성"과는 확연히 다른 것이다. 이런 절대적 비인접성은 문화-상징적 동맹(족외혼)에 의해 수립된다. 그러나 굳이 덧붙일 필요도 없이(Deleuze·Guattari 1972, 131[국역본 197쪽]), 그런 절대적 인접성은 그 "두 항" 사이의 상상적 동일화나 비非분화로 요약되지도 않는다. 고전적 구조주의에서 하듯이 자연적 혈통과 문화적 동맹을 대립시키는 것은 문젯거리가 아니다. 강도적 동맹의 반자연성은 마찬가지로 반문화적이거나 반사회적이기도 하다. ● 우리는 배중률이 아닌 것tiers inclus, 어떤 다른 관계, 즉 "새로운 동맹"에 대해 말하고 있다.

● 우리는 다음과 같이 말할 수 있을 것이다. 인간의 사회성이 생겨나는 것은 "강도적 질서의 일차적 에너지"가 외연화하는 것인데, 그런 사회성이 일단 생기고 나면 필연적으로 반강도적이 된다. 이런 이유에서 [강도적 동맹의 반자연성은] 반사회적이기도 하다.

"동맹"은 좋은 말이기도 하고 동시에 나쁜 말이기도 합니다. 사람과 사물의 경계를 횡단하는 데 사용될 수 있는 말이라면 모두 좋은 것입니다. 그래서 만일 당신이 어떤 미생물에 동맹이라는 말을 사용한다면, 그 말은 좋은 것입니다. 만일 당신이 어떤 인간에게 힘이라는 말을 사용한다면, 그 말은 좋은 것입니다(Latour 1993).

* * *

경계를 횡단하는 그런 동맹, 즉 인간과 비인간 사이의 그런 인척 관계(affin = ad-finis)[10]의 첫 번째 사례를 찾기 위해서 아프리카의 풍경을 떠날 필요는 없다. 열 번째 고원 중 "주술사의 기억들, II" 부분에서, 들뢰즈와 과타리는 동물-인간들을 상기시키는데, 피에르 고르동이 연구한 "동정을 빼앗는 신성한 자들"défloratus sacrés이나 준비에브 칼람-그리올이 묘사한 하이에나-인간이 그 사례들이다. 우리가 보기에 수단인들의 몇몇 전통에 나타나는 하이에나-인간은 결정적인 설명의 기회를 제공해 준다.

하이에나-인간은 마을 변두리 혹은 두 마을 사이에 살면서 양 방향을 감시한다. 한 명의 용사, 또는 상대 마을에 각자의 약혼녀가 있는 두 명의 용사가 그 동물-인간을 무찌를 것이다. 이는 마치 동맹의 매우 다른 두 가지 상태를 구별해야만 하는 것과 같다. 하나는 밖에서부터 자신을 부과하는 정령적 동맹인데, 이 동맹은 자신의 법을 모든 혈통들에게 부과한다(동물-인간이나 괴물과 강제적으로 맺어진 동맹). 다른 하나는 합의된 동맹이다. 이런 동맹은 마을들의 남자들이 괴물을 물리치고 자신들 고유의 관계를 조직할 때, 정령적 동맹과 다르게 혈통들의 법에 순응한다. 이로부터 근친상간에 대한 질문은 수정될 수 있다. 왜냐하면 근친상간 금지가 동맹 일반의 실정적 요구들에서 유래한다고 말하는 것은 불충분하기 때문이다. 오히려 혈통에게는 너무나 낯설고, 혈통에게는 너무나 적대적이어서 필연적으로 근친상간의 위치에 자리 잡게 되는 어떤 동맹이 존재한다(동물-인간은 언제나 근친상간에 관련된다). 두 번째 동맹은 근친상간을 금지하는데, 구별된 혈통들 사이에 정확히 자신을 확립함으로써만 혈통의 권리들에 종속될 수 있기 때문이다. 근친상간은 두 번 나타난다. 한 번은 동맹이 혈통을 역전시킬 때 동맹의 괴물적 역량으로 나타난다. 또 한 번은 혈통이 동맹을 자신에게 종속시키고, 동맹을 구별되는 가계집단ligneé들에게 나누어 주어야 할 때, 혈통의 금지된 역량으로 나타난다(Deleuze·Guattari 1980, 303, n. 15[국역본 470쪽, 각주 22]).

"이로부터 근친상간에 대한 질문은 수정될 수 있다." …… 여기서 저자들은 『친족의 기본 구조』의 이론을 암시하는 것처럼 보인다. 하지만 이런 지적은 『안티 오이디푸스』에서 그 질문이 다루어지는 방식에도 마찬가지로 적용된다. 왜냐하면 이제 동맹이라는 일반개념이 이중의 파급효과를 획득하기 때문이다. 그 일반개념은 이제 "혈통 과정으로서의 섹슈얼리티"를 조절할 뿐만 아니라, "부정한 결합union이나 역겨운 사랑을 부추기는 동맹의 역량"이기도 하다. 그것의 목적은 이제 생식을 관리하는 것뿐만 아니라 "생식을 방해하는 것"(앞의 책, 301[국역본 468쪽])이기도 하다. 즉, 반혈통적 동맹, 혈통에 맞서는 동맹이다. 심지어 『안티 오이디푸스』에서는 혈통을 교환하고 억압하며 생산하는 것으로 나타났던 동맹이 이제는 야생적이고 어두운 몇몇 힘pouvoir들을 증명하기 시작한다. 마치 『안티 오이디푸스』의 동맹이 "정령적" 동맹이라는 또 다른 동맹에 전염이라도 된 것 같다.[•] "동맹과 혈통이 혼인의 법들에 의해 조절되는 관계를 맺는 것을 사실이지만, 심지어 그때에도 동맹은 위험하고 감염성 강한 역량을 보존하고 있다. 리치가 [그 점을_저자] 보여 줄 수 있었다 ……"(같은 책).[••] 『천 개의 고원』의 핵심인 열 번째 고원에서 "역량"이라는 단어가 끈질기게 동맹 일반을 수식하게 된 것에 주목하자. 동맹 개념은 제도(구조)를 지칭하기를 멈추고, 역량과 잠재력, 즉 되기처럼 기능하기 시작한다. 실체로서의 혈통을 뛰어넘으면서, 형식으로서의 동맹에서 힘으로서의 동맹으로 [이행하는 것인가]? 우리는 여기에서 더 이상 희생의 신비-계열적 요소나 토테

[•] "잠재적 역량(en puissance) 안에 있는 그 야수는 사회적 삶의 평면 위에서는 언제나 당신들의 누이를 강탈해 간 누이남편이다 ……"(Lévi-Strauss 1971, 436). 레비-스트로스 자신이 우리에게 주의를 주듯, 그러한 "신화적" 등가성들을 다음과 같은 의미에서 문자 그대로 취할 줄 알아야만 한다. "[이것은] 실재적인 것과 상상적인 것의 구별을 초월하는 의미, 어떤 충만한 의미. 이제 우리가 할 줄 아는 유일한 것은 그 의미에 관한 형태 언어(langage figuré)의 축소 무대 위로 유령을 불러내는 것뿐이다"(Lévi-Strauss 1962b, 351[국역본 377쪽]).

[••] 들뢰즈와 과타리는 여기서 리치의 "인류학을 다시 생각한다"(Rethinking anthropology)를 참고한다. 리치는 이 논문에서 혼인으로 맺어진 동맹자들 사이에서 실현될 어떤 "형이상학적 영향"에 관한 일반적 사실을 지적한다(Leach 1961, 20). 이에 대한 최근의 논의는 Viveiros de Castro 2008a 참고.

미즘의 신화-구조적structurel 요소 안에 있는 것이 아니라, 되기의 마술-실재적 요소 안에 있기 때문이다.

또한 우리는 사회 계약이라는 요소 안에 있는 것도 아니다. "욕망은 교환을 알지 못한다. 그것은 훔치기와 증여만을 알 뿐이다……"(Deleuze·Guattari 1972, 219[국역본 321쪽]). 그러나 동맹의 경우처럼, 교환과 교환이 있다. 그 용어가 가진 상업 자본주의적 의미에서의 "교환주의"에 속한다고 할 수 없는 어떤 교환이 있다. 이런 교환은 훔치기와 증여의 범주에 속하기 때문이다. 즉, 바로 "증여의 경제"에 특징적인 교환이며, 그러한 경제는 곧 증여의 교환에 의해 확립된 동맹이다. 이런 증여의 교환은 이중적 포획이 영속적으로 교대하는 운동인데, 그 운동 안에서 교환의 상대들은 가시적 사물의 순환을 통해 비가시적 관점을 서로 교환한다(역⇌양도한다). 즉, 주기, 받기, 되돌려주기라는 "세 가지 계기"의 직접적인 분리접속적 종합을 실현하는 것이 바로 "훔치기"다. 왜냐하면 증여는 상호적일 수 있지만, 그렇다고 해서 교환을 덜 폭력적인 운동으로 만들어주는 것은 아니기 때문이다. 준다는 행동의 모든 궁극적 목적은 상대방에게 행위를 강요하고, 타자에게서 몸짓을 이끌어 내며, 대답을 하도록 부추기는 데 있다. 요컨대 그에게서 그의 영혼을 훔치는 것이다(영혼의 상호 훔치기로서의 동맹). 그리고 이런 의미에서 "증여

● 교환과 관점에 대해서는 Strathern 1988, 230; 271; 327; 1991 passim; 1992a, 96-100; 1999, 249-256; Munn 1992/1986, 16; Gregory 1982, 19를 참고. 이중적 포획이라는 일반개념에 대해서는 Deleuze·Parnet 1996/1977, 7-9[국역본 7-10쪽]; Stengers 2003/1996(I), 42, n. 11을 참고.

의 교환"이 아닌 사회적 행위는 존재하지 않는다. 왜냐하면 모든 행위는 어떤 행위에 대한 행위, 어떤 반응에 대한 반응으로서만, 오로지 그런 것으로서만 사회적이기 때문이다. 여기서 상호성이 말하고자 하는 바는 단순히 회귀성이다. 사교성을 위한 돌려 말하기는 없다. 이타주의는 더욱 없다. 삶은 훔치기다. °

* * *

[들뢰즈와 과타리가] 아프리카 주술사를 통해 무엇인가를 말하려한 것은 당연히 돌발적인 일이 아니다. 그들은 되기를 실천이자 담론(마술적 콩트들)으로서의 주술에 결부시킨다. 이때 주술은 한편으로 토템 제도들과 신화들의 명백하고 분명한clair et distinct 세계에 대립되고, 다른 한편으로 희생 기술과 사제의 어둡고 불분명한 세계에 대립된다. 이 지적은 핵심적인데(Goldman 2005), 아마존의 횡단하는 샤머니즘은 마술, 주술, 되기의 "어둡고 분명한" 이 세계에 속

● "언어는 그 언어를 사용하는 사람에게 대항해서 작동할 수 있다. […···] 사회성은 자주 사교성을 함축하는 것으로 이해되고, 상호성은 이타주의를, 그리고 관계는 연대를 함축하는 것으로 이해되는데 ······"(Strathern 1999, 18). 잘 알려져 있듯이 "행위에 대한 행위"는 푸코가 권력을 묘사하기 위해 이용했던 정식 중 하나다(들뢰즈의 니체라면 힘에 적용된 힘만이 존재한다고 말했을지 모른다). 그리고 "반응에 대한 반응"은 베이트슨이 구분발생 개념을 설명하는 방식인데(Bateson 1958/1936), 들뢰즈와 과타리의 분열 분석만큼이나 레비-스트로스의 구조적 분석에게도 큰 중요성을 가진다. 훔치기가 곧 삶이라는 것에 관련해서, 화이트헤드는 이렇게 말한다. "삶은 훔치기이고, 훔치는 자는 정당화를 요구한다"(Stengers 2002, 349에서 재인용). 이러한 정당화를 "증여"라고 부르는 것은 어떤가?

하기 때문이다.

여기에는 나중에 숙고해 봐야 할 부분이 있는데, 나는 그에 대해 몇 가지 단서를 지적할 수 있을 뿐이다. 그 단서는 [방금 인용한] 고우드망의 논문에서 영감을 받았다. 모스의 저작 내에서, 샤머니즘을 사유하기 위해 돌아가야 할 곳은 당연히 마술에 관한 연구이지 희생에 관한 텍스트가 아니다. 즉, 위베르와 함께 집필한 "마술에 관한 일반론 초고"로 돌아가야 한다. 이것은 오래되고 제대로 평가받지 못한 저술이지만, 그 유명한 『증여론』 전체를 잠재적 역량 안에en puissance 포함하고 있다. 『친족의 기본 구조』에 나타난 "상호성 원리"의 기원이 되는 『증여론』의 하우hau는 단지 "마술에 관한 일반론 초고"의 마나가 교환[이라는 형식으로 바뀐] 버전일 뿐이기 때문이다. 다른 한편, 마나는 "떠다니는 기표"를 예고한 개념이기도 하다(Lévi-Strauss 1950).● 레비-스트로스의 경우, 그의 저작에서 고려해야 할 것은 "주술사와 그의 마술"[11]보다는 『신화들 III: 식사 예절의 기원』에 나오는 매우 신비로운 해설이다(Lévi-Strauss 1967, 94-99). 거기서 레비-스트로스는 M60, "시미뒤에의 불행한 사건"Les mésaventures de Cimidyuë을 요약한 직후, 같은 페이스를 유지하며 다음 내용들을 언급한다. 즉, 연재물 장르의 계열적 형식을 갖춘 신화적 이야기들의 존재에 대해, 그 이야기들에 특징적으로 나타나는 독특한

● 잘 알려져 있듯이 레비-스트로스의 『증여론』 독해에 근친상간 금지가 나오는데, 이 금지가 수립하는 관계적 상승작용의 조건은 그가 "마술에 관한 일반론 초고"에서 찾아낸 기표와 기의 사이의 영속적 비평형과 근본적으로 연관되어 있다.

몽환적 분위기에 대해(그 이야기들은 속임수를 잘 쓰는 정신들과의 만남으로 가득 차 있는데, 그 정신들은 개념적 왜곡과 지각적 애매함을 유도한다), 주술의 실천에 은폐되어 있는 암시에 대해, 또한 동물과의 "동일화" 과정을 유도할 환각제를 사용하는 제의와 그러한 주술적 실천 사이의 연관에 대해 언급한다.

이러한 해설은 아메리카 원주민의 완전히 다른 신화실천myth-opraxis을 짧은 순간이라도 엿볼 수 있도록 해준다. 그런 신화실천은 레비-스트로스가 특권을 부여하는 그 기원 신화집합과 나란히, 때로는 심지어 (바로 그 책에서 그려내는 양방향의 강들처럼) 역방향으로 흐른다. 그 기원 신화집합은 변형에 관한 이야기들, 즉 들뢰즈와 과타리라면 "주술 콩트"라고 불렀을 장르다. 거기에서 인물들에게 영향을 미치는 관점의 변이들("그런 민첩한 행동들 ……")은[12] 이야기를 위한 강력한 주제화의 대상을 이룬다. 관점주의는 아메리카 원주민 신화집합의 이러한 주술사-되기를 직접적으로 참고한다.

『신화들 III: 식사 예절의 기원』의 그 장에서, 레비-스트로스는 신화에서 소설로의 선형적인 역사적 퇴화를 상상했는데, 여기서 문제가 되는 것은 그런 퇴화가 아니라 신화에 내적인 횡적 되기일 것이다. 이러한 되기는 신화가 어떤 랩소디의 파편들로 산산조각 나도록 만들면서, 신화를 다양체의 체제 안으로 들어가게 한다. 그 랩소디는 준準사건들● 위에 흩어져 있을 정도로 무한한 것이다. [그 랩소디의 파편들이란] 일화, 소문, 험담, 가족과 마을의 민속문화(로버트 레

● "준(準)사건"이라는 일반개념에 대해서는 Rodger 2004; Viveiros de Castro 2008b를 참고.

드필드가 말한 "작은 전통"[13]), 우스운 이야기, 사냥에서 벌어진 소란, 정신들의 방문, 나쁜 꿈, 갑작스러운 두려움, 조짐 등이다. 이런 것들이 소수 신화의 요소다. 소수 신화란 시뮬라크르, 환각, 거짓말의 기록집이자 도구로서의 신화다. 그리고 "거대한 전통"에 관한 신화, 즉, 철학들과 종교들이 세계를 다수적으로 사용하는 것에 복무하는 신화(리쾨르의 근동 지역 신화)가 부조리하므로 나는 믿는다credo quia absurdum라는 도그마와 신앙의 전달자라면, 레비-스트로스의 소수 신화(주술사-되기 중에 있는 아메리카 원주민의 신화)는 앙리 미쇼가 말한 이중적으로 전도된 격언의 사례를 보여 주는 것이다. 즉, "심지어 참이라 할지라도 거짓이다."● 우리가 오늘날 또다시 '과학 전쟁' Science wars에서 목격하듯이, 종교와 마술 사이에 존재하는 거리는 종교와 과학 사이의 거리보다 훨씬 더 멀다.

결국 희생도 토테미즘도 아니다. "사람들은 둘 중 하나라고 말하는데, 그건 항상 제3의 것입니다 ……"(Lévi-Strauss·Éribon 1988, 176).

● 『신화들』은 여러 차례에 걸쳐, 비의적 교리, 학자들의 모임, 신학적 구상에 관련된 이야기는 자신의 여정 안에 포함하지 않을 것이라고 우리에게 주의를 준다(그래서 그 책은 아마존 북서부와 북아메리카 남서부 신화집합 일부는 물론, 아메리카 대륙 고지대 신화집합도 배제한다). 마치 아메리카 원주민의 신화(구조적 기원 신화)는 한결같이 자신의 궤적이 두 갈래로 나누어지는 것을 보게 되리라는 것 같다. [한편에는] 소수 신화의 주술사되기가 있다. 이것은 신화를 변형의 콩트로 변형시킨다(리좀적 다양체로서의 신화). [다른 한편에는] 우주생성론과 신학의 방향으로, 즉 군주제적인 로고스를 향해 뻗어나가는 나무 모양의 빗나감이 있다(국가의 신화). 여기서 예언주의와 사제의 신분이라는 아마존 샤머니즘의 이중 궤적과 [신화의 이런 두 갈래 궤적] 사이에 어떤 유비적 관계를 수립하는 게 가능하지 않을까? 예를 들어 리쾨르 같은 사람의 시점에서 보자면, 레비-스트로스가 분석한 아메리카 원주민 신화집합은 모두 소수 신화에 속하는 것이 사실이기 때문이다.

실제로 다음과 같이 결론 내려야 한다. 『야생의 사유』의 희생 개념은 계열 간 유사성과 계열 외부적 되기라는 두 가지 작동을 하나의 작동으로 혼합하면서, 두 가지 "가짜 동족어"[14]를 뒤섞어 버린다는 것이다. 더 나아가 다음과 같이 결론 내려야 할 것이다. 야생의 계열 위에서 이루어지는 또 다른 작동, 즉 토테미즘도 결국 차이에 대한 가장 훌륭한 모델은 아니라는 것이다. 혹은 정확히 말해서 그런 작동이야말로 일종의 모델인데, 이것이 우리에게 차이의 모든 과정을 제공하지는 않기 때문이다. 비례의 유비, 클라인 4원군,[15] 치환 도표가 자신에게 최면을 걸도록 내버려 두어서는 안 된다. 상호 관계적 상응에서 변형적 간극으로 이행할 줄 알아야 한다(Maniglier 2000, n. 26).

  [레비-스트로스의] 1962년 저작들에서 구축된 바와 같이 토테미즘은 분류 관계의 체계인데, 이 체계에서 상호 관계를 맺고 있는 계열들 사이에는 아무 일도 일어나지 않는다. 즉, 겉보기에는 완벽한 평형 모델이다. 토템의 "잠재력 차이들"은 각 계열에 내적이며, 어긋나게 마주보고 있는 다른 쪽 계열에 대해 어떤 효과도 생산할 능력이 없다. 반대로 되기는 순수한 외부성으로서의 관계, 항들이 속한 계열들로부터 그 항들을 추출하는 것으로서의 관계, 그 항들의 리좀적 [관계 맺기를] 긍정한다. 즉, 되기는 항들 속에 갇힌 관계들에 관한 이론이 아니라, 관계들을 향해 개방된 것으로서의 항들에 관한 이론을 요구한다. 따라서 엄격히 말하자면, 되기는 우리가 앞서 말했던 관계의 제3 유형을 구성하는 것이 아니라[16] 관계의 제3 개념을 구성한다. 희생은 물론 토테미즘도 이 개념을 통해 읽어야만 한

다. 즉, 관계를 만드는 일차적 차이의 이차적 재영토화, 보편적인 강도적 다양체로서의 되기가 번갈아 가며 현실화하는 것이다. 되기는 토템적 분리들과 희생적 혼합들에서 동시에 현실화되며(정화와 매개_라투르), 희생적 장치의 가장자리들과 토템적 계통학의 틈새들에서, "종교"의 주변부와 "과학"의 경계들에서 멈추지 않고 역실행된다.

부가 설명

그렇지만 다음 사실로부터 그것의 귀결들을 도출해야만 할 것이다. 토테미즘의 유비적 도식은 자연적 차이들과 사회적 차이들 사이의 대칭적 대응을 가지고 있지만, 자신의 존재 이유인 어떤 비대칭에 기반하고 있다는 것이다. 즉, 토템의 종들이 외부실천적인 사회의 종들을 (곰 씨족의 사람은 스라소니 씨족의 사람과 혼인한다) 의미하는 것이 적절하도록 만들어주는 것은 바로 토템의 종들이 내부실천적이라는 사실이다(곰은 곰과, 스라소니는 스라소니와 혼인한다). 외적 차이들은 내적 차이들이 되고, 구별들은 관계들이 되고, 항들은 기능들이 된다. 토테미즘의 깊은 곳에서 어떤 표준 정식이 기회를 노리고 있다. 그것은 바로 우리가 『야생의 사유』 4장 "토템과 카스트"에서 볼 수 있듯, 토템 장치를 카스트 장치로 변형시키는 표준 정식이다. 우리가 보기에 의미심장한 것은 다음 지점이다. 레비-스트로스가 토테미즘에 "상상적", "가상", "빈 형식", "거짓된 사칭" 등의 용어를 적용하는 것은 바로 거기, 즉 족내혼적 카스트들의 기능적 특수화와 족외혼적 씨족들의 기능적 동질성 사이에 성립하는 대칭의 한계를 증명하는 곳이다(Lévi-Strauss 1962b, 167[국역본 200쪽]). 같은 책의 뒷부분에서 토테미즘은 근본적으로 참된 것이며 거짓의 순수한 역량인 희생과 대립한다고 선언되는 반면, 카스트와 대면하는 여기 4장에서 토테미즘은 가상과 참이 그토록 단순히 분배되지 않는다는 것을 보여 준다. 즉, "카스트들은 어떤 참된 문화를 거짓된 방식으로 자연화하며, 토템의 그룹들은 어떤 거짓된 자연을 참된 방식으로 문화화한다"(같은 책, 169[국역본 202쪽]). 다시 말해 자연과 문화는 마치 영속적 비평형 [상태]에 있는 것 같다. 마치 그 둘 사이에 균등이란 있을 수 없는 것 같다. 마치 한쪽 계열 안에 있는 "참"이 다른 쪽 계열 안에 있는 "가상"에 대응하는 것 같다. ("의미의 상보성 원리"라고 부를 수 있을 만한) 이런 모티브는 "마르셀 모스 저작 입문"부터 『스라소니 이야기』까지 레비-스트로스 사유 전체와 함께한다.

요약해 보자. 조심스럽게 말하자면, 우리가 보기에 인류학의 가장 주요한 일반개념, 즉 관계라는 일반개념의 미래는 그 학문이 차이와 다양체, 되기와 분리접속적 종합이라는 개념들에 주의를 기울일 줄 아는지에 달려 있다. 관계성에 관한 탈구조주의 이론, 다시 말해 구조주의가 관계적 존재론과 맺은 "비근본적인" 타협을 존중하는 이론은 들뢰즈 철학이 구축한 계열을 무시할 수 없다. [그 계열이란] 라이프니츠, 스피노자, 흄, 니체, 새뮤얼 버틀러, 화이트헤드, 베르그손, 타르드와 같은 인물들은 물론, 관점, 힘, 정서, 습관, 사건, 과정, 포착, 횡단성, 되기, 차이와 같은 관념들로 가득 채워진 풍경이다. 이런 것이 소수 구조주의의 계보다. 그런 소수 구조주의에서 어떤 본질적인 접합 또는 매개자, 즉 초월론적 주체보다도 더 전략적인 인물 같은 것은 제거되었을 것이다. 레비-스트로스는 자기 자신의 칸트주의로부터 그런 초월론적 주체를 기억에 남을 방식으로 삭제해 버린 바 있다. [소수 구조주의란] 뭔가 작은 것이 부족한 구조주의, 따라서 꼭 필요한 신중함을 가지고 말하자면, 칸트 주변을 강박적으로 맴돌지 않을 만한 구조주의다.

신중함과 방향 감각을 가져야 한다. 왜냐하면 필요한 일은 다시 한 번 뒷걸음질하는 것도 아니고, 칸트적 인류학을 포기함으로써 "데카르트적 인류학"의 품에 안기는 것도 아니기 때문이다. 이는 그 "데카르트적 인류학"이 이원론적이든 아니든 (또는 인용 부호로 묶여 있든 아니든) 마찬가지다. 필요한 일은 초월론적 주체 없는 칸트주의를 경험적 주체를 가진 "칸트주의"로 대체하는 것이 아니다. 즉, 모듈성을 가진 것이든 아니든, 어떤 인지적 생득주의로 대체하는 것이 아니다. 그리고 마찬가지로, 필요한 것은 들뢰즈의 투사된 접선을 택함으로써, 종종 자신을 인류학의 미래로 소개하는 또 다른 전前구조주의에 저항하는 일이다. 그 전구조주의는 동일성들과 실체들, 본질들과 초월성들, 행위능력들agencies과 의식들이 재증식하는 데 유리한 관계에 반응하는 기이한 운동이다. 심지어 신체화의 신비를 재신체화하고 행위능력agency의 기적을 기념하겠다는 전혀 쓸모없는 과업을 위해, 거의 도처에서 신체와 기호의 "물질성"을 모집 중이기도 하다. 프랑스의 친족 인류학이 이미 그랬던 것처럼, "실체"를 향해 똑바로 가지 않을 때 그렇게 된다. 지난 20년 동안 프랑스의 친족 인류학은 구조주의의 교환주의적 토대들, 달리 말해 그것의 관계적 토대들을 무너뜨리는 데 열정적으로 전념해 왔다. 이는 신체적 유동에 접촉하는 생득 관념들을 수립하려 했던 역사다. 실체와 실체가 거듭된다.

체계의 강도적 조건들

앞에서 이미 인용했던 레비-스트로스의 구절로 돌아가자.[1] 브라질의 종족학자들은[•] 인척관계라는 일반개념에 관한 "비판적 분석"을 성공적으로 수행한 바 있는데, 레비-스트로스는 앞서 인용한 구절에서 그들의 비판적 분석을 원주민의 철학적 문제틀을 분명하게 만드는 일에 연결한다. 최종적으로는 그들의 이 모든 작업이 레비-스트로스 자신으로부터 파생되며, 내가 생각하기에 그는 이 점을 완벽히 알고 있다. 남아메리카 원주민의 인척관계는 사실상 사회학

[•] 다른 국적의 동료 연구자들도 결정적인 도움 그 이상의 것을 주었다. 대표적으로 다음과 같은 이들이 있다. 피터 리비어, 조애나 오버링, 브뤼스 알베르, 안-크리스틴 텔로르, 피터 가우.

적 범주가 아니라 철학적 관념인데, 레비-스트로스는 자신의 초기 저작 중 하나에서 예감하듯이 이 점을 지적한 바 있다. [이것을 지적한 때는] 우주론적 이성에 관한 그런 철학적 관념을 『친족의 기본 구조』를 통해 사회학적 지성 범주로 가져가고, 이 지성 범주를 다시 친족의 '기원 도식론'으로 가져가기 몇 년 전이었다. 이 과정에서 그 철학적 관념이 지닌 탈영토화하는 역량의 일부가 보존되기는 했다. 그래서 『아메리카 인류학자』*American Anthropologist*의 한 논문에서, 그는 몇 년 전에 알게 된 남비크와라인과 과거의 투피남바인을 비교하며 다음과 같이 지적한다.

> 한때 많은 남아메리카의 부족들 사이에서 친족 간의 어떤 유대, 즉 누이남편[부인형제] 관계는 관계relationship라는 단순한 표현을 멀리 초월하는far transcending 의미를 지니고 있었다(Lévi-Strauss 1943, 398).

여기에 모든 것이 있다. 아마도 다음 지점만 정확히 하면 될 것이다. 여기에서 선택된 동사[transcending]가 지시하는 것이 아메리카 원주민의 세계시민주의적 인척관계가 지닌 의미의 초월적transcendante 본성보다는, 참된 초월론적transcendantale 본성이라는 점이다. 즉, 그 초월론적 본성이 친족의 조건이며, 그 초월론적 본성 자체가 친족의 내재적 외부성의 차원이다.[2]

* * *

종족학적으로 말하자면, 서아프리카의 풍경을 떠나 원주민 아메리카의 풍경 속으로 침투할 때, 『천 개의 고원』에서 제안한 두 가지 동맹 간 차이가 반드시 필요해지는 것처럼 보인다. 그러한 차이는 어떤 전형적 특징을 보여 줄 힘을 가지고 있기 때문이다. 그 차이는 아메리카 종족지학자들이 확립한 두 가지 인척관계 사이의 대조에 거의 대응한다. 한편에는 강도적 혹은 "잠재력적" 인척관계가 있다.[3] 이런 인척관계는 우주론적이고 제의-신화적이며, "모호하고 분리접속적이며 야행적이고 정령적인" 것이라고 완벽하게 규정될 수 있을 것이다. 다른 한편에는 외연적 혹은 현실적 인척관계가 있다. 이런 인척관계는 혈족관계에 종속된다. 나는 아마존 친족관계에 대한 다양한 연구에서 이 주제를 이미 다루었으므로 여기서 명시적으로 다시 말하지는 않겠다 .*

아마존 사회들에서 혼인 인척관계는 통상적으로 유난히 민감한 관계처럼, 이 형용사가 지닌 모든 의미에서 민감한 것처럼 생각된다. 즉, 그것은 위험하고, 깨지기 쉽고, 거북하고, 성가신 동시에 귀중하다. 인척관계는 도덕적으로 양가적이고, 정서적으로 긴장되어 있고, 정치적으로 전략적이고, 경제적으로 근본적이다. 결과적으

---

* 예를 들어, 다음과 같은 연구들이 있다. Viveiros de Castro 1992/1986; 2001b; 2002b; 2008a. 내가 거의 항상 "잠재력적(potentiel) 인척관계"라고 불렀던 것에 "잠재적(virtuel) 인척관계"라는 이름을 다시 붙여야 할 것이다. 텔로르가 다른 곳에서 시사하듯(Taylor 2000, 312, n. 6), 그렇게 해야 잠재적인 것에 대한 들뢰즈의 이론과 더 일관성 있게 상호접근 할 수 있을 것이다. 이 점에 관해서는 Viveiros de Castro 2002b, 412-413; Taylor 2009를 참고할 것. 잠재력적 인척관계라는 일반개념의 직접적 출처는 다음과 같다. 투피인에 대한 나의 연구물(Viveiros de Castro 1992/1986)과 Overing 1983; 1984; Albert 1985; Taylor 1993.

로, 인척관계라는 대상에 주의를 기울이지 않으려는 집단적 노력이 생겨난다. 인척관계가 혈족관계(형제자매관계와 혈통)로 위장됨으로써 [그렇게 인척관계에 주의를 기울이지 않는 것이] 가능해진다. 인척이라는 용어로 지칭되는 것들은(이러한 선험적인 인척의 존재가 "친족의 기본 체계"를 정의한다) 인척보다는 동족[4]의 여러 유형들처럼 (이 경우 교차 사촌과 교차 삼촌처럼) 이해된다. 실제 인척들은 지시되거나 발언될 때 혈족관계화된다("나의 장인"은 "나의 외삼촌"이 되는 식이다). 동족관계의 대상을 표현하는 혈족의 완곡어법이나 아이 이름으로 대신 부르기를 이용해[5] 인척관계의 특정 용어들을 피하려고 한다("부인형제" 대신 "내 아들의 외삼촌"이라고 부르는 식이다). 배우자는 성관계 등을 통해서, 또한 일상을 함께하는 식구가 됨으로써 우나 카로una caro, 즉 하나의 살덩이가 된다. 기아나Guyanes 지역에서는 마을과 동족 내부의 강력한 족내혼이 지배적 분위기를 이루는데, 피터 리비어는 그 지역의 매우 전형적인 경우에 대해 이렇게 지적했다. "이상적 마을에 인척관계는 존재하지 않는다"(Rivière 1984, 70).

그러나 이상적 마을에 인척관계가 존재하지 않는다면, 다른 곳에는 존재해야만 할 것이다. 우선 실재하는 모든 마을의 내부에 존재할 것이다. 하지만 그보다 먼저 이상적 마을의 외부에 존재할 것이다. 즉, 마을의 관념적 바깥에 존재할 것인데, 이것은 인척관계라는 관념으로서의 바깥, 달리 말하면 강도적 혹은 잠재적 인척관계로서의 바깥이다. 왜냐하면 실재적 마을이든 이상적 마을이든 마을을 떠나자마자 [앞서 말한] 위장은 뒤집어지고, 인척관계는 사회적 관계가 표시되어 있지 않은 형식이 되기 때문이다.[6] 인척관계가 더 유적일수록 그 형식은 더 강해지고,[7] 인척관계가 덜 현실적일수록 그 형식은 더 명시적인 것이 된다. 즉, 완벽한 부인형제란 그의 누이가 나와 혼인하지 않은 남자이고, 완벽한 누이남편이란 나의 누이와 혼인하지 않은 남자다. * 인척은 적대자이고, 또한 적대자는 인척이다. 인척이 적대자가 아닐 때, 인척이 친족이자 공동체류자일 때("이상적인" 경우), 그들은 인척으로서 취급되지 않아야 한다. 적대자가 인척이 아닐 때, 이는 그가 적대자이기 때문이다. 다시 말해, 그가 인척처럼 취급되어야만 하기 때문이다.

이와 같이 아마존의 초지역적 관계들은 인척관계에 내포되는 경향이 강하다. [그런 초지역적 관계에는] 드물기는 하지만 지역적으로 족외혼적인 동맹이 있다. 이 동맹은 정치적으로는 전략적인 성격을 가진다. 또한 우호 관계나 상업적 협력의 다양한 유대가 제의화된 것들도 있고, 공동체 사이의 의례관계도 있다. 이런 의례관계는 양가적인데, 지역 그룹들 사이의 물리적이거나 정신적인 전쟁, 숨겨져 있거나 드러난 전쟁이라는 영속적 상태의 이면이기 때문이다. 그리고 근본적인 지점은 이러한 강도적 인척관계가 종들 사이의 경계를 횡단한다는 것이다. 즉, 동물, 식물, 정신, 불확실한 인간성을 가진 다른 부족들, 이 모두가 인간과의 그런 분리접속적 종합의 관

● 예를 들어, 마을 중앙에서 죽임을 당하게 될 투피남바인 포로는 적대자/누이남편이며, 사람들은 그가 포로로 잡혀 있는 기간 내내 자기 그룹의 여자를 그에게 준다(171-172쪽 참고). [이 과정은 인척관계의 어떤 시뮬라크르 안에서 이루어지는데], 이상적 수준에서 그 여자는 앞으로 살해자가 될 사람의 누이인만큼, 그 인척관계의 시뮬라크르는 더욱 실재적인 것이 된다.

계에 함축되어 있다.[*] 첫 번째 심급에서, 대부분의 경우에는 최종 심급까지도, 타자들이란 모두 인척들, 훔치기와 증여라는 우주적 놀이의 없어서는 안 될 파트너들이다. 또한 그것은 "교환"의 우주적 놀이인데, 교환이란 훔치기와 증여의 한 가지 특수한 경우처럼 이해해야 한다. 그 경우에 놀이 파트너들 간 잠재력 차이는 0에 수렴하지만, "결코 완전히 무효화되지는 않는다." 심지어 기아나의 이상적 마을 한가운데에서도, 누이는 항상 혼인 불가능한 사람으로 남아있음을 고려한다면, 혼인 결합union의 파트너들 사이에 일정 정도의 타자성은 필수적이다. 한 남자가 자기 누이의 딸과 결합하는 것이 그러한 근친상간적 이상에 가장 가까운 결합이다(누이의 딸과 결합하는 것이 여러 아마존 부족이 선호하는 혼인이다). 다시 말해, 만일 분석을 충분히 더 멀리 밀고 나간다면, "존재하지 않는" 그런 인척관계를 이상적 마을 자체 내에서 발견하게 될 것이다. 어쨌든 우리가 이미 알다시피, 근친상간은 불가능하다.[**] 현실적 족내혼은 모

---

[*] 대부분의 아마존 체제에서 실제적인 혼인 동맹은 지역 그룹 내부에서 실현된다는 사실에도 불구하고, 타인의 그러한 선험적 인척관계화가 일어난다는 사실을 강조하자. 사실상 동맹은 지역 그룹 내에 집중되지 않을 수 없는데, 마을, 족내혼적 결합체(nexus) 또는 다공동체적 집합체 같은 "지역적"인 것의 차원을 정의하는 것이 바로 그러한 집중이기 때문이다. 이런 식으로, 그 아마존 체제들이 마을이나 혈통 그룹의 족외혼을 장려하거나 명령한다는 것을 고려해도, 상황은 크게 달라지지 않는다. 잠재력적 인척관계들과 그것의 우주론적 화음은 비동맹 그룹, 백인, 적대자, 동물, 정신과 맺은 유적 관계의 음색을 계속해서 제공한다.

[**] 근친상간 금지라는 일반개념이 가진 동어반복적 특징에 관해서는 Wagner 1972를 참고할 것. 즉, 누이는 누이이기 때문에 금지되는 것이 아니라, 누이인 동시에 금지되는 것이다. "인격과 이름을 동시에 향유하기"의 불가능성에 관한 Deleuze·Guattari 1972, 190[국역

두 잠재적 족외혼의 하극한이다. 레비-스트로스가 말했듯, 유사성은 차이의 한 가지 특수한 경우이며, 사교성은 포식의 하극한이다.[8]

순수한 잠재적 인척관계 또는 메타 인척관계, 즉 아마존의 타자성에 대한 유적 도식론은 의심의 여지 없이 『천 개의 고원』이 말하는 "동맹의 두 번째 유형"에 속한다. 그런 잠재적 인척관계는 혈통에 적대적이다. 왜냐면 그 잠재적 인척관계는 혼인이 선택될 수 없는 곳에서 나타나는 반면, 혼인이 실현되는 곳에서는 사라지기 때문이다. 또한 그것의 생산성은 생식 유형에 속하지 않기 때문이다. 혹은 그 잠재적 인척관계는 모든 내적 생식력을 외부와의 정령적 동맹에 종속시킨다고 하는 게 낫다. 이는 (동종적 혈통의) 생산 양식이 아니라 (이종적 선발의) 포식 양식이고, [이 포식 양식이란] 공생적 포획과 존재론적 "재포식"에 의한 "재생산"이다. 즉, '자신'의 외부화를 위한 조건으로서의 타자를 식인 풍습에 따라 내부화하는 것이다. 이런 식으로, '자신'은 적대자에 의해 "자기규정되는" 자기 자신을 본다. 다시 말해, 적대자로서의 자기 자신을 본다(175-176쪽 참고). 이런 것이 아마존의 우주적 실천에 내속되어 있는 타자-되기다. 잠재적 인척관계는 친족보다는 전쟁과 공모 관계에 있다. 즉, 친족 그 자체에 선행하고, 친족 그 자체의 외부에 있는 전쟁 기계를 이루는, 문자 그대로 한 부분이다. 그렇다면 이것은 혈통에 맞서는 동맹이다. 이 동맹이 원초적인 강도적 혈통의 억압적 재현이라서가 아니라, 혈통이 어떤 초월성의 씨앗으로 (신화적 기원, 시조, 정체성을

본 282쪽)의 매우 유사한 논의도 참고할 것.

부여하는 혈통 그룹으로) 기능하는 것을 막기 때문이다. 『천 개의 고원』의 저자들이 말하길, 모든 혈통은 상상적인 것이다. 우리는 이렇게 덧붙일 수 있을 것이다. 모든 혈통은 어떤 국가를 투사하며, 모든 혈통은 국가의 혈통이다. 아마존의 강도적 동맹은 국가에 맞서는 동맹이다(피에르 클라스트르를 기리며 ……).[9]

원초적 또는 강도적 인척관계는 아마존의 사회성을 특징짓는 부호 중 하나이며, 아마도 전체로서의 아메리카 대륙을 특징짓는 부호일 것이다. 여기서 우리는 아메리카 신화집합의 "기반암"에 접촉하게 된다(Lévi-Strauss 1991, 295). 『신화들』이 섭렵하는 아메리카 대륙의 복합체를 고려해 보자. 아메리카 원주민의 신화들을 문화에 관한 우리 고유의 신화집합과 비교해 보면, 한 가지 차이가 나타난다. 즉, 아메리카 원주민의 신화들에서는 혼인 동맹의 관계가 우세하다면, 우리의 신화집합에서는 부모자식 관계가 우세하다는 점이다. 아메리카 원주민 신화들의 주요 등장인물들은 인척으로 서로 이어지는 것이 정통적이다. 한 가지 사례를 들자면, 그런 이야기들의 유명한 인물은 부인의 아버지다. 그는 식인을 하며, 모든 문화적 재화의 비인간적 '주인'이다. 그는 사위를 죽일 작정으로 일련의 시련을 겪게 한다. 그 젊은 남자는 (대부분의 경우 그를 가엾게 여긴 다른 비인간들의 개입 덕분에) 모든 시련을 극복한 후, 문화에 관련된 값진 전리품을 가지고 자신의 인간 공동체 한가운데로 돌아온다. 이 원原 신화[10]의 내용은(Lévi-Strauss 1971, 503 et s.) 프로메테우스의 시나리오와 크게 다르지 않다. 즉, 거기에는 하늘과 땅, 그리고 그 사이에 끼어 있는 주인공이 있다. 또한 문명을 가져다주는 불, 여자의 "증여",

죽음이라는 인간적 운명의 기원이 있다. 하지만 아메리카 원주민 신화에서 인간 주인공과 반목하는 상대는 부인의 아버지 또는 부인 형제이지, 부계적이거나 혈통적인 등장인물이 아니다. 이런 등장인물은 그리스, 근동 지역, 아프리카 신화 혹은 프로이트적 신화 같은 구세계의 신화집합에서 지배적이다. 정리해서 말하자면, 구세계에서 인간들은 신적인 아버지로부터 "불"을 훔쳐야 했던 반면, 아메리카 원주민은 부인의 아버지로부터 불을 훔치거나, 부인형제가 주는 선물로서 불을 얻어야만 했다. 이때 부인의 아버지와 부인형제는 모두 동물이다.

우리가 "신화집합"이라고 부르는 것은 '주어진 것'에 대한 (통상적으로는 타자들의) 담론이다(Wagner 1978). 주어진 것이라고 앞으로 간주될 것은 신화들 속에 단번에 모두 주어진다. 즉, [이렇게 주어진 것은] 원초적 조건들인데, 그 조건들로부터, 그리고 그 조건들에 맞서서 인간들이 정의되거나 구축된다. 이런 담론은 존재론적 빚의 항들과 한계들을 (이것들이 존재하는 바로 그곳에서) 확립한다. 만일 이것이 사실이라면, 아메리카 원주민의 빚은 혈통과 부모자식 관계("기초적이고 계보학적으로 주어진 것")가 아니라, 혼인과 인척관계에 속하는 것이다. 우리가 살펴보았듯이 '타자'란 무엇보다 먼저 하나의 인척이다. 여기서 우리가 어떤 진부한 사실을 참조하는 게 아니라는 점을 지적해야만 한다. 그 진부한 사실이란, 원주민 신화들은 인척관계들을 항상 거기에 이미 있던 것으로 취급한다는 것이다(그 신화들은 혈족관계들도 같은 식으로 취급한다던가, 혼인 금지를 알지 못하던 전前인간들이 살았던 어떤 세계들을 상상한다는 등). 그 대신 우리가 참조하는 것은 인척관계가 신화의 (『신화들』의 의미에서) "뼈대"를 구성한다는 사실이다. 이러한 뼈대 혹은 틀은 개별체들의 커다란 변이성을 포함한다. 더 정확히 말하자면, 그 뼈대는 동물 인척들로 가득 차 있다. 그 인척들이 동물, 혹은 일반적으로 비인간인 것은 필요 불가결한 일이다. 즉, 식물, 천체, 기상현상, 인공물 등이다(사실을 말하자면, 미래의 비인간들이다. 신화에서 만물은 부분적으로 인간인데, 여기에는 현실의 인간도 포함된다. 비록 길은 두 방향에서 동일하지 않지만 말이다). 왜냐하면 아마존에서 "체계의 강도적 조건들"을 정의하는 것이 바로 비인간과의 그러한 동맹이기 때문이다.

물론 아메리카 원주민 신화들도 오이디푸스적 근친상간, 아버지와 아들 간의 충돌, 그리고 사람들이 원하는 모든 것을 포함한다. 『질투심 많은 도기 만드는 여자』*La potière jalouse*[11]는 잘 알려진 의도들에 따라 "히바로인의 토템과 타부"(Lévi-Strauss 1985, chap. XVI)에 관해 오랫동안 논의한다. 그러나 레비-스트로스가 보기에, 아메리카 대륙의 신화집합, 특히 문화의 기원을 다루는 신화집합은 부모자식 관계와 생식이 아니라, 인척관계와 교환의 주위를 맴돌고 있다는 것이 아주 분명하다. 마찬가지로 아메리카 원주민의 상상적인 것에 특징적인 근친상간은 "혈통의 근친상간"이나 부모자식 간의 프로이트적 근친상간보다는, 레비-스트로스가 『친족의 기본 구조』의 기초로 삼았던 남매간 근친상간이나 "동맹의 근친상간"과 동일한 것이다. 신세계[아메리카]에 더 널리 퍼져 있는 신화는(Lévi-Strauss 1967, 32; 73-79; 1971, 192) '태양'과 '달'의 기원이 남매간 근친상간의 결과물이라고 설명한다는 점을 기억하자. 이것이 레비-스트로스가

"아메리카의 통념vulgate"(Lévi-Strauss 1979, 197; 217)이라고 부르게 될 이야기이며, 보로로인의 준거 신화인 M₁의 기본 세포를 구성한다. 이 준거 신화에는 어머니와 아들 사이의 원原오이디푸스적 근친상 간이 있고, 아버지와 죽음을 다투는 싸움이 그 뒤에 이어진다. 레비 -스트로스는 이것들이 "형제자매들"간 근친상간 및 "인척들"간 충돌인 것처럼 옮겨 적는다(구조적 인류학의 유머). [왜냐하면] 족외혼 적 모계혈통 씨족들로 조직된 보로로 사회에서, 모든 개인은 자기 어머니의 씨족에 속하는 반면, 아버지는 인척, 즉 혼인에 의해 동맹 관계를 맺은 씨족의 구성원이기 때문이다. 아버지의 시점에서 아들 은 부인의 형제와 같은 것이다. 레비-스트로스가 근친상간의 문제 틀을 이렇게 바꾸어 놓은 것은 『안티 오이디푸스』에서 도곤인의 신 화 해설에 활용된다. "누이와의 근친상간은 어머니와의 근친상간을 대체하는 것이 아니라, 그 반대로 생식질적 가계집단을 드러내는 것 으로서의 근친상간에 대한 강도적 모델이다"(Deleuze·Guattari 1972, 187[국역본 277쪽]).

* * *

하지만 엄격히 말해서, 이런 강도적 평면 위에는 동맹과 혈통을 구별하는 (필연적으로 외연적인) 대립이 있을 수 없다. 혹은 두 가지 동맹이 있다면, 혈통도 마찬가지로 두 가지가 있다. 모든 생산이 혈 통적이라면, 모든 혈통이 반드시 (재)생산적이지는 않다. 재생산적 이고 관리적인 혈통들(재현적인 혈통과 국가의 혈통)이 존재한다면, 괴물적이고 감염성 강한 혈통들도 있다. 이러한 혈통은 반자연적인 동맹과 되기의 결과, 근친상간적 혹은 종횡단적 결합union의 결과다.•

족내혼과 족외혈통, 즉 반反친족의 기본 구조. 기아나의 이상적 마을에 족외혼적 인척관계가 존재하지 않는다면, 아메리카 원주민의 다른 이상적 마을들에 존재하지 않는 것은 바로 족 내 혈통의 혈족관계다. 『슬픈 열대』에 묘사된 카두베오인의 "이상적" 경우처럼, 그룹의 아이 가운데 대다수가 적대집단 출신이기 때문이다.

그 사회는 우리가 자연스럽다고 여기는 느낌들을 강하게 거부하는 모습을 보여 주었다. 예컨대 그 사회는 생식에 대해 격렬한 혐오감을 느꼈다. 낙태와 영아살해는 거의 정상적인 일로서 실천되었고, 그 결과 그룹의 존속은 자손을 낳는 것보다 입양을 하는 것으로 이루어졌다. 전사들이 원정을 떠나는 주요 목적 중 하나가 아이들을 손에 넣는 것이었다(Lévi-Strauss 1955, 205-208[국역본 358쪽]).

• 들뢰즈와 과타리가 도곤인의 신화에서 식별해 낸 강도적 혈통의 상황과 유사한 선(先)우주적 경관을 투사하는 아마존 신화집합들도 있다. 특히, 아마존 북서부의 투카노인과 아라와크인의 신화들을 언급해야만 한다. 이 신화들도 제라우두 앙드렐루가 지적한 대로(Andrello 2006), 아마존 선(先)우주의 기초 상태(내재성의 평면)를 구성하는 강도적 인척관계라는 동일한 도식을 참조하지만, 그럼에도 불구하고 [도곤인 신화와 유사한 것으로서 언급되어야 한다].

구조주의 학설에서 도착적으로 일탈하는 또 다른 사례는 투피남바인이다. 그들은 누이의 딸과 혼인하기를 선호하는 동시에, 외부에서 누이남편을 포획해 오는 것에도 열광적으로 몰두했다. 외부의 누이남편이란 적대집단의 남자들인데, 투피남바인은 그들을 의례에 따라 처형하고 잡아먹기 전까지, 자신의 누이들을 그들에게 일시적인 아내로 넘겨주었다. 거의 근친상간에 가까운 최고의 족내혼이 식인 풍습적인 최고의 족외혼과 겹쳐진다. 신화의 과도한 도식론에 따라 말하자면, 누이와 짝짓기하고 어린 동물을 입양한다. …… 하지만 또한 이보다 앞선 도식에 나타난 이중의 비틀림에 따라 말하자면, 별과 혼인하고 뱃속에 자신의 누이들을 품는다 …….[•]

모든 것을 고려했을 때, 동맹이 한 가지인지 두 가지인지, 혈통이 한 가지인지 두 가지인지, 신화들이 원초적 혈통을 인정하는지 아닌지 등은 문제가 아니다. 문제는 그보다 강도가 어디에서 비롯하는가를 규정하는 것이다. 결국, 외부가 내부로부터 태어나는지(동맹이 혈통의 후손인지, 혈통에 의존하는지)가 문제다. 혹은 반대로 내부가 외부의 반복인지가 문제다(혈통과 혈족관계가 동맹과 인척관계의 한 가지 특수한 경우인지가 문제다. 이런 특수한 경우에서 강도적 분리접속으로서의 차이는 0으로 수렴하는데, 당연히 0은 결코 되지 못한다 ……).[••]

[•] Lévi-Strauss 1971, 233-235; 276-278을 참고할 것. '코요테'는 뱃속에 자기 누이들을 받아들였다가, 그들에게 조언을 구하기 위해 정기적으로 배출한다.

[••] 우리가 알고 있듯이, "강도적 양은 [……] 0에 관련되고, 0은 강도적 양과 불가분의 관계에 있다"(Deleuze 1983).

아메리카 원주민의 신화집합에서는 쌍둥이관계에 있는 등장인물이 중요성을 가지는데, 이런 중요성에 의해 표시되는 것이 바로 인척관계와 혈족관계 사이의● 그러한 "무분별, 식별불가능성, 모호성의 지대"다[12](이는 인척관계와 혈족관계의 비非분화를 [의미하기보다는], 그 둘의 무한한 반향과 내적 중복, 또한 하나를 다른 하나 안에 넣는 프랙털적 퇴화를 [의미한다]). 쌍둥이관계에 있는 그런 등장인물은 "신화의 구조"에서 잠깐 거론되었고, 『신화들』의 전개 과정 전체에 걸쳐 (무엇보다 '태양'과 '달'의 신화를 통해) 구체화되어, 『스라소니 이야기』에서는 "모든 체계의 열쇠"로 변형된다(Lévi-Strauss 1991, 295). 왜냐하면 아메리카 원주민의 (일시적인, 불완전한, 반半매개적인, 서로 갈라져 나가는, 비평형적인, 근친상간적 적대 관계에 물든) 쌍둥이관계는 혈족의 닮음과 동일성의 원형을 재현하기는커녕, 잠재력적 인척관계의 내적 반복이기 때문이다. 똑같지 않은 쌍둥이는 세계의 조건을 형성하는 "불가피한 비대칭"(Lévi-Strauss, 1967, 406)이 신화적으로 인격화된 것이다. 인척관계의 환유인 혈족관계와 차이의 은유인 쌍둥이관계. 이러한 반어법을 음미하려면 조금은 라이프니츠주의자가 되어야 한다.

● 그리고 혈족관계 내부에서는, 혈통과 형제자매관계 사이에 [그러한 무분별, 식별불가능성, 모호성의 지대가 있다]. M1의 누이-어머니를 참고할 것.

부가 설명

미분적 쌍둥이관계는 자신을 하나의 강도적 범주로 드러내면서, 그 자신으로부터 인격을 분리하는 것에서 시작된다. 즉, 『스라소 니 이야기』 5장 "운명적 결단"이 멋지게 표현하듯이("딸/아들 이라 면 나는 그를 기르고, 아들/딸이라면 죽인다"),[13] 아직 어머니 뱃속에 있는 아이는 "그 자체가 쌍둥이"다(Lévi-Strauss 1991, 87 et s.). 대립 하는 성의 잠재적 중복을 지니고 있기 때문이다. 단일한 성을 가진 새로운 개체가 마침내 태어날 때, 그러한 잠재적 중복은 사라진다. ("슈뢰딩거의 고양이"의 역설은 이러한 신화적 테마의 한 가지 변형처럼 볼 수 있다. 레비-스트로스가 보기에, 그런 신화적 테마는 양자적 고양이 그 자체의 형식 아래에 있을 때 아마도 더 가시적인 것이 되었을 것이다. 그 양자적 고양이는 『스라소니 이야기』 10쪽에서 다른 식으로 거론된 바 있다). 그 책은 아메리카 신화집합에 흔히 등장하는 남자 쌍둥이 형제에 집중한다는 것에 주목하자(그 쌍둥이 형제를 다른 식으로 더 욱 분명히 부각하려면, 디오스쿠로이와 대조할 수 있다). 그러나 『신화 들 IV: 벌거벗은 인간』에서 레비-스트로스는 다음과 같은 주장을 진전시킨다. 대립하는 성을 지닌 (근친상간적인) 쌍둥이가 [신화의] 뼈대를 형성하는데, 동일한 성을 지닌 쌍둥이는 그런 뼈대에서 "파 생된" "보조적" 변형 상태라는 것이다(Lévi-Strauss 1971, 190-192). 그래서 동일한 성을 지닌 아메리카 원주민 쌍둥이 사이의 비유사 성은 다른 것보다 특히, 대립하는 성을 지닌 쌍둥이라는 자신의 "기 원"에서 파생된 것일 테다. 이것이 시사하는 바는, 언젠가 에리티 에가 주장했던 것처럼(Héritier 1981, 39) 모든 차이가 성적 차이에서 파생한다는 것이 아니라, 정확히 그 반대다. 즉, 모든 섹슈얼리티는 모든 기호 체계처럼 미분적이라는 것이다(Maniglier 2000; Viveiros de Castro 1990). 다시 한 번 레비-스트로스를 부연하자면(Lévi-Strauss 1971, 539 참조), 친족을 구성하는 경험은 성 사이의 대립에 대한 경험이 아니라, 대립된 것으로 파악된 다른 성에 대한 경험이라고 말해야 하기 때문이다. 구조주의에 관한 이런 깊이 있는 직관을 스트라선의 방식으로 보여 준 것에 대해서는 163-164쪽을 참고할 것.

[기존 연구에 대해] 지금까지 간략히 논의한 것을 마무리하기 위해 다음을 재확인하자. 잠재력적 인척관계라는 관념은 원주민 아마존의 기본적인 우주론 범주다. 그 관념의 이론적이고 종족지학적인 준거틀의 시점에서 보자면, 그 관념은 사회체에 대한 "교환주의적" 이미지와 완전히 단절되면서 구성된다. 그 관념에 항상 결부되어 있던 포식 혹은 포착이라는 일반개념들(훔치기와 증여, 식인 풍습과 적대자-되기)의 중요성이 바로 여기에 있다. 이 일반개념들은 동맹이 가진 어떤 세계시민주의적 역량의 운동을 끌어오려고 노력했다. 이 운동은 원주민 형이상학의 기본 상태일 것이며, 그 역량은 고전적 친족 이론들의 가족적-공적 인척관계로 ("가족 영역", "공적 범위" ……) 환원되지 않는다. 이는 그 일반개념들이 구조주의-기능주의적이든, 구조주의적이든 혹은 마르크스주의적이든 마찬가지다. 문제가 되었던 교환이란 바로 이런 것, 즉 훔치기, 증여, 감염, 지출, 되기다. 잠재력적 동맹은 아마존의 친족관계를 한정하고 종속시키는 타자-되기다. 아마존 인간집단에 관한 종족학은 『친족의 기본 구조』

에 충실하기에 앞서 (그것에 충실할 수 있기 위해)『신화들』에 충실했다. 그 종족학은 잠재력적 동맹을 통해 철학자 마니글리에의 다음과 같은 매우 올바른 지적을 예견했던 것이다.

친족관계가 본질적으로 사회적 현상인 것은 아니다. 필요한 것은 인간적 존재자들이 서로 관계 맺는 것을 친족관계를 통해 배타적으로, 심지어 원초적으로 조절하거나 규정하는 일이 아니다. 그 대신 필요한 것은 친족관계를 통해 우주의 정치경제라 부를 수 있을 만한 것에 주의를 기울이고, 우리가 일부를 이루는 이 세계에 속한 사물들의 순환에 주의를 기울이는 일이다(Maniglier 2005b, 768).

PAU-BRASIL

4부

식인의 코기토

비철학이 철학의 대지와 인민peuple이 되기 위해, 철학자는 비철학자가 되어야 한다.

…… 사유하는 사람이 인민에 내부적인 만큼, 인민은 사유하는 사람에 내부적이다.

이것이 "인민-되기"이므로.

_『철학이란 무엇인가?』[Deleuze·Guattari 1991, 105]

개념 안의 적대자

　『안티 나르시스』는 우리가 쓰고 싶었지만, 단지 몇몇 장章의 계획만 제시할 수 있었던 책이다. [만일 쓰였다면] 그 책은 사유의 경험과 인류학적 픽션의 실행이 되었을 것이다. "사유의 경험"이라는 표현은 사유에 의해 경험 안으로 (상상적으로) 들어간다는 통상적 의미가 아니라, (실재적) 경험에 의해 사유 안으로 들어간다는 의미다. 경험을 상상하는 게 아니라, 상상하기를 경험으로 아는 것expérimenter 혹은 "사유 자체를 경험으로 아는 것"[•] 이 필요하다. 여기서 경험이란 원주민의 아마존을 연구하는 종족지학자 세대의 경험이고, 여기서

[•] 사고 실험(Gedankenexperiment)이라는 일반개념에 대한 이런 독해는 중국에 대한 줄리앙의 저작에서 티에리 마르셰스가 사용한 것이다(Jullien·Marchaisse 2000, 71).

시도하려는 경험으로 알기란 그런 경험에 의해 통제되는 어떤 픽션을 말한다. 따라서 그 픽션은 인류학적이겠지만, 그 픽션의 인류학도 픽션인 것은 아니다.

원주민의 관념idée을 개념concept처럼 고려하기로 결정하고, 이런 결정으로부터 결과물을 뽑아내는 데서 그 픽션이 성립한다. [결과물을 뽑아낸다는 것은] 그런 개념이 전제하는 전前개념적 밑바탕이나 내재성의 평면, 그 개념이 존재하기를 요청하는 개념적 인물들, 그 개념이 펼쳐 놓는 실재의 질료를 정의하는 것이다. 원주민의 관념을 개념처럼 다룬다는 것은, 그 관념을 객관적으로 [원래의 관념과] 다른 것으로, 현실 대상의 또 다른 유형처럼 규정한다는 말이 아니다. 실제로 [어떤 인류학자들처럼] 원주민의 관념을 개별적 인지, 집단적 재현, 제안적 태도, 우주론적 믿음, 무의식적 도식, 텍스트적 복합물, 구현된 자질 등으로 다루는 것은 그 관념을 [경험이 통제하는 픽션이 아니라] 어떤 이론적 픽션으로 만드는 일이나 마찬가지다.

따라서『안티 나르시스』는 "원시적 정신 상태"에 대한 연구도 아니고, 원주민의 "인지 과정"에 대한 분석도 아니다. 그것의 연구 대상은 원주민의 사유 방식이라기보다는 그 사유의 대상들, 그 사유의 개념이 투사하는 가능 세계다. 세계를 향한 어떤 시선에 관해 종족 사회학적 시론을 쓰는 것도 문젯거리가 아니다. 첫째, 보여 줄 준비가 된 세계, 시선에 선행하는 세계, 혹은 어떤 사유의 지평이 수립하는 "보이는 것"과 "보이지 않는 것" 사이의 분할에 선행하는 세계란 존재하지 않기 때문이다. 둘째, 관념을 개념처럼 고려한다는 것은, 그 관념을 (생태적·경제적·정치적 맥락 등과 같은) 맥락의 초월적 일반개념의 용어로 설명하기를 거부함으로써, 문제의 내재적 일반개념을 특권화하는 것이기 때문이다. 셋째, 여기서 문제가 되는 것은 아메리카 원주민 사유에 대한 한 가지 해석을 제안하는 게 아니라, 그들의 사유와 함께, 그리하여 우리의 사유와 함께 경험으로 알기를 실현하는 일이다. 즉, "다른 문화에 대한 이해란 모두 자기 문화와 함께 경험으로 아는 일이다"Every understanding of another culture is an experiment with one's own(와그너).[1]

여기서 분명히 할 것이 있다. 나는 아메리카 원주민의 정신이 (필연적으로 ……) 그들 이외의 어느 인간이 지닌 것과 다른 "인지 과정"이 펼쳐지는 장면일 것이라 사유하지 않는다. 원주민이 잡다divers를 다른 방식으로 처리하는 특수한 신경생리학을 가지고 있다고 상상할 필요는 없다. 내 자신에 관련해서, 나는 그들이 정확히 "우리처럼" 사유한다고 사유한다.[2] 하지만 나는 또한 그들이 사유하는 것, 즉 그들이 자신에게 부여하는 개념은 우리의 개념과 매우 다르다고, 그래서 그들의 개념이 서술하는 세계는 우리의 세계와 매우 다르다고 사유한다.[●] 원주민에 관련해서, 나는 다음과 같이 사유한다. 그들은 인간 모두와 인간 이외의 비인간적인 다른 주체들도 정확히 "그들처럼" 사유한다고 사유한다. 하지만 그들은 이런 식의 사유가 보편적 지시작용의 수렴을 표현하기는커녕, [모든 존재자가 그들처럼 사유한다는 사실이] 바로 관점의 발산 이유라고 사유한다.

● "사유의 방향잡기(orientation) 방식"이 다양하게 존재함을 긍정하는 것과 "다른 논리"의 작동을 긍정하는 것 사이의 차이에 관해서는 Jullien·Marchaisse 2000, 205-207을 참고.

따라서 우리가 정의하려 노력하는 야생적 사유의 이미지는 원주민의 앎과 그것에 담긴 실재의 어느 정도 참된 재현들을(오늘날 재현들의 세계 시장에서 매우 탐내는 "전통적 앎들") 추구하지 않는다. 그것에 담긴 정신적 범주들을 추구하지도 않는다. 정신에 관한 과학들은 종의 인식 능력이라는 시점에서 그 범주들의 재현성에 대해 끊임없이 왈가왈부한다. 자신에 선행하는 외부 사물의 상태를 부분적으로나마 표현할지 모를 재현은 개별적이든 집단적이든, 합리적이든 적어도 이성적이기는 하든 야생적 사유의 이미지가 추구하는 것이 아니다. 세계의 어떤 사물(정신이든 사회든)이 가진 속성을 드러낼지 모를 범주와 인지 과정 역시 보편적이든 특수하든, 선천적이든 후천적이든 야생적 사유의 이미지가 추구하는 것이 아니다. 그 대신 여기서 존재하는 것으로 인정되는 대상은 원주민 개념들의 대상, 그 개념들이 구성한 세계들(세계들은 이런 식으로 그 개념들을 표현한다)의 대상, 그 개념들이 비롯한 잠재적 바탕이다.

원주민의 관념을 개념으로 고려한다는 것은 그 관념이 철학적 의미를 지닌다고, 혹은 철학적으로 사용될 잠재력이 있다고 간주함을 의미한다. 누군가는 이것이 무책임한 결정이라고 말할 것이다. 우리의 이야기에서 철학자가 아닌 사람은 원주민만이 아니고, 이 이야기의 저자 역시 철학자가 아니기 때문이다.[3] 이 후자의 사실을 분명히 강조해야 한다. 어떻게 개념이라는 일반개념을 어떤 사유, 예컨대 겉보기에는 자기 자신에게 관심 갖는 것을 필수적이라 여겨본 적이 없는 것 같은 사유에 적용할 수 있는가? 그런 사유는 개념적 이성으로 이루어진 엄격한 건축물을 참조하기보다는, 조화롭지 못하게 뒤섞여 있는 상징, 형태, 집단적 재현으로 이루어진 유동적 도식화 방식을 참조할 것이다. 한편의 수작업자와 그의 기호, 그리고 다른 한편의 기술자와 그의 개념 사이에(Lévi-Strauss 1962b, 30[국역본 73-74쪽]), 인류 전체에 일반적인 신화 만들기mythopoiesis와 서구 합리성의 특수한 우주 사이에(Vernant 1966, 229), '형태'의 계열체적 초월성과 '개념'의 통합체적 내재성 사이에(Deleuze·Guattari 1991) 잘 알려진 역사적이고 심리적인 심연, 즉 어떤 "결정적 단절"이 존재하지 않는가?

그렇지만 어느 정도는 헤겔에서 직접 유래하는 이 모든 대조에 관해, 나는 몇 가지 의구심을 가지고 있다. 더구나 나는 개념에 관해 말해야 할 (비철학적인) 내적 이유들이 몇 가지 있다. 첫 번째 이유는 원주민의 관념이 인류학의 관념과 동일한 평면 위에 있다고 고려하기로 한 결정에서 나온다.

우리는 이 텍스트를 시작하며 인류학 이론들과 그것이 대상으로 삼는 집단의 지적 화용론들은 엄격한 연속성 안에 놓여 있다고 말했다. 이로부터, [우리가] 제안한 경험은 인류학 담론과 원주민 담론 사이에 권리상의 등가성이 있다는 것을 긍정하면서 시작한다. 이러한 등가성은 그 두 가지 담론의 "상호 전제"라는 상황과 거의 같으며, 그 두 담론은 인식 관계에 들어갈 때만 그것들 자체로 존재하는 데에 이르게 된다. 인류학 개념들이 그러한 인식 관계를 현실화한다. 그래서 그 개념들은 내용만큼 표현에서도 완전히 관계적이다. 그것들은 원주민 문화를 참되게 반영하는 것도(실증주의자의 꿈), 인류학자의 문화를 가상적으로 투사하는 것도(구축주의자의 악몽) 아니다. 그 개념들이 반영하는 것은 두 가지 문화를 잇는 어떤 지적 이해 가능성의 관계다. 그리고 그 개념들이 투사하는 것은 자기 자신의 전제들로서 존재하는 두 가지 문화다. 그것들은 이렇게 이중의 뿌리뽑기를 실행한다. 즉, 그 개념들은 언제나 반대편을 가리키는 벡터, 맥락을 횡단하는 경계면과 같다. 이 경계면의 기능은, 용어의 기교적 의미를 따르자면, '동일자' 한가운데 있는 '타자', 저기와 같은 여기를 재현하는 것이다.

인류학 개념의 기원과 관계적 기능은 흔히 다음과 같은 이국적 단어로 표시된다. 마나, **토템**, **쿨라**, **포틀래치**, 타부tabu, **굼사/굼라오** gumsa/gumlao ......[4] [유럽어에서 유래한] 증여, 희생, 친족, 인격 등도 [그 이국적 단어들] 못지않은 진정한 개념들이다. 이 [유럽어] 개념들은 인류학의 기원에서 비롯한 전통과 자신들이 대상으로 삼는 전통들 사이의 유비적 관계를 더욱 상기시키는 어원적 서명을 지니고 있다. 마지막으로, 연구 대상인 인간집단의 개념적 장치를 일반화하려는 신조어도 있다. 애니미즘, 분절적 대립, 제한된 교환, 구분발생 등.[5] 혹은 이와 반대로 또 더 문제적인 방식으로, 근친상간 금지, 젠더, 상징, 문화 같이 우리 전통에 널리 퍼져 있는 몇 가지 일반개념들을 보편화하기 위해, 이것들을 원래 경로에서 벗어나게 하여 특수한 이론적 경제의 내부를 향하게 만드는 신조어들도 있다. •

마침내 여기, "주체" 및 "대상"의 세계들에서 유래한 개념과 실

• 철학적이고 과학적인 관념의 서명과 개념의 명명식에 대해서는 Deleuze·Guattari 1991, 13; 28-29를 참고.

천 사이의 관계적 공조 속에 인류학의 독창성이 있지 않은가? 다른 무엇보다 이러한 사실을 인정한다면, 라투르가 아래와 같이 지적하 듯, "엄격한" 과학에 대한 우리의 열등감을 완화시키는 데 도움이 될 것이다.

쿨라에 대한 서술은 블랙홀에 대한 서술과 동등한 가치를 지닌다. 사회 적 동맹의 복잡계는 이기적 유전자를 [설명하기] 위해 고안된 복잡한 진화[6] 시나리오만큼 풍부한 상상력을 지녔다. 오스트레일리아 원주민 의 신학을 이해하는 것은 거대한 해저 균열rift의 지도를 그리는 것만 큼 중요하다. 트로브리안드 군도의 거주권 체계는 극지방 얼음을 시추 하는 것만큼 흥미로운 과학적 목표다. 우리가 하나의 과학을 정의할 때 필요한 것들에 관해 이야기해 본다면(우리 세계를 채우는 행위능력 들agencies의 혁신), 인류학은 학문 분야의 서열에서 정상 근처에 있을 것이다 ……(Latour 1996a, 5).

이 단락은 원주민의 개념화 방식과 자연과학적 대상 사이의 유비 를 만든다. 이런 유비는 가능한 한 가지 관점이며, 심지어 필수적이 기도 하다. 즉, 원주민의 관념과 실천이 마치 세계의 대상들인 것처 럼, 더 나아가 그것들을 세계의 대상으로 다루기 위해, 그것들에 관 한 과학적 서술이 생산될 수 있어야만 한다. (별 다른 관심을 끌지 못한 채 서술되기를 끈기 있게 기다리는 개별체들만이 라투르의 과학적 대상에서 제외된다.) [라투르의 유비 이외의] 가능한 전략은 로빈 호턴의 "유사성 테제"를 따라(Horton 1993, 348-354),[7] 원주민의 개념화 방식을 과학

이론에 비교하는 것이다. 우리는 여기서 또 다른 전략을 제안하고
자 한다. 나는 인류학이 항상 "'과학'"이라는 강박에 너무 짓눌려
왔다고 생각한다. 단지 인류학 자신에 관련해서만 그런 게 아니라
(인류학은 과학인가 아닌가, 과학일 수 있는가 없는가, 과학이어야만 하는가
아닌가), 그것이 연구하는 인간집단의 개념화 방식에 관련해서도 그
렇다는 게 정말 문제다. 인류학은 그들의 개념화 방식을 오류, 꿈,
가상 등으로 폄하한 다음 왜, 어떻게 "타자들"이 과학적으로 (자신
을) 설명하지 못하는지를 과학적으로 설명하려 한다. 혹은 그들의
개념화 방식을 과학과 어느 정도 유사한 것으로서, 인간성과 불가
분의 관계에 있는 앎의 의지를 동일하게 가지고 있다는 것의 결실
로서 높이 평가해 준다. 이런 경우 우리는 호턴의 유사성이나 레비
-스트로스가 말한 구체적인 것의 과학을 갖게 될지 모른다(Latour
1991, 133-134[국역본 248-249쪽]). 그렇지만 사유의 금본위제 같은 기
능을 하는 과학이라는 이미지가 서구 전통에 낯선 인간집단의 지적
활동과 우리가 관계 맺을 수 있는 유일한 장소는 아니다.

라투르가 말한 것과 다른 유비, 호턴이 말한 것과 다른 유사성을
상상해 보자. 원주민의 개념화 방식을 블랙홀이나 판구조와 닮은
개별체로 간주하는 대신, 우리는 그것을 코기토나 모나드와 동일한
질서를 가진 무언가로 고려했다. 그래서 우리는 위의 인용문을 부연
하며 다음과 같이 말할 수 있을 것이다. 인격을 "가분적인 것"dividu
(Strathern 1988)[8]으로 보는 멜라네시아의 개념은 존 로크의 소유적
개인주의만큼 풍부한 상상력을 지녔다. "원주민 족장체제의 철학"
(Clastres 1974/1962)을 해독하기가 국가에 대한 헤겔의 학설을 이해

하는 것만큼 중요하다. 마오리Maori인의 우주생성론은 엘레아 학파의 역설과 칸트의 이율배반에 비교할 수 있다(Schrempp 1992). 아마존의 관점주의는 라이프니츠의 체계를 이해하는 것만큼 흥미로운 철학적 목표다. …… 그리고 하나의 철학(새로운 개념을 창조할 수 있는 그 철학의 능력)을 평가할 때 무엇이 중요한지가 문제인 경우, 철학을 대체할 의도가 전혀 없는 인류학이야말로 강력한 철학적 도구임이 밝혀진다. 그 도구는 "우리" 철학의 여전히 과도하게 자기종족중심적인 지평을 조금은 넓히고, 그렇게 하는 김에 이른바 "철학적" 인류학으로부터 우리를 슬쩍 벗어나게 해줄 수 있다. 팀 인골드의 강력한 정의를 상기해 보자. 영어 원문 그대로 인용하는 편이 낫다. Anthropology is philosophy with the people in. 인골드의 people은 ordinary people, 즉 보통 사람들, 죽음을 피할 수 없다는 공통점을 가진 사람들을 말한다(Ingold 1992, 696). 하지만 그 말은 또한 "인간집단"[인민], 더 나아가 "인간집단들"[인민들]이라는 the people의 의미를 활용하고 있다. 그러니까 이 세상에 있는 다른 사람들 및 다른 인간집단들과 함께하는 철학이다. 이것은 우리의 비철학은 물론 지구에서 살아가는 다른 인간집단들의 "비철학"(삶)과 관계를 유지하는 철학적 활동의 가능성이다. 따라서 "비공통적" 인간집단들이란 우리의 의사소통 범위 외부에 존재하는 이들이다.[9] 실재적 철학에 상상적 야생인이 가득하다면, 인류학이 추구하는 지리철학은 실재적 야생인과 함께 상상적 철학을 만든다. Imaginary gardens with real toads in them(메리앤 무어). 진짜 두꺼비가 사는 상상의 정원. 알다시피 두꺼비는 사실 왕자임이 밝혀지곤 하지만, 그 대신 그것에 입맞춤 할 수 있어야 한다 ······.

위 인용문에 관한 이러한 부연 설명에 나타난 중요한 이동에 주목하자. 이제 문제가 되는 것은 더 이상 **쿨라**에 대한 (사회성의 멜라네시아적 형식이라는) 인류학적 서술이 아니다. 혹은 단지 그 서술만 문제인 게 아니라, (인류학적 형식으로서의 "사회성"에 대한) 멜라네시아적 서술로서의 **쿨라**도 문제다. 또한 "오스트레일리아의 신학"을 이해하는 게 필수적일 수도 있지만, 이 경우에는 그 신학 자체가 어떤 이해의 장치를 구성한다고 이해해야 할 것이다. 이런 식으로, 동맹의 복잡계나 토지 소유의 복잡계를 원주민의 사회학적 상상에서 유래한 발명처럼 보아야 할지 모른다. 물론 **쿨라**를 하나의 서술처럼 서술하고, 원주민 종교를 하나의 이해처럼 이해하고, 원주민의 상상을 상상하는 것은 계속 필수적일 것이다. 즉, 개념화 방식을 개념으로 변형하고, 개념을 개념화 방식에서 추출한 다음 다시 돌려주어야 한다. 그리고 하나의 개념은 개념화 방식들 사이의 복잡한 관계, 전前개념적 직관들의 배치다. 인류학의 경우, 그런 관계를 맺고 있는 개념화 방식들은 다른 무엇보다 인류학자의 개념화 방식과 원주민의 개념화 방식을 포함한다. 즉, 관계들의 관계다. 원주민의 개념은 인류학자의 개념이다. 물론 구축작업construction을 통해서 그렇게 된다.

* * *

사유의 이미지로서의 식인 풍습과 개념적 인물로서의 적대자와 관련해, 들뢰즈와 과타리의 '지리철학'에 대한 장章 하나를 쓸 일이 남았다. 서구 전통에서 '타인'의 원형적 표현은 '친구'라는 형태를 띤다. '친구'란 타인이지만, '그 자신'의 "계기"moment로서의 타인이다. 만일 내가 나 자신을 친구의 친구로 정의한다면, 아리스토텔레스의 유명한 정의에 따라 친구란 단지 또 다른 '자기 자신'이기 때문이다. '나 자신'은 처음부터 여기에 있다. 즉, 친구란 '주체'의 조건 지어진 형식에 역투사하는 방식으로 사유된 '타인'-조건이다. 프랑시스 볼프가 지적하듯, 이런 정의는 다음과 같은 이론을 함축한다. "타인과의 모든 관계, 그러므로 모든 형식의 우호성은 인간이 자기 자신과 맺는 관계 내에 토대를 둔다"(Wolff 2000, 169). 자기관계autorelation는 사회적 연관의 기원과 모델로서 전제된다.

그러나 '친구'는 단지 어떤 "인류학"의 근거를 제공해 주는 데 그치지 않는다. 그리스 철학이 구성된 역사적 정치적 조건을 고려해 보면, '친구'는 진리와 맺는 어떤 관계와 분리할 수 없는 것으로 출현한다. 즉, '친구'란 "사유에 내속한 현존, 사유 자체의 가능 조건, 살아 있는 범주, 초월론적 체험"이다(Deleuze·Guattari 1991, 9). 정리하자면, '친구'란 들뢰즈와 과타리가 개념적 인물이라 부르는 것, 개념에 고유한 '타인'의 도식론이다. 철학은 '친구'를 요구하고, 필리아philia는 앎의 요소다.

그런데 "우리" 철학과 아메리카 원주민의 등가성을 식별하려는 모든 시도가 제기하는 최초의 문제는 초월론적 규정으로서의 '적대자'에 의해 구성된 어떤 세계를 사유하는 것이다. 이는 그리스 철학의 경쟁자적 친구가 아니라, 아메리카 원주민의 우주적 실천에 담겨 있는 적대자의 내재성이다. 여기서 적대성은 우호성이 박탈된 단순한 보완물이나 부정적 사실성이 아니라, 사유의 권리 구조다. 이런 권리 구조는 앎과 맺는 다른 종류의 관계 및 진리의 다른 체제, 즉 식인 풍습, 관점주의, 다자연주의를 정의한다. 들뢰즈가 말하는 '타인'이 시점이라는 개념 그 자체라면, 초월론적 규정으로서의 적대자가 지닌 시점에 의해 구성된 세계란 무엇인가? 오로지 원주민만 할 수 있는 방식으로 궁극의 결론에 이른 애니미즘은 단지 관점주의일 뿐 아니라 적대자주의이기도 하다.

* * *

  이 모든 것은 다음의 "불가능한" 질문을 정식화하는 문제로 돌아온다. 원주민의 사유를 진지하게 고려할 때 어떤 일이 일어나는가? 그 사유를 설명하고, 해석하고, 맥락화하고, 합리화하는 것이 더 이상 인류학자의 목표가 아닐 때, 사용하기, 결론을 추출하기, 그 사유가 우리의 사유에게 생산해 줄 수 있는 효과를 검증하기가 인류학자의 목표가 될 때, 어떤 일이 일어나는가? 원주민의 사유를 사유한다는 것은 무엇인가? 내가 말하려는 사유하기란 우리가 사유하는 그것(타자의 사유)이 "겉보기에 비합리적"인지, 혹은 본성적으로는 이성적인지에 대해 사유하는 것이 아니다. [타자의 사유가 겉보기에 비합리적이라는 전자보다, 본성상 이성적이라는 후자가] 더 나쁘다. 내가 말하려는 사유하기란, 이런 양자택일의 용어들로 자신을 사유하지 않는 어떤 것으로서 그 타자의 사유를 사유하기, 이런 [양자택일의] 작동에 완전히 낯선 어떤 것으로서 그것을 사유하기다.

진지하게 고려하기란 일단 중립화하지 않는 것을 말한다. 예컨대 그런 사유가 인간종의 인지적 보편 요소를 예시하는지, 어떻게 예시하는지에 대한 질문을 괄호 안에 집어넣는 것이다. 또한 그 사유가 사회적으로 규정된 인식의 몇 가지 전달 방식에 의해 설명될 수 있는지, 세계에 대한 문화적으로 특수한 시선을 표현하는지, 정치권력 분배의 법적 유효성을 기능적 측면에서 인정하는지 등을 비롯해서, 타자들의 사유를 중립화하는 다른 모든 형식들을 괄호 안에 집어넣는 것이다. 이런 질문을 중단하거나, 최소한 인류학이 그것에 갇히지 않도록 해야 한다. 예컨대 타자의 사유를 단순히 (굳이 말하자면) 사유하기의 생각지 못한 잠재성이 현실화되는 것처럼 사유하기로 결정하는 것이다. *

그렇다면 진지하게 고려하기가 의미하는 것은 원주민이 말하는 것을 "믿기", 즉 그들의 사유를 세계에 대한 진리를 표현하는 것으로 고려하기인가? 여기에 또다시 전형적으로 잘못 제기된 문제 중 하나가 있다. 어떤 사유를 믿거나 믿지 않기 위해서는, 가장 먼저 그것을 믿음들의 체계처럼 사유해야 한다. 하지만 진정으로 인류학적인 문제는 결코 믿음에 대한 심리주의적 용어나, 진리값에 대한 논리주의적 용어로 제기되지 않는다. 왜냐하면 문제가 되는 것은

● 원주민의 "사유 습관"과 우리 자신의 사회가 가진 "사유 습관" 사이의 매개를 실행하는 과제가 인류학에게 부과된다. 이에 대해 리엔하트는 다음과 같이 말한다. "이렇게 함으로써, 그것은 결국 우리가 탐구하고 있는 어떤 신비한 '원시 철학'이 아니라, 우리의 사유와 언어에 더해진 잠재능력들이 된다"(Asad 1986, 158-159에서 재인용).

낯선 사유를 의견, 즉 믿음과 불신의 유일한 가능 대상처럼 고려하는 게 아니기 때문이다. 낯선 사유를 명제의 집합, 즉 진리 판단의 유일한 가능 대상처럼 간주하는 것도 문젯거리가 아니다. 인류학이 원주민과 그들의 담론 사이의 관계를 믿음의 용어로 정의할 때(문화는 일종의 교조적 신학이 된다), 혹은 그 담론을 의견이나 명제의 집합처럼 다룰 때(문화는 오류, 광기, 가상, 이데올로기 따위에 대한 인식 기형학이 된다), 인류학이 어떤 피해를 초래하는지는 잘 알려져 있다. 라투르가 지적하듯, "믿음은 하나의 정신 상태가 아니라, 인간집단들 간 관계에서 발생하는 효과다. 몽테뉴 이래, 이 사실은 잘 알려져 있다"(Latour 1996b, 15).

아메리카 원주민의 사유를 믿음의 용어로 서술하지 말아야 한다면, 믿음이라는 양식에 따라 그것과 관계 맺어서도 안 된다. 즉, 그 사유가 알레고리적인 "진리의 바탕"을 가지고 있다는 것을 관대하게 보여 주거나(뒤르켐주의자에게는 사회적 알레고리일 것이고, 미국의 "문화적 물질주의"cultural materialism 학파에게는 자연적 알레고리일 것이다), 혹은 더 나쁜 방식으로 그 사유가 비교秘敎적이고 전지全知적인 앎을 가졌으므로 사물의 내밀하고 궁극적인 본질에 접근하도록 해줄 것이라 상상하면서, 그 사유와 관계 맺어서는 안 된다. "의미형성meaning을 믿음, 교조, 확실성으로 환원하는 인류학은 원주민의 의미나 자기 자신의 의미 중 하나만을 믿어야 하는 덫에 걸리고 만다"(Wagner 1981, 30). meaning의 평면(의미sens, 의미작용signification, 의미형성signifiance)을 채우며 살아가는 것은 심리학적 믿음이나 논리학적 명제가 아니고, 그 "바탕"은 진리 이외의 무엇인가를 포함한다.

(원주민의 사유를 진지하게 고려하고 싶다면) 독사doxa의 형식도, 논리의 형태도 아닌(의견도 아니고, 명제도 아닌) 원주민의 사유를 의미의 실천처럼 고려해야 한다. 즉, "자기 자신을 재현하는 상징"의 자기 참조적 장치, 개념 생산의 자기 참조적 장치로서 고려해야 한다.

내가 보기에, 믿음의 용어로 질문 던지길 거부하는 것이 앞서 말한 인류학적 결정의 핵심 특징이다. 이 점을 강조하기 위해 다시 한 번 들뢰즈가 말하는 '타인'을 떠올려 보자(Deleuze 1969a; Deleuze·Guattari 1991). '타인'은 어떤 가능 세계의 표현이지만, 이 세계는 사회적 상호작용의 통상적 흐름 속에서 언제나 '나 자신'에 의해 현실화되어야만 한다. 즉, 타인이 담고 있는 가능적인 것의 함축[주름의 접힘]은 나 자신에 의해 설명된다[주름이 펼쳐진다]. 이 말이 의미하는 바는 가능적인 것이 어떤 검증 과정을 거친다는 것이다. 이 과정은 엔트로피적 방식으로 가능적인 것의 구조를 흩어지게 한다. 내가 타인이 표현하는 세계를 개봉할 때, 이는 그 세계가 실재라는 유효성을 인정하고, 그것에 침투하기 위해서다. 이게 아니라면 그 세계를 비실재라고 부인하기 위해서다. 즉, 이런 식으로 "설명"은 믿음의 요소를 도입하게 된다. 들뢰즈는 이 과정을 서술하며 '타인' 개념을 규정하는 한계 조건을 밝힌다.

우리와 타인 사이의 분쟁뿐 아니라 우리 공동체까지도 형성하는 이런 개봉의 관계들은 타인의 구조를 와해시키는데, 어떤 경우에는 타인을 대상의 상태로 환원하고, 다른 경우에는 주체의 상태에 옮겨 놓는다. 이런 이유에서 우리는 타인을 그 자체로 파악하기 위해, 아무리 인위적일지라도 특별한 경험 조건들을 주장할 권리가 있었다. 그 조건이란 표현되는 것이 그것을 표현하는 것 바깥에서는 아직 (우리에게) 존재하지 않는 순간을 말한다. 즉, 타인이란 어떤 가능 세계의 표현과 같다 (Deleuze 1968, 335[국역본 551쪽]).[10]

들뢰즈는 [자신의 고찰을 시작하며 말했던] 기본 원칙을 상기시키면서, 다음과 같이 결론 내린다.

앞서 우리가 언급한 규칙, 즉 자신을 지나치게 설명하지[주름을 펼치지] 말라는 것은 다음을 의미했다. 무엇보다 타인과 함께 자신을 지나치게 설명하지 말라는 것, 타인을 지나치게 설명하지 말고 그의 함축적[주름진] 가치를 유지하라는 것, 표현 바깥에 존재하지 않는 이 모든 표현된 것이 우리 세계를 채우고 살아가도록 하면서, 그 세계를 증식시켜야 한다는 것이다(위 책, 같은 쪽).

인류학은 이런 가르침에서 얻을 것이 있다. 타인의 가치를 함축적으로 보존한다는 말이 의미하는 바는 그 가치가 담고 있을 어떤 초월적 신비를 찬양한다는 것이 아니다. 그 말은 원주민의 사유가 표현하는 가능적인 것들이 있고, 그것들의 현실화를 거부한다는 의미다. 즉, 그 가능적인 것들을 가능한 것으로서 무한히 보존하기로 결정하는 것이다. 이때 그것들을 타자의 환상으로 [간주하며] 비실재화하거나, 그것들이 우리에게는 현실적인 것이라는 환상을 품지 말아야 한다. 이런 경우, 인류학적 경험은 들뢰즈가 말하는 "특별하고 인위적인 조건들"의 형식적 내부화에 의존한다. 즉, 타인의 세계가 그것의 표현 바깥에 존재하지 않는 순간은 어떤 영원한 조건으로 변형된다. 다시 말해, 그 순간은 그 가능적인 것을 잠재적인 것으로 실재화하는 인류학적 관계의 내적 조건으로 변형된다. 인류학이 권리상 되찾아야 할 어떤 것이 있다면, 그것은 타인의 세계를 설명하는 임무가 아니라, "표현 바깥에 존재하지 않는 이 모든 표현된 것이 우리 세계를 채우고 살아가도록 하면서" 그 세계를 증식시키는 임무다. 왜냐하면 우리는 원주민처럼 사유할 수 없기 때문이다. 우리는 기껏해야 그들과 함께 사유할 수 있을 뿐이다. (잠깐이나마 "그들처럼" 사유해 보자면) 이 점에 대해 아메리카 원주민의 관점주의가 담고 있는 분명한 메시지가 있다면, 그것은 바로 타인의 시선 속에 표현되는 그대로의 세계를 결코 현실화하려 시도해서는 안 된다는 단언이다.

구조주의의 되기들

이 책에서 다루었던 많은 문제들이 구조주의에 관한 것이었는데, 이는 당연한 일이다. 레비-스트로스의 구조주의는 아메리카 원주민 사유의 구조적structurel 변형처럼 이해되어야만 한다. 즉, 아메리카 원주민 사유가 서구적 로고포이에시스logopoiesis의 특징적인 문제와 개념들(동일자와 타자, 연속적인 것과 이산적인 것, 감각 가능한 것과 지적으로 이해 가능한 것, 자연과 문화 ……)에 의해 자신이 걸러지도록 내버려 두면서 겪게 된 방향 전환의 결과물이 바로 레비-스트로스의 구조주의다. 이때 그 방향 전환은 통제된 애매성의 운동을 따르는데, 이 운동은 불안정한 평형상태에 있으면서 배신과 타락에 의해 끊임없이 풍요로워진다. 나는 이 책의 초반에 말했던 테제(18-19쪽 참고)를 이렇게 되풀이한다. 이것은 인류학에 내속되어 있는 번역 조건에 관한 테제인데, 여기서 인류학이란 자신이 담론화하는 담론들과 개념적으로 공동 규정되는 담론이다. 레비-스트로스의 인류학을 고려할 때, 그의 인류학이 소쉬르 언어학과 다시 W. 톰슨 형태학의 영향을 받아 구성되도록 했던 조건들을 감안하지 않는다면 경솔한 일이 될 것이다. 마찬가지로 도서관은 물론 현지에서도, 레비-스트로스가 아메리카 원주민 집단들 곁에서 체험한 지적으로 유익한 경험과 그의 인류학을 분리하는 것도 신중하지 못한 일이될 것이다. 텔로르가 말한 "구조주의의 아메리카 원주민적 기초"를 무시한다면, 레비-스트로스의 저작을 그 전체성 속에서 이해하기 위한 필수적 차원도 잃어버리게 될 것이다. 이 말은 레비-스트로스가 제안한 문제와 개념들이 특정한 "문화적 범위"에서만 유효하다는 게 결코 아니다. 그 문화적 범위가 아무리 넓다고 해도 오히려 그 반대다. 레비-스트로스의 저작은 아메리카 원주민의 사유가 자신의 주사위를 던지는 순간이다. 바로 이 순간, 아메리카 원주민의 사유는 레비-스트로스라는 위대한 개념적 매개자의 중재에 의해 자기 고유의 "맥락"을 진정으로 넘어선다. 그리고 누구든지 사유보다 더한 것이나 사유를 뛰어넘는 어떤 것 없이 [최소한] 사유라는 것을 하기로 결심했다면, 그가 페르시아인이든 프랑스인이든,[1] 아메리카 원주민의 사유는 타인에 대해 사유할 거리를 그에게 제공할 능력이 있음을 나타낸다.

오늘날 레비-스트로스의 지적 유산을 재평가하는 과정에서 제기되는 커다란 문제는 구조주의가 하나인지 여럿인지 결정하는 것이다. 혹은 레비-스트로스적 극성을 이용해서 말하자면, 구조주의가 연속적인지 불연속적인지 결정하는 것이다. 레비-스트로스에 동의하는 해석가들, 다시 말해 그의 저작이 영감과 방법의 심층적 통일에 의해 나타난다고 바라보는 해석가들에 계속 동의하면서도, 나는 다른 한편에서 구조주의와 레비-스트로스의 이론적 인격성이 영원히 똑같지 않을 두 명의 쌍둥이로 분할된 것을 본다(하지만 그 둘이 서로 대립하지는 않는다). 그 두 명의 쌍둥이들이란 문화적 주인공과 기만자,[2] 매개 작용의 인물(하지만 마찬가지로 이산적인 것과 질서를 창시하는 인물이기도 하다)과 분리 작용의 반反인물(하지만 그는 동시에 반음계와 혼란의 주인이다)이다. 분명히 두 가지 구조주의가 있지만, 레비-스트로스 자신이 보여 주었듯, 두 가지는 항상 두 가지 이상이다.

실제로 우리는 다음과 같은 사실을 깨닫기 시작한다. 레비-스트로스의 저작은 훗날 자신을 전복하는 일에 가담할 것으로 보이는 것과 활발하게, 그것도 처음부터 협력하고 있었다는 것이다. 구조적 인류학이 "유율법보다 변형의 …… 방법"(183쪽 참고)을 사용한다는 생각을 사례로 들어보자. 변형이라는 핵심적 일반개념 그 자체가 점진적인 변형을 겪었다는 것을 고려해 보면, 그 생각은 레비-스트로스 저작 전체에 걸쳐 매우 근사적으로 참이 되었다. 첫째, 변형이라는 일반개념은 구조라는 일반개념보다 우세한 위치를 차지함으로써 시작되었다. 둘째, 변형이라는 일반개념은 점차 더욱더 유비적인 모습을 띠게 되었는데, 이 모습은 대수적 치환보다 동역학적 유율법에 더 가까운 것이었다. 이런 개념적 이행은 그 자체가 반음계적이며, 작은 이동들과 몇몇 짧은 회고들로 만들어진다.

하지만 그것의 일반적 방향을 보여 주는 선은 분명하다. 내가 보기에, 곡선의 방향이 전환되는 지점은 『신화들』 1권과 2권 사이에 위치한다. 실제로 『신화들 II: 꿀에서 재까지』에 달려 있는 호기심을 일게 하는 다음 각주는 아마도 그 변화의 첫 번째 명시적 조짐일 것이다.

> 리치는 우리가 2항적 도식들만 배타적으로 이용한다고 …… 비난했다. 마치 우리가 톰슨에게서 빌려 온 후, 매우 일정하게 사용하고 있는 변형이라는 일반개념 자체가 모조리 유비의 [영역에] 속하는 것은 아니라는 듯이 ……(Lévi-Strauss 1966, 74, n. 1[국역본 133쪽, 각주 12]).[3]

저자는 [이 각주를 쓴 지] 20년 후에 위의 생각을 재확인한다. 즉, 변형이라는 일반개념은 논리학이나 언어학이 아니라 위대한 자연주의자인 톰슨에게서, 그리고 함축적인 방식으로 요한 볼프강 폰 괴테와 알브레히트 뒤러에게서 온 것이다(Lévi-Strauss·Éribon 1988, 158-159). 변형은 이제 논리적이고 대수적인 작용이 아니라, 미학적이고 동역학적인 작용이다. 그렇지만 구조주의의 고전적 단계에서 중심을 차지했던 개념의 계열체들, 즉 {토테미즘, 신화, 불연속성} vs {희생, 제례, 연속성} 같은 계열체들 사이의 대립은 저작의 후반부 단계 몇몇 구절에서 계속해서 단언하는 것보다 훨씬 더 유동적이고 불안정적인 것이 된다. 그럼에도 불구하고 [저자가 단언하는 것 중 하나가] 『신화들 IV: 벌거벗은 인간』의 "피날레"에 나오는 신화와 제례 사이의 유명한 대립이다.

한편에는 친족의 내용에 적절한 유한 대수학이 있고, 다른 한편에는 신화의 강도적 형식이 있다. 분수령은 분명히 이 둘 사이에 위치한다.

『친족의 기본 구조』에서 제기된 문제는 곧바로 치환substitution에 관한 대수학과 군이론의 영역에 속하는 것이었습니다. [반면] 신화집합에서 제기되는 문제들은 자신을 객관화하는 미학적 형식들과 분리될 수 없는 것처럼 보입니다. 그런데 이런 형식들은 연속적인 것과 불연속적인 것에 동시에 속합니다 ……(Lévi-Strauss·Éribon 1988, 192).

여기서 얻을 수 있는 결론은 다음과 같다. 변형이라는 구조주의적 일반개념은 역사적이면서 구조적인structurel 이중의 변형을 겪었다는 것이다. 사실 이것은 복합적인 하나의 변형이며, 어떤 이중의 비틀림이 이런 변형을 "역사적"인 동시에 "구조적"인 하나의 작용으로 변형시켰다. 레비-스트로스가 새롭고 유연한 수학적 해석들(르네 톰, 프티토)에 영향을 받은 것이 이러한 변화의 일부 원인이었다. 하지만 내 생각에 그 원인은 무엇보다 레비-스트로스의 인류학이 특권을 부여한 대상의 유형이 변화했다는 데 있다. 변형은 주로 조합적, 대수적 특징을 가졌던 초기 형태에서 출발해, 점진적으로 변질되면서 자신의 위상에서 벗어나게 되었고, 마침내 자신의 초안에 담겨 있던 것보다 훨씬 더 위상학적이고 동역학적인 특징들을 가진 형태가 되었다. 통사론적 치환과 의미론적 혁신 사이의 경계, 논리적 이동과 형태발생적morphogénétique 응축 사이의 경계는 더욱 구불구불하고 논쟁적이고 복잡한 것, 즉 더욱 프랙털적인 것이 되었다. 형식과 힘(변형과 유율법) 사이의 대립은 윤곽을 잃어버렸고, 어떤 의미에서는 쇠약해졌다.

앞서 구조적 방법이 다루는 다양한 문제들에 관한 레비-스트로스의 고찰을 인용했는데, 방금 한 말은 그가 그런 고찰을 벗어나서 [변형 개념의] 변화를 길게 논의했다거나 부각시켰다는 의미는 아니다. 반대로 그는 항상 "『친족의 기본 구조』 이후 우리가 방법적으로 추구해 온 프로그램의 연속성"(Lévi-Strauss 1964, 17[국역본 106쪽])을 강조하는 경향이 있었다. 연속성이란 일반개념은 구조주의의 용어 중 정말로 양가적인 것이다…….

그런데 레비-스트로스가 옳다는 것은 분명하다. 그를 기준으로 삼아 그 자신을 바로잡으려 하는 것은 다소 우스꽝스러운 일이 될 것이다. 하지만 그 프랑스인 대가가 자기 저작에 담긴 영감의 통일성을 강조한다고 해도, 우리가 훌륭한 구조주의자의 입장에서 불연속성을 열쇠로 삼아 그의 저작을 독해하자고 제안하지 말라는 법도 없다. 그렇지만 이런 독해는 일의적인 파열이나 단절을 강조하기 위해서가 아니라, 구조적 담론의 "상태들" 사이의 복잡한 공존이나 강도적 중첩을 시사하기 위함이다.

구조주의 기획의 불연속성들은 고전적인 두 가지 차원으로 분배될 수 있다. [첫째] 레비-스트로스 저작의 다양한 단계들이 그의 저작에 푯말을 세워 준다는 생각에 따라, 잇달음의 축을 따르는 것이다. [둘째] 그 저작이 이중의 담론을 발화하고 이중의 운동을 서술한다는 생각에 따라, 공존의 축을 따르는 것이다. 이러한 두 가지 운동 각각에 부여된 중요성에 의해 그 저작의 계기들moment이 서로 구별되며, 이런 한에서 그 두 가지 불연속성은 공존한다. 그 두 가지 운동은 그의 저작 전체에 걸쳐 서로 대응하면서 대립한다.

*　*　*

구조주의는 토테미즘 같은 것이라고, 즉 구조주의는 결코 존재한 적이 없었다고 말하면서 통시성에서 시작해 보자. 혹은 더 정확하게 말해서, 구조주의의 존재 양식은 토테미즘처럼 실체가 아니라 차이의 존재 양식이었다. 바로 이 경우에, 차이는 주석가들이 자주 강조하듯이 레비-스트로스 저작의 첫 번째 단계와 두 번째 단계 사이에 존재한다. 그 첫 번째 단계는 『친족의 기본 구조』(Lévi-Strauss 1967/1949)에 의해 대표되며, 전구조주의적이라 부를 수도 있다. 두 번째 단계는 탈구조주의적이라고 부를 수 있는데, 『신화들』(1964-71) 과 세 편의 연속 저술, 즉 『가면들의 길』*La voie des masques*(1979), 『질투심 많은 도기 만드는 여자』*La potière jalouse*(1985), 『스라소니 이야기』 *Histoire de Lynx*(1991)에 해당한다.

나는 두 번째 단계가 탈구조주의적일 것이라고 말했는데, 그의 저작에서 이론의 여지 없이 "구조주의적"이라 인정되는 짧은 시기가 그 두 번째 단계 전에 나타나기 때문이다. 이 짧은 시기는 토템 문제에 관한 두 가지 연구에 의해 대표된다. 저자 자신이 서술한 바에 따르면, 그 연구들은 『친족의 기본 구조』와 『신화들』 사이의 짧은 휴식기(불연속성)를 표시하는 것이다. 레비-스트로스는 실제로

1962년에 쓰인 그 책들에서[4] 야생의 사유를, 달리 말해 인간적 기호작용의 구체적 조건들을, 세계를 정돈하는 거대하고 체계적인 계획과 동일시한다. 그는 또한 그때까지 원시적 비합리성의 상징이었던 토테미즘을 모든 합리적 활동의 전형이라는 지위로 상승시킨다. [구조주의를 향한] 들뢰즈와 과타리의 적의에 찬 판단은 레비-스트로스 저작의 바로 이 시기에 가장 잘 적용되는 것처럼 보인다. "구조주의는 거대한 혁명이며, 세계 전체가 더욱 이성적이 된다"(Deleuze·Guattari 1980, 289[국역본 450쪽]).

부가 설명

실제로 들뢰즈가 비판철학에 맞서기 위해 정식화한 반박과 비슷한 것을 『야생의 사유』에도 가할 수 있을 것이다. [들뢰즈에 따르면] 칸트의 초월론적 장場은 재현의 경험적 형식을 "전사"décalquer한 것에 지나지 않는다.[5] 이러한 초월론적 장은 일종의 역투사에 의해 구축된다. 즉, 조건 지어진 것을 조건 위에 거꾸로 투사하는 것이다. 레비-스트로스의 경우, 야생의 사유는 길들여진 사유의 가장 합리화된 형식, 즉 과학을 전사했던 것이라고 말할 수 있다("과학적 사유의 두 가지 구별된 양식이 존재한다 ……"[Lévi-Strauss 1962b, 24, 국역본 68쪽][6]). 이와 반대로, 고유하게 야생적인 사유라는 개념, 다시 말해 사유의 길들여진 버전과 **전혀 닮지 않은** 야생의 사유라는 개념을 구축하는 게 필요했을 것이다(길들여짐이라는 것은 "생산성을 획득하기 위한 것"임을 상기하자[289, 국역본 317쪽]). 하지만 더 중재적인 정신에 따라 이러한 생각의 균형을 다음과 같이 잡아 줄 수도 있을 것이다. 이성 [자체가] 다른 것이 되지 않는다면, 구조주의와 함께라도 세계는 더 이성적이 되지 않는다는 것이다. 즉, 이성은 아마도 더 세속적이고 더 대중적이라는 의미에서 더 현세적인 것이 되어야 할 것이다. 하지만 또한 더 예술적이고 덜 실리적이며 덜 수익적인 것이 되어야 한다.

『친족의 기본 구조』가 전구조주의적 책이라는 생각은 당연히 레비-스트로스 본인의 후기 작업들과 관련시켜 이해해야만 한다. 또한 그렇다 해도 그런 생각은 조심스럽게 다뤄져야 한다. 어쨌든 내가 생각하기에 데이비드 슈나이더와 루이 뒤몽의 영향을 받은 인류학자들이 1949년에 출간된 그 책을 다음과 같이 분류하는 것은 타당하다. 즉, 그 책은 인간 과학의 두 가지 기본적 이분법을 중심으로 조직되어 있다는 것이다. 한편으로는 '개인'과 '사회'의 이분법이 있고(사회적 통합과 전체화의 문제), 다른 한편으로는 '자연'과 '문화'의 이분법이 있다(본능과 제도의 문제). [이 두 가지 이분법은 각각] 계몽주의와 낭만주의, 말하자면 토머스 홉스와 헤르더에 [대응한다] 좀 더 최근의 이름으로는 뒤르켐과 프란츠 보아스를 들 수 있을 것이다. ● ● 레비-스트로스의 그 첫 번째 대작에 나타난 대표적인 "인

● 들뢰즈는 우리에게 다음을 상기시켜 준다. 스피노자에게 "경주용 말과 밭갈이 말의" 차이는 ······ "아마도 밭갈이 말과 황소의 차이보다 더 큰 것으로 생각될 수도 있을 것이다"(Deleuze 1974).

● ● 이런 극성들의 매개자로 자연스레 루소를 생각하게 된다. 레비-스트로스가 그 철학적 트릭스터를 수호 성인으로 택한 것은 우연이 아니었다.

류학적" 문제는 바로 인간화의 문제다. 즉, 문화란 자연의 초월성이며, 그런 문화의 종합이 [어떻게] 출현하는지가 문제다. 그리고 "그룹", 다시 말해 '사회'는 분석되는 모든 현상의 초월론적 주체와 최종 원인으로서 유지된다. 물론 그 책의 마지막 장까지 [그렇게 유지되는데], 마니글리에가 강조하듯이(Maniglier 2005a) 그 장에서는 갑자기 모든 것이 우발성 속에서 해소되는 것처럼 보인다.

사회가 존재해야 한다는 것을 상정하는 그 순간부터, 특정 유형의 혼인관계를 금지하거나 명령하는 여러 규칙들 및 이런 모든 규칙을 개괄하고 있는 근친상간 금지는 명확해진다. 하지만 사회는 존재하지 않을 수도 있었다(Lévi-Strauss 1967/1949, 561).

이 다음에 장엄한 결론이 이어진다. 거기에서 다음 [세 가지가] 동시에 확립된다. [첫째] 사회는 상징적 사유와 공외연적이며, 이런 사유는 사회의 선행 원인이나 존재 이유가 아니다. [둘째] 친족 사회학은 기호학의 하위분류 중 하나다(모든 교환은 기호의 교환, 다시 말해 관점의 교환이다). [셋째] 모든 인간질서는 질서를 파기하는 질서라는 영속적 충동을 자기 안에 포함한다. 이 [세 가지의] 일치는 레비-스트로스의 인류학적 담론에 담긴 두 번째 **목소리**라고 부를 만한 것의 시작을 나타낸다. [하지만 그것은] 여전히 소리 없는 시작이다. 바로 이 순간 친족 사회학은 어떤 "반反사회학", [*] 즉 어떤 세계시민주

---

[*] 『친족의 기본 구조』가 위대한 사회학 책이라는 생각을 버리고, 사회학을 해소하는 게

의적 경제에 자리를 넘겨주기 시작한다. 다른 말로 하자면, 친족 사회학은 아메리카 원주민적 내재성의 평면이라는 체제에 자리를 넘겨주기 시작한다. 그 내재성의 평면은 『신화들』에서 그려지게 될 것이다.

왜냐하면 목소리 순서의 역전이 『신화들』과 함께 완료되기 때문이다. 혹은 거의 완료되었다고 하는 게 낫겠다. 정말, 더 멀리 갈 필요가 없었는지도 모른다. 모세와 약속의 땅처럼 …… 사회들 간에 [일어나는] 내러티브적 변형에 체계적으로 주의를 기울이기 위해 사회라는 일반개념은 쓰이지 않게 된다. '자연'과 '문화'의 대립은 원주민 사유 내부에 속하는 신화적 테마가 되기 위해 보편적인 인류학적 조건이기를 멈춘다(객관적 조건이든 주관적 조건이든 간에). 한편, 원주민 사유에 담긴 그 신화적 테마의 양가성은 『신화들』의 각 권이 진행되면서 계속 증가할 뿐이다. "구조"라고 불리는 대수적 형식을 지닌 대상들은, 우리가 말했듯이, 변형이라는 유비적 일반개념을 향해 방향을 바꾸면서 더욱 유동적인 윤곽을 갖게 된다.˚ 아메리카 원주민의 이야기를 구성하는 관계들은 이산적 분포, 공변법, 사회종족지학적 실물realia과의 재현적 긴장 속에서 조합적 전체성을 형성하는 대신, 사례를 드는 방식으로 "연결과 이질성", "다양

오히려 문젯거리라는 것을 받아들여야 [한다_저자]"(Maniglier 2005b, 768).

˚ "구조"라는 말 자체가 연속적 변이의 체제에 종속된다. 그 말은 커다란 의미론적 구별 없이 "도식", "체계", "뼈대" 따위의 말들과 동거한다(예컨대 『신화들』을 장식하는 매우 창의적인 다이어그램의 전설들을 참고할 것).

체", "비기표적 파열", "지도 그리기"라는 들뢰즈·과타리의 원리들
을 전시한다.[7] 들뢰즈와 과타리는 구조적 모델들에 맞서 "리좀" 개
념의 이름으로 이 원리들을 정립하게 된다. 이 개념은 반反구조를
[의미하는] 고유명사로서, 탈구조주의의 전쟁을 위한 외침으로서 전
제된 것이었다.

실제로 『신화들』의 논증과정은 일반화된 이종적 횡단성의 과정
이다. 그 과정에서 한 인간집단의 신화는 두 번째 인간집단의 제의
와 세 번째 인간집단의 기술技術을 변형시킨다. 그 과정에서 누군가
의 사회 조직은 다른 이들의 보디 페인팅이다(어떻게 정치적인 것을
떠나지 않고시 우주론cosmologie과 미용학cosmétologie 사이를 왕래할 것인
가). 또한 그 과정에서 신화집합의 대지가 지닌 지질학적 미세 구멍
은 항상 그 대지의 기하학적 구球를 뚫고 지나가도록 해준다. 변형
들은 그런 미세 구멍 덕분에, 지하의 마그마 바다가 여러 점들을 통
해 분화하는 것처럼, 여기저기서 분출하며 아메리카 대륙의 정반대
에 있는 점들 사이를 뛰어다니는 것처럼 보인다. ●

클라스트르는 구조주의가 "사회 없는 사회학"이라고 말한 바 있
다. 만약 이 말이 정확하다면(또한 클라스트르가 비난하기 위해 그렇게
정식화한 것이라면) 우리는 『신화들』을 통해 구조 없는 구조주의를
갖게 된다(나는 찬사를 보내기 위해 이렇게 말한다). 『신화들 I: 날것과

● 아메리카 대륙 전체의 신화 체계에서 가장 흥미로운 역설 중 하나는 다음 두 가지 사이
의 조합이다. [첫째] 변형적 그물망의 조밀한 환유적 연결성, [둘째] "멀리 떨어진 곳에서
나타나는 행위 효과"의 존재다. 예컨대 그러한 효과에 의해, 브라질 중앙 지역에 사는 인간
집단의 이야기들이 오리건과 워싱턴 지역에 사는 부족들 사이에서 다시 나타난다.

익힌 것』과 『스라소니 이야기』 사이를 항해할 준비가 되어 있는 사람은 모두 다음을 확인하게 될 것이다. 그 [일곱 권의] 시리즈에서 그려지는 아메리카 원주민 신화집합의 지도는 나무가 아니라 리좀에 속한다는 것이다. 즉, 그 신화집합은 중심이나 기원이 없는 거대한 캔버스이고 발화의 아득히 오래된 집단적 거대 배치다.[8] 이 거대 배치는 "기호학적 흐름, 물질적 흐름, 사회적 흐름"(Deleuze·Guattari 1980, 33-34[국역본 50쪽])이 끊임없이 횡단하는 어떤 "초공간"(Lévi-Strauss 1967, 84) 안에 놓여 있다. 구조화의 다양한 선들이 리좀적 그물망을 통해 퍼져 나가지만, 이 그물망은 끝없는 다양체와 급진적인 역사적 우발성 속에 있으면서, 하나의 통일적 법칙으로 환원되지 않고, 나무 모양의 구조에 의해 재현되는 것도 불가능하다. 아메리카 원주민의 신화들 안에는 셀 수 없는 구조들이 존재하지만, 아메리카 원주민 신화의 한 가지 구조는 없다. 즉, 신화집합의 기본 구조라는 것은 존재하지 않는다.

결국, 아메리카 원주민의 신화집합은 열린 다양체, n-1 차원의 다양체다.[9] 혹은 준거 신화 M_1, 즉 보로로인의 신화를 오마주하며 "M_{-1}" 차원의 다양체라고 말할 수도 있다. 이 신화는 『신화들 I: 날것과 익힌 것』에서 매우 일찍 확인할 수 있듯이, 그 뒤에 이어지는 제$G^é$인 신화들의(M_{7-12}) 전도되고 약화된 버전일 뿐이었다. 이렇게 준거 신화란 여느 신화 중 하나일 뿐이고, "준거 없는" 어떤 신화이며, 모든 신화가 그렇듯이 m-1이다. 왜냐하면 신화란 모두 또 다른 신화의 한 가지 버전이고, 그 또 다른 신화는 모두 제3의, 제4의 신화 위에서 개방되며, 원주민 아메리카의 n-1가지 신화들은 어떤 기원도 표현하지 않고 어떤 운명도 가리키지 않기 때문이다. 즉, 아메리카 신화들은 준거가 없다. 신화는 기원들에 대한 담론이지만, 정확히 말하자면 기원을 회피하는 것이기도 하다. 준거의 "신화"는 신화의 의미에게, 의미 기계로서의 신화에게 자기 자리를 양보한다. 의미 기계로서의 신화란 한 코드를 다른 코드로 변환하기 위한 도구, 한 문제를 유비관계에 있는 다른 문제 위에 투사하기 위한 도구, 철자 바꾸기anagrammatique의 방식으로 의미를 역실행하고 (라투르가 말할 법한) "준거를 순환시키기" 위한 도구다.

우리는 또한 이 책에서 번역에 대해서도 많은 이야기를 했다. 신화 개념에 대한 레비-스트로스의 초벌적 접근은 신화의 완전한 번역 가능성도 부각시켰다. "신화를 담론의 이런 양식으로 정의할 수도 있을 것이다. 그러한 양식에서 번역이란 곧 배신이다traduttore, traditore라는 정식의 가치는 실질적으로 0에 수렴한다"(Lévi-Strauss 1958/1955, 232). 그 정의는 『신화들 IV: 벌거벗은 인간』에서 더 확장되고, 의미론의 평면에서 화용론의 평면으로 진행한다. 그때 우리는 신화가 단지 번역 가능한 것이 아니라, [그 자체가] 무엇보다도 번역이라는 것을 배우게 된다.

> 모든 신화는 본성상 하나의 번역이다. [……] 신화는 어떤 개별 언어langue 안에, 어떤 문화나 하위문화 안에 위치하는 것이 아니라, 이것들이 다른 개별 언어들 및 다른 문화들과 접합하는 지점에 위치한다. 신화는 결코 자신의 개별 언어에 속하지 않는다. 그것은 다른 개별 언어에 대한 관점이다 ……(Lévi-Strauss 1971, 576-577).

이것은 레비-스트로스 안의 미하일 바흐친인가? ……『천 개의 고원』의 두 저자는 매우 특징적인 방식으로 [이런 견해를] 일반화하게 된다. "만일 언어langage가 있다면, 이것은 우선 같은 개별 언어를 말하지 않는 이들 사이에 있다. 언어는 소통이 아니라 바로 이것을 위해, 번역을 위해 만들어진다"(Deleuze·Guattari 1980, 536[국역본 827쪽]).[10]

신화에 대한 이런 관점주의적 정의는『신화들 IV: 벌거벗은 인간』에서 제안되며, 신화가 인류학 자체에 인접하도록 해준다. 인류학 자체란, 레비-스트로스가 1954년에 이미 제기했던 것처럼, "관찰된 것의 사회 과학"으로서 구성된 지식이다.[11] 우리는 또한『신화들』이 "신화집합에 대한 신화"라는 것을 알고 있다. 그런데 이 두 가지 정의는 서로 수렴한다. 구조적 신화집합의 담론은 모든 가능한 인류학의 조건들을 확립한다. 인류학은 모두 그것이 대상으로 삼는 인류학들의 한 가지 변형이다. 인류학은 모두 "한 가지 문화가 다른 문화들과 접합하는 지점"에 줄곧 위치해 왔다. 한 가지 신화에서 다른 신화로, 한 가지 문화에서 다른 문화로 이행하도록 해주는 것의 본성은 신화들에서 신화들에 대한 과학으로, 문화에서 문화에 대한 과학으로 이행하도록 해주는 것의 본성과 같다(나는 여기서 마니글리에[Maniglier 2000]의 기본 논변을 일반화하고 있다). 횡단성과 대칭. 이렇게 브뤼노 라투르와 스탕게르스의 일반화된 대칭 원리, 그리고『신화들』의 기획 사이에 예상치 못한 연결이 시작된다.

만일 신화가 번역이라면, 이것은 무엇보다 신화가 재현이 아니기 때문이다. 번역은 재현이 아니라, **변형**이다. "[가면이 원래 재현인 것은 아니다.] 가면은 자신이 재현하는 그것이 아니라, 자신이 변형하는 그것, 다시 말해 자신이 재현하지 않기로 선택한 그것이다"(Lévi-Strauss 1979, 144). 이는『신화들』이라는 메타 대상에게 말 그대로 홀로그램적인 특징을 부여한다. 이 홀로그램적 특징이란 신화적 리좀과 같은 것인데, 그 메타 대상은 이 신화적 리좀으로 리좀을 만든다. [이렇게 만들어진 리좀은] 아메리카 대륙 전체의 신화 체계("유일한" 신화)가 축약되어 있는 어떤 이미지를 각각의 신화 안에 포함하는 그 물망이다. "이것은 물론 구조가 더욱 엄격하게 하나의 변형 체계처럼 정의되기 때문이다. 그리고 구조는 자신의 재현을 자기 자신의 일부분으로 만들지 않고서는, 재현될 수 없기 때문이다"(Maniglier 2000, 238). 이는 우리가 구조를 "횡형식주의적인"인 것으로 재개념화하도록 이끈다. 혹은 변형주의적이라 하는 게 더 낫다. 다시 말해, 블라디미르 프로프의 형식주의적인 것도 아니고, 노엄 촘스키의 변형적인 것도 아니다.[12]

따라서 하나의 구조는 항상 둘-사이다.[13] 즉, 같은 신화의 두 가지 변이 사이, 두 가지 시퀀스 사이, 혹은 심지어 같은 텍스트 내부의 두 가지 수준 사이다. 따라서 단일성이란 하나의 변이 및 다른 변이 내에서 자신과의 동일성을 유지하며 반복될 형식의 단일성이 아니라, 어떻게 하나의 변이란 바로 다른 변이의 실재적 변형인지를 보여 주도록 하는 행렬의 단일성이다. 그리고 구조는 자신의 현실화와 엄격하게 공외연

● 이런 식으로『신화들』에 나타난 신화와 음악 사이의 근사적 접근이 [자신의] 궁극적 근거로 삼을 만한 것은, 그 두 가지 기호학적 양식의 전적으로 비재현적인 특성이다.

적이다. 이런 이유에서 레비-스트로스는 구조주의와 형식주의의 차이, 사람들이 끈질기게 무시하려고 하는 바로 그 차이를 강조한다 (Maniglier 2000, 234-235). •

구조 없는 구조주의인가? 적어도 구조에 관한 다른 일반개념에 의해 연구되는 구조주의라고 말할 수 있다. 그 일반개념은『천 개의 고원』이 반대하려 했던 구조보다는, 그 책에서 말하는 리좀에 더 가깝다. 사실, 그런 다른 일반개념은 레비-스트로스의 저작 안에 항상 존재하고 있었다. 혹은 아마도 그의 저작 안에는 구조 개념의 서로 다른 두 가지 사용법이 있다고 말해야 할 것이다. [첫째는] 통일화의 초월론적 원리로서, 불변성의 형식적 법칙으로서 사용하는 것이고, [둘째는] 발산의 작용자로서, 연속적 변이(변이의 변이)의 변조기로서 사용하는 것이다. [즉, 그의 저작 안에는] 닫힌 문법적 조합으로서의 구조 혹은 열린 미분적 다양체로서의 구조가 있다.

『신화들』 어디에나 있는 모티브를 빌려와서, 그 시리즈에 담긴

• 또한 이런 이유에서 "신화의 구조"를 고리 모양의 통합체적 대상으로서 연구하는 것은 완전히 무의미하다. 마니글리에의 이 지적에서 명확한 결론이 나오듯이, 그리고 아우메이다의 논증에서 더욱 분명하게 밝혀지듯이(Almeida 2008), 대표적인 구조적 변형인 신화의 표준 정식은 어떤 신화의 "내적 구조"를 정의해 주지 못한다. 왜냐하면 그런 내적 구조 같은 것은 존재하지 않기 때문이다("…… 원리는 동일하게 유지된다.", Lévi-Strauss 1964, 313-316[국역본 559-565쪽]의 결정적 구절을 참고할 것). 한 신화는 그것의 다른 버전들과 구별되지 않는다. 한 이야기의 "내적" 구성은 그것의 "외적" 변형들과 같은 본성에 속한다. "동일한 한 가지 신화"라는 관념은 순수하게 실제적 작동을 위한 것이고, 또한 잠정적인 것이다. 신화 내부에서 일어나는 일이 곧 한 신화에서 다른 신화로 이행하도록 해주는 것이기도 하다. 모든 신화는 "클라인 대롱"(Klein bottle) 안에 있다(Lévi-Strauss 1985, 209 et s.).

"열림과 분석적 닫힘의 변증법"이라 부를 수 있는 것에 관해 세밀한 연구에 착수한다면 많은 것을 배울 수 있을 것이다. 레비-스트로스는 자신이 아메리카 원주민의 신화집합에서 '자연'과 '문화'라는 인류학적 문제틀의 한 가지 버전을 식별하고 있다고 믿었던 반면, 사람들은 그가 신화들 속에서 작동하고 있다고 보았던 열림과 닫힘의 변증법이 인류학의 메타 신화학적 평면 위에서도 작동하고 있다는 것을 확인할 수 있다. 왜냐하면『신화들』이 "신화집합에 대한 신화"라면, 그 시리즈는 [자신이 다루는] 신화들의 구조적 변형, 다른 말로 하자면 내용과 형식 사이를 상호 이행하도록 해주는 변형이며, 따라서 그런 신화들 속에서 발전된 테마들도 포함해야 하기 때문이다.

그래서 잘 알려져 있듯이, 레비-스트로스는 자신이 분석 중인 신화들이 "하나의 고리 모양 그룹"을 형성한다는 것을 자주 환기한다. 고리 모양이라는 관념은 종종 구조적 분석과 불가분인 것으로 보인다. 즉, 레비-스트로스가 보기에, [신화들의] "그룹이 닫혀 있다"는 것, 또한 마지막 변형에 의해 신화 사슬의 초기 상태로 돌아온다는 것이 항상 증명되어야 한다. 사실 "그룹"이 다양한 축 위에서 닫힌다는 것도 증명되어야 한다. 이러한 강조는 신화적 언어의 필연적 중언redondance이라는 테마에 연관되어 있다. 레비-스트로스가 종종 자신의 계획을 구상하며 즐거워하는 것과 같이, 중언은 신화집합의 "문법"을 수립하는 조건이다. 또한 그가 "열린 저작"이라는 일반개념에 반감을 품는다는 것도 알려져 있다.

그렇지만 닫힘에 관한 증명을 늘려가는 것은 다음과 같이 역설적으로 보이는 인상을 주는 것으로 끝나곤 한다. 닫혀 있는 구조들의 이론적으로 정의되지 않은 개수, 다시 말해 열려 있는 개수가 존재한다는 것이다. 구조들은 닫혀 있지만, 구조들의 개수와 그것을 닫는 방식의 개수는 열려 있다. 즉, 구조적 전체화의 최종 수준이라는 의미를 지닌, 구조들의 구조란 존재하지 않으며, 구조 안으로 소집된 의미론적 축들(코드들)의 선험적 규정도 존재하지 않는다.[*] 결국 신화 "그룹들"은 모두 어떤 교차영역에서 서로 다시 만나게 되는데, [각 그룹의 관점에서 보면] 다른 그룹들이 지닌 규정되지 않은 개수가 [바로 그 교차영역을 이룬다]. 또한 각 그룹 내에서, 각 "신화"는 마찬가지로 하나의 교차연결이다. 또한 각 신화 내에서도 [같은 과정이 반복된다]. 그룹들은 스스로 고리 모양이 될 수 있어야 하지만, 분석가는 자신이 거기에 가두어지도록 놔둘 수 없다.

우리가 신화 안에 가두어지는 것을 금지하는 것은 모든 신화에 고유한 속성이다. 즉, 분석 과정 중에는 항상 어떤 문제가 제기되는 순간이 오는데, 그것을 해결하기 위해서는 분석이 스스로 그렸던 원으로부터 어쩔 수 없이 벗어나야만 한다(Lévi-Strauss 1971, 538).[**]

---

[*] 메타 구조가 존재하지 않음은 "마르셀 모스 저작 입문"과 "종족학에 나타난 구조의 일반개념"(La notion de structure en ethnologie)부터 주장된다. 신화 체계의 의미론적 축들의 원리가 규정되지 않음에 대해서는 『야생의 사유』의 원칙 참고. 그 원칙에 따르면 "분류의 원리는 결코 스스로 공리가 되지 않는다."

[**] 279쪽 각주와 같은 의미에서, 레비-스트로스가 "신화"와 "신화들의 그룹"을 구별하지 않고 말하는 방식에 주목해야 한다.

게다가, 또한 무엇보다 고리 모양의 절대적 필요성에 부여된 중요성은 레비-스트로스 저작의 여러 구절에서 매우 상대화된다. 그 구절들은 [앞서 말한 것과] 반대로 다음을 강조한다. 분석의 끝없음, 변형들의 나선 속에서 진행되는 움직임, 역동적 비평형, 비대칭, 구조들의 횡적 선발,[14] 이야기가 펼쳐지는 수준들의 다원성, 보충적 차원들, 다양체, 신화들을 정돈하는 데 필요한 축들의 다양성 …… 여기서 핵심 단어는 비평형이다.

항상 비평형이 주어져 있다 ……(Lévi-Strauss 1966, 222[국역본 366쪽]).

각각의 구조는 다른 구조들로부터 고립되기는커녕, 부근의 구조에서 빌려 온 항을 이용하지 않고서는 상쇄시킬 수 없는 어떤 비평형을 숨겨 놓고 있다 ……(Lévi-Strauss 1967, 294).

심지어 구조가 어떤 비평형을 극복하기 위해 변화하거나 풍부해질 때조차, 오로지 다른 평면 위에서 드러나는 새로운 비평형과 맞바꾸는 방식으로만 가능하다 ……. [……] 구조는 신화를 낳는 자신의 힘pouvoir을 피할 수 없는 어떤 비대칭에게 빚지고 있다. 그 힘은 바로 이런 구성적 비대칭을 바로잡거나 감추기 위한 노력과 전혀 다르지 않다(Lévi-Strauss 1967, 406).

그러니까 남아메리카에서처럼[위에서 인용한 Lévi-Strauss 1966, 222 참조_저자] 어떤 역동적 비평형이 변형들의 그룹 한가운데에서 드러난다

……(Lévi-Strauss 1971, 89).

그런데 이런 비평형은 신화집합의 단순한 형식적 속성, 신화들의 변형 가능성 혹은 번역 가능성을 보증하는 어떤 속성이 아니다. 우리가 곧 살펴보겠지만, 그 비평형은 신화집합의 내용을 [구성하는] 기본 요소다. 신화들은 자신들 가운데에서 자신을 사유하면서, 그 비평형을 통해서 사유한다. 즉, 신화들이 사유하는 것은 그 비평형 자체, "세계 존재"(Lévi-Strauss 1971, 539)의 불균등 그 자체. 신화들은 그 자신의 신화학 혹은 "내재적" 이론(Lévi-Strauss 1964, 20[국역본 111쪽])을 포함한다. 그 이론은 다음과 같은 최초의 비대칭을 긍정한다.

…… 최초의 비대칭은 우리가 그것을 파악하기 위해 자리 잡는 관점에 따라 다양하게 드러난다. 즉, 위와 아래, 하늘과 땅, 육지와 물, 가까운 것과 먼 것, 왼쪽과 오른쪽, 수컷과 암컷 등 사이에서. 실재에 내속적인 이러한 불균등은 신화적 사변을 가동시킨다. 하지만 이는 바로 사유의 쪽에서, 그 불균등이 모든 사유 대상의 존재를 조건 지우기 때문이다(Lévi-Strauss 1971, 539).

* * *

영속적 비평형은 신화를 횡단하고, 뒤이어 신화집합에 대한 신화를 횡단함으로써, 모든 구조주의에 그 반향을 일으키게 된다. 우리는 닫힌 문법적 조합으로서의 구조와 열린 미분적 다양체로서의 구조라는 두 가지 일반개념의 그러한 이원성이 심지어 [레비-스트로스] 저작의 후기 단계에서도 나타난다는 것을 이미 살펴보았다. 사실, 그 이원성은 그의 저작 전체를 관통한다. 그 개념화들 각각의 상대적 무게가 바뀔 뿐이다. 즉, 『친족의 기본 구조』에서는 첫 번째 개념화가 우세하고, 『신화들』에서는 두 번째가 우세하다.

한 걸음 뒤로 돌아가자. 혹은 이런 통시적 걸음을 우리가 위에서 말했던 공시적 불연속성에 결부시키자. 매우 일찍부터 레비-스트로스의 저작은 중요한 탈구조주의적 하위 텍스트 혹은 탈구조주의적 반反텍스트를 숨겨 놓고 있다. (만일 레비-스트로스가 마지막 전前구조주의자가 아니었다면 — 안타깝게도 [이런 가정은] 어림도 없는 것이지만 — 그는 정말로 첫 번째 탈구조주의자가 될 뻔했다.) 구조주의는 (고전적 토테미즘 도식의 대립들 같은) 대칭적, 등치적, 이원적, 이산적, 가역적 대립들을 편애한다고 전제되는데, 우선 이원론적 조직 개념에 대한 [레비-스트로스의] 비판이 그런 편애가 전제되어 있음을 부인한다. 1956년의 논문[15]에서 이루어진 그 비판은 오늘날에도 놀라운 것인데, 3항주의, 비대칭, 연속성을 2항주의, 대칭, 불연속에 선행하는 공준으로 내세운다. 그다음에는 "신화의 표준 정식"[16]도 그것을 부인하는데, 이 정식 역시 오래되고 매우 놀라운 것으로서, 대칭적이고 가역적인 것이 아니라면 원하는 건 무엇이든 될 수 있다. 게다가 다음에 유의해야 한다. 신화 한가운데에서 일어나는 변형을 설명하기에는 외연적 논리의 어휘에 한계가 있다는 것에 유보적 입장을 나타내면서, 레비-스트로스는 『신화들』의 두 단계(『신화들 IV: 벌거벗은 인간』의 "피날레"와 『스라소니 이야기』)를 하나의 고리로 잇는다는 점이다(Lévi-Strauss 1971, 567-568; 1991, 249).

무엇보다 신화집합에 관한 레비-스트로스의 마지막 책 두 권이 정확히 방금 거론한 불안정한 이원론의 두 가지 형태가 발전된 것처럼 구축되었다는 점은 분명 우연이 아니다. 그 두 권은 『질투심 많은 도기 만드는 여자』(1985)와 『스라소니 이야기』인데, 첫 번째 책은 표준 정식의 사례를 지겹도록 설명하는 반면,[17] 두 번째 책의 중심은 아메리카 원주민의 사회 우주론적 이원성이 지닌 역동적 불안정성에 맞추어져 있다(이런 불안정성이 곧 "영속적 비평형"이다. 이 표현은 『친족의 기본 구조』에서 외삼촌과 조카가 혼인하는 투피인을 묘사하기 위해 처음 등장한다[18]). 내가 이로부터 전제하게 된 것은 레비-스트로스가 초기에 지니고 있던 동일한 하나의 직관을(원한다면 동일한 하나의 잠재적 구조라고 해도 좋다) 우리가 마주하고 있다는 사실이다. 표준 정식과 역동적 이원론은 그 동일한 직관의 특권화된 두 가지 표현(혹은 현실화)에 불과할지 모른다. 표준정식은 A:B::C:D라는 유형의 토템적 유비추리를 선先탈구축하고, 역동적 이원론은 2항적 대립들의 정적 균등을 불안정하게 만든다. 아마도 그 두 가지와 다른 것들도 존재할 수 있을 것이다. 어쩌면 구조들의 창공에는 "물론 어둡거나, 창백하거나, 죽은 달들"이 떠있겠지만, 어쩌면 덜 단단하고 더 움직이며, 파동과 진동이 더욱 거센 또 다른 창공, 즉 하부 양자적sub-quantique이라 부를 만한 구조주의를 요청하는 저低구조적 창공도 있을 것이다. 어쨌든 인류학자들은 항상 밧줄에 관한 이론을 실천했다. 즉, 관계에 관한 이론 말이다.

일단 표준 정식, 즉 수학적 도착증의 비틀어진 기념물이 있다. 표준 정식을 이용할 때, 우리는 토템적 은유와 희생적 환유 간의 단순한 대립에 직면하기보다는, 은유에서 환유로, 또 그 반대로 이행하도록 만드는 어떤 비틀림을 통해(Lévi-Strauss 1966, 211[국역본 350쪽]), 은유적 관계와 환유적 관계 간 등가성 내에 단번에 자리 잡게 된다. 그것은 "이중의 비틀림", "초과분의 비틀림"인데, 사실 순수하고 단순한(혹은 오히려 잡종적이고 복합적인) 구조적 변형과 다르지 않다. 즉, "신화적 변형들에 내속적인 속성과 같은 …… 비평형화된 관계"(Lévi-Strauss 1984, 13)다. 문자적 의미와 형태적 의미, 항과 기능, 담는 것과 담긴 것[내용], 연속적인 것과 불연속적인 것, 체계와 체계 외부 사이의 비대칭적 전향, 바로 여기에 신화집합에 관한 레비-스트로스의 분석 전체를 관통하는 테마들과 그 이상의 것이 있다(Lévi-Strauss 2001). 우리는 앞부분에서 되기라는 들뢰즈적 개념에 대해 한참 논의했다. 하지만 그 개념을 고전적 구조주의의 일반개념들로 이루어진 기구의 반대편으로 (횡단하는 방식으로) 밀고 나갔을 때, 그 개념이 우리를 어디로 데리고 갈 수 있을지 진정으로 알지는 못했다. 우리는 이제 "신화의 표준 정식"이 일종의 근사적 번역이라는 것을 바라보기 시작한다(그 번역은 묘한 억양이나 이상한 어조를 가진 낯선 언어 안에서 이루어진 것이며, 레비-스트로스적 이론 담론의 초분절적 차원 같은 것에 가깝다). 혹은 오히려 "신화의 표준 정식"이 어떤 예견이라는 것을 바라보기 시작한다. 그 예견은 제자리에서 일어나는 그 순간적인 운동, 들뢰즈가 되기라고 부르게 될 운동의 일반성을 예감한다. 되기는 이중의 비틀림이다.

그다음으로 『스라소니 이야기』의 핵심인 "역동적 비평형 [상태에 있는] 이원론" 혹은 "영속적 비평형 [상태에 있는] 이원론"이 있다. 우리는 이런 이원론 안에서 어떤 개념적 운동을 보는데, 아메리카 원주민의 신화는 그런 개념적 운동을 통해 자신의 고유하게 사변적인 순간이라 부를 수 있는 것에 접근한다. 실제로 레비-스트로스는 어떻게 형식으로서의 비평형이 신화적 담론의 내용이 되는지를 보여 준다. 혹은 다른 말로 하자면, 조건이었던 비평형이 어떻게 테마인 비평형이 되는지, 무의식적 도식이 어떻게 "깊이 있는 영감"이 되는지를 보여 준다.

이러한 신화들이 담고 있는 깊이 있는 영감은 실제로 어떤 것인가? [……] 그 신화들은 세계와 사회의 점진적인 조직화를 일련의 양분화 bipartition라는 형식 아래에서 재현한다. 하지만 각 단계의 결과물로 나온 두 부분들 사이에는 결코 참된 동등함이 나타나지 않는다. [……] 체계가 잘 기능하는지는 이러한 역동적 비평형에 달려 있다. 이런 비평형이 없다면 그 체계는 매 순간마다 무기력한 상태에 떨어질 위협을 받게 될 것이다. 이러한 신화들이 암묵적으로 주장하는 것은 다음과 같은 것이다. 즉, 하늘과 땅, 불과 물, 위와 아래, 가까운 곳과 먼 곳, 원주민과 비원주민, 공동체 사람과 외부인 등과 같은 극들 사이에서 자연적 현상과 사회의 삶이 질서 지어지는데, 이러한 극들은 결코 쌍둥이가 될 수 없을 것이다. 정신은 그 [두 가지] 극들을 짝지으려 애쓰지만, 그 둘 사이에 어떤 균등성을 확립하는 데에는 성공하지 못한다. 왜냐하면 우주 기계의 시동을 거는 것은 층층으로 잇따라 놓여 있는 en cascade 미분적 편차들, 신화적 사유가 이해하는 대로의 그런 미분적 편차들이기 때문이다(Lévi-Strauss 1991, 90-91).

신화들은 비평형에서 도망치지 못할 어떤 운동 속에서, 자신들끼리 서로 사유하면서 자신들 그 자체를 사유한다. 단, 그 운동은 비평형에 대해 올바로 "숙고하는" 경우에만(다시 말해, 올바로 자기 변형하는 경우에만) 비평형에서 도망치지 못할 것이다. 신화집합에 관한 레비-스트로스의 마지막 거대 분석은 불완전한 이원성, 즉 "모든 체계의 열쇠"인 쌍둥이관계의 주위를 맴돈다.[19] 이러한 불완전한 이원성은 [비평형이라는] 자기추진적 비대칭의 완성된 표현이다. 결국 『스라소니 이야기』의 역동적 비평형을 통해, 우리는 구조주의의 관심을 끄는 참된 이원성이란 '자연'과 '문화' 사이의 변증법적 전투가 아니라, 동등하지 않은 쌍둥이 사이의 끝없는 강도적 차이라는 점을 이해하게 된다. 『스라소니 이야기』의 쌍둥이는 아메리카 원주민 신화학과 사회학의 열쇠이자 암호이고, 비밀번호다. 접합된 두 가지 원리dyade의 근본적인 비균등성, 차이의 하극한으로서의 대립, 여럿의 특수한 경우로서의 둘이 바로 그 암호다.

파트리스 마니글리에는 구조주의 기획의 두 가지 주요 단계의 차이에 관해 다음과 같이 지적했다.

레비-스트로스 저작의 첫 번째 시기를 특징짓는 것은 자연에서 문화로의 이행이라는 문제에 대한, 그리고 이 두 질서 간 불연속성에 대한 강렬한 질문인 것으로 보인다. 레비-스트로스가 보기에는 그러한 불연속성이야말로 유일하게 물리적 인류학에 맞서 사회적 인류학의 종적 특수성을 보장해 주는 것이었다. [반면, 이러한 첫 번째 시기의 특징만큼이나] 분리된 질서 안에서 인간성을 구성하는 것에 대한 끈질긴 고발이 레비-스트로스 저작의 두 번째 시기를 특징짓는다(Maniglier 2000, 7).●

실제로 이 책에서 이미 거론했던(158쪽)『친족의 기본 구조』의 마지막 단락을 고려해 보자. 거기서 레비-스트로스는 "사회적 인간에게 영원히 허용되지 않는" 절대적 행복은 "자기들끼리 살아가기"에 있다는 것을 지적한다. 결과적으로는 매우 프로이트적인 이러한 확언을 앞서 인용한 레비-스트로스 저작의 다른 구절(56쪽)과 비교해 보자. 그는 거기서 신화를 "인간과 동물이 아직 구별되지 않던 시절의 역사"인 것으로 정의한다. 또한 인간성은 지구에서 살아가는 다른 종들과의 소통 부재를 체념하고 받아들이는 데 결코 성공하지 못했다고 덧붙인다. 그런데 모든 종 사이의 기원적 소통(종 사이의 연속성)에 대한 향수는 "자기들끼리"의 삶(종 내부의 불연속성)에 대한 향수와 정확히 똑같지는 않다. 이 두 번째 향수는 사후死後 근친상간이라는 환상의 원인이 되는 것이다. 이와 반대로, 나는 다음과 같이 말하고자 한다. 레비-스트로스가 인간적 역逆담론처럼 이해했던 것의 강조점과 의미가 변했다는 것이다. 혹은 다른 용어로 말하자면, 구조주의에 대한 인류학적 담론의 두 번째 수준이 수면으로 떠오른다.

● 이와 같은 의미에서 선구적인 Schrempp 1992를 참고할 것.

레비-스트로스 저작에 담겨 있는 "두 가지 구조주의" 사이의 창조적 불일치 혹은 긴장은 『신화들』에서 특히 복합적인 방식으로 내부화된다. 우리는 위에서 레비-스트로스가 친족의 대수학을 신화적 변증법에 대립시켰던 것을 살펴보았다. 『친족의 기본 구조』에 나타난 그 대수학은 완전히 이산적인 것의 편에 속할 것이다. [반면] 신화적 변증법은 연속과 불연속 사이의 변증법이다.[20] 이러한 차이는 단순히 형식적인 것이 아니다. 왜냐하면 연속과 불연속의 혼합처럼 소개되는 것은 단지 아메리카 원주민 신화집합의 미학적 형식뿐만 아니라, 그것의 철학적 내용이기도 하기 때문이다. 게다가 참된 구조주의자가 어떻게 형식과 내용을 분리할 수 있겠는가?

바로 여기에 우리가 다음과 같이 결론 내려야 할 이유가 있다. 레비-스트로스는 『강의록』*Paroles données*(Lévi-Strauss 1984)에서 자신의 기획을 "자연에서 문화의 이행에 대한 신화적 재현을 연구하는 것"이라고 겸손하게 묘사한 바 있지만, 『신화들』은 그 연구에 집중하는 계획보다 조금 더 나아갔다는 것이다. 왜냐하면 마니글리에가 지적했듯이, 그는 바로 『신화들』을 집필해 나가면서, 처음으로 '자연'과 '문화'를 급진적으로 대조하는 것의 적절성에 스스로 이의를 제기하기 때문이다. 그래서 레비-스트로스 자신이 서구의 치명적 결함이라고 진단 내렸던 것과 동일한 정신착란을 원주민에게 이전한다고 상상하는 건 조금 부조리할 것이다. 그리고 실제로 『신화들』은 '자연'과 '문화' 사이의 분명하고 일의적인 이행을 서술하기는커녕, 레비-스트로스에게 어떤 미로의 지도를 그리도록 강요한다. 그것은 구불구불하고 애매한 길, 횡단하는 도로, 좁은 골목길, 어두운 막다른 골목, 동시에 두 방향으로 흐르는 강과 같은 것들의 미로다. '자연'에서 '문화'로 가는 일방향 도로는, 어떤 의미에서, 그 4부작 책 중 1권의 전반부를 넘어가지 않는다. 그 부분에서 시작해, 일곱 권으로 완결된 시리즈 전체를 사로잡고 있는 것은 "모호성의 신화집합"(『신화들 II: 꿀에서 재까지』), "유율법의 신화집합"(『신화들 III: 식사 예절의 기원』)이다. [또한 다음과 같은 것들도 그 시리즈를 사로잡고 있다.] '문화'에서 '자연'으로 가는 퇴보적 도정과 퇴행적 진행, 그 두 가지 질서가 상호 침투하는 지대들, 작은 간격들, 짧은 주기성들, 랩소디적 반복들, 유비적 모델들, 연속적인 변질들, 영속적 비평형들, 준準삼원론으로 나뉘는 이원론들, 예상치 못한 방식으로 폭발해 변형의 횡단적 축들 한 무리로 흩어진 이원론들 …… 꿀과 성적 유혹, 반음계와 독毒, 달과 양성兩性적인 것, 소란과 악취, 천체의 식蝕과 클라인 대롱, 가까이에서 보면 코크 곡선으로, 다시 말해 무한히 복잡한 프랙털로 변형되는 요리의 삼각형 ……[21] 거의 다음과 같이 말할 수도 있을 것이다. 아메리카 원주민 신화집합의 내용은 신화 자체를 발생시키는 추동력을 부정하는 것으로 이루어진다는 것이다. [왜냐하면] 레비-스트로스의 관념 내에서는 연속체를 부정하는 것이 사유의 근본 조건인데, 아메리카 원주민 신화집합은 그런 연속체를 적극적인 방식으로 사유하고, 또한 향수에 젖는 방식으로 응시하기 때문이다. 레비-스트로스가 여러 번 단언하듯이, 만일 아메리카 원주민의 신화집합이 표면과 이면, 진보적 의미와 퇴보적 의미를 가지고 있다면,[22] 이 역시 그런 것들이 구조주의 담론 그 자체의 두 가지 의미 혹은 방향이기 때문이다(혹은 그 역도 성립한다). 『신화들 IV: 벌거벗은 인간』의 "피날레"에 나오는 신화와 제의 사이의 논쟁적 구별은 결과적으로 신화 자신의 메시지를 내부화하는 회귀적 운동이었던 것으로 드러난다. 즉,『스라소니 이야기』에 나오는 투피인의 거대 신화가 서술하는 궤적은 모든 제례의(신화가 아니라 제례라는 점에 유의하자) 본질을 정의하는 궤적과 동일하다. 이 궤적은 유효 범위가 감소하는 대립들이 층층으로 이어져 있는 연쇄이며, 이 연쇄는 실재적인 것의 궁극적 비대칭을 손에 넣기 위한 "절망적인" 노력 내에서, 점근선을 향해 수렴한다. 이는 마치 명백히 레비-스트로스적 신화처럼 기능하는 유일한 신화가 바로 "신화집합에 대한 신화", 다시 말해『신화들』그 자체인 것과 같다. 혹은『신화들』조차 그런 신화가 아닐 수도 있다. 이것은 확실히 다시 다뤄져야 할 문제다.

나는 여기서『신화들 IV: 벌거벗은 인간』의 말미에 자리 잡은 한 단락에 주의를 기울이려 한다. 저자는 [그 단락에서] 천상의 불을 차지하는 [이야기를 담은] 북아메리카 신화를 다룬다. [신화에 등장하는 동물들은 천상에 올라가기 위해] 화살 사다리를 이용하는데, 이 사다리가 부러진 후 하늘과 땅의 소통이 단절된다. 저자는 이제 다음과 같이 지적하는데(같은 저자가 이산적인 것에 대한 찬사, 그리고 원초적 연속체의 감소에 의해 실행되는 논리적 풍부화에 대한 찬사로『신화들 I: 날것과 익힌 것』을 시작했던 것을 상기하자), 이렇게 지적한 후 결론까지 내린다.

비가역적 매개를 [수행하는] 이런 행동들에는 무거운 대가가 뒤따른다는 점을 잊지 않도록 경계해야 할 것이다. 즉, 자연적 질서가 양적으로 빈곤해진다. 지속기간의 [측면에서는] 인간의 삶에 부여된 기한에 의해서 빈곤해지고, 공간적 [측면에서는] 그들의 무모한 천상의 모험이 재난을 초래한 이후에 동물 종의 수가 감소하면서 빈곤해진다. 또한 질적으로도 빈곤해진다. '딱따구리'는 불을 차지했던 것으로 인해 자신의 붉은 깃털 장식 대부분을 잃었고(M729), 그와 반대로 '지빠귀'는 붉은 가슴 털을 손에 넣었는데, 이 역시 해부학적 상처라는 형식을 따르기 때문이다. 그런 손실은 같은 임무 도중에 자신의 실수에 의해 입게 된 것이다. 따라서 원시적 조화의 파괴에 의해서든, 그런 조화를 해치는 미분적 간극의 도입에 의해서든, 인간성이 문화에 도달하는 것은 자연의 평면 위에서 일종의 점진적 악화를 수반한다. 이런 점진적 악화는 인간성이 연속적인 것에서 이산적인 것으로 이행하도록 만든다(Lévi-Strauss 1971, 448).

여기에 『신화들』의 정글 속에서 길을 조금 잃어버린 구절 중 하나가 있다. 구조주의의 두 가지 담론, 즉 인간성의 자기분리를 고발하는 담론과 『친족의 기본 구조』에서 성공을 거둔 인간화 담론 사이의 모호성이 분석적 방식으로 "내부화"될 때, 또한 그 모호성이 신화에 내재적인 반성에 속하는 것으로 간주될 때, 위의 단락은 돌연히 결정적인 것으로 받아들여진다. 그 두 가지 이야기를 들려주는 것은 바로 신화들이고, 퇴보적 진행이 그만큼 부정적인 것은 아니다. 적어도, 오로지 부정적이기만 하지는 않다. 즉, 문화의 발생genèse이란 반발생적dégénératif인 것이 아닌가?" 그런데 이런 경우, 그 퇴보적 진행은 재발생적régénératif인 것이 아닐까?" 그럼에도 [그런 퇴보적 진행은] 불가능한 것인가? 혹은 단순히 상상적인 것인가? 아니면 더 나쁜 것인가? 왜냐하면 레비-스트로스가 보기에, 연속적인 것에 대한 향수가 단지 단순한 환상이나 상상의 자유로움 같은 것이 아니라, 실재적 질병의 증상으로 나타나는 순간들이 있기 때문이다. 이 실재적 질병은 불연속적인 것의 통제되지 않은 증식이라고 부를 만한 것에 의해 서구에서 생겨나는 것이다. 이것은 역사의 전반적인 온난화, 추운 역사의 종말, 바로 '자연'의 종말이다.[23]

어찌되었든, 레비-스트로스가 여러 번 단언하듯이, 아메리카 원주민의 신화집합이 표면과 이면, 진보적 의미(토템적 의미)와 퇴보적 의미(즉 희생적 의미)을 가지고 있다면(구조주의 담론 그 자체의 두 가지 의미 혹은 방향), 아마존의 샤머니즘과 관점주의는 어떤 애매함도 없이 이면, 즉 퇴보적 의미의 세계에 속한다. 요리하는 불의 기원이라는 문명화 복합체는 다음과 같은 도식들을 전제한다는 것을 상기하자. 즉, 하늘/땅의 분리접속, 계절에 따른 주기성의 수립, 자연 종들의 미분화다. 하지만 관점주의적 샤머니즘은 전도되고 퇴보적인 요소 안에서 작동한다. 즉, 하늘-땅의 석양 빛 색조[24]라는 요소(샤머니즘적 여행), 모든 존재자가 보편적으로 가진 인간적 바탕이라는 요소, 약물(담배)의 기술이라는 요소다. 이 기술은 "초자연"이라는 주변 지역을 정의하면서, 다시 말해 문화로서 사유된 자연이라는 주변 지역을 정의하면서 자연과 문화 사이의 구별을 급진적으로 흐릿하게 만든다. '초자연'이라는 개념이 『신화들』에서 극히 드문 것은 매우 중요한 사실이다. 진보와 퇴보. 여기서 구조적 방법에 대한 반反

사르트르적이고 비꼬는 듯한 정의를 떠올려 보자(Lévi-Strauss 1962b, chap. IX). [구조적 방법이란] "퇴보-진보적인 이중의 방법"[25]이다. 게다가 이 방법은 신화들에 의해 활기차게 실천된다. ● 방법의 신화에 맞서기, 이것이 신화의 방법이다.

* * *

결과적으로 이 책은 신체에 관해 많은 것을 이야기했다. 레비-스트로스 저작의 마지막 단계는 사실상 인간 정신의 단일성과 아메리카 원주민 신체의 다양체 사이에 벌어지는 치열한 시합의 장이다. 『신화들 I: 날것과 익힌 것』의 "서곡"[26]에서는 정신이 확실한 우세를 점하며 시작하고 있었다. 하지만 신체가 점차 시합을 지배해 나갔고, 비록 몇 점 차이이긴 하지만 의심할 여지 없는 승리를 거두었다. 『스라소니 이야기』에서 벌어진 마지막 라운드 중에 뚜렷하게 강조된 작은 클리나멘이 그 몇 점 차이를 만들었다.[27] 인간 정신에 관한 심리학은 원주민 신체에 관한 반反사회학에 자리를 내어 주게 되었다.

바로 이런 식으로, 레비-스트로스의 구조적 신화학의 여정이 끝날 때, 그가 자신의 야망을 더 소박한 차원●●에 한정했다는 인상을

● 『신화들 II: 꿀에서 재까지』 참고. "꿀의 기원에 대한 오파이에(Ofaié)인의 신화(M192)에 관련해서, 우리는 퇴보-진보적인 진행과정을 분명하게 드러냈다. 우리는 이제 그 진행과정이 지금까지 고려한 신화들의 집합에 속한다는 것을 보게 된다" …… (Lévi-Strauss 1966, 129[국역본 217쪽]).

주었던 정확히 바로 그 순간에, 그가 수립한 이론적 계획의 가장 고상한 숙명이라고 부를 수 있을 만한 것이 실현된다. 즉, 타자들의 사유를 그들 자신의 용어로 되돌려 준다는 숙명, 이러한 "'타자'를 향한 열림"을 실천한다는 숙명이다. 이러한 "'타자'를 향한 열림"의 인류학은 경이로운 귀환에 의해 다음을 발견한다. 인류학은 예전에 그 타자들이 그들의 자기종족중심적인 비시간적 고치 안에 갇혀 있다고 상상하며 즐거워하곤 했는데, 인류학이 연구하는 바로 그 타자들의 특징을 이루는 태도가 바로 인류학이라는 것이다. 『스라소니 이야기』의 당황스러운 마지막 메시지는 타자들의 타자도 역시 '타자'라는 것이다. 즉, "우리"라는 것을 위한 자리는 타자성에 의해 이미 규정된 것으로서만 존재한다는 것이다. 따라서 만일 더 일반적인 결론을 도출할 수 있다면, 그것은 다음과 같다. 인류학은 야생의 사유와 함께 원리의 공통 평면을 수립하는 것 외에는, 즉 자신의 대상과 함께 공통된 내재성의 평면을 그리는 것 외에는, 다른 입장을 취할 수 없다는 것이다. 레비-스트로스적 인류학은 『신화들』을 신화집합에 대한 신화로 정의하면서, 또한 인류학적 인식을 원주민적 프락시스의 한 가지 변형으로 정의하면서 어떤 도래할 철학, 즉 『안티 나르시스』를 투사한다.

● ● ● 『스라소니 이야기』는 그 마지막 장에서 "신화집합의 기본 구조" 따위가 아니라, "아메리카 원주민들의 양분된 이데올로기"라는 결론에 도달한다. 전자는 쓸모없고 공허한 것이라며, 명시적으로 거부된다.

* * *

혼인 동맹에 관한 구조주의 이론은 1960년대의 무대를 지배했지만, 지난 세기의 마지막 25년 동안 그 이론에 대한 비호의적 비판이 증가하기 시작했다. 『안티 오이디푸스』는 특히 거침없고 효과적인 언어로 사회체에 관한 모든 "교환주의적" 개념화에 대해 비타협적 거부를 표현함으로써, 그 이론의 몰락을 재촉하는 데 큰 공헌을 했다. 이런 태도는 논의할 필요도 없이 『천 개의 고원』에서도 유지되지만, 문제를 이루는 용어들은 그 책에서 급진적으로 변한다. 『안티 오이디푸스』에서 교환은 행위의 일반 모델인 생산에 자리를 내어 주고 멀리 밀려났으며, 순환은 기입에 종속되었다(들뢰즈와 과타리는 일방적으로 모스적 의미의 교환을 순환과 유사한 것으로 간주한다).* 우리가 보았듯이, 『천 개의 고원』에서 생산은 또 다른 비재현적 관계, 즉 되기에 자리를 내어 준다. 만일 생산이 혈통적이었다면, 되기가 보여 줄 것은 동맹과의 인척관계다. 그럼 이렇게 생산에서 되기로 이행할 때, 반反교환주의적 입장에는 어떤 일이 벌어지는가?

『안티 오이디푸스』의 생산이 자신과 동음이의 관계에 있는 마르크스주의적 생산 개념과 정확히 동일하지는 않다는 것이 이미 알려져 있다. 비록 매우 빈번하게, 어떤 이들에게는 이 사실을 망각하는

● 『안티 오이디푸스』는 다음과 같이 마르크스주의적 클리셰를 재사용한다. 즉, [사회체에 관한 교환주의적 개념화는] "사회적 재생산은 순환의 범위로 환원된다"는 부당한 [공준에 의존한다는 것이다]. [이런 공준은] 모스적이고 구조주의적인 유형의 종족학을 짓누를 것이다(Deleuze·Guattari 1972, 222[국역본 324쪽]).

게 바람직한 일이겠지만 말이다. 들뢰즈와 과타리의 "욕망하는 생산"을 헤겔적 마르크스주의의 "필요에 따른 생산"과 혼동해서는 안 된다(Deleuze·Guattari 1972, 33 et s.[국역본 60쪽]). 후자는 결핍과 욕구라는 일반개념의 지배를 받는다. [이 두 가지 생산의] 차이는 여러 차례 강조된다. "우리의 문제는 결코 마르크스로 돌아가는 것이 아니었습니다. 게다가 망각이 훨씬 더 우리의 문제입니다. 거기에는 마르크스를 망각하는 것도 포함됩니다. 하지만 그런 망각 안에도 잊히지 않고 살아남은 작은 조각들이 있습니다 ……"(Deleuze 1973). 『안티 오이디푸스』에 나타난 욕망하는 생산의 흐름-단절 체계는 일반화된 순환의 과정과 잘 구별되지 않는다는 점을 덧붙이자. 이는 장-프랑수아 리오타르가 아마도 꽤나 짓궂은 마음을 가지고 다음과 같이 넌지시 말했던 것과 같을 것이다. "'자본'Kapital의 이러한 형태 구성, 즉 흐름의 순환이라는 것은 순환의 시점視點이 생산의 시점보다 우위에 있음에 의해 필요불가결한 것이 된다 ……"(Lyotard 1977, 15).

생산에 대한 필요주의적이고 유한주의적인finitiste 개념화는 (혹은 부정법적infinitif과 대립하는 것으로서의 유한적finitif 개념화라고 말할 수도 있을 것이다) 인류학계의 유통 화폐다. "교환주의적" 입장들이 인류학 내에서 일반적으로 비판받을 때, 그 비판은 바로 저런 개념화의 이름으로, 또한 그 개념화의 부속물들(지배, 거짓 의식, 이데올로기)의 이름으로 이루어진다. 그런데 정치 경제에 [속하는] 필요에 따른 생산과 기계적 경제에 [속하는] 욕망하는 생산을 그렇게 구별하는 일, 또한 노동-생산과 기능작동-생산을 구별하는 일이 매력적인 것으로, 심지어 필수적인 것으로 밝혀진다면, 이와 유비적으로 다음과 같이 주장할 수도 있다. 즉, 구조-동맹과 되기-동맹을 구별하는 것, 계약-교환과 변화-교환을 구별하는 것도 마찬가지로 흥미로운 일이 될 것이다. 이러한 구별은 구조주의를 비롯한 고전적 친족 이론의 외연적 동맹과 (예를 들면) 아마존 사회 우주론의 강도적 동맹 사이의 애매한 동음이의 관계를 의도적으로 활용하면서,[28] 동맹에 대한 계약주의적 개념화를 고립시켜 멀리 떼어 놓도록 해줄 것이다. 자연스럽게 그 동음이의 관계는 [고전적 친족 이론과 아마존 사회 우주론이라는] 두 가지 경우에서 그보다 조금 더 나아간 것이 되는데, [구조-동맹과 되기-동맹, 계약-교환과 변화-교환이라는] 연관된 각각의 개념 쌍들 사이에 어떤 혈통관계가 있기 때문이다. 비록 이것이 재생산적인 것보다는 괴물적인 혈통관계일지라도 말이다.[29] 『안티 오이디푸스』가 정치경제학을 전복하고 있다고 해도, 그 책에서 말하는 생산은 정치경제학에서 말하는 생산에 많은 것을 빚지고 있다. 마찬가지로 아마존의 잠재력적 동맹은 암암리에, 혹은 빛을 등진 채 (말하자면, 잠재적으로) 레비-스트로스의 저작 안에 존재하고 있다. 그런 잠재력적 동맹의 반오이디푸스적이고, 또한 (자기)전복적인 잠재력을 온전히 끌어내야만 한다.

결론적으로, 문제는 교환에 관한 비계약주의적이고 비변증법적인 개념을 구축하는 것이다. 즉, 합리적 이해관계도, 증여의 선험적 종합도 아니다. 무의식적 목적론도, 기표의 작동도 아니다. 포괄 적응도fitness도, '타자'의 욕망에 대한 욕망도 아니다. 계약도, 충돌도 아니다. 오히려 타자-되기의 한 가지 양식[으로서의 교환 개념이다].

동맹은 친족관계에 고유한 타자-되기다.

혈통의 유기적이고 나무 모양을 한 수직적 특성보다는, 동맹의 기계적이고 리좀적인 횡적 특성이 결과적으로 들뢰즈 철학에 훨씬 더 가깝다. 그래서 도전해야 할 일은 동맹의 "괴물적" 역량들, 다시 말해 창조적 역량들을 해방하면서, 혈통을 관리하는 임무로부터, 또한 그 역으로 혈통에 의한 통제로부터 동맹을 벗어나게 하는 것이다. 동맹의 쌍둥이 일반개념, 즉 교환이라는 일반개념에 관련해서, 나는 오늘날 한 가지는 명백하다고 생각한다. 즉, 통상의 교조적 학설이 원하는 것에도 불구하고, 교환이라는 일반개념이 생산의 타자처럼 제시된 적은 결코 없었다. 그 반대로, 인류학은 교환을 항상 생산의 가장 탁월한 형식, 즉 바로 '사회'의 생산이라는 형식처럼 다루었다. 따라서 문제가 되는 것은 교환과 상호성이라는 위선적 포장 아래 숨겨져 있을 생산의 벌거벗은 진실을 폭로하는 것이 아니다. 그보다 오히려 교환과 상호성이라는 개념들을 그들 자신의 (반)자연적 요소로, 되기의 요소로 되돌려 보내면서, 혈통적이고 주체화하는 생산의 기계 안에서 [작동하고 있는] 그들 자신의 애매한 기능들로부터 해방하는 것이 문제다. 교환, 혹은 관점들의 무한한 순환. 이것은 교환의 교환, 변신의 변신, 시점에 대한 시점, 다시 말해 되기다.

따라서 어떤 이중의 유산을 위한 이중의 운동이다. 그 이중의 유

● 만일 "'강도의 차이'라는 표현이 동어반복"이라면(Deleuze 1968, 287[국역본 476쪽]) "타자-되기"는 또 다른 동어반복이다. 혹은 어쩌면 동일한 동어반복일 것이다.

산은 무엇보다 먼저 괴물적 동맹, 반자연적 혼례에 기초하고 있다. 즉, 들뢰즈와 함께하는 레비-스트로스다. 이 두 개의 고유명사는 강도들이다. 우리가 그 책을 남겨 두었고, 또 꽂아 두었던 잠재적 저장소 안에서, 『안티 나르시스』는 바로 그 강도들을 통해 나아간다.[30]

20세기 후반 유럽 철학의 급진적 변화를 이끌었던 지적 원천 중 하나는 인류학이었다. 특히 질 들뢰즈와 펠릭스 과타리의 공동 작업은 당대 인류학의 성과 위에서만 쓰일 수 있었다. 에두아르두 비베이루스 지 까스뜨루가 첫 문장에서 말했듯, 이 책은 그들의 지적 실험을 이어나가려는 기획이다. 하지만 철학과 인류학을 가로지르는 『안티 오이디푸스』와 『천 개의 고원』에 익숙한 독자에게도 『식인의 형이상학』은 상당히 낯선 책이다. 이 책은 아마존의 철학과 인류학을 거쳐 들뢰즈와 과타리를 독해하기 때문이다.

저자의 표현을 빌자면 이 책의 기획은 "경이로운 귀환"과 "흥미로운 교차"로 요약될 수 있다. 아메리카 원주민의 관점주의와 다자연주의는 경이로운 귀환의 존재론적 사례다. 흥미로운 교차란 무엇보다 들뢰즈와 클로드 레비-스트로스의 예상치 못한 만남을 말한다. 물론 경이로운 귀환과 흥미로운 교차도 서로를 가로지른다. 원주민 관점주의와 다자연주의, 들뢰즈의 다양체와 강도의 철학, 레비-스트로스의 탈구조주의는 인류학의 "들뢰즈주의자-되기"와 들뢰즈·과타리 철학의 "원주민-되기"에 의해 리좀적 다양체를 구성한다.

경이로운 귀환

경이로운 귀환에 관한 레비-스트로스의 문장으로 돌아가 보자. "철학은 다시 한 번 무대의 전면을 차지한다. 하지만 이것은 이제 우리의 철학이 아니라, 경이로운 귀환을 통해 나타난 그들의 철학이다"(26쪽). 유럽 인류학자가 철학을 읽어야 한다면, 이제 그것은 유럽의 철학이 아니라 아메리카 원주민의 철학이다. 참된 인류학은 원주민의 관념을 독특한 믿음 체계나 인지 과정이 아니라, 원주민의 철학, 인류학, 이론으로 고려한다. 이러한 인류학적 정신에 따르면 유럽 인류학은 원주민의 관념을 대상으로 삼는 학문이 아니라, 원주민 인류학의 유럽적 변형, 버전, 번역 등으로 재정의될 것이다. 마찬가지로 신화와 인류학의 구별도 사라진다. 예컨대 레비-스트로스의 『신화들』은 아메리카 원주민 신화에 대한 인류학적 연구가 아니라, 그 자체가 "신화집합에 대한 신화"로 규정된다. 만일 그 책을 인류학적 연구라 부른다면, 원주민의 신화 인류학을 유럽의 신화 인류학으로 번역한 결과물이라 해야 한다. 『식인의 형이상학』은 이러한 참된 인류학을 위한 실천이다. 이 책의 목표는 관점주의라는 원주민의 "믿음 체계"를 분석하는 것이 아니다. 저자는 관점주의, 다자연주의, 식인의 타자성으로 구성되는 원주민 인류학의 관점에서 유럽의 철학과 인류학을 재독해하고 비판한다. 그는 이러한 기획을 "다자연주의적 역逆인류학"이라고 부른다(101쪽).

다자연주의적 관점주의

유럽 존재론과 원주민 관점주의의 차이를 가장 명료하게 드러낸 것은 레비-스트로스가 기록한 안티야스 제도의 일화다(32쪽). 거기서 유럽인은 원주민도 영혼을 가졌는지 의심한다. 하지만 자신의 신체와 원주민의 신체가 다를 것으로 의심하지 않는다(신체 혹은 물질은 모두 단일한 질서에 속하고, 영혼 혹은 정신의 다양한 수준에 따라 존재론적 우열이 구별된다는 것이 서구 형이상학의 공준임을 기억하자). 반면 원주민은 유럽인의 신체가 자신의 신체와 같은지 의심한다. 그들은 영혼의 차이를 상상하지 않는다. 인간과 비인간, 생물과 무생물, 살아 있는 것과 죽은 것 모두 같은 종류의 영혼을 가지고 있다. 유럽인의 우주론이 신체(자연)의 유일성과 정신(문화)의 다양성을 전제하는 반면, 원주민의 우주론은 정신(문화)의 단일성과 신체(자연)의 다양성을 전제한다.

위 일화가 보여 주는 원주민의 존재론은 흔히 애니미즘이라 불리는 것이다. 비베이루스 지 까스뜨루는 애니미즘과 관점주의의 공통 바탕을 인정하면서도, 애니미즘보다 훨씬 더 멀리 나아간다(이 책은 데스콜라를 따라 인간과 비인간이 사회적 연속성 위에 있다고 보는 존재론을 애니미즘이라 정의한다). 그에 따르면 하나의 존재자란 하나의 관점이라는 것이 원주민 우주론의 전제다. 요컨대 존재자 사이의 차이는 관점 간 차이이며, 이러한 차이는 영혼이 아니라 신체적 다양성에서 유래한다. 인간, 신, 동물, 죽은 자, 식물, 기상현상, 천체, 인공물 따위의 존재자는 모두 같은 종류의 영혼을 가지고 있지만, 신체적 차이에 의해 제각각 다른 관점들로 존재하게 된다. 여기서 같은 종류의 영혼을 가졌다는 것은 무엇보다 모든 존재자가 "자신을 인간처럼 보고, 다른 존재자를 비인간처럼 본다"는 의미다. 예컨대 우리는 우리를 인간으로 보고 재규어를 포식자 동물로 보지만, 재규어는 자신을 인간으로 보고 우리를 자신이 잡아먹는 동물로 본다. 존재자란 다른 모든 존재자를 바라보는 하나의 관점이며, 자기 자신을 인간으로 본다는 점에서 모두 "인격"이다. 이 경우 "인간"이란 특정한 종을 지시하는 고유명사가 아니라, 인격이 그 자신을 지시하기 위해 사용하는 "나" 혹은 "우리"와 같은 대명사의 하나다.

여기서 관점의 차이는 신체적 차이에서 유래한다는 점을 다시 한번 강조해야 한다. 재규어와 우리는 같은 종류의 영혼을 지니므로, 둘 다 자신을 인간으로 보고 맥주도 마신다. 하지만 그 둘이 말하는 "인간"과 "맥주"는 같은 자연적 대상을 지시하지 않는다. 재규어에게 "인간"인 것은 우리에게 "재규어"이고, 재규어에게 "맥주"인 것은 우리에게 "피"다. 즉, 재규어와 우리의 자연은 동일하지 않다. 이때 우리가 피라고 보지만, 재규어는 맥주라고 보는 미지의 X가 없다는 점이 중요하다. 즉, 피와 맥주는 "사물 그 자체"의 두 가지 재

현이 아니다. 우리가 피로 보고, 재규어가 맥주로 보는 자연적 대상은 "피|맥주" 다양체다. 관점들의 수만큼 이 다양체를 구성하는 측면들은 늘어날 것이다. ─ 피|맥주|……|……. 관점주의는 이런 식으로 다자연주의를 함축한다. 다자연을 채우는 "피|맥주"는 자기 동일성을 지닌 개별체가 아니라 분리접속적 다양체. 이러한 다자연주의적 관점주의는 "불변의 한 가지 인식론과 가변적인 존재론들을 전제한다. 즉, 재현들은 동일하지만 대상들이 다르고, 의미는 유일하지만 지시 대상은 여럿이다"(70쪽). 즉, 관점주의는 자연의 유일성과 문화의 다양성이라는 서구의 다문화주의를 문화의 단일성과 자연의 다양성이라는 다자연주의로 뒤집는다. 하지만 문화와 자연이라는 항의 위치만 바뀌는 것이 아니라, 문화와 자연 그 자체도 변하고 그 둘의 관계도 변한다.

관점주의적 번역

"모든 존재자는 인격"이라는 관점주의적 원리의 함축을 오해하지 않도록 유의해야 한다. 이 원리는 "인간과 동물은 모두 비슷하다"거나 "모든 존재자의 관점은 똑같이 세계에 대한 참된 재현이다"라고 말하지 않는다. 무엇보다 관점은 재현이 아니다. 관점이란 "신체에 있는 반면, 재현은 정신의 속성이기 때문이다"(67쪽). 모든 존재자는 같은 종류의 영혼과 같은 재현 방식을 공유하지만, 자신의 고유한 관점으로 서로 다른 자연을 본다. 재규어와 우리는 모두 "인간"을 재현하지만, 재규어에게 인간은 재규어이고 우리에게 인간은 우리 자신이다. 따라서 "재규어와 우리는 둘 다 인간이다"라고 말할 수 없다. 인간과 비인간의 구별은 사라지는 게 아니라, 각 관점의 내부로 이동할 뿐이다. 또한 우리가 재규어의 맥주를 피로 본다면, 우리에게는 피가 참이고 맥주는 거짓이다. 관점주의는 피와 맥주 모두 같은 사물에 대한 참된 재현이라고 보는 문화적 상대주의와 아무런 관련이 없다. 만일 우리 중 누군가가 재규어의 관점에서 그것을 맥주로 본다면, 심각한 문제가 생긴 것이다. 그는 매우 아프거나 샤먼이 되어가고 있다.

이러한 관점과 자연의 차이에서 애매성과 번역의 문제가 제기된다. 다문화주의적 우주에서는 여러 개의 재현이 하나의 대상을 지시한다. 여기서 번역이란 "서로 다른 두 가지 재현('아침별'과 '저녁별')의 공통된 지시 대상(금성)을 찾아내는 것"이다(70쪽). 여러 개의 대상을 지시하는 기호, 즉 애매한 기호는 번역의 장애물이 된다. 반면 다자연주의적 우주에서는 하나의 재현이 여러 대상을 지시한다. 우리도 맥주를 마시고 재규어도 맥주를 마시지만, 맥주라는 하나의 기호가 지시하는 대상은 여럿이다. 여기서 애매성은 기호의 본성이다. 그리고 번역이란 같은 기호가 지시하는 여러 대상 사이의 차이를 포착함으로써, 애매성이 초래할지 모를 위험을 적절히 관리하는 작업이다. 이것이 바로 샤먼의 첫 번째 임무다. 샤먼이란 다른 존재자의 관점으로 이동할 능력을 갖춘 특권적 인물로서, 예컨대 우리의 관점과 재규어의 관점을 왕복하며 재규어의 맥주와 우리의 맥주가 같지 않음을 알려 주어야 한다.

애매성과 인류학적 번역

비베이루스 지 까스뜨루가 애매성과 번역의 문제를 제기하는 것은 "아메리카 원주민의 관점주의 인류학의 도움을 받아 우리 인류학계의 상징적 절차, 즉 비교를 재개념화하기 위해서다"(88쪽). 인류학은 오랫동안 다양한 문화를 서로 비교하며 공통된 것과 일반적 법칙을 찾기 위해 노력해 왔다. 저자는 이런 식의 비교에 반대한다. 인류학이 비교를 한다면, 그것은 관찰되는 인간집단의 개념을 관찰하는 인간집단의 개념으로 번역하기 위해서다. 예컨대 서구 인류학자가 자기 사회와 아마존 사회를 비교한다면, 그 목적은 아마존 인류학을 서구 인류학으로 번역하는 것이 되어야 한다. 물론 이러한 번역 개념은 저자가 원주민 관점주의에서 빌려 온 것이다. 관점주의에서는 종적 차이와 문화적 차이가 구별되지 않는다는 점을 상기하자. 모든 존재자가 관점이고 세계가 그런 관점의 다양체라면, 인간집단들의 문화적 차이는 종적 차이와 다르지 않다. 즉, 우리와 재규어 사이에 발생하는 애매성과 번역의 문제는 서구인과 원주민 사이에도 같은 방식으로 발생한다. (이 책에는 관점의 번역을 수행하는 두 종류의 특권적 인물이 등장하는데, 바로 샤먼과 인류학자다. 저자가 이 둘의 유비적 관계를 직접 언급하지는 않지만, 샤먼으로서의 인류학자 혹은 인류학자로서의 샤먼이라는 발상은 인류학적 번역을 정의하기 위한 효과적인 개념을 제공한다.)

저자는 애매성을 인류학의 핵심 개념으로 제안한다. "와그너는 뉴기니의 다리비인과 맺었던 초기 관계에 대해, '그들이 나를 이해하지 못했던 방식은 내가 그들을 이해하지 못했던 방식과 같지 않았다'고 말한 적이 있다. 이는 그때까지 결코 제안된 적 없는, 아마도 문화에 대한 가장 훌륭한 인류학적 정의일 것이다"(96-97쪽). 저자는 와그너의 그 문장을 관점주의적 애매성의 또 다른 정의로 제안한다. 예컨대 인류학자가 원주민의 문화를 "선물 교환"이라 보지만 정작 원주민은 그것이 자신의 문화라고 생각하지 않는다. 이런 몰이해 상황은 앞서 설명한 관점주의적 애매성과 유사하다(우리가 보기에 재규어는 피를 마시고 있지만, 재규어가 보기에 자신은 맥주를 마시고 있다). 나의 문화란 그들에 대한 몰이해이며, 그들의 문화란 나에 대한 몰이해다. 이 두 가지 몰이해는 변증법적 모순의 관계가 아니라, 들뢰즈와 과타리가 말하는 분리접속적 종합의 관계를 맺는다. 이런 분리접속적 종합이 문화를 가능케 하는 "초월론적 사실"이다.

원주민의 관점주의로 인류학적 번역을 재개념화하려는 이러한 시도는 기존의 탈식민주의 기획들과 분명히 구별된다. 무엇보다 우리가 알고 있는 문화적 상대주의는 대부분 서구의 다문화주의 존재론에 기대고 있다. 이 책의 주장은 문화적 상대주의로 결코 환원되지 않는다. 또한 저자는 서구중심주의에 대한 기존의 비판들과 비슷한 목표를 공유하면서도 확연히 다른 접근 방식을 택한다. 예컨대 탈식민주의 이론가들이 "오리엔탈리즘"을 분석하는 것은 서구가 비서구를 재현하는 방식을 비판하기 위해서다. 하지만 이런 "자기비판"의 관심은 여전히 타자가 아니라 서구 자신을 향할 뿐이다. 반면 이 책은 서구의 재현 체계에는 별 관심이 없다. 『식인의 형이상학』은 관점주의와 그것의 인류학적 번역에 몰두한다. 원주민의 관점주의를 관점주의에 따라 번역하기 — 이것이 이 책의 목표다.

문화적 차이에 대한 관점주의적 접근은 한국어 독자에게 실천적인 유용성을 제공한다. 예컨대 동아시아의 숱한 지식인들이 서구와 구별되는 동아시아의 사유를 발견하기 위해 "서구와 동아시아의 차이를 어떻게 사유할 것인가?"라는 질문을 제기해 왔다. 이 질문은 사유의 탈식민화를 위한 끈질긴 노력의 하나지만, 그것을 사유할 지적 토대는 여전히 부족하다. 누군가는 "우리의 사유도 서구 못지않게 과학적이었음"을 밝히려 노력하고, 다른 누군가는 "서구 근대 문명의 한계"를 지적하며 "동아시아 사유의 심오함"을 주장하기도 하지만, 이들 모두 서구 중심의 문화적 위계 구조 안에 여전히 갇혀 있다. 이 책의 주장을 다소 도식적으로 이용하자면, 서구의 다문화주의 우주론에서 벗어나지 않고서 서구와 동아시아의 문화적 차이를 탈식민적 관점에서 사유하는 것은 불가능에 가까운 일이다. 사유의 탈식민화를 위해서는 "문화"와 "차이"라는 개념부터 새로운 내재성의 평면 위에서 창조해야 한다. 아마존의 다자연주의가 제안하는 "애매성"과 "번역", 와그너가 다리비인과 함께 발견한 "발명"과 "관습" 등이 그런 개념 창조의 중요한 사례이자 안내자가 되어 줄 것이다.

흥미로운 교차

5장의 제목인 "흥미로운 교차"는 인류학과 들뢰즈 철학의 교차를 의미한다. 저자는 들뢰즈 철학 및 그와 과타리의 공동 작업을 최근 인류학의 작업과 연결 짓는다. 가장 들뢰즈적이라 평가받는 당대 인류학자는 로이 와그너와 메릴린 스트라선이다.[1] "하지만 이미 레비-스트로스가 있었다"(25쪽). 비베이루스 지 까스뜨루가 이 책 마지막 단락에서 말하듯, 『안티 나르시스』라는 상상의 책은 들뢰즈와 레비-스트로스, 혹은 들뢰즈적 레비-스트로스라는 잠재적 저장소 안에 놓여 있다. 그는 이 철학자와 인류학자의 연결을 위해 양쪽 모두를 아마존의 관점에서 재독해한다.

비베이루스 지 까스뜨루의 들뢰즈 해석은 영미권 학계가 "프랑스 이론"을 소비하는 방식과 전혀 다르다(저자는 5장을 시작하며 그들의 소비 방식을 비판적으로 고찰한다). 그는 한편으로 원주민 관점주의를 통해 들뢰즈를 읽으며, 다른 한편으로 들뢰즈의 관점에서 인류학을 변형한다. 다시 말해, 들뢰즈 철학의 원주민-되기와 인류학의 들뢰즈주의자-되기를 시도한다. 이를 위한 들뢰즈 철학 재독해는 크게 세 가지 단계로 구성된다. 첫째, 들뢰즈의 다양체 개념에 기초해 인류학의 이원론들을 해소한다. 둘째, 강도적 혈통과 외연적 동맹에 관한 『안티 오이디푸스』의 분석을 "생산" 개념으로 정식화한다. 셋째, 『안티 오이디푸스』의 생산 개념을 『천 개의 고원』의 "되기" 개념으로 대체한다.

들뢰즈의 다양체는 베르그손의 다양체 개념을 베른하르트 리만의 기하학에 따라 해석한 결과물이다. 다양체란 하나와 대립하지 않는 여럿, 혹은 여럿과 대립하지 않는 하나다. 하나와 여럿의 양자택일은 인류학의 수많은 이원론을 지배하는 가장 근원적인 이원론이다. 비베이루스 지 까스뜨루는 그런 이원론들로부터 인류학을 해방하기 위해 들뢰즈의 다양체 개념에 의지한다. 그리고 다양체와 밀접한 관계에 있는 들뢰즈·과타리의 다른 개념들 ― 리좀, 분리접속, 되기, 강도 등에서 몇 가지 유용한 정식을 추출한다. 특히 "비대칭적 상호 함축"이 중요한데, 이를 바탕으로 강도-잠재적인 것과 외연-현실적인 것 사이의 비대칭적 상호 함축이라는 개념화를 제안한다. 이것은 7장에서 혈통과 동맹 분석에 이용된다.

『안티 오이디푸스』를 다루는 7장은 반드시 『천 개의 고원』을 다루는 10장과 함께 읽어야 한다. 이 책의 들뢰즈·과타리 독해에서 가장 중요한 문제는 『자본주의와 분열증』 1권이 2권으로 이행하는 과정을 이해하는 것이기 때문이다. 비베이루스 지 까스뜨루는 『안티 오이디푸스』가 여전히 "사회성에 대한 인간중심적 개념화에 묶여 있다"고 지적한다(151쪽). 『천 개의 고원』은 "되기"와 "강도적 동맹" 개념을 제안함으로써, 비로소 그런 인간중심적 개념화에서 벗어난다. 저자가 인류학의 들뢰즈주의자-되기와 들뢰즈·과타리 철학의 원주민-되기를 위해 선택하는 것은 『안티 오이디푸스』보다는 『천 개의 고원』이다. 이렇게 1부에서 제안한 "인간|재규어" 다양체는 "재규어-되기"로 재개념화되고, 11장에서는 『천 개의 고원』의 강도적 동맹 개념을 바탕으로 아마존 사회성에 관한 거대 이론을 그린다.

이 책은 레비-스트로스 인류학을 전구조주의와 탈구조주의로 구별한다. 통시적으로는 『친족의 기본 구조』(Lévi-Strauss 1967/1949)가 그의 전기 구조주의를 대표하며, 『신화들』(1964-71)부터 후기 구조주의 혹은 탈구조주의 시기가 시작된다. "영속적 비평형" 혹은 "역동적 비평형" 개념이 그의 탈구조주의를 대표한다. 하지만 저자는 레비-스트로스의 "두 가지 구조주의"가 초기부터 공시적으로 공존해 왔다고 주장한다. "일찍부터 레비-스트로스의 저작은 중요한 탈구조주의적 하위 텍스트 혹은 탈구조주의적 반텍스트를 숨겨 놓고 있다"(284쪽). 이 책이 그의 두 가지 구조주의를 구별하고, 그 둘의 불연속성에 몰두하는 이유는 명백하다. 들뢰즈와 과타리를 비롯한 수많은 인류학자와 철학자가 공격했던 그의 구조주의를 탈구조주의라는 이름으로 복권하려는 것이다. 이제 레비-스트로스의 탈구조주의를 들뢰즈적 인류학으로, 또한 "아메리카 원주민 사유의 구조적 변형"(263쪽)으로 이해할 길이 열린다.

쟁점들

이 책의 저자는 엄밀하고 체계적인 저작을 목표로 삼지 않았다. 그가 "감사의 말"에서도 밝혔듯이, 이 책의 초기 원고는 2009년 초에 열린 컨퍼런스의 발표문으로 쓰인 것이다. 레비-스트로스의 용어를 빌자면, 이 책은 기술자가 아니라 수작업자의 작품에 가깝다. 저자는 한편에서 "인류학의 존재론적 전환을 가져온 아버지"[2]라 불리지만, 이 책의 논변을 하나씩 따라가다 보면 수많은 쟁점과 질문이 쏟아져 나온다. 원주민의 다자연주의적 관점주의는 문화와 자연의 이분법을 또다시 강화하지 않는가? 단일한 문화와 다양한 자연이라는 것이 내적 모순 없는 우주론을 구성할 수 있는가? 아마존의 원주민이 "실제로" 관점주의에 따라 사유하는가? 그들 자신이 이 책을 본다면 과연 뭐라고 할까? 관점주의를 종적 차이뿐 아니라 문화적 차이에 대한 담론으로 확장하는 것이 과연 가능한가? 들뢰즈 철학과 원주민 관점주의를 동반자로 고려한다는 것은 유럽의 사유가 또다시 타자의 사유를 전유하는 일 아닌가?

『식인의 형이상학』을 둘러싸고 제기되는 질문 중 어떤 것은 몰이해에서 비롯한다. 서구의 지적 전통에 익숙한 사람이 자연스레 갖게 되는 낯섦의 표현인 것도 있다. 몇몇은 이 책의 기획을 완성하기 위해 꼭 필요한 질문들이다. 어떤 경우든 이 책은 질문을 제기하는 독자에게 타자-되기의 노력을 요구한다. 이 요구를 거부한다면, 찬성이든 반대든 그 어떤 반응도 불가능할 것이다. 저자는 그런 노력의 내용을 충분히 설명해 주었다. 문화 간 애매성이 함축하는 차이를 조심스럽게 포착할 것, 비교를 위한 번역이 아니라 번역을 위한 비교를 수행할 것, 타자의 사유를 "진지하게 고려할" 것 등등. 그가 『안티 나르시스』라는 상상의 책에 관해 서술하는 우회 전략을 취한 것도 이런 노력의 하나다. "왜냐하면 우리는 원주민처럼 사유할 수 없기 때문이다. 우리는 기껏해야 그들과 함께 사유할 수 있을 뿐이다"(261쪽).

이 책을 한국어로 번역하는 작업은 또 다른 노력을 요구한다. 서구 인류학과 철학의 타자-되기를 또 다른 타자의 언어로 옮기는 작업이기 때문이다. 인류학의 작업을 관점주의적 번역으로 재정의할 수 있다면, 유럽어로 번역된 원주민의 사유를 한국어로 재번역하는 작업은 어떻게 개념화되어야 하는가? 이 질문에 답하려면 이 책에서 제안하는 타자-되기의 담론을 변형할 방법부터 모색해야 한다.

동일자(유럽인)는 하나일지 몰라도, 타자는 여럿이기 때문이다. 이 번역서가 단지 "번역서"에 머무는 것이 아니라, 『안티 나르시스』가 제안하는 인류학의 또 다른 변형을 모색할 기회가 되기를 기대한다. 끝으로 한국어 번역 작업에 조언과 도움을 아끼지 않았던 장-크리스토프 고다르 교수에게 고마운 마음을 전한다. 그가 아니었다면 이 책을 만나지도 못했을 것이다. 이 번역서를 빠우-브라질 총서로 출판하도록 허락해 준 서울대학교 라틴아메리카연구소에도 감사드린다. 그 덕분에 『식인의 형이상학』은 브라질의 사유로 소개될 수 있었다.

2018년 6월
박이대승, 박수경

| 옮긴이 주 |

| 감사의 말 |

1 『식인의 형이상학』 프랑스어판에는 보니야가 브라질 포트투갈어를 프랑스어로 옮긴 번역자라고 표기되어 있다. 하지만 이 책은 저자가 포르투갈어로 써놓은 원본을 보니야가 프랑스어로 번역한 것이 아니라, 두 사람이 공동 작업을 통해 처음부터 프랑스어로 쓴 것이다. 프랑스어판이 원본이며, 어떤 의미에서는 원본 없는 번역본이라고 할 수도 있다.

2 이 책은 엘리 뒤링, 마니글리에, 캉탱 메야수, 다비드 라부앵이 프랑스대학출판부(PUF)와 함께 기획한 "형이상학들"(MétaphysiqueS) 총서의 한 권으로 출간되었다.

| 1장 |

1 "소수 과학"(science mineure)은 전쟁 기계를 다루는 『천 개의 고원』 열두 번째 고원에 등장하는 개념이다(Deleuze·Guattari 1980, 446-464[국역본 690-718쪽]). 소수 과학 혹은 "유목 과학"(science nomade)은 국가의 과학과 대립하며, 전쟁 기계의 외부성을 인식론 수준에서 확인해 준다. 한편, "소수"(mineur)와 "다수"(majeur)라는 개념 쌍은 『카프카: 소수 문학을 위하여』(Deleuze·Guattari 1975)에서 본격적으로 등장한다. 이 두 가지 개념은 『천 개의 고원』 네 번째 고원에서 언어학적 공준을 구성하는 핵심 개념으로 정의된 다음 열 번째 고원의 "소수화-되기"(devenir-minoritaire) 개념으로 이어진다. 들뢰즈와 과타리는 이런 정의를 바탕으로 소수 문학, 소수 과학, 소수 언어 등의 개념을 사용하고, 비베이루스 지 까스뜨루 역시 이 책에서 소수 인류학, 소수 신화, 소수 구조주의 등의 표현을 쓴다. mineur는 소수, 소수적, 소수자적 등으로 번역할 수 있는데, 이 책에서는 개념의 통일성을 유지하기 위해 대부분 "소수"로 옮긴다.

2 "그 위대한 눈먼 독자"란 물론 보르헤스를 말한다. 그는 55세 때부터 앞을 전혀 볼 수 없었다.

3 ethnographie는 흔히 종족지학, 문화 기술지, 민족지학, 민속 기술지 등으로 번역된다. ethno라는 접두어의 어원은 그리스어 éthnos이며 친족, 종족, 부족, 민족, 인종 등을 의미한다. 그중 '같은 종류의 집단'을 의미하는 '종족'의 외연이 가장 넓다고 할 수 있다. 이 책에는 ethno에서 파생된 다양한 개념이 등장하는데, 의미의 일관성을 위해 모두 '종족'으로 옮긴다. 종족지학(ethnographie), 종족학(ethnologie), 종족 인류학(ethno-anthropologie), 자기종족중심주의(ethnocentirisme), 종족 마르크스주의(ethno-marxisme), 종족명(ethnonyme), 종족정치적(ethnopolitique).

한편, "종족지학적 현재 시제"(présent ethnographique; ethnographic present)란 종족지학이 다른 문화나 사회에 대해 글을 쓸 때, 현재 시제를 이용했던 것을 말한다. 다음에서 언급되는 『시간과 타자』의 저자가 강하게 비판하는 인류학적 수사법이기도 하다. 여기서 비베이루스 지 까스뜨루는 이 개념의 원래 용법을 비틀어, 인류학의 연구 대상이 아니라 인류학 자신에게 적용하고 있다.

4 peuple은 '인민', '민중' 등으로 옮길 수 있지만, 그 가장 기초적인 의미는 '한 사회에서 살아가는 사람들의 집합'이다. 이것이 인류학의 연구 대상이 되는 peuple의 의미이기도 하다. 이 책에서는 예외적인 경우를 제외하고는 그러한 의미에 따라 '인간집단'이라고 옮긴다.

5 인류학이란 서구가 타자를 자기 마음대로 "재현"하거나 "발명"하기 위한 학문이라는 비판이 있다. 서구중심주의에 대한 널리 알려진 비판 중 하나다. 저자는 이런 식의 비판을 거부한다. 그런 비판에 따르면 타자란 결국 서구의 상상력이 만들어 낸 픽션이 되기 때문이다. 저자는 그런 태도를 "관대한 가부장주의"(paternalisme complaisant)라고 부른다. 언뜻 보기에 서구의 강력한 자기비판인 것처럼 보이지만, 서구 주체와 비서구 대상 사이의 가부장적 위계 구조를 여전히 유지하고 있기 때문이다. 그런 식의 자기비판이 관심을 갖는 것은 타자가 아니라 "타자의 가면 아래" 숨겨진 서구인 자신일 뿐이다.

6 이 책에서 주장하는 역인류학(contre-anthropologie)의 정신을 가장 명료하게 표현한 문장이다. 레비-스트로스가 말한 "경이로운 귀환"(un frappant retour des choses)에 대해 마니글리에가 붙인 주석이기도 하다. 이 문장이 등장하는 앞뒤 맥락을 옮기면 다음과 같다.

이런 식으로, 친족 인류학은 우리 자신의 문화적 담론에 관한 장황한 설명으로 우리를 재인도하기는커녕, 자신의 가장 고상한 약속을 향해 나아가는 것이 아닐까? 즉, 우리가 우리 자신을 알아보지 못하는 이미지를 우리 자신으로부터 우리에게 되돌려주기 위해 타자들의 친족관계를 이용하는 것 (se servir de la parenté des autres pour nous renvoyer de nous-mêmes une image où nous ne nous 'reconnaissons' pas)이 아닐까? [······] 레비-스트로스는 인류학에 대한 자신의 마지막 예측 중 하나를 다음과 같이 슬쩍 지나가며 확인해 준다. "기쁨을 주든 걱정을 주든, 철학은 다시 한 번 무대의 전면을 차지한다. [하지만 이것은] 이제 우리의 철학이 아니다. 내 세대는 이국적인 인간집단에게 우리의 철학이 스스로 해체되도록 도와 달라고 요청했다. [그 대신 지금 무대의 전면을 차지하는 것은] 경이로운 귀환을 통해 나타난 그들의 철학이다"(마니글리에가 Lévi-Strauss 2000, 720을 인용한 것. 26쪽에서도 레비-스트로스의 이 구절을 인용한다).

요컨대 역인류학의 목표는 서구 철학에 비추어 야생의 사유를 읽는 것이 아니라, "야생의 사유에 비추어 철학자들을 읽는 것"(101쪽)이다. 이것이 바로 『안티 나르시스』라는 상상의 책이 추구하는 목표다.

7 여기서 "구축주의"(constructivisme)란 무엇보다 『시간과 타자: 인류학은 어떻게 자신의 대상을 만드는가』(*Time and the Other: How Anthropology Makes Its Object*)에서 요하네스 파비안이 수행한 작업을 말한다. 이 책은 제목 그대로 타자가 어떻게 인류학적 대상으로 구축되어 왔는지 비판적으로 분석한다. 저자는 가장 먼저 인류학자의 현장 연구와 저술 작업 각각에서 시간 조건이 다름을 지적한다. 즉, 현장 연구와 달리 저술 작업에서는 인류학자와 연구 대상이 같은 시간에 있음이 부정된다는 것(denial of coevalness)이다. 결국, 연구 대상으로서의 타자는 공간뿐 아니라 시간적으로도 인류학 담론에서 배제된다. 파비안의 책은 1980년대 인류학에 커다란 비판적 효과를 발휘했는데, 여기서 비베이루스 지 까스뜨루는 그런 식의 작업을 차단하는 것이 자신의 목표라고 말한다. 구축주의에 따르면 과거 인류학의 문제는 연구 대상을 잘못 구축한 데 있으며, 결국 비판적 인류학의 과제란 연구 대상으로서의 타자를 올바르게 구축하는 것으로 귀결되기 때문이다. 『안티 나르시스』의 기획은 "타자를 연구 대상으로 올바르게 구축"하는 것과 아무 관련이 없다.

8 저자는 이 책에서 "역실행"(contre-effectuation)과 "역발명"(contre-invention)이라는 개념을 몇 차례 사용하는데, 접두사 contre의 이러한 사용법은 로이 와그너의 『문화의 발명』(*The Invention of Culture*)에서 온 것이다. 와그너는 어떤 것을 발명할 때, 그것의 대립물이 동시에 발명되는 것을 counterinventing이라고 부른다(Wagner 1981, 44-45). 요컨대 역발명과 역실행이란 '어떤 것을 발명하거나 실행할 때, 반대편에서 그것의 대립물이 동시에 발명되거나 실행되는 것'을 말한다. 이런 의미에 따라 "개념에 대한 새로운 인류학은 인류학에 대한 새로운 개념을 역실행한다"는 문장도 이해할 수 있다. 예컨대 인류학이 개념을 정의하는 새로운 작업을 실행한다면, 이와 동시에 인류학 자체가 새로운 개념으로 정의되는 과정이 역실행된다는 것이다.

9 이 책에서 "반성성"(réflexivité), "반성적"(réflexif), "반성적으로"(réflexivement)라는 용어들은 대부분 "어떤 것이 자기 자신과 마주함"이라는 의미로 사용된다.

10 "다양체"(multiplicité)는 들뢰즈 철학 전체를 관통하는 가장 핵심적인 개념 중 하나다. 저자는 1부에서 관점주의와 다자연주의를 "관점적 다양체"라는 개념으로 정의하는데, 이는 2부에서 설명할 들뢰즈의 다양체 개념에 기초한 것이다. 6장. "다양체들에 대한 반사회학"을 참고할 것.

11 『천 개의 고원』의 네 번째 고원 "1923년 11월 20일: 언어학의 공준들"에서 다수 언어 (langue majeure)는 언어의 고정된 요소를 추출하는 것으로, 소수 언어(langue mineure)는 그런 고정된 요소를 "연속적 변이 속에 놓는 것"(mettre en variation continue)으로 정의된다. 반음계(chromatisme)란 기본 온음계의 변이와 일탈을 이용하는 작곡법인데, 저자들은 소수 언어를 설명하기 위해 이 음악 개념을 빌려 온다. 즉, 소수 언어란 "일반화된 반음계"의 작동이라는 것이다. 이러한 작동 속에서 언어와 음악을 원리적으로 구별하는 것은 불가능하며, 그 둘의 경계는 항상 변화한다. chromatisme의 어원적 의미는 색상, 채색 등이고, 광학 개념으로는 색수차를 의미한다. 이 책의 저자가 이 말을 쓸 때는 그 음악적 의미와 광학적 의미를 모두 염두에 두고 있지만, 어떤 경우든 '연속적 변이 상태에 있음'이라는 의미로 이해하면 큰 무리가 없다.

12 mythologie는 신화를 연구하는 학문 분야를 의미하기도 하고, 특정 지역의 신화집합을 의미하기도 한다. 예컨대 그리스 신화 일반을 mythologie grecque이라고 부른다. 이 책의 핵심 주장 중 하나는 서구 인류학자의 신화학 역시 신화의 한 종류라는 것이므로, mythologie는 경우에 따라 '신화', '신화들', '신화집합'으로 옮기고, 꼭 필요한 경우에만 '신화학'이라 할 것이다. 레비-스트로스의 Mythologiques는 직역하자면 '신화적인 것들'이지만, 책 제목이라 편의상 『신화들』로 옮긴다.

13 에밀 뱅베니스트, 피에르 구루, 클로드 레비-스트로스가 1961년에 창간한 프랑스의 인류학 학술지.

14 혈족관계(consanguinité)와 인척관계(affinité)는 구별되는 두 가지 친족관계다. 혈족관계란 말 그대로 '피를 나눈 친족', 즉 피로 이어진 선조와 후손, 같은 선조를 둔 후손들 사이의 관계를 말한다. 반면, 인척관계란 혼인으로 맺어진 친족이다. 일반적으로 영어에서는 -in-law라는 어미를, 프랑스에서는 beau-라는 어간을 붙여 인척관계를 표현한다. 예컨대 프랑스어 beau-frère, 영어 brother-in-law는 자매/누이의 남편, 혹은 배우자의 형제다. 프랑스어 belle-sœur, 영어 sister-in-law는 형제의 부인, 혹은 배우자의 자매/누이다. 혈족과 인척은 현대 민법의 핵심 개념이기도 하다. 대한민국 민법 역시 친족을 배우자, 혈족, 인척으로 정의한다(제767조). 저자가 여기에서 말하는 남아메리카 원주민의 형이상학적 인척관계란 자신이 제안한 '잠재력적 인척관계' 개념을 의미하는 것이다. 이 개념이 11장의 주제다.

1 이 책의 가장 중요한 개념 중 하나인 perspectivisme은 "관점주의", perspective는 "관점"으로 옮긴다. perspective는 일상적으로 흔히 사용되는 개념이다. 시각적으로 보이는 경치나 전망, 또는 어떤 대상을 바라보고 생각하는 방식 일반을 의미하기도 한다. 이 책의 저자가 말하는 perspectivisme 역시 이러한 기본 의미들과 일맥상통하므로, 가장 일반적으로 사용될 수 있는 "관점주의"로 옮긴다. 저자는 point de vue라는 표현도 쓰는데 "관점" (perspective)과 구별하기 위해 "시점"으로 옮긴다. 하지만 이 두 표현은 거의 같은 의미로 사용된다. 차이가 있다면 "관점"(perspective)은 "관점주의"(perspectivisme), "관점적" (perspectif), "관점성"(perspectivité) 같은 파생어를 가지는 반면, 숙어인 point de vue는 다른 파생어를 갖지 않는다는 것 정도도.

2 "혈통"(filiation)과 "동맹"(alliance)은 『친족의 기본구조』로 대표되는 고전 친족 이론의 기본 개념이다. 혈통이란 선대에서 후대로 이어지는 친족의 계승이고, 동맹은 혼인을 통해 맺어진 가족 혹은 혈족 간 관계를 말한다. (프랑스어 filiation은 영어 descent로 번역된다는 것에 유의하자. 친족 인류학의 영어 개념과 프랑스어 개념이 서로 다르다는 사실에서 여러 가지 혼란이 발생하는데, 이에 대해서는 Dumont 1971 참고.) 그러나 이 책에서 다루는 혈통과 동맹 개념의 중요성은 고전 친족 이론이 아니라, 그 이론과 들뢰즈·과타리의 교차점에서 비롯한다. 『안티 오이디푸스』는 레비-스트로스의 구조주의적 친족 이론을 거세게 비판하지만, 혈통과 동맹이라는 개념 쌍을 버리지는 않는다. 오히려 강도적 혈통과 외연화하는 동맹이라는 새로운 개념화를 제안하고, 이를 이용해 원시적 영토 기계를 정의한다. 『천 개의 고원』에서 그 두 개념은 상상적 혈통과 강도적 동맹이라는 새로운 질서로 이행하는데, 비베이루스 지 까스뜨루는 이러한 이행에 의해 『천 개의 고원』의 "되기" 개념이 『안티 오이디푸스』의 "생산" 개념을 대체한다고 설명한다. 이것이 이 책 2부와 3부의 주제다.

3 cosmopolitique는 kosmo-politês라는 그리스어 어원에 따라 '세계시민주의'로 옮긴다. cosmopolitisme이 조금 더 일반적으로 쓰이는 표현인데, 여기서 cosmopolitique라고 쓰는 것은 이자벨 스탕게르스의 개념을 참조한 것이다. 여기에 대해서는 73쪽 각주 참고. 스탕게르스는 자신의 개념을 칸트의 세계시민주의 개념과 대립시킨다(Isabelle Stengers, *La guerre des sciences: Cosmopolitique* I, pp. 132-134).

4 여기서, 소문자로 표기된 "동일자"(même) 및 "타자"(autre)와 대문자로 표기된 "동일자"(Même) 및 "타자"(Autre)가 구별되는데, 후자는 유럽인과 원주민을 의미한다. 대문자로 쓰인 것은 홑따옴표로 묶어 '동일자', '타자'로 표기했다.

5 '타자'(원주민)는 자신의 타자(유럽인)를 신으로 보았지만, '동일자'(유럽인)는 자신의 타

자(원주민)를 동물로 보았다. 신과 동물을 존재론적 위계질서의 반대되는 양극단으로 보는 기독교 전통에 따르면, '타자'의 타자(유럽인)와 '동일자'의 타자(원주민)는 정확히 반대되는 두 가지 우주론을 가진 것이라 말할 수 있다. 반면, 원주민 세계에서 신과 동물은 그런 식으로 대립하지 않으므로, 그 두 가지 우주론이 "정확히 반대된다"고 말할 수 없다.

6 타이노인은 지금의 카리브 제도와 플로리다 지역에 거주하던 원주민 집단.

7 와그너는 『문화의 발명』에서 "차이화"(differentiating)와 "집단화"(collectivizing)라는 두 가지 상징화 방식을 제안한다. 이 책에서 비베이루스 지 까스뜨루는 와그너의 영어 개념 differentiating을 프랑스어 différenciant로 번역하는데, 간혹 différentiant로 옮길 때가 있다. 하지만 와그너 개념을 인용하는 것이 확실한 경우에는 모두 '차이화'라고 옮긴다. 한편, 들뢰즈 텍스트에서 "분화"(différenciation)와 "미분화"(différentiation)는 엄격히 구별된다. Deleuze 1968, 242; 270-272[국역본 470; 451-454쪽] 참고.

8 이 문장은 와그너의 영어 문장을 프랑스어로 번역한 것인데, 둘 사이에 사소한 차이가 있다. 원래의 영어 문장은 다음과 같다. "차이화하는 상징화는 급진적 구별들을 그리고 관습적 세계의 개체성들을 세밀하게 묘사함으로써, 그 세계를 명시하고 구체화한다."

9 Wagner 1981, 43 참고.

10 셸링의 신화 철학에서 창안된 개념. 알레고리와 대비된다. Xavier Tilliette, *La mythologie comprise: Schelling et l'interprétation du paganisme*, Vrin 1984, p. 137을 참고.

11 이 단락의 세부 표현 몇 가지는 와그너의 영어 텍스트 원문과 다르다. 전체적인 의미는 동일하므로, 여기서는 프랑스어 텍스트를 기준으로 번역했다.

12 계열체(paradigme)는 통합체(syntagme)와 대비되는 언어학 개념.

13 맥은 맥속(Tapirus)에 속하는 포유류. 페커리는 돼지아목 페커리과(Tayassuidae)에 속하는 포유류. 둘 다 남아메리카에 주로 분포한다.

14 Deleuze·Guattari 1980, 32; 196[국역본 48; 303쪽] 참고.

15 "성립합니다"는 레비-스트로스 원텍스트의 조건법을 이 책의 저자가 직설법으로 바꾼 것임.

16 여기서 프랑스어 abduction d'agence는 영어 abduction of agency를 옮긴 것이다. 저자는 맥락에 따라 영어 agency를 프랑스어로 번역하지 않고 그대로 쓰기도 하고, 프랑스어 agent, agence, agentivité로 옮기고 영어를 병기하기도 한다. 한글로 번역할 때는 영어 agency를 '행위능력'으로, 프랑스어 agent, agence, agentivité는 각각 '행위자', '행위능력', '행위자성'으로 옮긴다. actant도 비슷한 맥락에서 쓰이는 경우가 있는데, 이 말은 "행위

주"로 번역한다.

| 3장 |

1 "주름의 펼쳐짐"에 대해서는 6장의 옮긴이 주 11 참고.

2 애니미즘, 토테미즘과 관점주의의 비교는 데스콜라의 작업을 염두에 둔 것이다. 80쪽 참고

3 한쪽에서는 거울로, 다른 쪽에서는 유리로 보이는 반투명 거울.

4 교차 사촌(cousin croisé)은 부모와 성별이 다른 형제자매(아버지의 여자형제 혹은 어머니의 남자형제)의 자식을 말한다. 반면, 평행 사촌(cousin parallèle)은 부모와 성별이 같은 형제자매(아버지의 남자형제 혹은 어머니의 여자형제)의 자식이다.

5 유카(yuca) 또는 카사바(casava)라 불리는 남아메리카 작물로 고구마처럼 뿌리채소로 광범위하게 사용된다(학명은 Manihot esculenta).

6 다중안정적(multistable) 대상이란, 네커 큐브(Necker cube)처럼 대상의 상태가 여러 가지로 보일 수 있는 것을 말한다. 주로 착시 현상을 설명할 때 사용되는 개념이다.

7 와이스의 이 논문은 저자의 참고문헌 목록에 누락되어 있다. 다음을 참조하는 것으로 보인다. Gerald Weiss, "Campa Cosmology," *Ethnology* 11(2), 1972.

8 이 단락에서 "관점"(perspective)과 "시점"(point de vue)은 거의 구별 없이 쓰인다.

9 이 책에서 말하는 분리접속(disjonction)은 거의 대부분 들뢰즈·과타리의 개념을 참조한다. 6장의 옮긴이 주 12 참고.

10 레비-스트로스는 "신화의 구조"에서 모든 신화적 변이가 다음과 같은 표준(canonique)정식으로 환원 가능하다고 말한다(Lévi-Strauss 1958/1955, 252-253).

$$F_x(a) : F_y(b) \simeq F_x(b) : F_{a-1}(y)$$

여기서 좌변은 하나의 신화적 상황이고, 우변은 그 상황의 변이 중 하나다. 좌변에서는 항 a가 기능 F_x를 수행하고, 항 b가 기능 F_y를 수행한다. 우변에서는 이러한 항과 기능 사이의 관계가 변형된다. 먼저 항 b가 기능 F_x를 수행하게 되고, 기능 F_y가 항 y로 변형되어 새로운 기능 F_{a-1}를 수행한다. 이때 $a-1$이란 a에 반대되는 어떤 것을 의미한다. 대체로 항 a와 항 b는 신화에 등장하는 인물들(사람, 동물, 신, 천체 등)이고, 기능 F_x와 F_y는 그들의 속성, 성격, 행위 등이다.

30년 후에 쓰인『질투심 많은 도기 만드는 여자』도 이러한 표준 정식을 이용한다. 이 책이 분석하는 히바로인의 신화를 요약하면 다음과 같다(지금은 원주민 스스로 히바로가 아니라 "슈아르"(Shuar)라는 이름을 쓰고, 에콰도르에서는 슈아르로 표기함).

옛날에는 태양과 달이 모두 인간이었고, 한집에서 같은 부인과 함께 살았다. 이 부인의 이름은 쏙독새(engoulevent)였다. 그런데 그녀는 따뜻한 태양을 가까이하고, 차가운 달을 멀리했다. 태양이 이 사실을 가지고 달을 놀리자, 화가 난 달은 칡덩굴(liane)을 타고 하늘로 올라가 버렸다. 또 입김을 불어 태양을 감추었다. 두 명의 남편이 사라진 후에, 혼자 남은 쏙독새는 달을 찾아 하늘로 올라가려 했다. 그녀는 도기를 만드는 진흙으로 가득 찬 바구니를 든 채, 칡덩굴을 타고 하늘로 올라갔다. 하지만 이 광경을 본 달은 하늘과 땅을 잇는 칡덩굴을 잘라 버렸고, 쏙독새는 자신의 바구니와 함께 땅으로 떨어졌다. 결국 그녀는 '쏙독새'라는 이름을 가진 새가 되었고, 그 바구니에 담긴 진흙은 여기저기에 흩어졌다. 지금 도기를 만들 때 쓰는 진흙은 모두 그때 떨어진 것들이다. 얼마 뒤 태양도 달을 찾아 하늘로 올라갔지만, 달은 그를 피해 달아났다. 그 둘은 결코 화해하지 못했고, 지금도 낮과 밤에 번갈아 가며 나타날 뿐 결코 마주치지 않는다(Lévi-Strauss 1985, 23-24).

지역과 집단에 따라 도기 만들기의 기원에 관한 여러 신화가 존재한다. 그 중에는 쏙독새가 아니라 화덕딱새(fournier)가 등장하는 신화들도 있다. 레비-스트로스는 화덕딱새 신화가 쏙독새 신화의 전도된 변형이라는 것을 설명하기 위해, 위 표준 정식을 다음과 같이 적용한다(Lévi-Strauss 1985, 79).

$$F_{질투(쏙독새)} : F_{도기\ 만드는\ 여자(여자)} :: F_{질투(여자)} : F_{쏙독새-I(도기\ 만드는\ 여자)}.$$

이 정식의 좌변이 방금 이야기한 히바로인의 신화 구조를 표현한다. 항 a(쏙독새)는 기능 F_x(질투를 하거나 질투의 원인이 되는 기능)을 수행하며, 항 b(여자)는 기능 F_y(도기 만들기의 기원이라는 기능)을 수행한다. 우변은 이러한 구조의 변형이다. 여기서는 항 b(여자)가 F_x(질투를 하거나 질투의 원인이 되는 기능)을 수행하며, 기능 F_y는 항 y(도기 만드는 여자)로 변형된다. 항 y는 새로운 기능 $F_{쏙독새-I}$(전도된 쏙독새)를 수행한다. 이때 항 y에 적합하고, 또한 전도된 쏙독새의 기능이 될 수 있는 것 중 하나가 화덕딱새다. 결국 항 y는 화덕딱새라는 기능을 수행한다.

비베이루스 지 까스뜨루는 이 책 13장에서 레비-스트로스의 구조주의에 함축된 상반된 흐름을 전(前)구조주의와 탈구조주의로 구별한다. 통시적 관점에서는 1962년을 기준으로 이 두 가지가 나뉘지만, 공시적 관점에서 보면 초기 저작부터 후기 저작까지 이 두 가지 흐름이 계속 공존하고 있음을 알 수 있다. 신화의 표준 정식은 통시적·공시적 관점 모두에서 전구조주의를 대표한다.

4장

1 레비-스트로스의 책 제목이기도 한 pensée sauvage는 "야생의 사유"로 옮긴다. 한국어 번역판은 『야생의 사고』라는 제목으로 출판되었는데, 여기서는 전체적인 일관성을 위해 pensée를 모두 "사유"로 통일할 것이다.

2 "준명제적 재현들"에 대해서는 다음 참고. Dan Sperber, *Le Savoir des anthropologues*, Trois essais. Paris, Hermann, 1982, pp. 69-74.

3 "사유의 이미지"(image de la pensée)는 『차이와 반복』 3장의 주제다. "철학의 개념적 사유는 어떤 사유의 '이미지'를 암묵적으로 전제한다. 이런 사유의 이미지는 선(先)철학적이고 자연적이며, 공통감의 순수한 요소에서 끌어온 것이다"(Deleuze 1968, 172[국역본 294쪽]). 들뢰즈와 과타리는 『철학이란 무엇인가?』에서 "내재성의 평면"이란 사유 가능한 개념이 아니라 사유의 이미지라고 정의한다(Deleuze·Guattari 1991, 39-40).

4 현재 보로로인은 브라질의 마투그로수 주 아마존 지역에 거주한다. 레비-스트로스가 브라질에 체류하던 1940년대에는 볼리비아 동부의 아마존 지역에서도 활동했으나 현재 볼리비아 아마존 지역에는 보로로인이 거주하지 않는 것으로 파악된다. 쿠나인은 파나마와 콜롬비아의 카리브 해 연안에 거주하며 현재는 구나(Guna)로 표기한다.

5 『페르시아인의 편지』(*Lettres persanes*, 1721)는 프랑스의 계몽주의 사상가 몽테스키외가 쓴 가상 서신집이다.

6 데스콜라는 『자연과 문화를 넘어서』에서 물리성(physicalité)과 내부성(intériorité)의 유사성 및 차이 관계에 따라 정의되는 애니미즘(animisme), 토테미즘(totémisme), 유비추리(analogisme), 자연주의(natualisme)라는 네 가지 존재론을 제안한다. 다음은 그가 이 네 가지를 다음 도식으로 표현한 것이다(Descola 2005, Figure 1).

내부성들의 유사성 물리성들의 차이	'애니미즘'	'토테미즘'	내부성들의 유사성 물리성들의 유사성
내부성들의 차이 물리성들의 유사성	'자연주의'	'유비추리'	내부성들의 차이 물리성들의 차이

7 레비-브륄은 19세기 후반과 20세기 초에 활동한 프랑스의 철학자이자 인류학자.

8 메제글리즈(Méséglise), 게르망트(Guermantes)는 프루스트의 소설 『잃어버린 시간을 찾아서』에 나오는 장소들.

9 "애매성"(équivocité)은 "일의성"(univocité)과 대립되는 개념이다. 다양한 맥락에서 사용되면서도 같은 의미를 유지하는 말을 일의적이라 하는 반면, 다양한 의미와 해석을 가진 말을 애매하다고 부른다. 저자는 아메리카 원주민의 관점주의와 다자연주의를 설명하기 위해 "애매성"과 "번역"이라는 개념을 제안한다. 3장에서 설명했다시피, 인간이 말하는 "카사바 맥주"와 재규어가 말하는 "카사바 맥주" 사이에 애매성의 관계가 성립하며, 번역이란 그 두 관점 사이를 왕복하며 차이를 놓치지 않는 작업이다.

10 카친인은 미얀마 카친 주와 중국과 인도의 경계지역에 주로 거주한다. 들뢰즈와 과타리는 『안티 오이디푸스』 3장에서 혈통과 동맹 개념을 제안하며 리치의 카친 연구를 참조한다(Leach 1961). 누에르인은 남수단의 나일강 계곡에 주로 거주한다.

11 여기서 말하는 이탈리아 속담은, "Traduttore, traditore"(번역이란 곧 배신이다)를 말한다. 레비-스트로스가 "신화의 구조"에서 인용하는 정식이기도 하다(Lévi-Strauss 1958/1955, 232). 276쪽 참고.

12 3장 다자연주의 70-71쪽에서 설명한 동음이의 관계 참고.

13 『너트의 회전』(*The Turn of the Screw*)은 헨리 제임스가 1898년에 쓴 중편 소설. 이 문장에서 "차례"와 "회전"은 모두 영어 turn을 옮긴 것이다.

14 영어에서는 history와 story가 구별되지만 프랑스어 histoire는 '역사'와 '이야기'라는 의미를 모두 가지고 있다. 저자는 여기서 신화와 역사의 관계를 말하는데, 이때 신화란 종 사이에 벌어진 이야기이며 역사란 인간 문화들 사이에 벌어진 이야기다. 관점주의에 따르면 역사는 신화의 한 가지 변형 혹은 버전이라고 할 수 있다.

15 인류학자가 말하는 "철학"과 원주민의 "철학"은 동음이의 관계에 있다. 인간의 "맥주"와 재규어의 "맥주"가 동음이의 관계에 있는 것과 마찬가지다.

16 이 책의 3부 제목이기도 한 "정령적 동맹"(alliance démonique)은 『천 개의 고원』에 등장하는 개념이며, 다음 10장에서 본격적으로 다루어진다. 여기서 사용되는 démonique라는 단어를 일상적으로 쓰이는 démoniaque와 구별해야 한다. 둘 다 démon(영, 수호신, 악마, 귀신 등)이라는 명사에 관련된 형용사이지만, démoniaque와 달리 démonique는 철학 개념으로만 드물게 사용된다(www.cnrtl.fr/definition/demonique 참고). 그래서 démon의 어원인 그리스어 다이몬(daimon)과 다이모니온(daimonion)의 의미를 살리기 위해 démonique를 "정령적"으로 옮긴다.

17 "배치"(agencement)는 『천 개의 고원』의 핵심 개념이다. 이 책에서 "배치"로 옮긴 것은 모두 agencement다.

5장

1 "à tort ou à raison"은 '옳건 그르건 간에'를 의미하는 숙어지만, 문자적 의미에 따르면 '이성적이건 그르건 간에'라고 옮길 수도 있다. 위 단락에서 68년 이후의 반동적 흐름이 "이성"(raison)을 자임하고 있음을 지적했는데, 그런 흐름을 비꼬는 표현이다.

2 레비-스트로스는『슬픈 열대』에서 인류학이 분열과 해체(désintégration)라는 엔트로피적 과정을 연구하는 학문, 즉 엔트로피학(entropologie)이 되어야 하지 않겠냐고 제안한다(anthropologie와 entropologie는 발음이 같다). 여기서 비베이루스 지 까스뜨루는 프랑스 인류학의 내부 사정을 이런 엔트로피적 과정에 빗대고 있다.

3 "자본주의 공리계"(axiomatique du capitalisme)에 관해서는『안티 오이디푸스』3장 '9. 문명화된 자본주의 기계', '10. 자본주의적 재현';『천 개의 고원』열세 번째 고원, '명제 14. 공리계와 현재 상황'을 참고.

4 이 표현의 출처는 다음과 같다. Bob Scholte, "Reason and culture: The universal and the particular revisited," *American Anthropologist* 86(4), 1984, pp. 960-965.

5 "플레야드의 도서관"(Bibliothèque de la Pléiade)은 갈리마르(Gallimard) 출판사에서 나오는 선집 컬렉션이다. 레비-스트로스 선집은 2008년에 출간되었다.

6 "레비-스트로스-사상"(la-pensée-Lévi-Strauss)은 파브레-사아다의 소논문 제목이다. Favret-Saada 2000 참고.

7 Deleuze·Guattari 1980, 17[국역본 25쪽] 참고.

8『천 개의 고원』의 네 번째 고원, "기호들의 몇 가지 체제에 대하여"(Sur quelques régimes de signes)에서 제시된 기호들의 네 가지 체제 참고. 즉, 기표적(signifiant), 전기표적(pré-signifiant), 반기표적(contre-signifiant), 탈기표적(post-signifiant) 체제들이다. 여기서 "기표"는 단지 소쉬르 언어학의 개념을 의미하는 것이 아니다. 예컨대 "기호의 기표적 체제"란 기호가 기호를 무한히 지시하는 형식 체제다. "기의"(signifié)를 말할 수 있다면, 그것은 그런 기호들의 연쇄로 이루어진 "무정형의 연속체"다(Deleuze·Guattari 1980, 141[국역본 218쪽]).

6장

1 "소치우스"(혹은 '소키우스'socius)는 동료, 친지, 동맹 등을 의미하는 라틴어이며 사회(société)의 어원이기도 하다. 들뢰즈와 과타리는『안티 오이디푸스』에서 이 용어를 특정

한 유형의 사회적 생산 기계를 지시하는 개념으로 사용한다.

2 "집단화하는 통제"와 "차이화하는 통제"라는 와그너 개념은 Wagner 1981/1975, 41-50을 참고.

3 프랑스어 multiplicité는 맥락에 따라 다양성, 다수성, 다자성 등으로 번역할 수 있는 말이다. 들뢰즈는 베른하르트 리만의 미분 기하학적 개념인 "다양체"(variété)를 이용해 multiplicité를 재정의한다. 이것이 multiplicité를 한국어 "다양체"로 옮기는 이유 중 하나다. 이 책에서는 variété와 multiplicité 모두 "다양체"로 옮기고, 전자의 경우에는 원어를 병기한다.

4 여기서 "부분론"은 mérologie를 옮긴 것이다. 저자는 일반적으로 사용되는 méréologie라는 철자 대신 mérologie를 사용하는데, 의미상 차이는 없는 것으로 보인다. 스트라선은 mereology, merographic connection 등의 용어를 사용한다(Strathern 1992a).

5 콰인의 유명한 구절인 "no entity without identity"를 인용한 것이다(Willard van Orman Quine, *Ontological Relativity and Other Essays*, New York: Columbia University Press, 1969, p. 23.

6 "이것임"(heccéité)은 들뢰즈·과타리가 둔스 스코투스로부터 빌려 온 개념이다. 그들은 "사건"(événement)의 개체화 원리를 "이것임"이라고 부른다(Deleuze·Guattari 1980, 318-324[국역본 493-503쪽]).

7 "존재"(être, 에트르)가 아니라 "사이"(entre, 앙트르)라는 것은 두 단어의 비슷한 발음에서 착안한 것이다.

8 라투르의 영어 원문과 저자의 프랑스어 번역문 사이에 다소 차이가 있다. 두 언어로 표현된 문장의 의도를 적절히 살리기 위해 한국어로 의역했다.

9 하나와 여럿을 대립시키는 고전적 논리에 따르면, n개의 하나들이 모여 여럿을 만들고 이 여럿은 또 다른 하나가 된다. 이렇게 n개의 하나들을 우월한 하나로 통일하는 것은 외속적 질서로서의 "원리" 혹은 "맥락"이다. 즉, n개의 하나들에 부가적 차원이 더해진다 (+1). 반면, 들뢰즈의 다양체 개념에서 여럿과 하나는 대립하지 않는다. 이미 주어져 있는 n개의 하나들도 없고, 여럿은 하나들의 합으로 정의되지도 않는다. 이 경우에는 초월적 질서로서의 하나(대문자 "하나")가 다양체에서 빼어짐으로써만 여럿이 생산된다.

10 "단일성"(unité)과 "단일화"(unification)는 통일성과 통일화라는 의미도 지니고 있음을 기억하자.

11 들뢰즈 철학에서 "함축"(im-pli-cation)은 "안-주름운동"으로, "설명"(ex-pli-cation)은 "밖 -주름운동"으로 옮겨질 수 있다. 주름(pli)에 관련된 이 개념들의 번역은 『차이와 반복』

국역판 38쪽 참고. 우리는 이 두 단어를 "함축"과 "설명"으로 옮기고, 필요한 경우에는 "안-주름운동"과 "주름의 접힘", "밖-주름운동"과 "주름의 펼쳐짐" 등도 함께 사용할 것이다.

12 들뢰즈는 『의미의 논리』에서 종합의 세 가지 종류, 즉 "연결"(connexion), "결합"(conjonction), "분리접속"(disjonction)을 구별한다(Deleuze 1969d, 203-204[국역본 296쪽]). 들뢰즈와 과타리는 『안티 오이디푸스』에서 이 세 가지 종합의 형식을 조금 바꾸어, 욕망하는 기계와 기관 없는 신체(corps sans organes)의 논리를 정의하는 데 이용한다. 두 책 모두가 문제로 삼는 것은 다른 두 가지 종합보다는 분리접속적 종합이다.
논리학에서 분리접속이란 "또는"이라는 논리 연산자의 작동을 말하며, 흔히 "배타적 분리접속"(disjonction exclusive)과 "포함적 분리접속"(disjonction inclusive)이 구별된다. 포함적 분리접속의 경우, A와 B 둘 중 하나라도 참이면 "A 또는 B"라는 명제는 참이 된다. 반면 배타적 분리접속의 경우, "A 또는 B"라는 명제가 참이 되려면 둘 중 하나만 참이어야 한다. A와 B 모두 참이면 그 명제는 거짓이 된다. 들뢰즈와 과타리의 분리접속은 항상 포함적인 것이지만, 그 의미는 이러한 논리학 개념과 무관하다. 주라비쉬빌리는 논리학적 분리접속은 포함적이든 배타적이든 간에 하나의 항이 다른 하나의 부정인 것에는 변함이 없다고 지적한다(Zourabichvili 2003, 78). 즉, A는 B가 아닌 것이고, B는 A가 아닌 것이다. 논리학은 항들의 이러한 상호 부정성을 그대로 유지한 채, 진리값의 연산 방식에 따라 두 종류의 분리접속을 구별한다. 들뢰즈적 관점에서 보면 논리학의 분리접속은 두 가지 모두 배타적인 것이다. 들뢰즈와 과타리의 포함적 분리접속은 A와 B의 논리적 상호 배타성을 인정하지 않는다. 이때 관계란 고정된 항들 사이의 매개물 같은 것이 아니라, 상호 함축적인 항들 사이의 비대칭적 운동을 의미한다.
다양체를 관계의 한 가지 양식으로 볼 수 있다면, 그것은 분리접속적 관계 양식이다. 이 책의 핵심 주장들은 이러한 들뢰즈적 다양체와 분리접속 개념에 기초한다. 예컨대 1부에서 다자연주의란 자연을 "피|맥주" 유형의 다양체로 파악하는 것이라고 했을 때, "피"와 "맥주"는 분리접속적 종합의 관계에 있다. 3부에서 다루게 될 "잠재적 인척관계" 역시 분리접속적 사회성의 한 가지 사례다. 이 책의 저자는 다양체, 잠재성, 강도, 되기, 분리접속의 인류학을 제안한다.

13 여럿(multiple), 다양체(multiplicité), 증식(multiplication) 모두 하나의 계열에 있는 개념들이다.

14 여기서 "잠재적"은 en puissance, "현실적"은 en acte을 번역한 것이다. 전자는 아리스토텔레스의 개념 dunamis, 후자는 그의 개념 energeia 혹은 entelecheia를 프랑스어로 표기한 것이다. 거의 대부분의 경우 "잠재적"은 virtuel, "현실적"은 actuel에 대응하지만, 이 문장처럼 예외적인 경우에는 원어를 따로 표시했다.

15 우주론에서 발생하는 무한퇴행의 문제를 빗댄 "아래쪽으로 온통 거북이들이다"(turtles all the way down)라는 표현을 염두에 둔 것으로 보인다.

16 『천 개의 고원』의 네 번째 고원은 언어의 "다수 양식"과 "소수 양식"을 제안한다. 이 두 가지는 "장음계"(mode majeur)와 "단음계"(mode mineur)라는 음악 개념에서 온 것이다. 그래서 "소수 양식 혹은 실용주의적 양식"은 "단음계 혹은 실용주의적 음계에 따라"로 번역할 수도 있다.

17 "초코드화의 추상 기계"와 "견고한 조각화 작용"에 관해서는 Deleuze·Guattari 1980, 272-273[국역본 424-426쪽] 참고. "초코드화"란 "전제 기계"가 "원시적 영토 기계"의 코드를 새로운 코드로 덮어쓰는 것을 말한다. 국가의 본질을 구성하는 것이 바로 초코드화다. 『안티 오이디푸스』 3장 6절과 7절 참고.

18 저자는 스트라선의 cross-sex를 프랑스어 sexe opposé로 옮긴다. 이 두 가지 모두 "대립하는 성"으로 번역한다.

19 여기서 저자는 "présupposition réciproque"와 "interprésupposition"을 혼용하는데, 의미상 차이는 없다. 둘 모두 "상호 전제"로 옮긴다.

20 "창조적 퇴화"(involution créatrice)는 『천 개의 고원』 열 번째 고원에서 되기를 설명하기 위해 여러 차례 등장하는 개념이다. 여기서 퇴화란 진화의 반대말이 아니라, 혈통적이지 않은 형태의 진화를 의미하는 개념이다. 퇴화와 퇴보(régression)를 혼동해서는 안 된다(Deleuze·Guattari 1980, 292; 335[국역본 453; 519쪽]).

21 잠재성의 현실화와 역실행이 동시에 일어난다는 이러한 지적은 이 책의 핵심 주장 중 하나다. 즉, 잠재성이 현실화하는 운동 와중에도 현실화에서 도망쳐 잠재성으로 남는 부분이 있다는 것이다. 물론 원래의 잠재성과 현실화에서 도망친 잠재성은 다르다. 여기서 직접 언급하지는 않지만, 저자는 아마존의 잠재적 인척관계가 혈족관계로 현실화하는 운동을 염두에 둔 것으로 보인다. 11장의 옮긴이 주 3의 두 가지 도식을 보면, 잠재성이 현실성으로 이행하는 각 단계마다 잠재성은 또다시 잠재성과 현실성으로 이분화된다.

22 36쪽에서 설명한 와그너 기호학의 두 가지 도식 참조.

ı 7장 ı

1 "인간화"(hominisation)란 자연에서 문화로의 이행 과정을 의미한다.

2 혈통 그룹과 혼인 동맹을 말한다. 루이 뒤몽은 자신의 책에서 혈통 그룹에 관한 영국 학자들의 이론과 레비-스트로스의 혼인 동맹 이론을 대조한다.

3 루이스 H. 모건(1818-81)은 미국의 인류학자. 야생, 야만, 문명이라는 고전적 구분을 처음 제안했다.

4 "사용과 언급의 구별"(Use-Mention Distinction)이라는 분석 철학적 개념 참고. "동맹"과 "혈통"이라는 두 개념이 따옴표로 묶인 형태로만 쓰이기 시작했다는 뜻이다.

5 "규범적 동맹"(alliance prescriptive)과 "선호 동맹"(alliance préférentielle)의 구별을 둘러싼 논쟁에 대해서는 『친족의 기본 구조』 2판 서문 참고(Lévi-Strauss 1967/1949, XVII-XXVII).

6 래드클리프-브라운(1881-1955), 포테스(1906-83), 구디(1919-2015)는 20세기 전반을 대표하는 영국의 사회 인류학자들이다.

7 바호오펜(1815-87)은 스위스의 인류학자. 모건과 엥겔스의 작업에 영향을 주었다. 리치 (1910-89)는 영국의 인류학자. 혈통과 동맹에 대한 『안티 오이디푸스』의 논의는 리치의 텍스트를 인용하면서 시작된다.

8 말리노프스키(1884-1942)는 폴란드 출신의 인류학자. 그리올(1898-1956)과 디테를랑 (1903-99)은 프랑스의 종족지학자. 『안티 오이디푸스』는 이들의 도곤 신화 연구를 인용한다. 메야수(1925-2005)와 테레(1935-현재)는 프랑스의 인류학자. 테레는 『"원시"사회 앞에 선 마르크스주의』(Le Marxisme devant les sociétés "primitives": Deux études)에서 역사적 유물론의 관점에서 메야수의 작업을 발전시킨다. 이 책은 알튀세르가 총괄한 "이론" 총서의 하나로 출판되었다. 에번스-프리처드(1902-73)와 터너(1920-83)는 영국의 인류학자.

9 1937년에 바타유의 제안으로 시작된 프랑스의 연구 집단.

10 "활용변화"(déclinaison)는 명사, 대명사, 형용사 등의 어미를 성, 수, 격 등에 따라 변화시키며 나열하는 것, 혹은 어떤 생산물의 형태를 조금씩 변화시키는 것을 말한다. 영토기계는 "동맹과 혈통을 활용변화하는 것"에서 성립한다.

11 『안티 오이디푸스』에서 "강렬한"(intense)의 의미는 "강도적"(intensif)과 유사하지만, 자주 구별되어 쓰인다. 예컨대 연장(étendu)되지 않은 채 강도적 질서 내에 남아 있는 혈통을 "강렬한 혈통"이라고 한다(Deleuze·Guattari 1972, 183[국역본 272쪽]). 생식질적 (germinal) 혈통은 체물질적(somatique) 혈통과 구별된다(191[국역본 283쪽]).

12 트릭스터(trickster)에 대해서는 9장의 옮긴이 주 6 참고.

13 "준거가 되는 반신화"(anti-mythe de référence)는 레비-스트로스의 "준거 신화"(mythe de référence) 개념을 비튼 것이다. 235쪽 참고.

14 "전제적 기표"(signifiant despotique)란 5장의 옮긴이 주 8에서 설명한 기표적 기호 체제 (régime signifiant du signe)를 정의하는 여덟 가지 원리 중 하나다(Deleuze·Guattari 1980, 147[국역본 228쪽]).

15 『철학이란 무엇인가』에서 철학이란 "개념"(Concept)의 창조로 정의된다. 개념은 그리 스인의 발명품이다. 비그리스 혹은 비유럽 지역의 사유는 개념이 아니라 "형태"(Figure) 에 의해 정의된다. 개념과 형태의 구별이 지리철학의 출발점 중 하나다.

16 친족 인류학에서 "가계"(lignage)란 부계 혹은 모계의 단일 혈통(filiation unilinéaire)으로 묶인 그룹을 말한다(Dumont 1971, 28 et passim). 단일 혈통 외에도 이중 혈통(filiation bilinéaire), 미분화 혈통(filiation indifférenciée) 등이 있다. 『안티 오이디푸스』에서 가계 란 연장적 혈통의 형식이다. 즉, 강도적 혈통이 연장적 혈통으로 이행하면, 가계라는 형 식을 띠게 된다(Deleuze·Guattari 1972, 183[국역본 272쪽]).

17 여기서 remonter le refoulement을 "억압을 감내하다"라고 번역한 것은 『안티 오이디푸 스』의 해당 구절을 고려한 것이다("subir le refoulement"). "포함적이고 무제한적인 용도" (usage inclusif et illimitatif)는 분리접속적 종합의 포함적이고 무제한적인 사용법 혹은 용도를 말한다. 이는 배타적이고 제한적인 사용법과 대조된다(Deleuze·Guattari 1972, 89[국역본 140쪽]).

18 수메르인의 황금기 신화와 안다만인의 내세 신화.

19 『안티 오이디푸스』에서 세 가지 종합은 각각 다음과 같은 정식으로 표현된다. 연결적 종합은 "그리고 …… 그리고 ……"(et … et …), 결합적 종합은 "따라서 ……이다"(c'est donc …), 분리접속적 종합은 "……이든 ……이든"(soit… soit…).

20 프랑스어 beau-frère, 영어 brother-in-law와 일치하는 한국어는 없다. 이 개념을 한국어로 번역하려면 더 세분화된 용어를 사용해야 한다. 남자의 입장에서는 ① 부인의 형제 혹 은 ② 누이의 남편이고, 여자의 입장에서는 ③ 남편의 형제 혹은 ④ 자매의 남편이다. 마 찬가지로 프랑스어 belle-sœur, 영어 sister-in-law는 다음과 같다. 남자의 입장에서는 ① 부인의 자매 혹은 ② 형제의 부인이고, 여자의 입장에서는 ③ 남편의 누이 혹은 ④ 형제 의 부인이다. 여기서는 기준이 되는 인물과 맥락에 따라 적절한 용어로 옮긴다.

21 이 구절은 3부에서 다룰 잠재적 인척관계의 문제를 고려하며 남성을 기준으로 번역한 것이다. 여성을 기준으로 한다면, "주어진 한 여자는 사실의 차원에서 내 자매 혹은 형 제부인"이라고 옮길 수도 있다.

22 분열증자의 분리접속적 종합을 설명하는 『안티 오이디푸스』의 몇몇 단락을 차용한 것 이다. 원텍스트는 다음과 같다. "분열증자는 남자이고 여자인 것이 아니다. 그는 남자

혹은 여자이지만, 정확히 말하자면 두 측면 모두에 있다. 남자들의 측면에서는 남자고, 여자들의 측면에서는 여자다. [……] 분열증자는 죽었거나 '또는' 살아 있다. 동시에 이 두 가지인 것이 아니라, 그 두 가지 각각은 미끄러지듯 날아간 거리의 양 끝에 있다. 그는 아이 혹은 부모다. 하나이고 다른 하나인 것이 아니라, 분해 불가능한 공간 내에 있는 막대기의 두 끄트머리와 같이, 한 쪽은 다른 한쪽의 끄트머리에 있다."

23 47쪽 참고.

24 남매 두 쌍 사이의 관계를 떠올리면 이해하기 쉽다. 예를 들어 한편에는 누나-남동생 관계인 F-M이 있고 다른 한편에 여동생-오빠 관계인 F′-M′이 있다고 하자. F-M은 양성적이고 가분적인 하나의 항이며, F′-M′도 마찬가지다. 인용된 『안티 오이디푸스』의 구절을 참고하며 F-M과 F′-M′이 혼인에 의해 관계 맺는 경우를 생각해 보자.

| 8장 |

1 저자는 1981년부터 1988년까지 몇 차례에 걸쳐 아라웨테인과 함께 거주하며 이들에 관한 연구를 진행했다. 그 결과물이 『적대자의 시점으로부터』(*From the Enemy's Point of View*, Viveiros de Castro 1992/1986)라는 제목으로 출판되었다.

2 프랑스어 인류학 문헌은 대체로 "원시사회"(société primitive)라는 표현 대신 "이른바 원시적이라고 말해지는 사회"(société dite primitive)라는 표현을 선호한다. "원시적"을 인류학 개념으로 인정하지 않고, 통상적인 표현을 빌려 쓰는 형식을 취하는 것이다.

3 저자가 여기서 인용하는 것은 위베르·모스의 『희생의 본성과 기능에 관한 시론』(*Essai sur la nature et la fonction du sacrifice*, 1899)이다. 특히 2장 "희생의 도식"(Le schème du sacrifice) 참고.

4 "지시적"(déictique)은 발화가 일어나는 특정 상황의 조건에 의존하는 모든 언어적 요소를 의미한다. 나, 너, 이것, 저것, 오늘, 어제 등이 모두 지시사(déixis)의 사례다. "조응적인"(anaphorique)은 이미 발화된 것을 지시하는 모든 언어적 요소를 말한다.

5 아라웨테인 A가 그의 적대자 B를 죽인 사람이라고 하자. A는 자신의 적대자 B를 통해 자신을 B의 적대자로 간주한다. 이때 A는 자신의 관점이 아니라, 적대자 B의 관점에서 이렇게 하는 것이다. 즉, A는 자신의 적대자가 됨으로써, 자신을 적대자로 본다.

6 이 부분은 『야생의 사유』 8장 "재발견된 시간"(Le temps retrouvé)에 나오는 다음 두 가지 도식을 설명한 것이다.

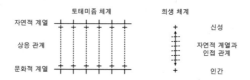

토테미즘은 자연적 계열과 문화적(사회적) 계열 사이의 상응 관계(rapport d'homologie)로 구성된 체계다. 예컨대 곰, 독수리 등의 동물이 자연적 계열을 구성하면, 거기에 상응하는 곰 씨족, 독수리 씨족 등이 문화적 계열을 구성한다. 여기서 상응 관계를 맺는 것은 자연적 계열의 차이와 문화적 계열의 차이다. 즉, 곰과 독수리의 차이가 곰 씨족과 독수리 씨족의 차이에 상응한다. 반면, 희생은 인간과 신성이라는 두 극이 자연적 계열에 의한 인접 관계를 맺는 체계다. 레비-스트로스는 누에르인의 사례를 인용한다. 이들은 희생 제의에서 오이를 제물로 바치면서 그것을 황소라고 간주한다. 오이-알-병아리-암닭-염소-황소가 인접성에 의한 자연적 계열을 이루고, 이런 계열이 인간과 신성이라는 두 가지 극을 매개한다.

토테미즘과 희생은 두 가지 점에서 구별된다. 첫째, 토테미즘의 각 계열을 이루는 항들은 불연속적이다. 곰과 독수리는 씨족 간 차이를 지시하는 명칭 부여(éponyme)의 역할을 하므로, 곰 씨족의 일원은 독수리 씨족에 동시에 속할 수 없다. 자연적 계열 A, B, C, D ……가 사회적 계열 a, b, c, d ……에 상응하고, 각 계열에서 항들은 서로 불연속적이다. 반면, 희생의 자연적 계열을 구성하는 항들은 하나가 다른 하나를 대체하는 연속적 계열을 이룬다. 예컨대 희생 제의에서 황소가 없으면 염소를, 염소가 없으면 암닭을 제물로 바친다. 이런 식으로 오이까지 이어진다.

둘째, 희생의 자연적 계열은 방향성을 가진다. 즉, 황소가 없으면 오이를 제물로 쓸 수 있지만, 오이가 없다고 해서 황소를 제물로 쓰는 건 부조리한 일이다. 반면, 토테미즘의 계열에는 방향성이 없다. 이것을 가역적(réversible)이라고 말한다. 곰과 독수리 사이에는 방향성이 없다. 이 둘의 구별은 어떤 차이를 지시하는 것일 뿐이므로, 그 두 항은 완전히 등가적이며 서로 위치를 바꿀 수도 있다.

따라서 토테미즘은 은유적이고, 희생은 환유적이다. 토테미즘은 자연적 계열의 항과 문화적 계열의 항이 서로 상응하는 체계이고, 희생은 연속적인 하나의 계열에 있는 항이 인접한 다른 항을 대체하는 체계이기 때문이다. 비베이루스 지 까스뜨루는 이 책 전체에 걸쳐 불연속성의 은유와 연속성의 환유를 대조하는데, 그 배경에는 토테미즘과 희생에 대한 레비-스트로스의 논의가 있다.

7 연통관(프랑스어: vase communicant, 영어: communicating vessels)은 서로 다른 모양의 액체 용기가 관으로 이어져 있는 장치다. 용기 모양은 다양하지만 액체의 높이는 일정하게 유지된다. 레비-스트로스는 『야생의 사유』 8장의 두 가지 도식에 다음과 같은 설명을 덧붙인다. "이것이 전부가 아니다. 제물의 신성화를 통해 인간과 신성의 관계가 확보되자

마자, 희생은 그 제물을 파괴함으로써 그 관계를 끊어 버린다. 이렇게 인간의 행위 쪽에서 어떤 연속성 단절(solution de continuité)이 나타난다. 그리고 인간이 사전에 인간의 용기(réservoir)와 신성의 용기 사이의 통로를 만들어 놓았던 만큼, 신성은 빈 공간을 자동적으로 채워야만 할 것이다[……]"(Lévi-Strauss 1962b, 298[국역본 324-325쪽]).

8 "피날레"(Finale)는 『신화들 IV: 벌거벗은 인간』의 마지막 장 제목.

9 언어학에서 계열체는 수직축(열)으로, 통합체는 수평축(행)으로 정의된다는 것을 상기하자.

| 9장 |

1 relateur는 실재적인 것이고 corrélateur는 형식적인 것이다. relateur는 관계의 실재적인 항을 의미하므로 "관계 맺는 자"로 옮긴다. 반면 여기서 corrélateur란 자기 자신은 관계의 항이 되지 않은 채, 서로 다른 관점들을 형식적으로 연결해 주는 자를 의미한다. 그래서 "관계를 중계하는 자"로 옮긴다. 프랑스어 relateur는 "이야기하는 자"라는 의미도 가지고 있다. 따라서 샤먼은 "관계 맺는 자"인 동시에 "이야기를 들려주는 자", 즉 본인이 직접 비인간이 되어 서로 다른 종들을 연결하고 그들의 이야기를 들려주는 사람이다.

2 이것은 프랑스어 rapport가 지닌 '관계'와 '이야기'라는 두 가지 의미를 이용한 표현이다. 원문은 다음과 같다. "[Le chamane] établit un rapport(une relation) et rapporte(une narration)."

3 위베르·모스는 『희생의 본성과 기능에 관한 시론』 2장 "희생의 도식"에서 "희생의 봉헌자"(sacrifiant)와 "희생의 집행자"(sacrificateur)를 구별한다. 희생 제의를 구성하는 기본 요소는 제물과 희생의 봉헌자이며, 여기에 희생의 집행자가 매개자로서 추가된다. 위베르·모스가 희생의 집행자라고 부르는 것은 바로 사제(prêtre)다.

4 프랑스어 anticiper는 "아직 오지 않은 것을 미리 당겨서 하다"는 의미를 가진다. 따라서 mort anticipé는 단지 "앞으로 죽을 예정인 자"를 의미하는 것이 아니라 "미리 죽어 있는 자"를 말한다. 마찬가지로 "우리의 미래 음식"(notre future nourriture)은 단지 "앞으로 우리의 음식이 될 것"이라는 예정이나 예측을 의미하는 것이 아니라 "미리 우리의 음식이 되어 있음"을 말한다.

5 휴-존스는 이 논문에서 아마존의 샤머니즘을 거칠게 구분하면 수직적인 것(vertical shamanism)과 수평적인 것(horizontal shamanism)으로 나누어진다고 주장한다. "수직적"이라는 말은 소수의 '엘리트' 그룹이 비의(秘儀)적 지식을 독점적으로 계승하는 것을 의미하며, "수평적"은 좀 더 '민주적' 성격을 가지는 경우를 말한다. 수평적 샤머니즘은 모든

성인에게 개방적이고 전쟁이나 사냥 같은 활동에 강조점을 둔다. 또한 세속 권력과 신성 권력이 분리되고, 샤먼은 다양한 도덕적 가치와 지위를 가질 수 있다(morally ambiguous). 반면, 수직적 샤머니즘은 주로 더 복잡하고 위계적인 사회에서 나타나는데, 세속 권력과 신성 권력이 몇몇 권력자에게 집중되는 경향을 보인다. 샤먼의 도덕적 가치와 지위는 좀 더 분명해서(morally unambiguous) 높은 명망을 가진 사람으로 인정된다. 보로로인, 투카노인, 아라와크인 그룹에서는 이 두 가지 유형의 샤머니즘이 모두 나타나는데, 한 사람이 두 유형을 모두 나타내는 경우도 있고, 여러 명의 개인이 서로 다른 유형의 샤머니즘을 나누어 나타내는 경우도 있다.

6 저자는 이 계열을 인용하며 일부를 생략했지만, 우리는 이해를 돕기 위해 레비-스트로스가 "신화의 구조"에서 나열한 전체를 옮긴다. 이것은 '트릭스터'(trickster)의 매개적 기능을 설명하는 계열이다. 트릭스터란 신화에 등장하는 인물 유형 중 하나로서, 자연적·문화적 규범과 한계를 넘나드는 영리함을 갖춘 존재로 등장한다. 레비-스트로스는 그 논문에서 아메리카 신화에 등장하는 트릭스터의 기능을 분석한다. 트릭스터는 이원적 항 사이의 매개자로서 기능하는데, 이런 기능 덕분에 이원성은 삼각구도(triade)로 이행하게 된다.

| 10장 |

1 프랑스어 devenir는 영어에서 becoming으로, 한국어에서는 "되기" 혹은 "생성"으로 번역되고 있다. 들뢰즈와 과타리 저작에서는 흔히 "무엇-되기"라는 개념으로 사용되므로, 여기서는 일괄적으로 "되기"로 옮긴다.

2 "음역대"(registre)라는 용어는 Deleuze·Guattari 1980, 14[국역본 20쪽] 참고.

3 "재규어-되기"(devenir-jaguar)와 "재규어가 된다는 것"(devenir un jaguar)을 혼동하면 안 된다.

4 134쪽 인용문 참고.

5 "본성에 맞서는 참여" 혹은 "반자연적 참여"(participation contre nature)는 들뢰즈와 과타리가 작가의 동물-되기를 설명하며 사용하는 표현이다. 그들은 죽어가는 쥐 떼에 매혹된 후고 폰 호프만스탈을 인용한다. 바로 그 작가의 자아 안에서 "동물의 영혼은 끔찍한 운명에게 이빨을 드러낸다." 이것은 동물에 대한 동정심이 아니라, 작가가 자신의 "본성에 맞서 참여"하는 일이다. 들뢰즈와 과타리는 이런 참여를 "본성에 맞서는 혼례(noces)" 혹은 "반자연적 혼례"라고 표현하기도 한다. 글쓰기란 동물-되기이고, 이런 의미에서 작가

란 동물로서 살아가는 주술사다(Deleuze·Guattari 1980, 293-294[국역본 456쪽]). 여기에 등장하는 "반자연적"이라는 표현에는 "본성에 맞선다"는 의미도 있음을 기억하자.

6 171-172쪽에서 설명된 투피남바인의 식인 풍습 참고.

7 이 책의 인용문과 『천 개의 고원』의 원래 문장 사이에 사소한 차이가 있다. 이곳 번역은 원래 문장을 따랐다.

8 저자는 여기서 원시적 사회체의 영토적 재현을 이루는 두 가지 심급에 관해 이야기하고 있다. 첫째는 강도의 생식질적 유체로서, 이것은 욕망의 재현자다. 둘째는 억압하는 재현인데, 이것이 곧 동맹이다. 요컨대 강도이고 생식질적인 혈통이 동맹의 억압적 재현에 의해 외연적이고 체물질적인 혈통으로 이행한다. "일차적인 집단 동성애"는 동맹의 이러한 작동 방식을 설명하기 위해 등장하는 사례다(Deleuze·Guattari 1972 193-195[국역본 286-289쪽]).

9 "선발"(cooptation)이란 모임의 새로운 멤버를 뽑는 것을 말한다. 이 책에서는 되기로서의 동맹을 묘사하는 표현 중 하나로 사용된다.

10 "인척"(affin)의 어원은 "끝 쪽에"(ad-finis) 놓여 있는 것이다. 69쪽 각주 참고.

11 레비-스트로스가 1949년 『근대의 시간』(Les Temps Modernes)에 기고한 소논문.

12 "그런 민첩한 행동들"은 204쪽 인용문에 등장한다.

13 "큰 전통"(great tradition)과 "작은 전통"(little tradition)은 로버트 레드필드가 『작은 공동체』(The Little Community, 1955)와 『농민 사회와 문화』(Peasant Society and Culture, 1956)에서 제안한 개념.

14 가짜 동족어(faux ami)란 서로 다른 언어에 속한 단어들이 형태는 비슷하지만 의미는 다른 경우를 말한다. 예컨대 영어 sensible과 프랑스어 sensible, 영어 actually와 프랑스어 actuellement, 영어 fast와 독일어 fast 등이 있다.

15 클라인 4원군(영어: Klein four-group, 프랑스어: Groupe de Klein)은 독일 수학자 펠릭스 클라인이 1884년에 제안한 네 개의 원소를 가진 군.

16 관계의 제3 유형에 대해서는 202-203쪽 참고.

| 11장 |

1 26쪽 참고.

2 "아마존 사회는 내부를 갖지 않는다"는 것은 비베이루스 지 까스뜨루의 핵심적인 발견 중 하나다. 아마존 사회에서는 "외부가 내부에 내재적(immanent)으로 존재한다"(Viveiros de Castro 2001b, 27; 1992, 3-5).

3 이 책을 시작하며 언급했던 인척관계의 문제를 여기서 다룬다(26-27쪽 참고). 저자가 지금까지 혈통과 동맹에 대한 들뢰즈와 과타리의 작업을 검토한 것은 단지 철학적 영감을 얻기 위해서가 아니라, 그들의 개념을 바탕으로 아마존 종족지학을 새로운 지평으로 옮겨 놓기 위해서였다. 잠재력적 인척관계(potential affinity)라는 개념이 그 결과물이다. 여기서 그 개념에 대한 저자의 다른 텍스트를 잠깐 살펴보자(Viveiros de Castro 2001b). 이 책이 종족지학에서 어떤 실질적인 효과를 발휘할 수 있는지 궁금한 독자는 이 소논문을 직접 읽어보길 권한다.

저자는 그 2001년 논문에서 잠재력적 인척관계라는 개념을 바탕으로 아마존 사회성에 대한 '거대 통일 이론'(grand unified theory; GUT)의 초안을 그리려 한다. 간단히 말하자면, 아마존 친족관계와 사회성의 구축을 인척관계라는 잠재적 차원이 현실화하는 과정으로 설명하는 것이다. (그 논문에서는 '잠재력적'(potential)과 '잠재적'(virtual)이라는 두 개념이 혼용되는데, 이 책에서는 저자가 227쪽 각주에서 밝힌 바와 같이 잠재력적 인척관계를 잠재적 인척관계로 고쳐 부르게 된다. 이것은 물론 들뢰즈의 잠재성 개념에 따라 아마존 인척관계를 재정의하기 위해서다.)

『친족의 기본구조』에 나오는 고전 모델에 따르면, 혈통(descent; filiation) 그룹이 친족의 기본 단위를 구성하고, 서로 다른 혈통 그룹들이 동맹(alliance)을 통해 연결된다(혈통과 동맹의 이분법은 혈족관계(consanguinity)와 인척관계(affinity)라는 모건적 도식의 레비-스트로스적 변형이다). 이런 식으로, 지역적 혈통 그룹 사이의 동맹을 통해 전체적인 사회 체계가 구성되는 것이다. 반면, 비베이루스 지 까스뜨루는 이러한 혈통 중심 모델이 아니라 동맹 중심 모델을 제안한다. 혈통이라는 고정된 항보다 관계로서의 동맹이 먼저 존재하고, 동맹이 혈통에 비해 위계적으로도 우세하다는 것이다. 이때 동맹은 지역적 차원의 관계가 아니라 초지역적(supra-local) 차원의 관계이며, 여기에는 정치적 전략으로서의 혼인 동맹, 공식적 친선이나 무역 관계, 공동 잔치나 제의로 맺어진 관계, 전쟁을 하는 적대자와의 관계 등이 포함된다. 이것들은 초지역적 관계의 여러 수준들, 즉 마을 간, 지역 간, 부족 간, 종족 간 관계 등에 대응한다. 그런데 여기서 중요한 사실은 이런 초지역적 관계가 자연적 한계에 구애받지 않는다는 것이다. 즉, 다른 마을이나 부족과 관계 맺는 것과 마찬가지 방식으로 동물, 식물, 정신, 신들과도 관계 맺는다. 결국 이런 초지역적 동맹 관계는 우주의 모든 존재자들을 연결하는데, 이들 모두를 '인척관계'라는 명칭으로 부른다.

방금 설명한 인척관계는 잠재적인 것으로서, '상징적'이고 유적인(generic) 특성을 가진다. 이런 잠재적이고 유적인 인척관계뿐 아니라 개인이 특수한(particular) 대상들과 맺는 인척관계들도 있다. 예컨대 무역 파트너, 제의의 동료, 샤먼과 그의 동물 및 정신들, 살인자와 희생자 등이다. 또한 잠재적인 것과 구별되는 현실적 인척관계도 존재한다. 즉, 고전적 친족 모델에 등장하는 혼인 동맹도 당연히 존재하고, 그에 따라 현실적 인척관계도 형성된다. 그런데 아마존 사회에서는 이러한 특수한 인척관계나 현실적 인척관계를 숨기려는 경향이 강하게 나타난다(11장의 다음 몇 단락이 이 점을 설명하고 있다). 인척관계라는 용어로 지칭되는 관계들을 교차사촌 같은 동족(cognate)의 한 가지 유형으로 보려고 하거나, 현실적 인척관계를 혈족관계 아래에 숨기려는 태도가 나타난다. 그래서 '장인'을 '외삼촌'으로, '누이남편'을 '내 아들의 외삼촌'이라고 부르려 한다. 저자는 이것을 '인척 없는 인척관계'라고 부른다. 이것이 아마존의 '이상적(ideal) 마을에는 인척관계가 없다'는 말의 의미다(228쪽). 그러나 이상적 마을에는 인척관계가 없겠지만, 실재적 마을에는 당연히 있다. 그래서 실재하는 인척관계를 혈족관계 아래 숨기려고 하는 것이다. 또한 이상적 마을에는 인척관계가 없더라도, 이상적 마을 외부에는 있다. 이렇게 이상적 마을 외부에 존재하는 인척관계야말로 가장 순수한 형식의 이상적 인척관계일 것이다. 이런 이상적 인척관계가 초지역적 범위에 존재하는 사회적 관계 전체가 된다.

잠재적 인척관계란 모든 우주적 타자와의 잠재적 관계를 지칭하는 관념이라고 할 수 있다. 이런 관념을 이해하기 위해서는 아마존 사회의 존재론적 전제를 살펴봐야 한다. 서구의 타자는 흔히 '형제'(brother)의 형태를 띤다. 즉, 나와 타자는 부모, 교회, 민족 따위의 우월한 제삼자를 매개로 삼아 형제라는 혈족관계를 맺는다. 반면, 아마존의 타자는 '누이남편'(brother-in-law)으로 규정된다. 식인 풍습을 다룬 8장에서 누이남편과 적대자가 다르지 않다고 했던 것을 떠올려 보자. 누이남편이란 곧 적대자이고, 인척관계란 이러한 절대적 타자와의 관계다. 서구적 관계가 동일성을 통한 관계라면, 아마존에서는 타자성 자체가 곧 관계성이다. 어떠한 매개도 없는 다름 그 자체가 곧 관계 맺음을 함축한다. 이 책에서 레비-스트로스의 구절을 빌려 인척관계는 사회학적 범주가 아니라 철학적 관념이라고 말하는 이유가 여기에 있다.

이런 존재론적 전제에 따르면, 잠재적 인척관계란 "잠재적 사회성의 무한한 배경"이고(같은 책, 24-25), 이런 잠재적 사회성을 구성하는 것은 동일성이 아니라 타자 혹은 차이다. 지역 집단이 이러한 잠재적 배경으로부터 추출되면서 혈족관계 및 특수하고 현실적인 인척관계가 형성된다. 방금 말했듯이 이때 특수하고 현실적인 인척관계가 혈족관계 아래로 숨는 경향이 나타나는데, 이는 인척관계의 차이를 혈족관계의 동일성으로 수렴시키는 운동이라고 할 수 있다. 이런 의미에서 저자는 인척관계의 극한이 혈족관계라고 말한다. 하지만 '극한'이라는 말 그대로 인척관계의 차이를 0으로 만들 수는 없다. 결국 어떤 혈족집단도 완전한 동일성에 도달할 수 없고, 항상 0에 가까운 차이를 내포할 수밖에 없다. 저자는 남아 있는 차이로부터 근친상간과 쌍둥이의 문제를 설명한다(237-239쪽 참고).

비베이루스 지 까스뜨루는 2001년 논문을 시작하며 인척관계를 주어진 것(the given)으로 간주하겠다고 하는데, 이는 고전적 친족 이론이 전제하는 인척관계와 혈족관계 중 전자에 기초하겠다는 말이 아니다. 고전 이론이 오로지 현실화된 혈족관계와 인척관계의 문제를 다루었다면, 이 책의 저자가 탐색하는 것은 현실적 사회관계의 배경에 펼쳐져 있는 무한한 잠재적 사회성의 차원이다. 저자가 아마존 종족지학자로서 몰두하는 작업은 잠재적 인척관계가 현실적 인척관계 및 혈족관계로 이행하는 과정에 대한 분석이라고 할 수 있다. 이로부터 그가 이 책에서 『안티 오이디푸스』를 넘어 『천 개의 고원』으로 가려는 이유도 분명히 알 수 있다. 여전히 인간종 내부의 지평에 놓여 있던 『안티 오이디푸스』는 강도적 혈통이 외연적 혈통으로 이행하는 과정을 다룬다. 동맹은 억압적 재현으로서 이 과정에 개입한다. 이 경우 사회적 관계는 강도적 에너지가 외연적 체계로 이행한 결과물로서 출현할 것이다. 반면, 인간과 비인간 사이의 경계를 횡단하는 『천 개의 고원』에서 문제가 되는 것은 강도적 동맹과 외연적 동맹이다. 강도적 동맹이란 곧 되기를 말한다. 되기란 강도적 에너지가 외연화한 결과물로서의 관계가 아니라, 강도적 에너지 그 자체인 관계다. 저자가 아마존 사회를 사유하기 위해 필요하다고 보는 것은 이 두 번째 관계, 즉 강도적 에너지로서의 되기다. 그는 2001년 논문에서 잠재적 인척관계라는 사회 우주론적 개념을 제안하고, 이 책에서는 『천 개의 고원』을 따라 그 개념을 타자-되기로 재정의한다.

결국 저자는 두 가지 인척관계로 구성된 도식을 제안한다고 할 수 있다. 첫째는 강도적 혹은 잠재적 인척관계다. 둘째는 외연적 혹은 현실적 인척관계다. 첫 번째가 두 번째로 이행하는 과정에서 인척관계는 혈족관계에 종속되는데, 이것은 곧 혈족관계의 탄생 과정이기도 하다. 따라서 우리는 '잠재적 인척관계의 현실화', '혈족관계에 의한 인척관계의 은폐', '혈족관계의 형성'을 동일한 운동의 세 가지 계기로 이해할 수 있을 것이다. 저자는 2001년 논문 후반부에서 아마존 사회의 잠재성이 현실화되는 과정을 다음과 같은 일반 모델로 설명한다.

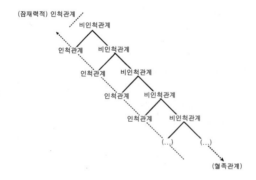

이것은 이미 구축된 것을 묘사하는 '구조적'(structural) 모델이 아니라, 좌측 상단에서 시작해 우측 하단으로 진행하는 현실화 운동을 '구조화한'(structuring) 모델이다. 일단 좌측 상단에 "주어진 것으로서 구축된" 잠재력적 인척관계가 있다. 이것이 주어지자마자 내적 차이의 운동에 의해 비(非)인척관계가 분화되어 나온다. 이때 비인척관계는 질적으로 규정되지 않은 것, 단지 '인척관계가 아닌 것'이다. 이것이 어떤 질적 규정을 얻으려면 자신으로부터 인척관계를 내보냄으로써 또다시 인척관계와 비인척관계로 분화되어야 한다. 이런 식으로 비인척관계는 인척관계와 비인척관계로 재분화된다. 이런 재분화가 무한히 반복되며 비인척관계는 우측 하단의 혈족관계에 수렴하겠지만, 결코 순수한 혈족관계에 도달하지는 못할 것이다. 잠재력적 인척관계에서 시작해 혈족관계로 수렴하는 이러한 운동이 바로 친족의 구축 과정이다. (저자는 위 모델에 나타난 인척관계와 비인척관계의 이원론이 '영속적 비평형'에 있다고 말하는데, 이 발상은 레비-스트로스가 제안한 것이다. 위 모델의 기본 형태는 『스라소니 이야기』의 투피남바인 신화 분석에서 완성되었다(Lévi-Strauss 1991, 76). 이 책에서 반복되는 '영속적 비평형'이라는 테마를 이해하려면 레비-스트로스의 신화 분석과 비베이루스 지 까스뜨루의 인척관계 분석을 참고해야 한다.)

저자가 2001년 논문 처음에 아마존 사회에 대한 '거대 통일 이론'을 그리겠다고 밝혔던 것처럼, 위 모델은 아마존 지역의 우주론, 신화, 친족 분석 등에 광범위하게 적용된다. 그러한 적용 사례 중 하나가 아마존 사회성의 구성 과정을 보여 주는 다음 도식이다.

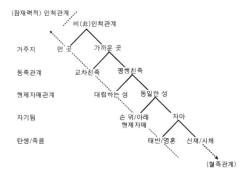

여기서 혈족관계를 향한 재분화 운동은 개별 자아의 구축 과정이고, 그 재분화 과정에서 빠져나온 인척관계들이 타자들을 구축한다. 이런 식으로 자아-혈족관계와 타자-인척관계라는 두 축이 아마존의 개별 인격과 사회성을 동시에 구축한다.

4 "동족"(cognat)은 부계 혈족과 모계 혈족의 구별 없이 혈족관계(consanguinité) 일반을 가리키는 말이다(Dumont 1971, 41).

5 여기에 쓰인 프랑스어 technonyme는 영어 teknonymy를 그대로 옮긴 것이다. teknonymy 는 어떤 사람을 부를 때 그의 이름이 아니라 '누구의 어머니' 혹은 '누구의 아버지'라고 부르는 관습을 의미한다.

6 여기서 "사회적 관계가 표시되어 있지 않은 형식"은 "표시되어 있음"(markedness)이라는 언어학 개념을 염두에 둔 것이다. Viveiros de Castro 2001b, 40 참고.

7 잠재적 인척관계가 "유적"(generic)이라는 말은 그것이 타자와의 관계 일반을 지시한다는 의미다. 유적 인척관계는 특수한(particular) 인척관계와 대비된다.

8 사교성(sociabilité)은 말 그대로 타인과의 친목이나 교제를 의미한다. 11장의 옮긴이 주 3에서 설명한 것처럼, 동일성을 통해 타자와 관계 맺는 사회성 모델에서는 "사교성이 멈춘 곳에서 사회성도 끝난다." 반면, 차이 자체가 타인과의 관계 양식인 아마존 사회에서는 "사교성이 멈춘 곳에서 사회성이 시작된다"(Viveiros de Castro 2001b, 22-24). 아마존에서 타인과 관계 맺는 방식 중 하나가 포식이며, 포식은 사교성의 반대편 극단에 위치하는 차이의 관계다. 포식의 차이가 0으로 수렴할수록, 사교성에 가까워진다. 중요한 것은 그 차이가 "결코 완전히 무효화되지는 않는다"는 사실이다.

9 클라스트르의 『국가에 대항하는 사회』(*La Société contre l'État*, 1974)를 염두에 둔 표현이다.

10 레비-스트로스는 언어학의 "원음소"(archiphonème) 개념을 빌어 "원신화"(archimythe)라는 개념을 사용한다(Lévi-Strauss 1966, 324[국역본 527]).

11 3장의 옮긴이 주 10 참고.

12 Deleuze 1993, 100. 209-210쪽 참고.

13 레비-스트로스가 비교하는 결단의 두 가지 버전을 한꺼번에 표시한 것이다. 즉, "딸이라면 기르고, 아들이라면 죽인다", "아들이라면 기르고, 딸이라면 죽인다"(Lévi-Strauss 1991, 82-83).

| **12장** |

1 Wagner 1981/1975, 12의 문장을 조금 바꾼 표현이다.

2 "je pense que ……"는 "'나는 ……라고 생각한다'라는 일상적 표현이지만, 여기서는 "우리 인류학자의 사유 및 원주민의 사유에 대한 나의 사유"라는 정식을 분명히 표현하기 위해 모두 "생각" 대신 "사유"로 옮긴다. 하지만 penser를 "사유하다"로 옮기는 관례에서 벗어나 "우리 인류학자의 생각 및 원주민의 생각에 대한 나의 생각"이라고 표현하는 게

저자의 의도에 더 부합할지도 모른다.

3 "우리의 이야기"란『안티 나르시스』일 것이다. 이번 장 첫 문단에서『안티 나르시스』를 인류학적 픽션의 실천이라 규정했던 것을 상기하자.

4 이 개념들은 모두 유럽이 아니라 인류학의 연구 대상이었던 비유럽 사회에서 온 것이다.

5 "분절적 대립"(프랑스어 opposition segmentaire, 영어 segmentary opposition)은 에번스-프리처드를 비롯한 영국 사회 인류학자들의 개념. "제한된 교환"(échange restreint; restricted exchange)은 고전 친족 이론의 개념. 베이트슨의 "구분발생"(schismogenesis) 개념은 앞서 몇 차례 등장한 바 있다.

6 라투르의 원논문에는 영어 evolutionary로 표기되어 있지만, 여기서는 프랑스어 involutif로 잘못 옮겨져 있다. 원논문의 영어 표기에 따라 "진화"로 옮긴다.

7 이 책 참고문헌 목록에 호턴의 저작이 누락되어 있다. 여기서 인용한 1993년 책은 다음과 같다. Robin Horton, *Patterns of Thought in Africa and the West: Essays on Magic, Religion and Science*, Cambridge University Press. 1993.

8 Strathern 1988, 13 참고.

9 "의사소통"(commun-ication)의 문자적 의미가 공통(commun)화 하는 것이므로, 의사소통 범위 외부는 "비공통적"(pas commun)인 것이다.

10 이 인용문의 괄호와 강조는『차이와 반복』원텍스트를 따른 것.

| 13장 |

1 앞서 인용한 몽테스키외의『페르시아인의 편지』를 염두에 둔 것으로 보인다. 79쪽 참고.

2 문화적 주인공과 기만자(décepteur)는 레비-스트로스가 분석하는 신화들에 등장하는 역할들이다. 문화적 주인공은 11장에서 설명했듯, 온갖 시련을 이겨내고 인간에서 문화를 전해 주는 역할이다. 기만자는 주로 인간을 속이거나 골탕 먹이는 신들을 말한다 (Lévi-Strauss 1991, 73-74).

3 이 인용문은『신화들 II: 꿀에서 재까지』의 원래 각주와 약간 차이가 있다. 번역은 원텍스트를 기준으로 삼았다.

4『오늘날의 토테미즘』과『야생의 사유』를 말한다.

5 칸트 비판철학에 대한 이러한 비판은『차이와 반복』전체를 관통하는 핵심 주제 중 하나

다. "전사"(décalquer)라는 표현에 대해서는 Deleuze 1968, 176-177[국역본 302-303쪽]을 참고.

6 레비-스트로스의 다음 구절 참고할 것. "과학적 사유의 두 가지 구별된 양식이 존재한다. [……] 하나는 대략 지각과 상상력의 양식에 맞추어져 있는 것이고, 다른 하나는 그런 양식에서 떨어져 나온 것이다. 이것은 마치 서로 다른 두 가지 길을 따라 모든 과학의 (신석기 시대의 과학이든 근대의 과학이든) 대상이 되는 필연적 관계들에 도달할 수 있었던 것과 같다. 즉, 하나는 감각적 직관에 매우 가까운 길이고, 다른 하나는 거기에서 더 멀리 떨어져 있는 길이다"(Lévi-Strauss 1962b, 24[국역본 68쪽]).

7 연결, 이질성, 다양체, 비기표적 파열, 지도 그리기, 데칼코마니는 리좀의 여섯 가지 원리다(Deleuze·Guattari 1980, 13-20[국역본 19-30쪽]).

8 "발화의 집단적 배치"(agencement collectif d'énonciation)는 『천 개의 고원』 전체를 관통하는 핵심 개념 중 하나다. 네 번째 고원 첫 번째 공준과 다음 참고. Deleuze·Guattari 1980, 13; 51[국역본 19; 51쪽].

9 "n-1 차원의 다양체"는 리좀에 대한 여러 정의 중 하나다. 127쪽 참고.

10 프랑스어에는 언어를 의미하는 두 가지 단어가 있다. 사전적 의미에 따르면, langue는 한 공동체에서 사용하는 특정 기호 체계로서의 언어를 말하며, langage는 기호 체계를 이용해 생각하고 소통할 수 있는 일반적 능력으로서의 언어를 말한다. 그래서 한국어는 langue coréenne라고 하지, langage coréen이라고 하지 않는다. 이 단락에서는 이 둘을 구별하기 위해 각각 "개별 언어"와 "언어"로 옮긴다.

11 1954년에 작성된 "사회 과학 내에서 인류학이 차지하는 위치와 그것의 가르침이 제기하는 문제들"(Place de l'anthropologie dans les sciences sociales et problèmes posés par son enseignement)을 말한다. 이 논문은 몇 년 뒤 『구조적 인류학』(1958) 17장에 실렸다. 레비-스트로스는 그 논문에서 사회학은 "관찰자의 사회 과학"이며 인류학은 "관찰된 것의 사회 과학"이라고 말한다.

12 "횡형식주의적"(transformaliste)과 "변형주의적"(transformationaliste)은 모두 "변형"(transformation)의 파생어들인 동시에 프로프가 말하는 "형식주의적"(formaliste)과 촘스키가 말하는 "변형적"(transformationnelle)에 각각 대립하는 용어들이다.

13 이 인용 문장과 원래 문장은 조금 다르다. 마니글리에의 원래 문장은 다음과 같다. "따라서 하나의 구조는 항상 둘 사이에 있다." 또한 마니글리에의 원텍스트에는 긴 분량의 각주 두 개가 달려 있는데, 여기에는 생략되었다.

14 구조들이 서로를 선발(cooptation)하는 것을 말한다. "선발"이라는 용어에 대해서는 209쪽 참고.

15 여기에 레비-스트로스의 1956년 논문이 무엇인지 표기되어 있지 않은데,『구조적 인류학』(1958) 8장 "이원론적 조직들은 존재하는가?"(Les organisations dualistes existentelles?)를 말하는 것으로 보인다. 이 텍스트는 1956년에 발표되었고, 1958년 저작에 재수록되었다.

16 "신화의 표준 정식"에 대해서는 3장의 옮긴이 주 10 참고.

17 『질투심 많은 도기 만드는 여자』에서 이용되는 신화의 표준 정식에 대해서는 3장의 옮긴이 주 10 참고.

18 Lévi-Strauss 1967, 515.

19 쌍둥이관계에 대해서는 11장에서 이미 자세히 논의한 바 있다. 238-239쪽 참고.

20 "이산적"은 '연속적'과 대립되며 '구분된', '분리된' 등의 의미를 가진다. 예컨대 이산수학(Discrete mathematics)은 정수, 그래프, 논리적 진술 같이 연속적이지 않은 대상을 다루는 수학 분야다.

21 클라인 대롱(Klein bottle)은 독일 수학자 펠릭스 클라인이 묘사한 곡면으로, 뫼비우스의 띠처럼 안과 밖을 정할 수 없다. 코크 곡선(Koch curve)은 널리 알려진 프랙털 곡선 중 하나로, 스웨덴 수학자 헬리에 본 코크가 제안한 것이다. 레비-스트로스가 제안한 요리의 삼각형(triangle culinaire)은 가열 방식에 따른 요리 유형의 차이를 삼각형 도식으로 묘사한 것이다(Lévi-Strauss 1967, 406).

22 여기서 사용된 프랑스어 sens는 '의미'와 '방향'이라는 두 가지 의미를 가지고 있다. 저자는 여기서 그 말을 중의적으로 사용한다.

23 이 책의 저자가 보기에, 연속과 불연속은 모두 신화 자체에 내포되어 있으며, 구조주의 담론의 두 가지 방향이기도 하다. 여기서 연속을 지향하는 방향이 퇴보적 방향이고, 불연속을 지향하는 것이 진보적 방향이다. 이 둘은 8장에서 설명한 희생 제의와 토템 도식에 각각 대응한다. 방금 인용한 『신화들 IV: 벌거벗은 인간』의 텍스트에서 문화의 발생은 진보적 방향, 즉 연속에서 불연속(이산적인 것)으로의 이행이라고 간주된다. 그런데 레비-스트로스는 이러한 진보적 이행을 일종의 점진적 악화라고 말하며 부정적으로 평가한다. 이 책의 저자는 레비-스트로스의 이러한 태도가 『신화들 I: 날것과 익힌 것』 초반부와 다르다고 지적한다. 『신화들』 내에 진보적 방향과 퇴보적 방향이 모호하게 공존한다는 것이다. 물론 비베이루스 지 까스뜨루의 의도는 분명하다. 그는 이 책에서 끈질기게 구조주의의 퇴보적 방향을 재발견하고, 거기에 아마존 샤머니즘과 관점주의를 위치시키려 노력한다.

24 여기서 "색조"는 chromatisme을 번역한 것이다. 앞서 "반음계"라 번역했던 구절들과 한

맥락으로 이해할 것.

25 Lévi-Strauss 1962b, 334[국역본 362쪽].

26 『신화들』 전체 시리즈는 1권의 "서곡"(Ouverture)에서 시작해 4권의 "피날레"로 끝난다.

27 『스라소니 이야기』의 "클리나멘"에 대해서는 Viveiros de Castro 2001b, 42를 참고.

28 3장에서 샤먼의 가장 중요한 임무 중 하나인 관점주의적 번역이란 곧 동음이의 관계의 애매성을 제어하는 것이라고 했던 것을 상기하자. 여기서 대조하고 있는 『안티 오이디 푸스』의 생산과 마르크스주의적 생산, 아마존 사회 우주론과 고전적 친족 이론, 그리고 들뢰즈·과타리와 레비-스트로스 사이에도 동음이의 관계가 성립하며, 이런 경우들에 서 문제가 되는 것도 일종의 관점주의적 번역이다.

29 구조-동맹과 되기-동맹 사이의 괴물적 혈통관계, 계약-교환과 변화-교환 사이의 괴물적 혈통관계를 말한다. '괴물적'이라는 표현은 『천 개의 고원』에서 온 것이다. 212쪽 인용 문 참고.

30 프랑스어 문장은 다음과 같다. "Ces noms propres sont des intensités et c'est par elle que passe, dans la réserve virtuelle où nous l'avons laissé, où nous l'avons posé, l'Anti-Narcisse." 여 기서 여성 단수 대명사 elle이 지시하는 게 분명치 않은데, 저자에게 직접 확인한 결과 여 성 복수 대명사 elles가 잘못 표기된 것이다. 중간 구절을 "c'est par elles"로 고쳐 읽어야 한 다. 여기서 elles는 바로 앞에 나온 "강도들"(intensités)을 지시한다.

| 옮긴이 해제 |

1 와그너, 스트라선, 비베이루스 지 까스뜨루의 작업을 "존재론적 전환"이라는 이름으로 종합한 다음 연구 참고. Martin Holbraad & Morten Axel Pedersen, *The Ontological Turn: An Anthropological Exposition*, Cambridge University Press, 2017.

2 Martin Holbraad & Morten Axel Pedersen, *The Ontological Turn: An Anthropological Exposition*, Cambridge University Press, 2017, p. 157.

| 참고문헌 |

Albert, Bruce. 1985. *Temps du sang, temps des cendres : représentation de la maladie, système rituel et espace politique chez les Yanomami du Sud-Est (Amazonie brésilienne)*, Université de Paris X (Nanterre).

Andrade, Oswald de. 1972/1928. "Manifeste anthropophagique." P. F. de Queiroz-Siqueira. "Un singulier manifeste." *Nouvelle Revue de Psychanalyse* 6 (Destins du cannibalisme).

Almeida, Mauro W. B. de. 2008. "A fórmula canônica do mito." R. C. de Queiroz, R. F. Nobre (sous dir.). *Lévi-Strauss: leituras brasileiras*. Belo Horizonte, Editora da UFMG.

Andrello, Geraldo. 2006. *Cidade do índio. Transformações e cotidiano em Iauaretê*. São Paulo: Edunesp/ISA/NuTI.

Arhem, Kaj. 1993. "Ecosofia makuna." F. Correa (sous la dir.) *La selva humanizada: ecología alternativa en el trópico húmedo colombiano*. Bogotá: Instituto Colombiano de Antropología / Fondo FEN Colombia / Fondo Editorial CEREC.

Asad, Talal. 1986. "The concept of cultural translation in British social anthropology." J. Clifford, G. Marcus (sous la dir.). *Writing Culture: The Poetics and Politics of Ethnography*. Berkeley: University of California Press.

Baer, Gerhard. 1994. *Cosmología y shamanismo de los Matsiguenga*. Quito: Abya-Yala.

Bateson, Gregory. 1958/1936. *Naven: A Survey of the Problems suggested by a Composite Picture of the Culture of a New Guinea Tribe drawn from three Points of View* 2ᵉ éd. Stanford: Stanford University Press[『네이븐: 의식을 통해 본 뉴기니아 이아트물족 문화』, 김주희 옮김, 아카넷, 2002].

Carneiro da Cunha, Manuela. 1978. *Os mortos e os outros: uma análise do sistema funerário e da noção de pessoa entre os índios Krahó*. São Paulo: Hucitec.

_____. 1998. "Pontos de vista sobre a floresta amazônica: xamanismo e tradução." *Mana* 4 (1).

Cartry, Michel, Alfred Adler. 1971. "La transgression et sa dérision." *L'Homme* 11 (3).

Chaumeil, Jean-Pierre. 1985. "L'échange d'énergie: guerre, identité et reproduction sociale chez les Yagua de l'Amazonie péruvienne." *Journal de la Société des américanistes* LXXI.

Clastres, Hélène. 1968. "Rites funéraires guayaki." *Journal de la Société des américanistes* LVII.

_____. 1972. "Les beaux-frères ennemis: à propos du cannibalisme tupinamba." *Nouvelle Revue de Psychanalyse* 6 (Destins du cannibalisme).

Clastres, Pierre. 1974/1962. "Échange et pouvoir: philosophie de la chefferie indienne." *La société contre l'État*. Paris: Minuit[『국가에 대항하는 사회』, 홍성흡 옮김, 이학사, 2005].

_____. 1977. "Archéologie de la violence: la guerre dans les sociétés primitives." *Libre* 1.

Clastres, Pierre, Lucien Sebag. 1963. "Cannibalisme et mort chez les Guayakis." *Revista do Museu Paulista* XIV.

Conklin, Beth A. 2001. *Consuming Grief: Compassionate Cannibalism in an Amazonian Society*. Austin: University of Texas Press.

DeLanda, Manuel. 2002. *Intensive Science and Virtual Philosophy*. London: Continuum[『강도의 과학과 잠재성의 철학』, 이정우·김영범 옮김, 그린비, 2009].

_____. 2003. "1000 years of war: CTheory interview with Manuel DeLanda." D. Ihde, C. B. Jensen, J. J. Jorgensen, S. Mallavarapu, E. Mendieta, J. Mix, J. Protevi, E. Selinger. *CTheory. a127*. www.ctheory.net/articles.aspx?id=383.

_____. 2006. *A New Philosophy of Society*. London and New York: Continuum.

Deleuze, Gilles. 1962. *Nietzsche et la philosophie*. Paris: PUF[『니체와 철학』, 이경신 옮김, 민음사, 2001].

_____. 1966. *Le bergsonisme*. Paris: PUF[『베르그송주의』, 김재인 옮김, 문학과지성사, 1996].

_____. 1968. *Différence et répétition*. Paris: PUF[『차이와 반복』, 김상환 옮김, 민음사, 2004].

_____. 1969a. "Michel Tournier et le monde sans autrui." *Logique du sens*. Paris: Minuit["미셸 투르니에와 타인 없는 세상", 『의미의 논리』, 이정우 옮김, 한길사, 1999].

_____. 1969b. "Platon et le simulacre." *Logique du sens*. Paris: Minuit["플라톤과 시뮬라르크", 『의미의 논리』, 이정우 옮김, 한길사, 1999].

_____. 1969c. "Klossowski ou les corps-langage." *Logique du sens*. Paris: Minuit["클로소프스키와 신체 - 언어", 『의미의 논리』, 이정우 옮김, 한길사, 1999].

_____. 1969d. *Logique du sens*. Paris: Minuit[『의미의 논리』, 이정우 옮김, 한길사, 1999].

_____. 1973. "Anti-Œdipe et Mille plateaux." cours Vincennes. 28 mai 1973. www.webdeleuze.com/textes/171.

_____. 1974. "Anti-Œdipe et Mille plateaux." cours Vincennes. 14 janvier 1974.
https://www.webdeleuze.com/textes/175.

_____. 1983. "Image mouvement image temps." cours Vincennes: Saint-Denis. 12 avril 1983.
https://www.webdeleuze.com/textes/72.

_____. 1988. *Le pli. Leibniz et la baroque*. Paris: Minuit[『주름, 라이프니츠와 바로크』, 이찬웅
옮김, 문학과지성사, 2004].

_____. 1993. "Bartleby, ou la formule." *Critique et clinique*. Paris: Minuit.

_____. 2002/1972. "À quoi reconnaît-on le structuralisme?" *L'île déserte et autres textes. Textes et
entretiens 1953-1974* (D. Lapoujade, sous la dir.). Paris: Minuit["구조주의를 어떻게
식별할 것인가," 『의미의 논리』, 이정우 옮김, 한길사, 1999].

Deleuze, Gilles, Félix Guattari. 1972. *L'Anti-Œdipe. Capitalisme et schizophrénie*. Paris:
Minuit[『안티 오이디푸스: 자본주의와 분열증』, 김재인 옮김, 민음사, 2014].

_____. 1975. *Kafka. Pour une littérature mineure*. Paris: Minuit[『카프카: 소수적인 문학을 위하여』,
이진경 옮김, 동문선, 2001].

_____. 1980. *Mille plateaux: Capitalisme et schizophrénie*. Paris: Minuit[『천 개의 고원: 자본주의와
분열증 2』, 김재인 옮김, 새물결, 2001].

_____. 1984. "Mai 68 n'a pas eu lieu." *Deux régimes de fous. Textes et entretiens 1975-1995* (D.
Lapoujade, sous la dir.). Paris: Minuit.

_____. 1991. *Qu'est-ce que la philosophie?* Paris: Minuit.

_____. 2003/1987. "Préface pour l'édition italienne de *Mille plateaux*." *Deux régimes de fous.
Textes et entretiens 1975-1995* (D. Lapoujade, sous la dir.). Paris: Minuit.

Deleuze, Gilles, Claire Parnet. 1996/1977. *Dialogues*. Paris: Flammarion[『디알로그』, 허희정 옮김,
동문선, 2005].

Dennett, Daniel C. 1978. *Brainstorms: Philosophical Essays on Mind and Psychology*.
Harmondsworth: Penguin.

Derrida, Jacques. 2006. *L'animal que donc je suis*. Paris: Galilée.

Descola, Philippe. 1992. "Societies of nature and the nature of society." A. Kuper (sous la dir.).
Conceptualizing Society. London: Routledge.

_____. 1996. "Constructing natures: Symbolic ecology and social practice." P. Descola, G.
Pálsson (sous la dir.). *Nature and Society: Anthropological Perspectives*. London: Routledge.

_____. 2005. *Par-delà nature et culture*. Paris: Gallimard.

Détienne, Marcel. 1981/1967. *Les maîtres de vérité en Grèce archaïque*. Paris: François Maspero.

Donzelot, Jacques. 1977. "An anti-sociology." *Sémiotext(e)* II (3).

Duffy, Simon. (sous la dir.) 2006. *Virtual Mathematics: The Logic of Difference.* Bolton: Clinamen Press.

Dumont, Louis. 1971. *Introduction à deux théories d'anthropologie sociale: Groupes de filiation et alliance de mariage.* Paris: Mouton.

Englund, Harri, James Leach. 2000. "Ethnography and the meta-narratives of modernity." *Current Anthropology* 41 (2).

Erikson, P. 1986. "Altérité, tatouage et anthropophagie chez les Pano: la belliqueuse quête de soi." *Journal de la Société des Américanistes* LXII.

Fabian, J. 1983. *Time and the Other: How Anthropology makes its Object.* New York: Columbia University Press.

Favret-Saada, Jeanne. 2000. "La-pensée-Lévi-Strauss." *Journal des anthropologues.*

Fernandes, Florestan. 1970/1952. *A função social da guerra na sociedade Tupinambá* 2e éd. São Paulo: Livraria Pioneira Editora/EDUSP.

Fortes, Meyer. 1969. *Kinship and the Social Order: The Legacy of Lewis Henry Morgan.* London: Routledge & Kegan Paul.

_____. 1983. *Rules and the Emergence of Society.* London: Royal Anthropological Institute of Great Britain and Ireland.

Gell, Alfred. 1998. *Art and Agency: An Anthropological Theory.* Oxford: Clarendon.

_____. 1999. "Strathernograms, or the semiotics of mixed metaphors." *The Art of Anthropology: Essays and Diagrams.* London: Athlone.

Goldman, Marcio. 2005. "Formas do saber e modos do ser: observações Sobre multiplicidade e ontologia no candomblé." *Religião e Sociedade* 25 (2).

Gregory. Chris. 1982. *Gifts and Commodities.* London: Academic Press.

Griaule, Marcel, Germaine Dieterlen. 1965. *Le renard pâle.* Paris: Institut d'ethnologie.

Hallowell, A. Irving. 1960. "Ojibwa ontology, behavior, and world view." S. Diamond (sous la dir.). *Culture in History: Essays in Honor of Paul Radin.* New York: Columbia University Press.

Hamberger, Klaus. 2004. "La pensée objectivée." M. Izard (sous la dir.). *Lévi-Strauss.* Paris: Éd. de L'Herne.

Héritier, Françoise. 1981. *L'exercice de la parenté.* Paris: Gallimard/Le Seuil.

Herzfeld, Michael. 2001. "Orientations: Anthropology as a practice of theory." M. Herzfeld éd.

Anthropology: Theoretical Practice in Culture and Society. London: Blackwell/Unesco.

_____. 2003. "The unspeakable in pursuit of the ineffable: Representations of untranslatability in ethnographic discourse." P. G. Rubel, A. Rosman eds. *Translating Cultures. Perspectives on Translation and Anthropology.* Oxford/New York: Berg.

Holbraad, Martin. 2003. "Estimando a necessidade: os oráculos de ifá e a verdade em Havana." *Mana* 9 (2).

Holbraad, Martin, Rane Willerslev. 2007. "(Afterword) Transcendental perspectivism: Anonymous viewpoints from Inner Asia." *Inner Asia (Special Issue: Perspectivism)* 9 (2).

Hubert, Henri, Marcel Mauss. 1969/1899. "Essai sur la nature et fonction du sacrifice." M. Mauss. *Œuvres I.* Paris: Minuit.

_____. 1950/1902-1903. "Esquisse d'une théorie générale de la magie." M. Mauss. *Sociologie et anthropologie.* Paris: PUF.

Hugh-Jones, Stephen. 1979. *The Palm and the Pleiades. Initiation and Cosmology in North-West Amazonia.* Cambridge: Cambridge University Press.

_____. 1996. "Shamans, prophets, priests and pastors." N. Thomas, C. Humphrey (sous la dir.). *Shamanism, History, and the State.* Ann Arbor: University of Michigan Press.

Ingold, Tim. 1991. "Becoming persons: Consciousness and sociality in human evolution." *Cultural Dynamics* IV (3).

_____. 1992. "Editorial." *Man* 27 (1).

_____. 2000. *The Perception of the Environment. Essays on Livelihood, Dwelling and Skill.* London: Routledge.

Jameson, Frederic. 1997. "Marxism and dualism in Deleuze." *The South Atlantic Quarterly,* 96 (3).

Jensen, Casper B. 2003. "Latour and Pickering: Post-human perspectives on science, becoming, and normativity." D. Ihde, E. Selinger (or.) *Chasing Technoscience: Matrix for Materiality.* Bloomington: Indiana University Press.

_____. 2004. "A nonhumanist disposition: On performativity, practical ontology, and intervention." *Configurations* 12.

Jullien, François. 2008. *De l'Universel, de l'uniforme, du commun et du dialogue entre les cultures.* Paris: Fayard.

Jullien, François, Thierry Marchaisse. 2000. *Penser d'un dehors (la Chine). Entretiens d'Extrême-Occident,* Paris: Le Seuil.

Kohn, Eduardo. 2002. "Natural engagements and ecological aesthetics among the Ávila Runa of

Amazonian Ecuador." Tese de doutorado. University of Wisconsin/Madison.

_____. 2005. "Runa realism: Upper Amazonian attitudes to nature knowing." *Ethnos* 70 (2).

Kuper, Adam. 2003. "The return of the native." *Current Anthropology* 44 (3).

Kwa, Chunglin. 2002. "Romantic and baroque conceptions of complex wholes in the sciences."
J. Law, A. Mol (sous la dir.). *Complexities. Social Studies of Knowledge Practices*. Durham:
Duke University Press.

Lambek, M. 1998. "Body and mind in mind, body and mind in body: Some anthropological in-
terventions in a long conversation." A. Strathern, M. Lambek (sous la dir.). *Bodies and
Persons: Comparative Perspectives from Africa and Melanesia*. Cambridge: Cambridge
University Press.

Lapoujade, David. 2006. "Le structuralisme dissident de Deleuze." A. Akay (org.). *Gilles Deleuze
için / Pour Gilles Deleuze*. Istanbul: Akbank Sanat.

Latour, Bruno. 1991. *Nous n'avons jamais été modernes*. Paris: La Découverte[『우리는 결코
근대인이었던 적이 없다』, 홍철기 옮김, 갈무리, 2009].

_____. 1993. "An interview with Bruno Latour (with T. H. Crawford)." *Configurations* 1/2.

_____. 1996a. "Not the question." *Anthropology Newsletter* 37 (3).

_____. 1996b. *Petite réflexion sur le culte moderne des dieux faitiches*. Plessis-Robinson: Les
Empêcheurs de penser en rond.

_____. 1999. *Politiques de la nature: comment faire entrer les sciences en démocratie*. Paris: La
Découverte.

_____. 2002. *War of the Worlds: What about Peace?* Chicago: Prickly Paradigm Press.

_____. 2005. *Reassembling the Social. An Introduction to Actor-Network Theory*. Oxford: Oxford
University Press.

Lawlor, Leonard. 2003. "The beginnings of thought: The fundamental experience in Derrida
and Deleuze." P. Patton, J. Protevi (sous la dir.). *Between Deleuze and Derrida*. London:
Continuum.

Leach, Edmund. 1961[1951]. "Rethinking anthropology." *Rethinking Anthropology*. London:
Athlone.

Lévi-Strauss, Claude. 1943. "The social use of kinship terms among Brazilian Indians." *American
Anthropologist* 45 (3).

_____. 1944. "Reciprocity and hierarchy." *American Anthropologist* 46 (2).

_____. 1950. "Introduction à l'œuvre de Marcel Mauss." M. Mauss. *Sociologie et anthropologie*.

Paris: PUF.

_____. 1955. *Tristes tropiques.* Paris: Plon[『슬픈 열대』, 박옥줄 옮김, 한길사, 1998].

_____. 1958/1952. "La notion de structure en ethnologie." Lévi-Strauss. 1958.

_____. 1958/1954. "Place de l'anthropologie dans les sciences sociales et problèmes posés par son enseignement." Lévi-Strauss. 1958.

_____. 1958/1955. "La structure des mythes." Lévi-Strauss. 1958.

_____. 1958. *Anthropologie structurale.* Paris: Plon.

_____. 1962a. *Le totémisme aujourd'hui.* Paris: PUF[『오늘날의 토테미즘』, 류재화 옮김, 문학과지성사, 2012].

_____. 1962b. *La pensée sauvage.* Paris: Plon[『야생의 사고』, 안정남 옮김, 한길사, 1996].

_____. 1964. *Mythologiques I: Le cru et le cuit.* Paris: Plon[『신화학 1: 날것과 익힌 것』, 임봉길 옮김, 한길사, 2005].

_____. 1966. *Mythologiques II: Du miel aux cendres.* Paris: Plon[『신화학 2: 꿀에서 재까지』, 임봉길 옮김, 한길사, 2008].

_____. 1967/1949. *Les structures élémentaires de la parenté* 2e éd. Paris: Mouton.

_____. 1967. *Mythologiques III: L'origine des manières de table.* Paris: Plon.

_____. 1971. *Mythologiques IV: L'homme nu.* Paris: Plon.

_____. 1973/1952. "Race et histoire." Lévi-Strauss. 1973.

_____. 1973/1960. "Le champ de l'anthropologie." Lévi-Strauss. 1973.

_____. 1973/1964. "Critères scientifiques dans les disciplines sociales et humaines." Lévi-Strauss. 1973.

_____. 1973. *Anthropologie structurale deux.* Paris: Plon.

_____. 1979. *La voie des masques* (éd. revue, augmentée et rallongée de trois excursions). Paris: Plon.

_____. 1984. *Paroles données.* Paris: Plon.

_____. 1985. *La potière jalouse.* Paris: Plon.

_____. 1991. *Histoire de Lynx.* Paris: Plon.

_____. 2000. "Postface." *L'Homme.*

_____. 2001. "Hourglass configurations." P. Maranda (sous la dir.). *The Double Twist: From Ethnography to Morphodynamics.* Toronto: University of Toronto Press.

_____. 2004. "Pensée mythique et pensée scientifique." M. Izard (sous la dir.). Lévi-Strauss. Paris: Éd. de L'Herne.

_____. 2008. *Œuvres*. Paris: Gallimard. "Bibliothèque de la Pléiade".

Lévi-Strauss, Claude, Georges Charbonnier. 1961. "10/1 8." *Entretiens avec Claude Lévi-Strauss*. Paris: UGE[『레비스트로스의 말』, 류재화 옮김, 마음산책, 2016].

Lévi-Strauss, Claude. Didier Éribon. 1988. *De près et de loin*. Paris: Odile Jacob.

Lienhardt, Godfrey. 1961. *Divinity and Experience: The Religion of the Dinka*. Oxford: Oxford University Press.

Lima, Tânia Stolze. 1999/1996. "The two and its many: Reflections on perspectivism in a Tupi cosmology." *Ethnos* 64 (1).

_____. 2005. *Um peixe olhou para mim: o povo Yudjá e a perspectiva*. São Paulo: Edunesp/ NuTI/ISA.

Lyotard, Jean-François. 1977. "Energumen capitalism." *Semiotext(e)* II (3).

Maniglier, Patrice. 2000. "L'humanisme interminable de Lévi-Strauss." *Les temps modernes* 609.

_____. 2005a. "Des us des signes. Lévi-Strauss: philosophie pratique." *Revue de Métaphysique et de Morale* n° 1/2005.

_____. 2005b. "La parenté des autres. (À propos de Maurice Godelier, *Métamorphoses de la parenté*)." *Critique*, n° 701, octobre 2005.

_____. 2006. *La vie énigmatique des signes. Saussure et la naissance du structuralisme*. Paris: Léo Scheer.

_____. 2009. *The Structuralist Legacy, History of Continental Philosophy*. Alan Schrift ed. *Post-Poststructuralism (1980-1995)* vol. 7. Rosi Braidotti ed. Acumen, 2009 (à paraître).

Menget, Patrick (sous la dir.). 1985a. "Guerres, sociétés et vision du monde dans les basses terres de l'Amérique du Sud." *Journal de la Société des américanistes* LXXI.

_____. 1985b. "Jalons pour une étude comparative (dossier 'Guerre, société et vision du monde dans les basses terres de l'Amérique du Sud')." *Journal de la Société des américanistes* LXXI.

_____. 1988. "Note sur l'adoption chez les Txicão du Brésil central." *Anthropologie et Sociétés* 12 (2).

Merleau-Ponty, Maurice. 1995/1956. *La nature: notes et cours du Collège de France, suivi des Résumés des cours correspondants de Maurice Merleau-Ponty*. Paris: Le Seuil.

Munn, Nancy. 1992/1986. *The Fame of Gawa: A Symbolic Study of Value Transformation in a Massim (Papua New Guinea) Society*. Durham and London: Duke University Press.

Nadaud, Stéphane. 2004. "Les amours d'une guêpe et d'une orchidée." F. Guattari. *Écrits pour l'Anti-Œdipe (textes agencés par S. Nadaud)*. Paris: Lignes et Manifestes.

Overing Joanna. 1983. "Elementary structures of reciprocity: A comparative note on Guianese,

Central Brazilian, and North-West Amazon sociopolitical thought." *Antropologica*.

_____. 1984. "Dualism as an expression of differences and danger: Marriage exchange and reciprocity among the Piaroa of Venezuela." K. Kensinger (sous la dir.). *Marriage Practices in Lowland South America*. Urbana et Chicago: University of Illinois Press.

Pagden, Anthony. 1982. *The Fall of Natural Man: The American Indian and the Origins of Comparative Ethnology*. Cambridge: Cambridge University Press.

Pedersen, Morten A. 2001. "Totemism, animism and North Asian indigenous ontologies." *Journal of the Royal Anthropological Institute* 7 (3).

Petitot, Jean. 1999. "La généalogie morphologique du structuralisme." *Critique* LV (620-621).

Pignarre, Philippe, Isabelle Stengers. 2005. *La sorcellerie capitaliste. Pratiques de désenvoûtement*. Paris: La Découverte.

Richir, Marc. 1994. "Qu'est-ce qu'un dieu? Mythologie et question de la pensée." F. -W. Schelling. *Philosophie de la mythologie*. Paris: Jérôme Millon.

Rivière, Peter. 1984. *Individual and Society in Guiana: A Comparative Study of Amerindian Social Organization*. Cambridge: Cambridge University Press.

Rodgers, David. 2002. "A soma anômala: a questão do suplemento no xamanismo e menstruação ikpeng." *Mana* 8(2).

_____. 2004. *Foil*. MS inédit.

Sahlins, M. 1985. *Islands of History*. Chicago: University of Chicago Press.

_____. 1995. *How "Natives." think: About Captain Cook, for Example*. Chicago: University of Chicago.

_____. 2000. "What is anthropological enlightenment? Some lessons from the twentieth century." M. Sahlins. *Culture in Practice: Selected Essays*. New York: Zone Books.

Schrempp, Gregory. 2002. *Magical Arrows: The Maori, the Greeks, and the Folklore of the Universe*. Madison: University of Wisconsin Press.

Seeger, Anthony, Roberto DaMatta, Eduardo Viveiros de Castro. 1979. "A construção da pessoa nas sociedades indígenas brasileiras." *Boletim do Museu Nacional* 32 (2-19).

Sloterdijk, Peter. 2000. *La domestication de l'Être*. Paris: Mille et Une Nuits.

Smith, David W. 2006. "Axiomatics and problematics as two modes of formalisation: Deleuze's epistemology of mathematics." S. Duffy (sous la dir.). *Virtual Mathematics: The Logic of Difference*. Bolton: Clinamen Press.

Soares de Souza, Gabriel. 1972/1587. *Tratado descritivo do Brasil em 1587*. São Paulo: Cia Editora

Nacional/Edusp.

Stasch, R. 2009. *Society of Others: Kinship and Mourning in a West Papuan Place.* Berkeley: University of California Press.

Stengers, Isabelle. 2002. *Penser avec Whitehead.* Paris: Le Seuil.

_____. 2003/1996. *Cosmopolitiques.* Paris: La Découverte / Les Empêcheurs de penser rond.

Strathern, Marilyn. 1987. "The limits of auto-anthropology." A. Jackson (sous la dir.). *Anthropology at Home.* London: Tavistock.

_____. 1988. *The Gender of the Gift: Problems with Women and Problems with Society in Melanesia.* Berkeley: University of California Press.

_____. 1991. *Partial Connections.* Savage (Md.). Rowman & Littlefield.

_____. 1992a. *After Nature: English in the Late Twentieth Century.* Cambridge: Cambridge University Press.

_____. 1992b. "Parts and wholes: Refiguring relationships in a post-plural world." *Reproducing the Future: Anthropology, Kinship, and the New Reproductive Technologies.* New York: Routledge.

_____. 1992c. "Future kinship and the study of culture." *Reproducing the Future: Anthropology, Kinship, and the New Reproductive Technologies.* New York: Routledge.

_____. 1995. "The nice thing about culture is that everyone has it." M. Strathern (dir.). *Shifting Contexts: Transformations in Anthropological Knowledge.* London and New York: Routledge.

_____. 1996. "Cutting the network." *Journal of the Royal Anthropological Institute,* NS 2(4).

_____. 1999. *Property, Substance and Effect: Anthropological Essays on Persons and Things.* London: Athlone.

_____. 2001. "Same-sex and cross-sex relations: Some internal comparisons." T. Gregor, D. Tuzin (sous la dir.). *Gender in Amazonia and Melanesia. An exploration of the Comparative Method.* Berkeley: University of California Press.

_____. 2005. *Kinship, Law and the Unexpected. Relatives are always a Surprise.* Cambridge: Cambridge University Press.

Strathern, Marilyn, James D. Y. Peel, Cristina Toren, Jonathan Spencer. 1996/1989. "The concept of society is theoretically obsolete." T. Ingold (sous la dir.). *Key Debates in Anthropology.* London: Routledge.

Tarde, Gabriel. 1999/1895. *Œuvres de Gabriel Tarde,* vol. 1; *Monadologie et sociologie.* Le Plessis-Robinson: Institut Synthélabo.

Taylor, Anne-Christine. 1985. "L'art de la réduction." *Journal de la Société des américanistes* LXXI.

_____. 1993. "Les bons ennemis et les mauvais parents: le traitement symbolique de l'alliance dans les rituels de chasse aux têtes des Jivaros de l'Équateur." E. Copet, F. Héritier-Augé (sous la dir.). *Les complexités de l'alliance*, IV; *Économie, politique et fondements symboliques de l'alliance*. Paris: Archives contemporaines.

_____. 2000. "Le sexe de la proie: représentations jivaro du lien de parenté." *L'Homme*.

_____. 2004. "Don Quichotte en Amérique." M. Izard (sous la dir.). *Lévi-Strauss*. Paris: Éd. de L'Herne.

_____. 2009. *Corps, sexe et parenté: une perspective amazonienne.* ms. inédit.

_____. s.d. *Perspectives de recherche: l'anthropologie du sujet.* ms. inédit.

Taylor, Anne-Christine, Eduardo Viveiros de Castro. 2006. "Un corps fait de regards." S. Breton, J.-M. Schaeffer, M. Houseman, A.-C. Taylor, E. Viveiros de Castro (sous la dir.). *Qu'est-ce qu'un corps? (Afrique de l'Ouest / Europe occidentale / Nouvelle-Guinée / Amazonie).* Paris: Musée du Quai-Branly / Flammarion.

Vernant, Jean-Pierre. 1996/1966. "Raisons d'hier et d'aujourd'hui." *Entre mythe et politique*. Paris: Le Seuil.

Viveiros de Castro, Eduardo. 1992/1986. *From the Enemy's Point of View: Humanity and Divinity in an Amazonian Society*. Chicago: University of Chicago Press.

_____. 1990. "Princípios e parâmetros: um comentário a *L'exercice de la parenté.*" *Comunicações do PPGAS* 17.

_____. 1998/1996. "Cosmological deixis and Amerindian perspectivism." *Journal of the Royal Anthropological Institute* 4(3).

_____. 1998. "Cosmological perspectivism in Amazonia and elsewhere." Conférences inédites, Cambridge.

_____. 2001a. "A propriedade do conceito: sobre o plano de imanência ameríndio." XXV Encontro Anual da ANPOCS, Caxambu.

_____. 2001b. "GUT feelings about Amazonia: Potential affinity and the construction of sociality." L. Rival, N. Whitehead (sous la dir.). *Beyond the Visible and the Material: The Amerindianization of Society in the Work of Peter Rivière*. Oxford: Oxford University Press.

_____. 2002a. "Perspectivismo e multinaturalismo na América indígena." *A inconstância da alma selvagem*. São Paulo: Cosac & Naify.

_____. 2002b. "O problema da afinidade na Amazônia." E. Viveiros de Castro. *A inconstância*

357

da alma selvagem. São Paulo: Cosac & Naify.

_____. 2002c. "O nativo relativo." *Mana* 8 (1).

_____. 2003. "And." *Manchester Papers in Social Anthropology* 7.

_____. 2004a. "Perspectival anthropology and the method of controlled equivocation." *Tipití* 2 (1).

_____. 2004b. "Exchanging perspectives: The transformation of objects into subjects in Amerindian cosmologies." *Common Knowledge* 10 (3).

_____. 2006. "Une figure humaine peut cacher une affection-jaguar. Réponse à une question de Didier Muguet." *Multitudes.*

_____. 2008a. "The gift and the given: Three nano-essays on kinship and magic." S. Bamford, J. Leach (sous la dir.). *Kinship and beyond: The Genealogical Model Reconsidered.* Oxford: Berghahn Books.

_____. 2008b. "Immanence and fear, or, the enemy first." *Keynote Address* à la Conference "Indigeneities and Cosmopolitanisms". Toronto: Canadian Anthropological Society and American Ethnological Society.

_____. 2008c. "Xamanismo transversal: Lévi-Strauss e a cosmopolítica amazônica." R. C. de Queiroz, R. F. Nobre (sous la dir.). *Lévi-Strauss: leituras brasileiras.* Belo Horizonte: Editora da UFMG.

Wagner, Roy. 1972. "Incest and identity: A critique and theory on the subject of exogamy and incest prohibition." *Man* 7 (4).

_____. 1977. "Analogic kinship: A Daribi example." *American Ethnologist* 4 (4).

_____. 1978. *Lethal Speech: Daribi Myth as Symbolic Obviation.* Ithaca: Cornell University Press.

_____. 1981/1975. *The Invention of Culture* 2ᵉ éd. Chicago: University of Chicago Press.

_____. 1986. *Symbols that stand for Themselves.* Chicago: The University of Chicago Press.

_____. 1991. "The fractal person." M. Godelier et M. Strathern (sous la dir.). *Big Men and Great Men: Personification of Power in Melanesia.* Cambridge: Cambridge University Press.

Willerslev, Rane. 2004. "Not animal, not not-human: Hunting and empathetic knowledge among the Siberian Yukaghirs." *Journal of the Royal Anthropological Institute* 10 (3).

Wolff, Francis. 2000. *L'être, l'homme, le disciple.* Paris: PUF, "quadrige".

Zourabichvili François. 2003. *Le vocabulaire de Deleuze.* Paris: Ellipses.

_____. 2004/1994. "Deleuze. Une philosophie de l'événement." F. Zourabichvili, A. Sauvagnargues, P. Marrati (sous la dir.). *La philosophie de Deleuze.* Paris: PUF

주한 브라질문화원이 심는 나무

브라질만큼 이름만 들어도 설레는 나라가 또 있을까 싶다. 카니발, 아름다운 해변, 축구, 아마존 밀림 등등 활기차고 흥겹고 신비로운 경험이 보장된 느낌을 주는 나라가 브라질이기 때문이다. 하지만 브라질의 위상은 그 이상이다. 우리가 잘 몰라서 그렇지 국제무대에서 브라질은 종종 대국이라는 표현이 어울리는 나라로 평가되고 있다. 세계 5위의 면적, 2억 명을 상회하는 인구는 대국으로서의 한 단면에 불과할 뿐이다. 유엔 안전보장이사회의 상임이사국 확대, 개편이 이루어질 경우 라틴아메리카를 대표하는 상임이사국이 당연히 될 나라일 정도로 국제정치의 주역이 바로 브라질이고, 풍부한 천연자원과 노동력 덕분에 경제적으로 늘 주목을 받아 온 나라가 바로 브라질이다. 그뿐만 아니라 세계 열대우림의 3분의 1을 차지하고 있어서 지구의 허파 역할을 하고 있는 아마존 밀림은 기후변화나 생물의 종 다양성 같은 인류의 미래를 둘러싼 시험장이다. 또한 5세기 전부터 다양한 인종, 다양한 문화가 공존하면서 풍요로운 문화를 일구어 낸 나라가 브라질이고, 세계사회포럼을 주도적으로 개최하면서 '또 다른 세상은 가능하다'는 희망의 메시지를 전 세계 확산에 기여한 나라가 브라질이다.

하지만 지구 반대편에 있는 머나먼 나라이다 보니 한국에서는 브라질의 진면목을 제대로 인식하기 힘들었다. 심지어 라틴아메리카 국가이다 보니 일종의 '라틴아메리카 디스카운트'가 작용하기도 했다. 브라질 이민이 시작된 지 반세기가 넘었고, 최근 한국과 브라질 사이의 정치·경제 교류가 상당히 늘었는데도 불구하고 상황은 크게 변한 것이 없다. 그래서 주한 브라질 대사관과 서울대학교 라틴아메리카연구소가 협약을 맺고 두산인프라코어의 후원으로 2012년 3월 16일 주한 브라질문화원을 설립하게 된 것은 대단히 뜻깊은 일이었다. 한국과 브라질의 문화 교류 증진이야말로 세계화 시대에 양국 간 우호를 다지는 길이자 브라질에 대한 한국인의 올바른 인식 제고를 위해 필수 불가결한 일이기 때문이다. 실제로 브라질문화원은 브라질의 다채롭고 역동적인 문화를 소개하기 위해 2012년부터 전시회, 브라질데이 페스티벌, 영화제, 음악회, 포르투갈어 강좌 개설 등 다양한 활동을 해왔다.

하지만 브라질에 대한 올바른 이해를 위해서는 문화 교류 외에도 더 전문적인 노력이 필요하다는 것이 주한 브라질문화원 개원 때부터의 인식이었다. 이에 브라질문화원은 열 권의 빠우-브라질 총서를 기획·준비했고, 이제 드디어 그 결실을 세상에 내놓게 되었다. 한국과 브라질 교류에서 문화원 개원만큼이나 의미 있는 한 획을 긋게 된 것이다. 총서 기획 과정에서 몇 가지 고려가 있었다. 먼저 브라질문화원이 공익단체임을 고려했다. 그래서 상업적인 책보다는 브라질 사회와 문화를 이해하는 데 근간이 될 만한 책, 특히 학술적 가치가 높지만 외부 지원이 없이는 국내에서 출간이 쉽지 않을 책들을 선정했다. 다양성도 중요한 고려 대상이었다. 빠우-브라질 총서가 브라질 사회를 다각도로 조명할 수 있는 토대가 되었으면 하는 바람에서였다. 그래서 브라질에서 유학하고 돌아와 대학에서 강의를 하고 있는 사람들로부터 자신의 전공 분야에서 필독서로 꼽히는 원서들을 추천받았다. 그 결과 브라질 연구에서는 고전으로 꼽히는 호베르뚜 다마따, 세르지우 부아르끼 지 올란다, 세우수 푸르따두, 지우베르뚜 프레이리 등의 대표적인 책들이 빠우-브라질 총서에 포함되게 됐었다. 또한 시의성이나 외부에서 브라질을 바라보는 시각 등도 고려해 슈테판 츠바이크, 에두아르두 비베이루스 지 까스뜨루, 래리 로터, 재니스 펄먼, 워너 베어, 크리스 맥고완/히까르두 뻬샤냐 등의 저서를 포함시켰다. 이로써 정치, 경제, 지리, 인류학, 음악 등 다양한 분야의 고전과 시의성 있는 책들로 이루어진 빠우-브라질 총서가 탄생하게 되었다.

놀랍게도 이 총서는 국내 최초의 브라질 연구 총서다. 예전에 이런 시도가 없었던 것은 국내 브라질 연구의 저변이 넓지 않았다는 점이 크게 작용했다. 하지만 아는 사람은 안다. 국내 출판 시장의 여건상 서구, 중국, 일본 등을 다루는 총서 이외에는 존립하기 어렵다는 것이 가장 큰 이유라는 것을. 그래서 두산인프라코어 대표이사이자 주한 브라질문화원 현 원장인 손동연 원장님에게 심심한 사의를 표한다. 문화 교류와 학술 작업의 병행이 한국과 브라질 관계의 초석이 되리라는 점을, 또 총서는 연구자들이 주도해야 한다는 점을 쾌히 이해해 주시지 않았다면 이처럼 알차게 구성된 빠우-브라질 총서가 탄생하지 못했을 것이기 때문이다. 주한 브라질문화원 개원의 산파 역할을 한 에드문두 S. 후지따 전 주한 브라질 대사님에게도 깊은 감사를 표한다. 문화원 개원을 위해 동분서주한 서울대학교 라틴아메리카연구소 전임 소장 김창민 교수와도 총서의 출간을 같이 기뻐하고 싶다. 또한 문화원 부원장직을 맡아 여러 가지로 애써 주신 박원복, 양은미, 김레다 교수님들께도 이 자리를 빌려 그동안의 노고를 특별히 언급하고 싶다. 쉽지 않은 결정이었을 텐데 총서 제안을 수락한 후마니타스 출판사에도 깊은 감사를 표하는 바다. 마지막으로 기획을 주도한 박원복 전 부원장, 관리를 맡은 우석균 HK교수와 양은미 전 부원장, 최정온 씨 등 실무 작업 과정에서도 여러 사람의 정성 어린 참여가 있었다는 점을 상기시키고 싶다.

잘 알려져 있다시피 '브라질'이라는 국명의 유래는 한때 브라질 해안을 뒤덮고 있던 '빠우-브라질'Pau-Brasil이라는 나무에서 유래되었다. 총서명을 '빠우-브라질'로 한 이유는 주한 브라질문화원이 국내 브라질 연구의 미래를 위해, 그리고 한국과 브라질의 한 차원 높은 교류를 위해 한 그루의 나무를 심는 마음으로 이 총서를 기획하고 출간했기 때문이다. 이 나무가 튼튼하게 뿌리 내리고, 풍성한 결실을 맺고, 새로운 씨앗을 널리 뿌리기 바란다.

서울대학교 라틴아메리카연구소 소장 김춘진